2008年福建省体育局重点资助课题
桐江学术丛书出版资助计划

社会发展视野下福建省城乡居民体育人口实证研究

许月云 等 著

厦门大学出版社

序

体育人口是体育事业发展的重要参数，它反映了国民参与和关注体育运动的程度，是制定国家和区域体育发展规划与战略的重要依据。体育人口是动态的参数，随着社会的发展体育人口将发生相应的变化，因此它与社会发展水平具有密切的关系。进入21世纪，福建省的经济与社会发生了巨大的变化，与此同时福建省体育人口的数量也在迅速增加。为了深入了解和分析福建省体育人口的实际状况，探索区域体育人口发展的理论，许月云教授在省体育局的大力支持下，主动担负起主持全省体育人口调查的重任，应用严谨的调查方法对全省9个地区进行抽样调查，调查的样本达15 000多个，真实地反映了当前福建省体育人口的实际状况。在此基础上，许教授应用社会发展理论，对数据进行了整理并展开了深入的分析，不辞辛劳地写出了这部具有一定理论与实际价值的著作。

该书以社会发展为主线，在深刻剖析当今我国社会发展的价值维度、发展的目标、基本特征和问题以及我国社会体育发展主要问题的基础上，从实证层面全面揭示了福建省城乡居民的闲暇生活方式、家庭消费结构、健康状况、健康意识；城乡居民体育人口的性别结构、年龄结构、职业结构、受教育程度结构、城乡结构等人口统计学特征；城乡居民体育人口体育活动项目、体育活动场所、体育活动组织化程度、体育消费等行为特征及体育活动的内在动机与外在动因；城乡居民中断体育活动的年龄、中断的原因、恢复体育活动的预期、对群众体育工作的要求和愿望等。同时，本书还分别从社会分层、社会主义新农村建设、女性主义、老龄化进程等社会发展视角出发，诠释了其与城镇体育发展、农村体育发展、女性体育发展、老年体育发展的相互关系，并以此进一步揭示福建省城镇体育人口、农村体育人口、女性体育人口、老年体育人口在体育活动项目、体育活动场所、体育活动组织化程度、体育活动的内在动机与外在动因等方面的特征。书中还针对福建省城乡居民体育人口的现状及存在的问题，分别就发展各种人群的体育人口提出了相应的对策。以翔实的数据为依据，实事求是，是该书的主要风格；站在一定的理论高度上，努力使理论与实践紧密结合，是此书的主要特点。因此，本书无论对区域体育发展的规划和决策，还是对社会体育发展研究以及社会体育专业人才的培养都有一定参考与借鉴价值。

艰辛的劳作终结佳果，该书的付梓标志着这位年轻教授的学术造诣上升到一个新的高度。许教授热爱体育事业，长期以来她对体育学术的执著追求、不懈努力，使她获得了一个又一个引人注目的硕果，使她在我省体育学术界有了一席之地。然而求索的道路永无止境。作为长辈，我希望她再接再厉、持之以恒，跨越一座座学术高峰，追求更高的学术境界。在今后的学术征途中，期盼着她有更多的佳作问世。

福建师范大学体育科学学院博士生导师

陈俊钦

2011.1.20

内容提要

20世纪以来，随着产业革命的迅速发展，“现代文明病”逐渐滋生扩大，群众体育在现代社会生活中扮演着越来越重要的角色，全世界已有100多个国家将开展群众体育列为国家的目标之一。新中国成立60多年来，特别是改革开放以来，随着我国国民经济的迅速发展，人民生活水平的不断提高，生活方式的转变，人们参与体育的需求日益增强，群众体育的发展出现了前所未有的良好势头。1995年国务院颁布的《全民健身计划纲要》，从面向21世纪提高民族素质的战略高度出发，对2010年我国全民健身的目标、任务、措施提出了明确的要求，标志着我国群众体育的发展进入了一个新的历史阶段。

为了全面了解我国群众体育的现状，国家体育总局于1997年、2001年、2008年先后三次在全国范围开展了群众体育现状调查与研究。从全国群众体育现状调查可见，第一次全国群众体育调查主要目的是摸清家底、了解现状，调查内容基础性强，突出了国民体育活动参与、基层群体活动场所、公共体育场馆的社会效益等。第二次全国群众体育调查主要目的是通过两个时点的数据比较分析，获取国民体育活动参与、基层群体活动场所四年的发展动态及群众性体育社团、社会体育指导员的基本状况。第三次全国群众体育调查主要目的是总结实施《全民健身计划纲要》的成果和存在的问题，为制订下一步的全民健身计划提供科学依据，突出了群众体育工作中急需了解的国民参与体育锻炼的情况和群众体育工作的组织化程度。可以说，三次全国群众体育现状调查与研究都紧紧围绕了群众体育发展的基本要素，呈现出基础性、连续性、发展性的特点；调查对象逐步从区域性向整体性扩展。从福建省的实际情况来看，第一次全国群众体育现状调查仅涉及福州连江县、三明永安市、南平政和县16岁以上城乡居民800人；第二次全国群众体育现状调查福建省未列入全国抽样调查范围；第三次全国群众体育现状调查涉及福州市、厦门市、三明市16岁以上城乡居民2 800人。由于调查区域的局限性和调查样本的有限性，调查结果难以真实地反映福建省城乡居民体育活动基本情况、城乡居民体育活动基本特征，群众体育最基础、最主要的体育人口现状缺乏第一手比较全面、客观的数据。

《社会发展视野下福建省城乡居民体育人口实证研究》正是基于这一背景，

在福建省体育局的大力支持下(2008年福建省体育局重点资助课题),依托国家体育总局、财政部等10部(局)联合开展的第二次全国国民体质监测,对福建省9个设区市15 300名19岁以上城乡居民的闲暇生活方式、家庭经济状况、健康状况、健康意识、体育人口的数量与结构特征、体育人口的行为与动机特征、不参加体育活动的原因与期望等进行了有组织、有计划的全面调查和历时2年的研究。分别从社会发展与社会体育发展、我国体育人口研究热点及评述、福建省城乡居民体育人口实证研究、社会分层视野下福建省城镇体育人口结构研究、新农村建设进程中福建省农村体育人口研究、女性主义视野下福建省女性体育人口研究、老龄化进程中福建省老年体育人口研究七个部分展开对福建省城乡体育人口的理论和实证研究。

全书紧紧围绕社会发展这一主线,在深刻剖析社会发展的定义、社会发展的价值维度、社会发展的特点、社会发展的目标、当代中国社会发展的基本特征及主要问题、当代中国社会体育发展的主要问题、我国体育人口研究热点等理论背景的基础上,从实证层面总体揭示了福建省城乡居民的闲暇生活方式、家庭消费结构、健康状况、健康意识;城乡居民体育人口的性别结构、年龄结构、职业结构、受教育程度结构、城乡结构等人口统计学特征;城乡居民体育人口体育活动项目、体育活动场所、体育活动组织化程度、体育消费等行为特征及体育活动的内在动机与外在动因;城乡居民中断体育活动的年龄、中断的原因、恢复体育活动的预期、对群众体育工作的要求和愿望等。同时,本书还分别从社会分层、社会主义新农村建设、女性主义、老龄化进程等社会发展视角,诠释了其与城镇体育发展、农村体育发展、女性体育发展、老年体育发展的相互关系,并以此进一步揭示福建省城镇体育人口、农村体育人口、女性体育人口、老年体育人口在体育活动项目、体育活动场所、体育活动组织化程度、体育活动的内在动机与外在动因等方面特征。针对福建省城乡居民体育人口的现状,本书还分别就发展各个人群体育人口提出了针对性的对策。

目 录

第一章 社会发展与社会体育发展……………………………………………… (1)
第一节 社会发展的定义辨析…………………………………………………… (1)
第二节 社会发展的特点………………………………………………………… (3)
一、社会发展过程与经济发展密切相连性 ………………………………… (3)
二、社会发展的整体性 ……………………………………………………… (4)
三、社会发展成果的共享性 ………………………………………………… (4)
四、社会发展过程的动态性 ………………………………………………… (6)
五、社会发展的实践性 ……………………………………………………… (6)
六、社会发展的时代性 ……………………………………………………… (7)
七、社会发展的干预性 ……………………………………………………… (8)
八、社会发展的代价性 ……………………………………………………… (9)
第三节 社会发展的价值维度 ………………………………………………… (10)
第四节 社会发展的价值目标 ………………………………………………… (12)
第五节 当代中国社会发展的主要问题 ……………………………………… (14)
一、贫富差距过大问题………………………………………………………… (14)
二、社会成员基本权利保障总体偏弱………………………………………… (16)
三、主要群体的弱势化趋向明显……………………………………………… (17)
四、社会弱势群体社会保障体系严重滞后…………………………………… (18)
第六节 当代中国社会体育发展问题 ………………………………………… (19)
一、体育城乡差距问题………………………………………………………… (19)
二、体育社会性别问题………………………………………………………… (21)
三、体育代际公正问题………………………………………………………… (22)
四、体育社会分层问题………………………………………………………… (23)
第二章 我国体育人口研究热点及评述 ……………………………………… (25)
第一节 体育人口理论研究 …………………………………………………… (25)
一、体育人口概念研究………………………………………………………… (25)
二、体育人口分类研究………………………………………………………… (27)

三、体育人口评定标准研究 …… (29)
四、体育人口测度指标研究 …… (30)
第二节　体育人口实证研究 …… (31)
一、体育人口现状研究 …… (31)
二、体育人口结构研究 …… (35)
第三节　体育人口研究评述 …… (38)
一、体育人口理论研究评述 …… (38)
二、体育人口实证研究评述 …… (39)
三、社会阶层与体育人口结构评述 …… (39)
第三章　福建省城乡居民体育人口实证研究(总论) …… (41)
第一节　导言 …… (41)
一、研究背景及目的意义 …… (41)
二、调查对象 …… (44)
三、研究方法 …… (44)
四、调查对象样本的分布及特征 …… (45)
第二节　福建省城乡居民闲暇生活方式及健康状况 …… (46)
一、福建省城乡居民闲暇生活方式选择总体特征 …… (47)
二、福建省城乡居民闲暇生活方式选择的人口统计学变量特征 …… (49)
三、福建省城乡居民家庭消费和家庭经济状况 …… (56)
四、福建省城乡居民健康状况 …… (58)
五、福建省城乡居民健康意识 …… (62)
六、小结 …… (63)
第三节　福建省城乡居民体育人口状况 …… (64)
一、福建省体育人口总体情况 …… (65)
二、福建省城乡居民体育人口的人口统计学特征 …… (65)
三、福建省城乡居民体育人口体育行为与动机 …… (72)
四、小结 …… (78)
第四节　福建省城乡居民不参加体育活动状况 …… (80)
一、福建省城乡居民体育经历中断的年龄特征 …… (80)
二、福建省城乡居民体育经历中断的原因 …… (81)
三、福建省城乡居民恢复体育参与的预期 …… (83)
四、福建省城乡居民参加体育活动者认为必须解决的问题 …… (85)
五、福建省城乡居民对群众体育工作的要求和愿望 …… (86)
六、小结 …… (87)

第五节　福建省体育人口增长的对策 …………………………… (88)
一、充分利用北京奥运会对推动全民健身的综合效应，构建体育生活化平台…………………………………………… (88)
二、推进“全民健身工程”建设，提升政府体育公共服务水平 ………… (89)
三、突出“科学健身”理念，提高全民健身活动科学化水平 ………… (89)
四、树立“社会公正”理念，促进城乡体育一体化的发展 ……………… (89)
五、加大公共体育投入和体育资源整合，实现社会成员共享社会发展成果……………………………………………… (90)
六、推进社会体育指导员队伍建设，发挥社会体育指导员组织和指导作用…………………………………………… (90)
七、改革体育社团管理体制，推进体育社团社会化、实体化进程……… (90)
第四章　社会分层视野下福建省城镇体育人口特征 ………………… (91)
第一节　社会分层理论 ………………………………………… (91)
一、社会分层的理论基础……………………………………………… (91)
二、社会阶层划分的标准……………………………………………… (92)
三、阶层划分的操作化定义…………………………………………… (92)
第二节　福建省城镇体育人口的结构现状 ………………………… (96)
一、福建省城镇体育人口自然结构…………………………………… (96)
二、福建省体育人口的社会结构……………………………………… (99)
三、小结 …………………………………………………………… (104)
第三节　福建省城镇体育人口的阶层分布现状…………………… (104)
一、福建省城镇体育人口的阶层分布 ……………………………… (105)
二、福建省城镇不同性别体育人口的阶层分布 …………………… (105)
三、福建省城镇不同年龄段体育人口的阶层分布 ………………… (106)
四、小结 …………………………………………………………… (108)
第四节　影响福建省城镇体育人口形成因素的二项 Logistic 回归分析………………………………………………… (109)
一、二项 Logistic 回归分析概述 ………………………………… (109)
二、二项 Logistic 回归中的虚拟变量及其回归系数的含义 ………… (110)
三、影响福建省城镇体育人口形成因素的二项 Logistic 回归分析 … (112)
四、小结 …………………………………………………………… (117)
第五节　影响福建省城镇各阶层体育人口形成因素的二项

Logistic 回归分析 …………………………………………………… (118)
一、影响福建省下层体育人口形成因素的二项 Logistic 回归分析 …………………………………………………… (118)
二、影响福建省中下层体育人口形成因素的二项 Logistic 回归分析 …………………………………………………… (119)
三、影响福建省中层体育人口形成因素的二项 Logistic 回归分析 …………………………………………………… (121)
四、影响福建省中上层体育人口形成因素的二项 Logistic 回归分析 …………………………………………………… (122)
五、小结 …………………………………………………… (122)
第六节 福建省城镇各阶层体育人口的结构…………………… (122)
一、福建省各阶层体育人口的分布情况 …………………… (123)
二、福建省各阶层体育人口的性别结构 …………………… (124)
三、福建省各阶层体育人口的年龄结构 …………………… (124)
四、小结 …………………………………………………… (125)
第七节 福建省城镇各阶层体育人口的体育行为特征………… (126)
一、福建省各阶层体育人口的体育活动内容特征 ………… (126)
二、福建省各阶层体育人口的体育活动场所特征 ………… (127)
三、福建省各阶层体育人口的体育活动方式特征 ………… (129)
四、小结 …………………………………………………… (129)
第八节 福建省城镇各阶层体育人口参与体育活动的动机特征……… (130)
一、福建省各阶层体育人口参与体育活动的内在动机 …… (130)
二、福建省各阶层体育人口参与体育活动的外在动因 …… (131)
三、小结 …………………………………………………… (132)
第九节 福建省城镇体育人口结构性增长的对策……………… (133)
一、兼顾公平与效率,合理配置社会体育资源………………… (133)
二、构建多层次的体育需求体系,满足不同阶层的体育文化需求…… (133)
三、以下层中青年人群为突破口,有效提高底层体育人口比例……… (134)
四、提高女性体育人口比例,消除体育人口在性别结构上的差异…… (134)
第五章 新农村建设进程中福建省农村体育人口特征………………… (135)
第一节 社会主义新农村建设的时代背景与意义……………… (135)
一、我国关于建设社会主义新农村的历史回顾 …………… (135)

二、社会主义新农村建设的时代背景 …………………………………… (136)
三、社会主义新农村建设的意义 ………………………………………… (139)
四、建设社会主义新农村的目标和内涵 ………………………………… (141)
第二节　社会主义新农村建设与农村体育发展的关系……………………… (143)
一、新农村建设是农村体育发展的机遇 ………………………………… (143)
二、农村体育的发展对新农村建设的价值 ……………………………… (145)
第三节　新时期我国农民体育发展的特征…………………………………… (147)
一、滞后性 …………………………………………………………………… (147)
二、民俗性 …………………………………………………………………… (150)
三、季节性 …………………………………………………………………… (151)
四、分散性 …………………………………………………………………… (151)
五、娱乐性 …………………………………………………………………… (152)
第四节　新农村建设中福建农民闲暇生活方式与健康状况的评价…… (152)
一、福建省农民闲暇生活方式选择特征 ………………………………… (153)
二、福建省农民喜爱的闲暇活动内容及空间 …………………………… (154)
三、福建省农村居民日常生活消费以外的主要消费结构 ……………… (156)
四、福建省农民健康状况 ………………………………………………… (157)
五、福建省农民健康意识 ………………………………………………… (160)
六、小结 ……………………………………………………………………… (161)
第五节　新农村建设中福建农村体育人口的特征………………………… (161)
一、福建省农村体育人口的总体情况 …………………………………… (162)
二、福建省农村体育人口的统计学变量特征 …………………………… (162)
三、福建省农村体育人口活动项目选择的特征 ………………………… (165)
四、福建省农村体育人口活动场所选择特征 …………………………… (166)
五、福建省农村体育人口活动组织化程度特征 ………………………… (167)
六、福建省农村体育人口的体育活动动机 ……………………………… (168)
七、影响农民不参与体育锻炼的因素 …………………………………… (170)
八、小结 ……………………………………………………………………… (171)
第六节　新农村建设进程中农村体育发展对策…………………………… (172)
一、创新农村体育公共产品供给制度 …………………………………… (172)
二、建立新农村农民体育发展的长效机制 ……………………………… (176)
第六章　女性主义视野下福建女性体育人口特征………………………… (179)

第一节 关于女性主义……(179)
一、"女性主义"概念的界定 ……(179)
二、女性主义运动 ……(180)
三、女性主义流派 ……(185)
四、中国女性主义研究 ……(190)
第二节 体育与女性主义……(191)
一、体育中的女性体育 ……(191)
二、体育运动与女性主义 ……(194)
第三节 中国女性地位与中国女性体育发展……(195)
一、中国女性地位的历史背景 ……(195)
二、中国女性文化地位的历史特征 ……(196)
三、当代中国女性地位的社会变迁 ……(198)
四、当代中国女性体育的发展 ……(200)
第四节 福建省女性闲暇生活方式及健康状况……(201)
一、福建省女性闲暇生活方式的选择 ……(201)
二、福建省女性闲暇时间的分配 ……(202)
三、福建省女性最喜爱闲暇活动方式的选择 ……(203)
四、福建省女性日常生活消费以外的主要支出特征 ……(205)
五、福建省女性的健康状况 ……(206)
六、福建省女性保持身体健康手段与方法的选择 ……(208)
七、小结 ……(212)
第五节 福建女性体育人口的特征……(213)
一、福建省女性体育人口调查样本的人口统计学结构 ……(213)
二、福建省女性参与体育活动的总体状况 ……(216)
三、福建省女性体育人口的体育活动项目特征 ……(217)
四、福建省女性体育人口的体育活动场所特征 ……(223)
五、福建省女性体育人口的体育活动组织形式特征 ……(228)
六、福建省女性体育人口体育锻炼的目的与动机特征 ……(232)
七、影响福建省女性不参与体育锻炼的主要因素 ……(237)
八、福建省女性参与体育锻炼的预期情况 ……(241)
九、小结 ……(242)
第六节 女性主义视野下女性社会体育发展对策……(244)

一、将社会性别纳入决策主流，建立健全两性平等的体育法律法规 …………………………………………………… (244)
二、创造平等、公平、和谐的性别环境，促进性别文化的进步………… (244)
三、提高女性教育程度，提升女性人力资本………………………………… (245)
四、促进家务社会化和现代化，扩大女性自在自为空间…………………… (245)
五、营造体育健身文化的舆论与氛围，推进女性社会体育的发展…… (245)
六、建立健全体育组织网络，加大对女性体育的指导………………………… (246)
七、女性努力提高自我发展的主体意识，实现自为自发主体行为…… (246)
第七章　老龄化进程中福建省老年人体育人口的研究…………………… (247)
第一节　人口老龄化状况、趋势和影响 ………………………………… (247)
一、老年人的含义和类型 ………………………………………………… (247)
二、人口老龄化的含义、界定及内涵………………………………………… (248)
三、世界人口老龄化趋势及特征 ………………………………………… (249)
四、我国人口老龄化趋势及特征 ………………………………………… (250)
五、中国人口老龄化的社会经济背景 …………………………………… (252)
六、我国人口老龄化成因分析 …………………………………………… (253)
七、人口老龄化对中国社会经济发展的影响 …………………………… (254)
第二节　健康老龄化与老年人体育………………………………………… (256)
一、健康老龄化的概念与内涵 …………………………………………… (256)
二、老年体育对推进“健康老龄化”的作用 ……………………………… (257)
第三节　福建省老年人闲暇生活方式与健康状况的评价………………… (260)
一、福建省老年人调查样本的人口统计学结构 ………………………… (260)
二、福建省老年人闲暇生活方式与评价 ………………………………… (260)
三、老年人日常消费以外的主要消费支出 ……………………………… (262)
四、福建省老年人健康状况评价 ………………………………………… (263)
五、福建省老年人增进身体健康的手段与方法 ………………………… (264)
六、小结 …………………………………………………………………… (265)
第四节　老龄化进程中福建省老年体育人口的特征………………………… (265)
一、福建省老年体育参与者的基本情况 ………………………………… (265)
二、福建省老年人体育人口现状 ………………………………………… (266)
三、福建省老年人体育人口的体育活动项目特征 ……………………… (268)
四、福建省老年人体育人口的体育活动场所特征 ……………………… (271)

五、福建省老年人体育人口的体育活动组织形式特征 …………………… (273)
六、福建省老年人体育人口的体育锻炼动机 …………………………… (274)
七、影响福建省老年人不参加体育锻炼的因素 ………………………… (276)
八、福建省老年人体育锻炼预期 ………………………………………… (277)
九、福建省老年人对社区体育工作的期望 ……………………………… (278)
十、小结 …………………………………………………………………… (280)
第五节 实现“健康老龄化”老年体育发展对策…………………………… (281)
一、树立代际公正理念 …………………………………………………… (281)
二、完善相关体育法规制度 ……………………………………………… (282)
三、完善老年体育的管理机制 …………………………………………… (282)
四、促进老年体育健身的社区服务化 …………………………………… (282)
五、加强老年体育指导员队伍和志愿者队伍建设 ……………………… (283)
六、丰富老年体育活动内容,增强全民健康老龄意识………………………(283)
七、推动老年体育管理科学化、规范化和系统化进程…………………… (283)
参考文献……………………………………………………………………… (285)
后 记……………………………………………………………………… (294)

第一章　社会发展与社会体育发展

第一节　社会发展的定义辨析

“社会发展”是20世纪60年代以来国际社会使用最频繁的术语之一。特别是自1995年3月6日—12日在丹麦哥本哈根举行的联合国社会发展首脑会议以来，更促进了社会发展意识在全球的普及，人们日益关注社会发展问题。尽管人们广泛地使用“社会发展”这一术语，但对这一术语的含义却缺乏普遍的定义，人们只是在不同广度和深度上使用社会发展概念。

第一，在最微观的意义上，人们通常把“社会发展”等同于社会工作(social-work)，即社会发展是一种社会福利性的专业服务工作，它通过政府、非政府组织和个人兴办的社会福利事业，运用一整套专门的科学知识、方法和技术，来预防和解决人们及社会的各种问题，启发协助人们发挥自己的最高潜能，从而恢复和改善社会功能，调整社会关系，维护和巩固社会秩序，促进公民的社会福利。美国弗兰克・派瓦(Frank Paiva, 1977)、约翰・琼斯和拉马・潘迪(John Jones and Rama Pandey, 1981)、丹尼尔・桑德斯(Daniel Sanders, 1982)所发表的该领域的早期著作都是这种影响的产物，为社会工作领域里社会发展途径的形式作出了重要贡献。虽然社会工作者试图倡导社会发展观，但许多人对社会发展的定义非常抽象、理想化。如萨利马・奥默(Salima Omer, 1979)所给的定义就说明了这个问题。她将社会发展描述为一种过程，旨在“实现社会中融合的、平等与统一的社会与经济发展”，并且能够“体现人类尊严、平等与社会正义”的价值观念。她指出：社会发展是全方位的、国际范围的、跨学科的、跨部门的和跨区域的，其目标是“创造致力于实现世界和平与全人类进步的人道性社会”(1979)。依据这种理解，人们认为社会发展主要包括社会福利、社会保障、社会参与、社会服务、社区建设、解决社会问题，对特殊社会群体如妇女、儿童、老年人和残疾人的保障和照顾，等等。①

第二，在中观的意义上，人们把除了经济以外的社会领域和社会变迁都理解为社会发展内容。社会发展，是一项浩大的系统工程，它包含的内容极其丰富，直接关系到每个公民的工作、学习和生活的各个方面，同所有社会成员的切身利益息息相关。仅就工作领域看，社会发展的内容就包括：人口控制与计划生育，科学教育事业，社会保障事业，缩减贫困，就业与人力资源开发利用，城市化与农村劳动力转移，生态环境与资源的保护，卫生保健事业，文化艺术，广播影视、新闻出版、体育娱乐事业，城乡公共设施建设，社会参与与社区建设，民主与法制建设，公共安全与预防犯罪，以及对妇女、儿童、老年人、残疾人等社会群体的保护，等等。正基于这个原因，许多国家的社会福利部都改变名称，现在都叫社会发展部。

第三，从最广泛的意义上理解社会发展，认为社会发展是包括经济、政治、文化、环境等全部社会现象和社会活动的大体系，即包括物质文明与精神文明的全部内容。今天，理论界和政策界许多人在思想上已认识到发展不仅仅是经济发展问题，还应包括政治、文化、环境等诸多内容。在“经济发展是社会发展的手段、条件、基础，社会发展是经济发展的宗旨、目的”这一点上也达成了共识。这种理解不但日趋符合社会发展的实际过程，也有益于人们制定促使经济发展与社会发展内在统一的政策。②

根据这些定义，社会发展已经成为一个伞形术语，而且越来越成为世界共识，它不但日趋符合社会发展的实际过程，还有益于人们制定促使经济发展与社会发展内在统一的政策。1995 年 3 月在丹麦首都哥本哈根召开的世界发展首脑会议上将以人为中心提高到发展观的高度，会议通过的《宣言》和《行动纲领》指出“社会发展是全世界各国人民的中心需要和愿望，也是各国政府和民间社会各部门的中心责任”，社会发展是“以人为中心”，社会发展的最终目标是改善和提高全体人民的生活质量，“人民是从事可持续发展的中心课题”。

---

① 詹姆斯·米奇利著，苗正民译.社会发展——社会福利视角下的发展观[M].上海：格致出版社、上海人民出版社，2009，36。

② 孟宪忠.论“社会发展”概念[J].吉林大学社会科学学报，1995，(2)：79、80。

第二节　社会发展的特点

一、社会发展过程与经济发展密切相连性

社会发展最显著的特点是将社会与经济发展相联系，社会发展旨在明确地融合社会与经济过程，并将这两者看作是一个动态发展过程的有机构成部分。在发展过程中，社会发展与经济发展构成了一枚硬币的两面。没有经济发展也就没有社会发展，而经济发展如果没同时改善整体人口的社会福利，也就毫无意义。

社会发展固然是由经济、政治、文化等众多领域整体发展的过程，但经济始终具有中轴和枢纽性的地位。无论是古代政治，还是现代政治，切近大众民生的经济理论始终是政治议程中的核心议题，其他议题都必须服从于经济议题。就文化领域来看，知识生产服务于经济生产，它始终有着强烈而浓厚的民生关怀，五彩缤纷的文化现象本质乃是以民生关怀为中心的经济现象。当然，必须指出的是，社会发展中的“经济发展”并不是在经济学意义上的“以最低成本获得最大利润”的狭隘经济，而是在生存意义上的人与自然、人与人之间的原初本质关联，它不以利润为本位而是以人的发展为本位，它使经济成为属人的经济，使存在成为属人的存在。正是在这个意义上，大自然才不单是利润追逐的对象——“资源”，更是人类生存的家园，人不仅是实现利润的工具，更是彼此共享存在意义的主体，这两者都是原初本质、不可偏废。[①] 综观几十年国际社会的发展理论和实践，人们对社会目标的选择与确定，经历一个从追求单一的经济增长、经济发展到多目标的综合过程，从以物为中心的发展到以人为中心的发展转变过程，也即经历了一个由经济增长为发展的主要目标的“经济发展论”到以人的发展为主要目标和核心的“综合发展论”的转变过程。正如马克思所言：“非对象性的存在物是非存在物”，而“人只有凭借现实的、感性的对象才能表现自己的生命。”[②]

---

① 王晶雄，王善平．社会发展：反思与超越——马克思主义社会发展理论研究[M]．上海：学林出版社，2008，59、60。

② 马克思，恩格斯．马克思恩格斯全集[M]．北京：人民出版社，2002，324、325。

二、社会发展的整体性

人类社会是由各种社会关系构成的。因此，人类社会的发展从某种角度来看就是社会关系的发展。社会关系主要包括社会的经济关系、政治关系和思想文化关系，这些关系对象为社会结构，决定了社会的有机体主要是由经济、政治和思想文化这三个方面构成的，而社会结构的发展必然要去协调发展、整体发展，这就决定了社会的发展是社会经济、政治和思想文化的整体发展。社会有机体是马克思主义社会发展理论的逻辑起点。历史唯物主义认为，人类社会生产是由物质生产、人类自身生产和精神生产共同组成的一个有机整体结构系统。其中，每一个生产都是这个有机系统中不可缺少的方面。社会有机体就是在这三种生产的相互依存、相互作用、相互渗透、相互转化的过程中存在和发展的。社会有机体的三种生产结构系统具有整体性、协同性、有序性、自调性和转换性等功能。[①] 可见，社会是一个相互联系的整体。在一个社会系统内部，任何一种要素都不能单独发生作用，而是通过与其他要素相互关联而起作用，诸多要素的相互作用构成了社会的整体功能，而社会的整体发展过程中，各要素的力量在动态中保持相对平衡和协调发展。由此，在这个整体中，每一种因素的消长都应有利这一个整体结构的优化、稳定与发展，都有自己运作的尺度与规范，而每一因素都要在整体的发展中活动。另一方面，人类社会作为一个系统整体，不但要求各种要素的变化有章可循，而且将各种交往制度与规范整合为一个协调的制度体系，以对整个社会有机体系统实施调节，从而保证自身的稳定、优化和发展。“历史是这样创造的，最终的结果总是许多单个的意志的相互冲突中产生出来的”，[②]人类社会的发展是各种条件、各种因素相互作用的结果，“相互作用是事物的真正的终极原因”。因此人类社会的发展是各种合力互相作用的结果。

三、社会发展成果的共享性

成果的共享应当是当今社会发展的基本目的，是社会公正的基本价值取向之一，也是现代社会发展的突出特征。就是说，随着社会发展进程的推进，每个成员的基本尊严和基本生存条件能够得到维护和满足。这是“共享”最为初级

---

① 王晓林.社会发展机制优化论——关于现代社会发展机理的一种建构性研究[M].北京:中央民族大学出版社,2007,44。

② 马克思,恩格斯.马克思恩格斯选集第4卷[M].北京:人民出版社,1995,697。

的、基础性、也是最起码的内容。其一，任何一个层面上的社会成员的基本生存和基本尊严如果得不到必要的保证，那么，这就意味着整个社会的尊严受到了损害，同时也意味着社会没有很好履行好自己最起码的职责。其二，每个社会成员的基本发展条件能够得到保证。唯有如此，每个社会的潜能才能得到开发，社会才能够实现真正的平等和有效合作，社会发展才能够获得不断的推动力量。其三，每个社会成员的生活水准和发展能力能够在社会经济发展进程的推进中而不断得以提升。从一定意义上讲，这是人人共享社会发展成果的完整体现。在现代社会和市场经济条件下，社会群体之间、社会成员之间在财富的占有力量方面不可能是平等的，但是社会完全可以通过税收、社会保障等种种社会调剂方式消除过大的贫富差距，使相对低收入以及一般收入社会群体的生活水平能够同社会发展的总体水准保持一种同步的关系。①

由此，社会成员共享社会发展的成果，既是现代文明的标志，也是现代化进程中的客观要求。首先，社会发展的“共享”，可以提升社会的合作程度，增强社会的整合程度。单个的个体人是无法生存和发展的。一方面，人们需要合作，每个社会成员只有在社会合作中才能得以生存和发展；另一方面，既然同属一个社会，那么，每一个社会成员都应当对社会负有一定的责任。同样社会对每一位社会成员也负有不可推卸的责任和义务。其次，普遍开发社会成员的潜能，实现每个人的全面发展。实际上这也是一个充分开发社会人力资源的问题。对于一个社会来说，社会成员的潜能开发得如何，将直接影响着这个社会持续性的动力，同时也事关这个社会发展的整体质量。再次，实现社会的安全运行，一个没有群体差别或者是群体差别过小的社会不是一个正常的社会，然而，一个强势群体同弱势群体界限过于分明、两者严重对视的社会也不是一个健康的社会。因此，通过社会发展成果的共享，可以建立现代社会所必不可少的社会保障制度和社会政策体系，有效地缩小贫富差距，大幅度地减少弱势群体的人数，从而将社会问题控制在一定的安全范围内，增大社会的稳定程度，使社会处在一种安全运行的状态之中。当然，就中国目前的现实社会，谈论社会发展成果的共享这一问题，是有其特定的前提条件，也即是以大力发展生产力为必要前提，“共享”必须以“共创”为前提条件，以承认社会成员之间合理的差距为前提条件。② 应当指出的是，要实现社会发展成果的共享，政府负有最主要的责任。由于共享是社会行为，所以必须通过立法及政府行为，通过制定系统的社会政策等来推进和完成。其中政府是社会公共权力的执行者，因此，共享社会发展成果必须通过政府的组

① 吴忠民．走向公正的中国社会[M]．济南：山东人民出版社，2008，27。

② 高燕宁，卢萍．当代中国社会发展概论[M]．北京：人民出版社，2005，65、66。

织、导向、协调来给予具体实现。

四、社会发展过程的动态性

过程概念是社会发展之关键。通用字典上的定义表明：发展是一种增长、变化、演变或流动的过程。“发展”一词就清楚地包含了一种积极变革的感觉。可见社会发展是一个动态概念，它能唤起一种过程感，包含明确的增长与变革观念。[①] 这种动态过程包含三个方面：第一，社会发展力图改变一个预先存在的状态。因为要探讨社会发展方面的理论性问题，首先得分析社会发展力图改变的预先存在的社会状况，这样才能使我们围绕预先存在的状态或状况的性质而提出不同的观念。其次，我们审视针对这种预先状况原因而提出的各种解释。最后，我们针对改变这种状况的必要性而提出的不同观点。许多社会学家用“欠发展”这一术语来表示社会发展旨在改变的初始性预先存在状况。这一术语被用于各种场合，它被用来表示经济与社会匮乏区域，也用来描述整个国家，而且，也被用来描述国家的某些群体，或现代世界的某些整体区域。由此，“欠发展”是社会发展预先存在的一种样态和表征，对欠发展状况原因的分析，以及改变这种状况必要性的探讨是社会发展过程的一个必要过程。第二，社会发展包括变革过程本身。因为对过程性社会发展需要审视和实行为实现社会发展目标而采纳和执行的各种不同的实践项目、政策与方案，也即社会发展战略。由于当今的社会发展被定义为一种进步的过程，由此社会发展战略制定和实施不仅具有时间和实践维度，而且具有明确的进步思想和变革观念，以及包含为达到变革目标而实行的干预手段等变革本身的过程。第三，社会发展过程包括社会发展目标实现后的最终状态。国内外许多研究者都将社会发展看作是一个过程，最后达到理想的终极状态。然而这种“终极状态”是一种具有历史维度的相对性特征，随着历史的进展，这种“终极状态”还会不断演变，它体现一种持续变革和持续进步过程。

五、社会发展的实践性

社会发展的本质是社会实践。因而，从实践的角度讲，社会发展可概括为是人类通过改造世界（客观世界和主观世界）的活动满足自身不断提升的种种需要

---

① 詹姆斯·米奇利著，苗正民译. 社会发展——社会福利视角下的发展观[M]. 上海：格致出版社、上海人民出版社，2009，36。

的实践进程。马克思指出："全部社会生活在本质上是实践的。凡是把理论引向神秘主义去的神秘东西，都能在人的实践中以及对这个实践的理解中得到合理的解决。"①这表明，实践和社会有机体及其运动发展在本质上是统一的。可以这样说，社会实践是人类社会这一特殊物质系统的存在方式和活动方式。人类社会就是在社会实践这一存在方式、活动方式中，世代延续、生存和发展的。离开实践，人类社会就不会存在，当然也谈不到社会历史及其发展。社会发展是人的实践活动在时间中的展开。而社会实践则是人类社会得以发展、进步的实现机制，它构成了社会发展的永恒动力。② 实践之外没有社会生活，实践之外也没有社会发展。社会发展史与自然史、主体与客体始终内在相关，为实现人类生命存续，人们必然存在于对象性的生产实践关系中，同时，还必须通过代际传承与同代间合作来彻底解决人与自然间和人与人之间的紧张关系。由此，从本体论的维度来看，实践是社会发展生成的前提和基础。此处的本体即是对以上社会发展何以存在，何以发生的前提与基础的预先状态的追问；其次，从社会发展的辩证法的内在逻辑来审视，实践活动的深化与拓展推进社会发展整体性变迁，促进着人的生活世界不断丰富，使人的生活解放向未来历史性地敞开。也就是说，历史离开实践就会停滞不前乃至消亡，人们只有通过实践才能得到全面自由的发展；再次，从社会发展过程认知的角度来看，社会发展过程中一切现象，包括物质层面和精神层面的现象，其生成、嬗变的终极根据无不系于实践，其真正的症结均可从实践中得以说明，都只能通过社会发展过程中的物质实践的深入探究才能获得最终的本质揭示。③

六、社会发展的时代性

马克思指出，生活的历史"不外是各个时代的依次交替。每一代都利用以前各代预留下来的材料、资金和生产力；由于这个缘故，每一代一方面在完全改变了的环境下继续从事所继承的活动，另一方面又通过完全改变了的活动来变更旧的环境"。④ 在此，表明社会发展的历史是历史本身再创造、再生产，不断得以延伸与拓展、丰富与提升的过程。与自然演化观相比，社会发展观具有明显的时代性。同时，社会发展、进步的内容是具体的，它在不同的历史时代具有不同的

① 马克思，恩格斯．马克思和恩格斯选集第1卷[M]．北京：人民出版社，2006，56。

② 邱耕田．社会发展范畴释义[J]．天津社会科学，1999，(5)：48。

③ 杨楹．马克思生活哲学引论[M]．北京：人民出版社，2008，16。

④ 马克思，恩格斯．马克思和恩格斯选集第1卷[M]．北京：人民出版社，2006，88。

特点，在此时代是进步的东西，在彼时代就可能会变为落后或反动的东西。因此，社会发展，总是同特定时代的历史条件、历史特点相联系的，社会发展在一定的时代、一定的地区也只能达到一定的规模、水平，只能满足人们某些方面的、一定程度的需求，这是社会发展相对性的一面。然而，每一特定时代的社会发展、进步又是整个社会进步链条中的一个环节、一个阶段，它本身就是整个社会进步的组成部分，社会的发展、进步就是通过前后相继的特定时代的进步体现出来的，特定时代的进步都表现着社会进步的基本趋势。“人类的历史，就是一个不断地从必然王国向自由王国发展的历史。”从历时性角度看，人类社会的发展是连续性与非连续性的统一。所谓连续性，是指承前启后的持续性、代际相传性。所谓非连续性是指人类的历史是世世代代的人们连续不断的实践活动创造的，因而，社会发展就如同那滔滔不息、日夜奔流的大江大河一样，也呈现出了绵延不绝、永远向前的时代趋势。

七、社会发展的干预性

马克思指出：“哲学家们只是用不同的方式解释世界，而问题在于改变世界。”①可见，人的世界就是人的本质，改变世界实质就是解决社会关系的深层矛盾，就是实际地否定束缚人的自由与发展的社会关系，就是提升人的本质，实现人的历史性解放。在马克思看来，人类社会的发展与自然界的发展具有明显的差别，自然界的存在是自发的、盲目的、不自觉的，而人类社会的发展是通过有意识、有目的、有激情的人来实现的，是通过人的自觉活动——实践来实现的。人既是历史的“剧作者”，又是历史的“剧中人”。因此，从这个意义上来说，社会的发展不仅不是纯粹的自然演变过程，而是在人的影响和干预下生成的过程，是合规律性和合目的性的统一，是自在和自为的统一。

社会发展充分致力于干预性原则。所有社会发展思想家都认为可以通过直接行动来改良社会，并认为只有通过政府机构、决策者、规划者和行政官员才能最好促进社会发展，这种信念构成了社会发展的国家主义途径的基础。国家主义途径在20世纪的发展中起到关键作用。通过政府规划能促进经济增长与社会福利的思想在许多国家得到发挥，既表现在西方自由民主的国家，也表现在中央性计划的社会主义国家和第三世界国家。历史地看，在社会发展致力于干预性的规划、政策的国家和地区，都在不同程度促进该国或地区的经济增长、改善环境、福利与平等、贫困、弱势群体，以及可持续发展的问题。

---

① 马克思，恩格斯. 马克思和恩格斯选集第1卷[M]. 北京：人民出版社，2006，61。

八、社会发展的代价性

一般而言，人们往往把社会发展理想化，总是赋予发展以进步的含义，认为社会发展必然带来社会的进步、繁荣和文明程度的提高。社会发展确实有其进步的一面，但理论和事实都表明，社会发展总是要以付出代价为前提的。所谓发展代价，是人类为求得社会进步而作出的一种付出或一种投入、一种牺牲或一种损失，以及为实现社会进步所必须承担的消极后果。社会发展的代价问题，既是一个历久弥新的老课题，也是一个众说纷纭的大难题。代价问题无可回避，它既规定着社会发展的道路与空间，又规定了社会发展的边界和底线。从辩证的角度来看，一方面，“代价”是社会发展的坐标和指南，它是社会发展中的反馈性、警示性、促进性因素，它既标示出现有发展模式的弊端，也预示了新发展模式的可能性路径，代价以否认的形式蕴涵了进一步发展的目标，从而使社会始终处于日新月异的动态进步之中。另一方面，“代价”是社会发展的原动力和牵引力。代价与进步是社会发展内部固有的重要矛盾，双方互相排斥、互相联结，推动社会不断向前发展。从这个意义上说，发展与代价之间具有不可通约的对立性，同时也具有统一性的一面，这就构成发展与代价之间的不可剥离性。因此，概况地说，“代价”乃是社会发展的内在环节，它最终根源是社会发展的不确定性、历史的局限性和人自身的局限性，它既是社会主体为了实现特定的发展目标而必须承受的必然损失，也是衡量社会发展之合理性与绩效性的价值尺度。[①] 但是，代价有必然的代价和非必然的代价之别，这就要求我们在追求发展的过程中，明确把握代价的必然性与非必然性的差异。社会的发展既不能不付出必然的代价，又不能付出非必然的代价，这就要求我们在追求社会发展的过程中，明确把握代价的必然性与非必然性的差异，从而达到弱化、减少，甚至杜绝非必然性代价的目的，实现代价最小化的原则。[②] 由此，把握代价付出的合理尺度，即对代价的合理调控便成为社会发展过程中题中应有之要义。

---

① 王晶雄，王善平. 社会发展：反思与超越——马克思主义社会发展理论研究[M]. 上海：学林出版社，2008，220。

② 杨楹，张禹东. 生活哲学——探究中的马克思主义哲学[M]. 北京：社会科学文献出版社，2004，442、443。

第三节　社会发展的价值维度

人是社会的人，社会是人的社会。“人是全部人类活动和全部人类关系的本质、基础……创造这一切、拥有这一切并为这一切人类关系而斗争的，不是‘历史’，而正是人，现实的、活生生的人。”①所以，在唯物史观看来，人是人类社会存在和发展的基本条件，没有人，社会发展就无从谈起，这是问题的一方面。另一方面，社会的发展是为了人的发展，未来社会是“以每个人的全面而自由的发展为基本原则的社会形式”。② 所以，社会的发展必须以人的发展为归属，“以人为本”应该成为社会发展的基本价值维度。

社会本身就是一个处于社会关系中的人本身。具体来说，首先人的出现与社会的产出是一致的。如果说社会是复杂的活生生的有机体，那么每个现实的人就是它的一个细胞，二者互为前提，互为依赖；其次，人的活动与社会结构的形成、变化是统一的。生产力是人的自主活动的能力，生产关系是人们在生产活动中不断生产和再生产出来的社会关系；再次，社会的本质与人的本质是一致的，这种一致的基础是实践。人的本质是真正的社会联系，是一切社会关系的总和，而这种社会联系或社会关系是在实践中建立起来的。同时，人又是社会发展的主体。社会发展是为了满足人的需求而发展的。社会之所以要发展，从最根本上说是为了满足人类的需求，而人类需求的多样性、丰富性则要求社会获得综合、全面的发展。可以说，正是由于人类需求的无限递增和不断再生性，才导致了人类对社会发展的无限追求。因此，对人类生存和发展需要的现实满足度便成为衡量一个社会发展的根本价值尺度。

在社会发展过程中，人类在取得物质文明辉煌成就的同时，社会内部人与人、人与自然之间关系的紧张却不断加剧，如物欲膨胀、对大自然无节制的掠夺式的开发、环境污染、资源耗竭等，面对这些问题，从20世纪末开始，人们对社会发展观进行了重新反思。人类深刻感知到单纯的经济发展不等于社会的发展，社会的发展要求社会非经济因素相应地发展。以此为基础，到20世纪90年代，形成了以人的全面发展为目标的新的社会发展观。这种新的发展观认为，社会发展应以满足人们的各种需要为目标，只有实现经济和社会的协调发展，才能提

① 马克思，恩格斯.神圣家族[M].北京：人民出版社，1982，118。

② 马克思，恩格斯.资本论[M].北京：人民出版社，1975，649。

供个人全面发展所需的生存资料、享受资料和发展资料，提供给人全面发展的条件和环境。新的发展观把满足人的需求作为价值取向的中心，把人类的自我发展放到经济社会发展的中心的位置上，是面向人类追求真善美统一境界的发展观。以人为本，无论是在中国还是西方，都是一个源远流长的重要思想。然而，究竟什么是"以人为本"？从唯物史观的视域来看，"以人为本"概其要义，主要包含两个基本点，其一，"以人为本"中的"人"是"现实的人"、"具体的人"，而不是抽象的人，这种现实的人具有多方面的属性并且生活在现实的社会关系之中，其本质是由"社会关系的总和"所规定。其二，这里的"本"不是"本原"、"本体"，而是指"根本"，在实际工作表现为"目的"、"中心"。所以"以人为本"主要是人们思考问题的一种思维方式、价值取向和工作方法。唯物史观视域中的"以人为本"，主要是指社会发展要以现实社会中的最广大人民群众的根本利益作为思考问题的出发点和归宿点，由此，它可以成为社会发展的理念。

联合国教科文组织对"以人为本"的社会发展理解为：①由人自己并为自己完成的发展过程；②发展过程自始至终都要关心人的命运和改善；③发展过程只能是一个开放的过程；④每个国家的发展都应当按照自己的愿望来确定方向；⑤不仅应关心人的本性的各个方面的平衡和人与人之间关系的和谐，而且也应该重组人与自然的和谐；⑥以各国人民的互利为目标的富有成效的合作：真正与持久的发展是全球性的（阿卜杜勒·马利克，1990）。由是，人是社会发展的主体，是社会生产力的基本要素和社会发展中最活跃、最积极的因素，人的发展是社会发展的终极目标，其他发展都是在为人的发展创造条件和机会，而社会发展也必须以人为动力，以人的参与为前提，以人的素质为保证。

有鉴于此，以人为本的社会发展价值维度应包括三个基本要点：第一，确立人在社会中发展中的主体地位。人是社会发展的价值主体，人是社会发展的设计者、参与者和实践者，人既是"剧作者"又是"剧中人"，人根据自己的需要改造自然、改造社会，改造人与人、人与社会之间的关系，从而推动社会的发展。第二，确立一种思维方式和价值取向。要求人们在思考问题的过程中确立人的尺度，把尊重人、理解人、爱护人、关心人、解放人作为一种取向落实到各项工作的实践中去。第三，确立人是目的的社会发展评价尺度。人的发展是社会发展的检验者，是社会发展的终极目标，社会发展是为了满足人的各种需要，保证人的自由全面发展。社会作为客体自己不能检验自己的发展，发展只能以人为标准。①

① 王晶雄，王善平. 社会发展：反思与超越——马克思主义社会发展理论研究[M]. 上海：学林出版社，2008，59、60。

第四节　社会发展的价值目标

社会发展的最后一个要素涉及就是社会发展目标。美国著名政治学家塞缪尔·亨廷顿认为，社会应该包括五大目标：增长、公平、民主、稳定、自主。可见社会发展目标不仅有物质状态的目标，还有观念性的目标。但由于社会发展是一种综合性发展论，涉及社会的各个领域，每个领域都有自己具体和理想物质社会发展目标。物质社会发展目标是错综复杂且多种多样的，这里的"多"不仅指社会发展领域的多样性，还指不同历史时期、不同民族、不同社会制度等社会发展目标选择的多样性。可见，这些具体和理想的社会发展目标是一个恢弘的体系，难以一一描述。本书所使用的社会发展目标主要是指观念性，即也称为价值目标。

人类思想史告诉我们，公正或正义如同自由与民主一样，是社会发展的核心价值目标。公正(与正义同义，英文为 justice)是人类社会具有永恒价值的基本理念和基本行为准则。"正义是社会制度的首要价值，正像真理是思想体系的首要价值一样。"①社会公正具有广泛的社会内涵，它是指用政治、经济、法律等手段，特别是通过社会政策来进行社会整合与调节，减缩存在于社会或社会成员之间的不平等和差异，促进人的全面进步和社会和谐发展，从而使所有的社会成员都享受到社会发展进步和进步的成果。② 正如以上所说的，社会发展的价值维度是"以人为本"的发展。这里的"人"是指绝大多数社会的成员，而不是少数的社会成员。因此，在社会发展的宗旨的层面上，应当以绝大多数社会成员的利益为基本着眼点。显然，以人为本理念的含义同公正具有直接的关系。公正的精髓是给予每个人他所应得。公正对于每一成员都具有首要的价值意义，而且，随着现代化进程和市场经济进程的推进，公正在社会发展的作用越来越凸显，越来越被赋予更多更新的含义与内容。

其一，公正理念视野下的社会发展目标，应该是一个人人共享、普遍受益的社会。人人共享、普遍受益的含义是，社会发展的成果对绝大多数社会成员来说应当具有共享的性质，即随着社会发展的进程的推进，每个成员的尊严应当更好

---

① 约翰·罗尔斯.正义论[M].北京：中国社会科学出版社，1988，1。

② 丛晓峰，刘溪.社会公共与社会进步若干问题研究[M].济南：山东人民出版社，2005，8。

得到保证，每个社会成员的潜能应当相应地不断得到提高，每个社会成员的基本要求应当相应地持续得到满足，其生活水准应当相应地得以不断的提高。正如恩格斯在其名著《共产主义原理》中所指出："把生产发展到能够满足所有人的需要的规模；结束牺牲一些人的利益来满足另一些人的需要状况；彻底消灭阶级和阶级对立；通过消除旧的分工，通过产业教育、变换工种、所有人共同享受大家创造出来的福利，通过城乡的融合，使社会全体成员的才能得到全面的发展。"①

其二，公正理念视野下的社会发展目标，应当是一个人人具有尊严的社会。人在脱离动物界而具有人的自我意识之后，人便有了人的种属尊严即"人的尊严"。人的种属尊严存在于每个人那里，是通过每个具体的社会群体、每个人具体的个人体现出来的。在现代社会和正在走向现代社会的国家，这种尊严更应当为每个人所有，应当为整个社会所重视。② 社会共同体中的每个成员都应当具有同样的尊严、同样的基本权利。如那些老、弱、病、残以及其他参与竞争失败者等，从伦理的观点来看，他们也应享有基本的生存、人格、自尊等权利。而如果当一个社会的基本制度存在缺陷的时候，某个社会群体、某些人甚至某个人的尊严受到践踏，那么我们整个人类的尊严也会受到践踏。因此，维护每个社会成员的尊严，是现代社会发展公正的基本功能和价值取向。

其三，公正理念视野下的社会发展目标，应当是一个平等、自由的社会。自人类社会发展以来，自由与平等就是哲学家们谈论的核心问题。寻求人"自由而全面发展"是马克思一生孜孜追求的目标。马克思指出："代替那存在着阶级和阶级对立的资产阶级旧社会的，将是这么一个联合体，在那里，每个人的自由发展是一切人自由发展的条件。"③在现代社会和市场经济条件下，每个社会成员都是一个具有自主意识和独立选择权的"自然人"，是一个同他人一样独立的个体人。在法律允许的范围内，每个成员是自由、自主和平等的。自由与平等这两个理念密切相关，难以分割。没有平等的自由，就像没有自由的平等一样，是不能想象的。如果说两者有什么区别的话，那就是，平等侧重于对个体基本种属的肯定和保护，而自由则侧重对个体所具有的个体差异的尊重和保护。显然，平等和自由是现代社会公正的最基本理念依据，也是社会发展目标的基本准则。

其四，公正理念视野下的社会发展目标，应当是一个机会平等的社会。社会发展机会平等目标，具体地说，就是每个公民都有机会参与社会经济活动，即权利的平等；在相同的竞赛规则下自由竞争，即竞争平等；个人按照其向市场提供

---

① 马克思，恩格斯.马克思和恩格斯选集第1卷[M].北京：人民出版社，2006，243。

② 吴忠民.社会公正论[M].济南：山东人民出版社，2004，4。

③ 马克思，恩格斯.马克思和恩格斯选集第39卷[M].北京：人民出版社，1974，189。

的生产要素的多少获得相应的资源与收入,即分配公平;在政治领域中,应是"一切人,或至少是一个国家的一切公民,或一个社会的一切成员,都应当有平等的政治地位和社会地位。"[①]即平等参与政治生活以及平等的发展权、工作权等的政治和社会平等以及法律评定平等。人人机会平等的理念和准则为社会发展过程中每个社会成员提供了发展的基本规则,从而激发现代社会发展的活力,提升社会进步的质量。

其五,公正理念视野下的社会发展目标,应该是一个具有完善调剂功能的社会。社会资源分配结构的不完善、市场经济的风险、家庭"遗传"优劣势的不同,以及个人在诸如禀赋、能力等自然条件和社会生活环境、机遇等社会条件方面诸种因素的存在将导致初次分配之后社会群体之间、社会成员之间在财富的占有方面不可避免存在着贫富差距过大,并进而导致社会成员生存与发展的具体处境的极不相同。立足社会的整体利益,立足社会责任,对于初次分配后的利益格局,社会发展的过程中,有必要进行调整,通过税收、社会保障、社会福利、大众教育等种种社会调剂方式消除过大的贫富差距,使社会成员能够普遍地得到发展所带来的收益,进而使社会成员的质量不断地有所提高,又提升整个社会的信任度和整合度。

第五节　当代中国社会发展的主要问题

改革开放以来,中国的社会经济取得了长足的发展,取得举世公认的成绩。但是一个明显的事实是,中国的经济发展与社会发展之间出现了不协调的情形,换言之,与经济发展相比,社会发展明显滞后。这突出表现为贫富差距过大,社会成员基本权利保障总体偏弱,主要群体的弱势化趋向明显,社会弱势群体社会保障体系严重滞后,等等。

一、贫富差距过大问题

在中国,过大的贫富差距已经成为一个比较突出的社会发展问题。这一点,通过基尼系数、城乡居民收入差距、地区之间居民的收入以及富裕群体所占的财富比例等可以比较清晰地显示出来。

---

① 马克思,恩格斯.马克思和恩格斯选集第3卷[M].北京:人民出版社,2006,143。

第一，基尼系数较大。国际上，经济学家们通常用基尼系数来表现一个国家和地区的财富分配状况。这个指数在 0 和 1 之间，数值越低，表明财富在社会成员之间的分配越均匀，反之亦然。按照联合国有关组织规定：基尼系数若低于 0.2 表示收入绝对平均；0.2～0.3 表示比较平均；0.3～0.4 表示相对合理；0.4～0.5 表示收入差距较大；0.6 以上表示收入差距悬殊。中国的基尼系数从 20 世纪 80 年代早期的 0.2 左右上升到 1993 年的 0.42、2006 年的 0.496。中国社会的贫富差距在 20 世纪末就已经突破了合理的限度。中国社会科学经济研究所收入分配课题组根据其第三次全国住户抽样调查的数据得出结论，1995—2002 年，中国个人财产分布的基尼系数从 0.4 上升到 0.55，上升幅度达到 40%。① 而根据中国人民大学和香港科技大学的联合调查，中国内地的基尼系数已经高达 0.53 或 0.54 左右。发改委专家杨宜勇说，联合国有 190 多个成员国，在有完整的统计数据的 150 个国家中，基尼系数超过 0.49 的不超过 10 个，排名前十的除了中国外，就是非洲和拉丁美洲的国家。

第二，城乡差距位居世界第一。按照国际上一般情况，在一个国家当中，城镇居民的人均收入大体是农村居民收入的 1.7 倍以内。世界上只有少数国家超过了两倍。中国这一比例远远高于其他国家。从改革开放以来的一组数据来看，1978 年、1980 年、1985 年、1990 年、1998 年、1999 年、2000 年、2002 年、2006 年，中国城镇居民人均可支配收入是农村居民人均收入的 2.58 倍、2.5 倍、1.86 倍、2.2 倍、2.52 倍、2.66 倍、2.8 倍、3.1 倍、3.28 倍。② 这是一般的统计，如果扣除农民用于生产的费用，再把城镇居民享受的一些福利考虑进去，那么，据统计相关专家预测，城乡差距将进一步拉大到 5～6 倍。中国城乡差距位居世界第一。另从农民的医疗、失业等保障来看，在农村，不仅社保、医保普及面小、福利低，而且长期在城市从事建设和服务业的农民工也是同工而得不到同等的社保和医保。截至 2009 年第二季度末，全国农村外出务工者达 1.51 亿人，其中参加养老保险者占 15.88%，参加医疗保险者占 27.5%，参加失业保险者占 10.1%，参加工伤保险者也仅占 33.5%。按三人之家计算，1.5 亿农民工涉及 4.5 亿人的负担。由于大多数农民收入低，加上缺少社会保障和医疗保险，消费能力被极度压抑。

第三，地区间的差距越来越大。一是区域经济发展水平的差距。2006 年东部、中部、西部和东北地区人均 GDP 比较来看，东部地区人均 GDP 达到 3 353 美元，中部、西部和东北地区分别为 1 587 美元、1 356 美元和 2 287 美元。东部

---

① 李实．中国居民财产分布不均等及原因的经验分析[J]．经济研究，2005，6。

② 中华人民共和国统计局．中国统计年鉴(2007)[M]．北京：中国统计出版社，2007。

地区人均GDP分别是中部、西部和东北地区的2.11倍、2.47倍、1.47倍。东部地区人均GDP与中部、西部和东北地区的相对比例分别是47.3%,40.4%和68.2%。二是省际居民收入差距。2006年城镇最高收入上海市20 667.91元,最低收入新疆维吾尔自治区8 871.27元,两者相差11 796.64元(上年为10 654.88元);2006年农村居民人均纯收入最高的上海9 138.65元,最低收入贵州省1 984.62元,两者相差7 154.03元。三是区域居民收入水平的差距。2006年东部地区城镇居民人均可支配收入分别是中部、西部和东北地区的1.51倍、1.54倍和1.52倍。① 四是,富裕群体所占社会财富的比例迅速提高。从中国与发达国家小时工资水平比较看,中国大约是0.2美元,欧美国家是25～30美元。全国总工会2010年4月发布的一项调研显示,我国的国民收入分配格局中劳动者报酬占GDP的比重不断下降,而资本所有者和政府所占比例却大幅提高。从1997年到2007年,劳动者报酬占GDP的比重从53.4%下降到39.74%;企业盈余占GDP的比重从21.23%上升到31.29%,而在发达国家,劳动者报酬占GDP的比重大多在50%以上。据国家统计局统计,职工平均工资最高的三个行业中,证券业平均17.21万元,是全国平均水平的6倍,其他金融业人均8.767万元,是全国平均水平的3.1倍,航空业人均7.58万元,是全国平均水平的2.6倍。而电力、电信、石油、金融、保险、水电气供应、烟草等国有行业的职工不足全国职工总数的8%,但工资和工资外收入总额却相当于全国职工工资总额的55%。世界银行报告显示,美国是5%的人口掌握了60%的财富,而中国则是1%的家庭掌握了全国41.4%的财富。

二、社会成员基本权利保障总体偏弱

在现代社会和市场条件下,社会成员进入社会生活时应当有一个基本的平等起点,亦即每个成员都应当具有平等的基本权利,包括平等的生存权利、平等的工作权利、平等的受教育权利以及平等的性别权利,等等。近30年是中国改革开放和经济高速增长的历史,也是反贫困的历史。经过贫困地区人民和各级政府的共同努力,中国贫困人口的数量大幅度下降。目前中国低于收入贫困线的人口比例为4.6%,在发展中国家当中属于人口比例很小的国家。中国的失业率到底是多少似乎永远是个谜,由于官方公布的统计数据跟百姓的实际感受似乎总是相差甚远。而且不同的机构有不同的数据结果,结果差异之大让人莫衷一是。按照近几年来国家人口资源和社会保障部公布的官方数据,即便在金

① 中华人民共和国统计局.中国统计年鉴(2007)[M].北京:中国统计出版社,2007。

融危机发生后的2008和2009年，中国的城镇登记失业率也始终保持在5%以下。但是第五次人口普查数据显示，2000年中国城镇登记失业率已达8.3%，中国城镇失业问题比较严重。中国目前在成人识字和女性对男性收入估计数之比相对较好：成人识字率90.0%，在发展中国家中是最高的；女性对男性的收入估计数为0.66，在一些主要国家中也是最高的。中国目前的成人识字率和女性对男性收入估计数之比这两项指标之所以比较好，同改革开放以来中国十分重视大众教育以及新中国成立以来相对来说一直比较重视妇女解放工作有着直接的关系。

三、主要群体的弱势化趋向明显

改革开放以来，中国社会主要群体的基本状况获得了大幅度改善和明显的进步，主要表现在绝对生活水平的大幅度提高；竞争意识和竞争能力的大幅度提高；以往的工人阶级和农民兄弟“虚高”成分已经消退，在市场经济条件下获得“常态发育”和“正常回归”；三个产业部门的人员构成比重发生正向的变化，等等。不可否认，中国这些年的社会发展取得不小的成绩，但是与经济发展相比，社会发展明显滞后。从基础阶层或者说从民众层面上来看，社会主要群体弱势化倾向问题成为中国当今社会一个最为明显、最为突出的问题。

从某种意义上讲，社会分层本身的存在，就意味着社会当中存在着拥有不平等财富和权力的群体。在中国社会的急促转型过程中，弱势群体已经成为中国社会当中一个日益凸显的重要问题，这是一个不争的事实。同别的国家和地区相比，中国社会现阶段弱势群体问题的不同以及严重之处在于，中国不仅仅存在一般意义上的，如儿童、怀孕妇女、身体残疾或精神失常、经济地位低下或者缺乏教育的弱势人群，而且中国社会的一些主要群体，如工人阶层（包括身份依然是“农民”的工人）和农民阶层也呈现出一种弱势化的趋向。这里所说的主要群体弱势化趋向是指：主要群体中的许多成员生活状态没有能够同社会经济的发展保持一种同步的关系，而呈现出某种程度的边缘化状态；他们的竞争能力表现出某种弱化和退化的状态，他们的基本权利有时得不到应有的保护；他们对于社会的影响力开始减小。中国社会主要群体的弱势化趋向问题，是中国社会的转型时期出现的一个重要社会现象。这一现象几乎对中国社会的各个重要层面均产生了十分复杂和广泛的影响，对中国社会的安全运行和健康发展有着不可低估的影响。①

---

①　吴忠民.走向公正的中国社会[M].济南：山东人民出版社，2008，95～97。

四、社会弱势群体社会保障体系严重滞后

成果的共享应当成为是当今社会发展的基本目的，它是社会公正的基本价值取向之一。社会保障的目标是立足于社会公正和社会安全的角度，通过社会养老保险、社会医疗保险等多方面的制度来实现社会公正和社会安全，确保每个人有合理的生活水平。① 社会弱势群体是一个分析现代社会的经济利益分配和社会权力分配的不平等，以及社会结构不协调、不合理的概念。社会弱势群体是在市场竞争中、在社会财富和权力的分配过程中被不公平地受到排斥而处于边缘地位的群体。国际社会对弱势群体有一个基本界定，认为社会弱势群体是由于某些障碍及缺乏经济、政治和社会机会，而在社会上处于不利地位的人群。一般说来主要包括儿童、老年人、残疾人、精神病患者、失业者、贫困者。

同社会经济发展相比，中国社会弱势群体的社会保障制度的建设严重滞后，严重地影响了中国社会的安全运行和健康发展。单就从现阶段中国老年人的现状来看，这辈老年人既没有传统社会的“凭辈分”、“倚老卖老”的优势，也没有发达社会当中的社会福利优势，甚至没有以往“革命年代”的工作年限优势。相比之下，只有劣势，也即年龄、体力、精力、健康、机会等方面的劣势。而且，就现阶段而言，我国老年人在社会保障方面存在更令人担忧的状况：首先，绝大多数老年人的收入水平处于中下等水平，而在农村的老年人不但没有养老金，甚至没有退休一说；其次，现在的老年人大都是在1976年以前参加工作的那一批人。他们所生活的时代，正值新中国成立与国家进行初步建设的时期，为了新中国的建设，中国人普遍形成了一种高昂的激情。特定的时代条件，使得这一批老年人在当时的工作与生活中呈现出许多同别的“代”相比很不同的特征：对工作的高度投入甚至是高度的透支，生活的简单化，沉重的生活负担，以及令人担忧的医疗状况，等等。而新中国成立以来有一个不可否认的事实是中国的社会保障事业表现出一种滞后的情形，社会保障相关立法滞后，中国对于老年人的养老保险和医疗保障缺乏统一、具体的和明确的法律规定，不仅众多的农村老年人被排除在社会保障之外，而且受到保障的很多国企职工的社会保障金还存在欠债和太低的问题，致使老年人在社会保障方面的权利得不到有效的维护。

---

① 吴忠民．社会公正论[M]．济南：山东人民出版社，2004，277。

第六节　当代中国社会体育发展问题

一、体育城乡差距问题

从农业社会过渡到工业社会、由农村社会过渡到城市社会的过程，既是社会转型的过程，又是实现现代化的过程。从世界范围来看，经济和社会的二元结构在任何一个国家的发展史上都会存在，但相比较而言，中国社会的二元结构特别明显，农业人口和非农人口这两种不同身份的划分，把中国人民清清楚楚分割成两个世界。一国两制，圈而治之，成为中国社会最明显的特色。中国的二元结构是城乡居民由于经济地位的悬殊而导致社会地位的悬殊，它主要包括城乡居民在户籍制度、就业制度、医疗制度、养老保险制度、粮食供给制度、住宅制度等方面表现出的巨大差距，这些具体制度将中国切成了泾渭分明的城乡两大板块。这种长期形成的二元结构不仅使城乡形成两种严格的户籍壁垒，城市居民和农村居民分别代表两种截然不同的社会地位，而且更为致命的是形成两种不同的资源配置制度。农村和农民在这种制度安排下形成的权利差序格局中不可避免地被边缘化和底层化。这种边缘化和底层化主要体现在中国农民的政治权益、经济权益和社会权益的缺失，也反映在中国农民一系列不平等的待遇上。① 如在人民公社的计划经济体制下，国家凭借其对农村公共产品买方市场和农业生产资料卖方市场的双重垄断，通过工农产品“剪刀差”的方式，成功实现了农业创造价值向工业部门提供。在“以农养工、以农哺工”制度安排下，一些“重城抑乡”、“重工轻农”的不公正政策措施名正言顺、大行其道，农村公共产品主要依赖制度外安排，也即物质成本由公积金和公益金支付，人力资本以“工分”支付，实际上主要是由农民自己提供公共产品。改革开放后至税费改革前，“乡政村治”制度的不完善和“以经济建设为中心”经济职能加强的同时却弱化了公共服务职能，严重阻碍了农村公共产品供给制度的完善。2000 年税费改革实施后，在给广大农民带来福音的同时，也凸显了乡镇政府资金短缺，农村公共产品供给再次陷入困境，原有供给制度继续存在，以政府为提供主体的农村公共产品供给机制

① 同春芬.转型时期中国农民的不平等待遇透析[M].北京：社会科学文献出版社，2006，56～61。

仍然处于制度安排上的不公和结构性的失衡状态。① 社会体育的发展规模、水平和速度，归根到底取决于经济发展水平，取决于经济发展所能够为社会体育发展提供的物质条件，取决于经济发展带来的个人经济状况。我国公共体育服务部门也因尚没有建立完善的制度来保证农村公共体育服务的供给，作为非主流的农村体育公共产品在社会离心运动中更是日益被边缘化。以福建省为例，第五次全国体育场地普查显示福建农村体育场地的个数、场地面积、占地面积、建筑面积、投资金额分别只占全省总量的11.59%、17.13%、15.04%、12.51%、22.44%。可见，我国传统二元社会制度下农村公共政策的偏颇性和不公正性是导致农村体育公共产品总量上供给严重失衡以及城乡极大反差的首要因素，同时也反映了特定的历史背景下，我国社会发展的初级性和城乡之间发展的严重不均衡性。② 与此同时，这些长期不平衡发展战略和不平等待遇，也给农民的体育观念、体育行为带来很大的失衡和差距。这些差距主要表现为：第一，我国农民体育需求强度远远低于城镇居民，大多数农村村落还没有形成农民大规模参加体育锻炼的社会经济文化环境，富裕了的农民尽管产生了较高体育锻炼的热情，但是，由于受场地和指导条件的限制，由于知识技能的差距，在农村难以形成参加体育锻炼的广泛需求。第二，城乡体育人口差距明显，2007年全国居民参加体育锻炼情况存在明显的城乡差距，城镇居民参加体育锻炼的比例比乡村居民高出24.1个百分点，城乡差距明显。第三，锻炼目的层次有差距，在城市，许多人体育锻炼的目的由直接、功利，逐步转化到消遣、休闲和娱乐，而在农村，大部分农民的锻炼目的相当直接、功利，当然也有少数农民将体育作为节假日的身心享受，但很难进入日常生活。第四，锻炼条件差距很大，城镇居民的体育锻炼，主要在环境优美的公园、广场、体育场馆和室内健身场馆，并伴有绿地、音乐、器械、服装等配置，而农民体育锻炼的场所多半为自家庭院、树林、村道和村委会简易的空地场所等，两者锻炼环境和条件存在巨大的反差和悬殊。第五，性别结构差异明显，我国城镇体育锻炼人口中，男女比例大致相当，但在农村，男女体育锻炼人口存在相当大的差距，据一些学者对农村体育锻炼人口的调查和统计，农村居民参加体育锻炼者妇女只占锻炼者总数的27.4%左右。③ 第六，指导力量反差显著，在全民健身的推动下，我国城市群众体育管理体制逐步完善，社区体育

---

① 郑志丹，许月云.社会公正视野下农村体育公共产品供给的制度创新[J].北京体育大学学报，2009，32(6)：15。

② 郑志丹，许月云.社会公正视野下农村体育公共产品供给的制度创新[J].北京体育大学学报，2009，32(6)：15。

③ 田雨普.农民体育发展战略研究[M].南京：南京师范大学出版社，2009，162～165。

组织的逐步建立与健全，各类人群体育协会、单项体育协会等民间体育组织如雨后春笋蓬勃发展，而农村，在乡镇一级设有专门管理体育的机构者寥寥无几，组织和指导力量极为单薄和有限。

当然，我国城乡社会体育之间存在的明显的差距和失衡，本质上是城乡经济发展二元结构的客观反映，在这种环境下农村体育公共产品供给制度的长期非均等性是多方面和整体性的。但从我国体育制度本身来看，中国体育的“举国体制”所造成我国政府在竞技体育中强势地位与大政府形象和在社会体育管理中的弱势状态与小政府形象两极分化的不平等现象，从而使处于边缘状态的农村体育公共产品更是首当其冲成为被“挤兑”和“弱化”的对象，也是造成城乡社会体育差距进一步拉大的重要因素。

二、体育社会性别问题

从和谐体育的角度来看，两性体育和谐发展是体育发展和进步的重要内容和前提条件。和谐体育不仅指体育的快速、繁荣地发展，更包含了两性体育的协调发展。全面、协调、可持续发展的体育，必然是男、女两性体育协调发展。社会体育参与中的性别平衡，对促使男女两性从社会发展中同等获益，对促进妇女解放和全面的发展、推动性别和谐发展均有着积极的作用。因此，男女两性广泛与平等地参与社会体育，不仅对促进体育事业的发展具有重要的作用，而且对推动男女平等地从社会发展中获益、促进和谐社会的构建具有重要意义。虽然社会体育参与中的性别和谐是和谐体育与和谐社会的应有之义，但在社会体育的现实发展历程中，性别平等仍然只是目标，而不是现实，社会体育发展中的性别和谐面临着许多问题与矛盾。我国社会体育发展至今，经历了从无到有，从萌芽到繁荣发展的风雨历程，并走上了较为平坦的征程，在它的发展历程中遭遇了各种各样的阻力，显露着众多的问题，其中性别问题的存在与发展是颇为悠远、长久和突出的。在传统社会时期，我国妇女绝大部分时间生活在社会的底层，其社会地位低下，行为处处受到限制，很少有机会参与体育活动，这一时期社会体育发展中一直存在着明显的性别失衡现象。新中国成立后，中国女性得到进一步的解放，在政治、经济、文化等社会领域获得了更多的平等权利，获得了更多的发展，女子体育也取得了骄人的成绩，不但竞技体育举世瞩目，而且社会体育作为社会文化活动内容之一，也得到快速发展，其中的性别平等与差异现象发生了巨大的改变，但影响性别和谐发展的社会因素仍然存在，社会体育参与中的性别和谐仍未实现。[①] 我国体育人口的性别比例失衡，女性体育人口数量少，我国城市女性体育与农村女性体育发展之间的差距较大，偏远落后的农村地区，大部分女性对体育的价值认识存在偏差等是我国社会体育发展中女性体育发展存在的主要问题。社会体育参与中性别差距的存在，使男女两性不能平等地享受社会进步与体育发展带来的"实惠"，男女两性在社会体育发展过程中的获益并不均等。

三、体育代际公正问题

所谓的代际，就是代与代之间的关系。毫无疑问，社会的发展过程是通过每一代人的努力来实现的，整个人类的历史就是靠代与代之间的合力予以推动的。前代人为后代人提供一个基本的生存和发展的基础，人们总是在前人创造劳动的基础上进行再创造的。每一代人都有自己的义务和责任，代与代之间存在一个公正原则，社会有责任通过种种必要的方式使这些曾经为社会做出过贡献的老年人的生活水准能够同当时社会生活的平均水准相适应。只有这样才能体现出代与代之间的公正。[②] 就当前而言，人口结构老龄化已是全球普遍存在的现象，用积极健康的老龄化政策去解决人口结构老龄化问题，让越来越多进入老年的人能够享有健康的生命质量和良好的生活质量，最终实现国际社会所倡导的"建立一个不分年龄人人共享，代际和谐的社会"，已成为各国促进社会经济可持续协调发展，促进代际公正的重要理念。20 世纪 90 年代末，世界卫生组织以"生命已经增加了岁月，现在我们必须给岁月以生命"这句格言来提醒世界各国，长寿的意义不仅仅是个体生命的问题，而是关系着整个国家的发展。21 世纪人口老龄化已成为全球性的社会问题，如何面对日趋严重的社会人口老龄化，增强老年人体质，提高老年人生活质量，是当今世界面临的重要课题。

在我国传统社会，对老年人的社会保障系统较差，老年人主要靠家庭赡养，我国实行独生子女政策后，家庭已经越来越不能承担老年人的赡养负担，因此老年健康问题，已经逐步推向社会。作为老年社会服务一部分的体育活动正在得到广泛的重视，体育的健身价值受到极大重视，以体育作为保持和增进身体健康、延年益寿的重要手段已得到社会的共识。同时，老年人在年轻时为社会发展作出了贡献，在他们年老时理应与所有其他人群一起共享经济发展的成果，这是代际公正的应有之义。然而，1997 年、2001 年、2008 年全国群众体育现状调查

---

① 潘丽霞. 中国社会体育参与中的妇女与性别差异研究（博士学位论文）[D]. 北京体育大学，2007，1、2。

② 吴来苏. 推进代际公正建设和谐社会[J]. 伦理学研究，2006，(5)：1。

显示:我国老年体育发展的主要如下困境:第一,政府对老年人体育工作重视不够。这主要体现在政府财政投入少,导致老年人体育组织缺乏经费,进而导致老年人活动场地、活动经费的匮乏。第二,老年人体育组织管理比较松散,老年体育的组织化程度不够高,主要表现为老年体育组织基本上处于自发状态,民间老年人体育组织比较少,力量薄弱,生存困难。第三,老年体育缺乏专人指导,社会体育指导员以兼职和退休群体为主,科学指导能力很弱。如是,就代际公正而言,政府和社会在老年体育的支持体系上严重的不足,老年人在社会分配中并没有充分享受到经济发展的成果。

四、体育社会分层问题

由于社会专业化分工现象的存在,由于社会成员对于各种资源占有的不同,由于其他种种社会差异成分以及社会成员多样化取向的存在,一个社会必会形成一定的社会分层体系,而处在不同状态和社会位置的社会成员就构成了不同的社会阶层,处在相同状态和社会位置的社会成员则组成了同一个社会阶层。正是从这个意义上讲,社会分层是同文明社会相伴随的。既然社会呈现出一种分层的状态,那就势必意味着社会的各个阶层之间的高下之分,意味着社会分层结构包含着不平等的成分。“严重的经济不平等和社会不平等通常与社会地位的不平等是连接在一起的,而这种社会地位的不平等鼓励地位更低的人们将自己看作是下等人,也鼓励别人将他们看作是下等人。”①因此,就如何解决现代社会社会分层中存在不平等的问题,从而促使社会各个阶层之间形成一种良好的相互信任的状况,进而保证社会的安全运行和健康发展,正成为学界研究的热点。中国社会公正研究的知名学者吴忠民认为:根据平等、自由和社会合作依据,社会阶层界域中公正的基本规则应当包括相互开放和平等进入、各个阶层得到有所差别的并且是恰如其分的回报(分配)以及互惠互利这样三项重要的内容。② 然而,在现实的社会中,往往存在着不少对于社会分层中的公正规则而言的不利因素。如就目前中国社会而言,首先出现一定程度的精英社会的误区,把精英阶层的意义予以过分地夸大,造成一定程度对社会阶层之间不平等原则尤其是机会平等规则的扭曲,同时还造成新的等级制度,使得其他阶层的利益受到侵占,出现一定程度的社会不公现象。其次,较高位置的阶层之间边界出现模糊

---

① (美)约翰·罗尔斯著,姚大志译.作为公平的正义——正义新论[M].上海:上海三联书店,2002,215。

② 吴忠民.社会公正论[M].济南:山东人民出版社,2004,242、243。

的情形,使得公众的利益受到处在较高社会位置的阶层亦即一些特殊群体利益的侵占,从而使社会成员特别是弱势群体成员基本权利的保证以及基本平等条件的提供受到严重的削弱,等等。

社会体育作为社会发展过程中一种公共服务产品,也存在体育参与与社会阶层关系,也反映了社会发展过程中的社会不平等现象。像大多数其他社会设置一样,体育也具有阶级、种族、性别不平等的特点。冲突论认为,这样一种以阶级为基础的倾向于(或远离)某一种运动的现象,是代代相传的。① 1987 年日本学者菅原礼和丸山富雄发表了题为“日本社会阶层结构与体育参与者的研究”的报告书。该项研究结果表明:体育人口和体育活动的参与率在社会各阶层中有明显的差异,社会中层特别是社会中上层和上层人群中体育人口和体育参与率很高,社会下层的人群中体育人口和体育参与率极低。② 国外体育社会学家通过实证研究得出,不同社会阶层间的体育参与模式是不同的,Jack C. Watson Ⅱ等学者认为社会上层群体和低层群体的体育运动参与模式是不同的。随着我国社会经济的快速发展和产业结构的不断调整,社会阶层日益分化,社会个体对各种社会资源占有的差距也日益明显。各阶层在生活方式、职业需求和价值观念上的差异,导致不同阶层对社会体育有不同的价值取向,这使我国社会不同阶层在社会体育内容与方式上又表现出明显的差异和职业特征。社会上层群体在项目内容上以个人项目、昂贵的场地设施和器材为主,如高尔夫球、网球、滑雪、航海等。他们可以有充足的闲暇时间安排进行俱乐部或会员制的高水平、炫耀性的体育消费;而低层群体则以团队项目,诸如足球、篮球为第一选择。可见,社会结构分层导致的阶层界限日益清晰和阶层间的差异化已悄然导致社会体育的阶层化倾向。由此,在这样的背景下,从公正视野来看待和解决社会发展中体育社会分层问题,从而来保证社会所有成员在体育基本需求的保证方面,在体育运动参与的平等方面享有公正的权利,推动社会体育的公平和协调发展,尤其显得重要。

---

① 戴维·波普诺.李强等译.社会学(第 10 版)[M].北京:中国人民大学出版社,1999,21、22。

② 吕树庭.社会结构分层视野下的体育大众化[J].天津体育学院学报,2006,12(1):93~98。

第二章　我国体育人口研究热点及评述

人口是指居住在某一地区或某一单位的总人数。人口与经济和社会发展有着密切的关系，人口增长是社会发展的重要指标。因此，人口是社会学、人口学研究的重要概念。体育人口是经济和社会发展到一定历史阶段的人口现象和体育现象。体育人口反映了人们对体育的参与程度及亲和程度，体育人口是制定社会发展规划与发展战略的重要依据，是一个国家文明程度的重要标志。中国知网数字平台检索表明：改革开放 30 多年来，中国学术文献网络出版总库共收录有关体育人口相关研究论文 2 606 篇；我国体育人口研究主要涉及体育人口理论研究（体育人口概念、体育人口分类、体育人口判定标准、体育人口测度指标等）和体育人口实证研究（体育人口现状、体育人口结构等）两个方面。

第一节　体育人口理论研究

什么是体育人口，怎样判定体育人口，如何对体育人口进行分类，应当如何去反映它，描述它，度量它，应当选择什么样的测度指标及其测度指标体系去反映它。弄清这些问题不仅可以在理论上阐明体育人口的概念，增加体育人口判定的科学性，而且可以对体育人口问题在理论上有一个提纲挈领的总览。文献检索表明：体育人口理论研究主要涉及体育人口概念、体育人口分类、体育人口评定标准、体育人口测度指标等。

一、体育人口概念研究

20 世纪 80 年代，体育人口研究开始在我国学术界逐渐得到重视，体育人口概念研究成为我国体育人口研究的重点问题之一。20 世纪 90 年代，体育人口概念研究逐渐成为热点。2000 年以来，体育人口概念研究更加受到学术界关注。

柳伯力(1986)认为:体育人口是指从事有一定频度、量度和强度的身体锻炼和体育运动者的个体的总和。[①] 高俊刚(1987)将体育人口分为广义与狭义体育人口。广义体育人口是指从事体育事业的工作人员和有目的地经常参加身体锻炼的群众及体育运动人员在总人口中所占的比重。狭义体育人口是指有目的地从事一定频度、量度和强度的,并使锻炼周期内锻炼时间具有科学的平衡时数的身体锻炼者和体育运动者的个体的总和。[②] 唐宏贵(1988)认为:体育人口指的是初步了解体育锻炼知识和原理;掌握从事体育锻炼的实用技法,逐步形成经常参加锻炼的良好习惯;通过体育锻炼和体育情感陶冶提高了健康质量,上述各方面全面协调发展的人称为体育人口。[③] 刘德佩(1992)认为:体育人口是体育社会学研究的概念,体育人口可宏观描述一个国家、一个地区的体育态势和体育发展水平。从这个意义上说与体育存有某种相亲关系的人群称为体育人口。[④] 徐隆瑞(1991)认为:人口是体育人口的上位概念,体育是体育人口的本质属性,是区别其他人口的根本标志,应该从增强体质的角度标记体育人口。体育人口是指以增强体质为宗旨而又经常、直接参与的人的总称。[⑤] 毛秀珠(1995)认为:衡量体育人口要从参加体育活动的目的出发,所谓目的就是为增强身体素质、为健康而参加体育活动。因此,体育人口是对有目的性的经常的用一定时间达到一定量度的参加体育活动的人的称谓。[⑥] 黄俊伟(1993)认为:体育人口是依与体育这一社会文化理解之间是否存有相亲关系为划分特征,从社会人口划分出来的具有统计学意义的社会人群。要使体育人口的概念更好地为开展群众体育活动服务,对以人口的理解应从质入手,评价、分析体育人口的质以体育人口与体育之间的紧密程度为尺寸,体育人口与体育间的关系愈紧密,体育人口的质就愈高。[⑦] 卢元镇(1996、1998)认为:体育人口是一项重要的社会体育指标,它反映了人们对体育的参与程度和亲和程度。体育人口是经常从事身体锻炼、身体娱乐,进行专项训练,以及其他与体育事业有关的人在总人口中的数量和比重。体育人口,指经常从事身体锻炼、身体娱乐,接受体育教育、参加运动训练和竞赛,具有统计意义的一种社会群体。它是以体育为重要特征的、具备人口规模、人口

---

① 柳伯力."体育人口"及其预测理论初探[J].体育科技,1986,(1):53~56。

② 高俊刚."体育人口"定义初探[J].武汉体育学院学报,1987,(4):13~16。

③ 唐宏贵.试论体育人口及其在我国的发展[J].武汉体育学院学报,1988,(3):7~10。

④ 刘德佩.体育人口及体育人口的社会流动[J].福建体育科技,1992,11(4):22~24。

⑤ 徐隆瑞.体育人口浅论[J].华南师范大学学报(社会科学版),1991,(1):101~105。

⑥ 毛秀珠.体育人口与社会分层浅论[J].体育科学研究,1995,(3):5。

⑦ 黄俊伟.关于我国体育人口的质及传统影响因素的讨论[J].武汉体育学院学报,1993,(1):20~22。

结构、人口空间分布三要素的一种特定类型的亚人口[①②]。仇军(2002)认为：体育人口是指生活在一定时间、一定地域，以增进健康或提高运动成绩为目标，以身体活动为共同标志的个人所组成的社会群体。[③] 肖焕禹、方立(2005)运用逻辑学原理，从人口与体育的概念出发认为：体育人口概念的界定应以广义的体育为理论依据。广义的体育人口是指在总人口中以身心健康、休闲娱乐或以追求提高运动成绩为目的，直接参加身体活动和观赏、关心体育的一种社会群体。狭义体育人口是指以身心健康、休闲娱乐或以追求运动成绩为目的，直接参加运动和体育活动的社会群体。[④]

二、体育人口分类研究

体育人口的分类研究是体育人口研究的又一重要问题。高俊刚(1987)认为：凡是从事体育事业的工作人员和有目的地经常参加身体锻炼的群众及体育运动人员都可以被称为广义体育人口；凡是有目的地从事一定频度、量度和强度的体育锻炼，并使锻炼周期内锻炼时间具有科学的平衡时数的身体锻炼者和体育运动者被称为狭义体育人口。[⑤] 仇军(1997)认为：体育人口的分类应当反映出不同属级体育人口的特性与共性，应当反映现实的社会结构特征。根据分类学的一般原理，根据课题研究的需要，将体育人口分为城市(镇)体育人口、乡村体育人口，在这两个层次基础上，根据性别又分城市(镇)男性体育人口、城市(镇)女性体育人口、乡村男性体育人口、乡村女性体育人口；在性别分类的基础上根据年龄又分为老年体育人口、中年体育人口、青年体育人口、少年体育人口等。[⑥] 张洪潭(1999)提出了全时体育人口与半时体育人口的概念。认为：获得社会闲暇全力支撑的专业运动员可以称之为全时体育人口，完全是在个人闲暇

---

① 卢元镇.中国体育社会学[M].北京：北京体育大学出版社，1996，64。

② 中国群众体育现状调查与研究课题组.中国群众体育现状调查与研究[M].北京：北京体育大学出版社，1998，64。

③ 仇军.中国体育人口的理论探索与实证研究[M].北京：北京体育大学出版社，2002，78。

④ 肖焕禹，方立.体育人口的概念、分类及其统计标准[J].体育科研，2005，26(1)：7～9。

⑤ 高俊刚."体育人口"定义初探[J].武汉体育学院学报，1987，(4)：13～16。

⑥ 中国群众体育现状调查与研究课题组.中国群众体育现状调查与研究[M].北京：北京体育大学出版社，1998。

时间进行体育锻炼的普通市民则可以称之为半时体育人口。[①] 卢元镇(1998)认为:体育人口可分为实质性体育人口与非实质性体育人口、当然体育人口与或然体育人口、终身体育人口与间断体育人口、主动体育人口与被动体育人口等。[②]

徐忠(2001)把那些介于体育人口与非体育人口之间的人口称为边缘性体育人口,认为边缘性体育人口分为两种:一种是边缘体育人口中的积极者,他们对体育活动有很高的热情,能亲自参加体育活动但不能经常保持;另一种是边缘体育人口中的消极者,他们参加体育活动但不追求量和强度。[③] 曹坚(2003)将体育人口可分为消极体育人口和积极体育人口。那些自学校一毕业就不再从事体育锻炼,当年老体衰身体有疾,吃药打针医治无效或效果不大的情况下,才又开始体育锻炼者应该称为消极体育人口;而从学校到工作岗位直至离退休都坚持体育锻炼者则应称为积极体育人口。[④]

肖焕禹、方立(2005)在参照国外体育人口分类的同时,结合我国体育人口的现状把体育人口分为 4 个层次 8 种类型。体育人口分为直接参加体育活动的体育人口和非直接参加体育活动的人口两大类,参加体育人口中又分为参加体育态度和参加体育形式两个层次,在参加体育态度层次中又分为被动体育人口和主动体育人口,在参加体育形式中又分为有组织活动的体育人口和自发体育活动的体育人口。[⑤] 何建文(2006)将体育人口划分为体育参与人口、体育意识人口、体育消费人口。体育参与人口就是以锻炼程度来判定人们参加体育活动的效果;体育消费人口是指在参加体育活动或者关注体育的过程中,对体育物质产品和劳动力进行消耗的人群;体育意识人口是相对于体育参与人口而言,主要针对于自身健康状态或者社会环境而提出的一种体育人口。采用这种分类方法有利于为我国群众体育持续发展的宏观策略实施提供参考。[⑥]

---

① 张洪潭.体育人口新论[J].体育与科学,1999,20(4):1～5。

② 中国群众体育现状调查与研究课题组.中国群众体育现状调查与研究[M].北京:北京体育大学出版社,1998,64。

③ 徐忠.论边缘性体育人口[J].成都体育学院学报,2001,27(4):8～10。

④ 曹坚.我国体育人口状况及引发的思考[J].南昌高专学报,2003,(3):62～67。

⑤ 肖焕禹,方立.体育人口的概念、分类及其统计标准.体育科研[J],2005,26(1):7～9。

⑥ 何建文.体育人口理论研究评述[J].北京体育大学学报,2006,29(12):1 617～1 619。

三、体育人口评定标准研究

体育人口的评定除了要遵循人口学的基本规则外，从体育的角度来说，要以它固定的外显性特征——身体活动为依据；从社会学角度来说，身体活动在一定时期内还应表现出较为固定的频率，这样的评定才具有社会学意义。

王则珊，卢元镇(1987)提出的体育人口划分标准是：大中小学学生及学前幼儿，凡在教师指导下坚持每天1小时体育活动者；就业人口每周锻炼3次以上，每次不少于30分钟者；或者每周锻炼5次以上，每次不少于20分钟者；或者每周参加一次旅行、野营、体育比赛者；机关干部、学校教师每天坚持做工间操、课间操者；厂矿企业职工每天坚持做班前操、生产操或参加医疗体育活动者；达到退休年龄的老人每天参加保健体育活动40分钟以上者，每周不少于3天保健体育活动者；业余体校以上的运动员、教练员、体育院(系)教师、学生、大中小学体育教师、现役军人、武装警察；一年以内达到国家体育锻炼标准的成人。① 唐宏贵(1988)提出的体育人口划分标准是：每次锻炼时间不少于10分钟；锻炼平均强度在120分钟/次以上；每周锻炼2～3次；每周锻炼总时间不少于60分钟；坚持经常锻炼3个月以上。②

卢元镇(1996)将体育人口划分标准修改为：大中小学学生及学龄前幼儿，凡在教师指导下坚持每天1小时活动者；就业年龄人口每周锻炼3次，每次不少于30分钟者；或者每周锻炼5次以上，每次不少于20分钟者；或每周参加一次旅行、野营、体育比赛者；机关干部、学校教师每天坚持做工间操、课间操者；厂矿企业职工每天坚持做班前操、生产操，或参加医疗体育活动40分钟以上，每周不少于3天者。③ 中国群众体育现状调查与研究(1997)体育人口的判定标准为：每周身体活动频度3次以上，每次身体活动时间30分钟以上，具有与自身体质和所参与的体育项目相适应的中等以上负荷强度。④ 仇军(2002)通过数学函数模型推导处理得出中国体育人口判定标准是：每周身体活动频度3次以上，每次身体活动时间20分钟以上，身体活动的强度中等程度以上。⑤ 何建文(2006)认

① 王则珊，卢元镇. 群众体育学[M]. 北京：北京体育学院出版社，1986，35。

② 唐宏贵. 试论体育人口及其在我国的发展[J]. 武汉体育学院学报，1988，(3)：7～10。

③ 卢元镇. 中国体育社会学[M]. 北京：北京体育大学出版社，1996，96。

④ 中国群众体育现状调查与研究课题组. 中国群众体育现状调查与研究[M]. 北京：北京体育大学出版社，1998，64。

⑤ 仇军. 中国体育人口的理论探索与实证研究[M]. 北京：北京体育大学出版社，2002，78。

为:由于参加体育锻炼在年龄、性别、职业与健康状况等方面的差异,我国体育人口的判定标准应该有针对性。因此,关于体育人口参照标准的研究应该趋向于“人群细分”(根据年龄、性别、职业与健康状况的不同制定相对应的体育人口参照标准),从而解决体育人口在判定上“一刀切”的问题。①

国外许多研究结构和学者也对体育人口的标准进行了大量的研究。如瑞典中央统计局 1994 年统计欧洲国家成年体育人口采用的单一粗放式判定标准,把每周参与一次身体活动的人群都划归为体育人口;加拿大、英国、美国、澳大利亚等国家制定了每周进行身体活动的频度、时间、强度的具体量化标准,将达到判定标准者划归为体育人口。其中加拿大、美国等国家以每周身体活动频度 3 次以上,每次活动时间 30 分钟以上,每次活动主观运动强度中等以上作为判定标准;英国、澳大利亚判定标准以每周身体活动 3 次以上,每次活动时间 20 分钟以上,每次活动主观运动强度中等以上作为判定标准;日本从身体活动的频度、时间、强度 3 个方面将体育人口分为 4 个等级,达到相应等级判定为相应的体育人口。

四、体育人口测度指标研究

体育人口作为一种亚人口虽然受到政府部门和体育社会学家们的关注,但是,作为度量体育人口的测度指标及其指标体系方面的研究却远未受到人们的重视,有关研究比较薄弱。

仇军(2004)认为:研究体育人口之所以要体育人口测度指标,是因为通过这些指标可以对体育人口进行统计和测量,使体育人口现象、体育人口状况更具有直观性、现实性和科学性。从这个意义上说,体育人口测度指标是体育人口数量化的科学范畴,是反映体育人口现象数量特征、衡量体育人口状况的指示器。体育人口现象、体育人口状况及其变化可以通过这些指示器反映出来。体育人口测度指标具体性特征,有助于我们克服仅凭推理、演绎进行体育人口问题研究的缺陷。体育人口测度的 A 级指标主要包括:体育人口数、体育人口平均年龄、体育人口年龄构成、体育人口增长率、体育人口平均增长率、体育人口性别构成、体育人口文化构成、体育人口增长量、体育人口城乡构成、体育人口职业构成、体育人口民族构成等;体育人口测度的 B 级指标主要包括:体育人口老年系数、体育

---

① 何建文.体育人口理论研究评述[J].北京体育大学学报,2006,29(12):1 617~1 619。

人口少儿系数等。①

第二节　体育人口实证研究

一、体育人口现状研究

了解体育人口现状是构建多元化全民健身服务体系，满足不同人群日益增长的体育健身需求，完善政府体育公共产品的供给，制定群众体育发展战略的基础性的工作。在对体育人口概念、体育人口分类、体育人口判定标准、体育人口测度指标等相关理论研究同时，20 多年来，体育人口现状研究始终没有间断。这其中既包括了全国性的调查研究，也包括了区域性的调查研究。全国性的调查研究主要包括 1997 年、2001 年、2008 年开展的三次全国群众体育现状调查（均为国家哲学社会科学体育学立项课题）。

1997 年第一次全国群众体育现状调查显示：我国体育人口性别结构男性占 62.13%，女性占 37.87%；体育人口年龄结构呈现年轻型的基本特征，16～25 岁所占比例达 30.47%，61～65 岁所占比例达 9.57%，26 岁后体育人口比例急剧下降，41～45 岁降至最低，体育人口比例仅为 4.82%，51 岁后开始反弹；城市体育人口占 55.11%，农村体育人口占 44.89%；体育人口职业结构中工人比例最高达 25.4%，服务人员、管理人员次之，最少的是农民（7.13%）；体育人口文化结构总体为中等水平，其中初中和高中（含中专）文化程度占 70.10%；家庭经济收入对人们参与体育活动具有一定的影响；体育人口活动的场所以大众化场所为主，主要分布在单位体育设施、自家庭院和住宅小区空地等非正规且不收费或收费低廉的体育场所；体育人口活动项目主要是普及型、简易性的球类、跑步等运动项目，基本符合体育人口的年龄和职业特征；体育人口体育活动的形式主要以社区活动、单位锻炼、个人锻炼为主，具有一定的组织化程度；参加体育活动主要动机是增强体力和健康、消遣娱乐、交流。② 2001 年第二次全国群众体育现状

① 仇军. 体育人口测度指标的功能、特征及其构建[J]. 上海体育学院学报，2004，28(4)：5～9。

② 中国群众体育现状调查与研究课题组. 中国群众体育现状调查与研究[M]. 北京：北京体育大学出版社，1998，95。

调查显示:与1996年相比,2000年我国16岁以上体育人口增长了2.8个百分点(约增加1 800万人),体育人口增长速度优于参加体育活动人数的增长速度;体育人口的性别结构、年龄结构、文化结构、参与动机无明显变化;体育人口职业结构变化明显,教科文人员、管理人员比例明显上升,农民体育人口虽有增长,但比例仍然最低;体育人口主要活动场所仍以大众化场所为主,但公共活动场所的排名上升,社区体育呈上升发展趋势,单位体育呈弱化趋势;体育人口活动项目变动不大,但乒乓球、游泳、登山有明显增强的趋势;体育人口体育活动以个人锻炼、与家人朋友一起锻炼的形式为主,社区组织的活动明显后移。① 2008年第三次全国群众体育现状调查显示:2007年全国有3.4亿的城乡居民参加过体育锻炼。体育人口比例达28.2%(含在校学生)。参加体育锻炼的年龄特征显示为年轻人参加体育锻炼的人数比例较高,但多数频度较低,老年人参加体育锻炼的比例较低,但达到体育人口标准的比例较高,表明老年人参加体育锻炼更为积极。在体育锻炼中,有62.0%的居民采用的主要锻炼项目是健身走和跑步。在健身场所的选择中,在单位或住宅小区体育场所进行体育锻炼的比例最高;有16.3%的人平均每月到收费体育场所进行锻炼;参加体育锻炼时最喜欢"就近"的锻炼场地。在参加体育锻炼的人群中,有72.7%的人有过体育消费,人均消费为593元。2007年全国居民参加体育锻炼情况存在明显的城乡差异,经常参加体育锻炼人数的比例是乡村的2.7倍;城镇居民更多地选择到单位、社区、公共体育场所以及健身会所等正规体育场所锻炼,体育消费也明显高于乡村。②

除了全国性的体育人口调查研究外,北京、上海、广东、山东、武汉、江西、安徽、太原、西安、浙江、新疆、烟台、重庆、苏州、湖北、湖南等省市也对体育人口现状进行了大量的调查研究。例如:王君(1998)对乌鲁木齐6个区1 820名城市居民调查结果显示:乌鲁木齐居民中体育人口占22.64%;男女体育人口占各自人群的比例基本相同;少数民族体育人口比例高于汉族;具有中等以上学历的体育人口比例高于一般居民;50岁以上体育人口占总数的1/3。体育人口相关因素逐步回归分析表明:年龄、文化程度、经济收入与体育人口密切相关。③

2000年《北京市群众体育现状调查与研究》以北京市体育人口为研究对象,采用整群分层随机抽样方法,对3 002名抽样对象进行了体育人口结构、参与体

---

① 中国群众体育现状调查与研究课题组.中国群众体育现状调查与研究[M].北京:北京体育大学出版社,2001,31。

② 国家体育总局.2007年中国城乡居民参加体育锻炼现状调查公报[EB/OL].人民网,www.people.com.cn/[2008-12-17]。

③ 王君.乌鲁木齐居民体育人口现状的研究[J].体育学刊,1998,(3):11、12。

育活动情况等调查，揭示了我国特大城市体育人口的基本特征。结果表明：2000年北京市体育人口比例为41.83%；体育人口年龄结构为“两头大，中间小，偏老年型”，性别结构男女基本相当，文化结构为高水平结构，接受高等教育的体育人口占1/4；职业结构智力型（管理人员和教科文卫人员）与体力型（工人、服务人员、农民）之比约为1.4∶1；活动内容主要以对场地设施要求不高、运动方式灵活、运动量容易控制、锻炼效果不错的跑步、球类、体操、体育舞蹈为主；活动以公共活动场所、公园广场、单位体育设施等偏福利型的场所为主；体育活动组织以社会活动、与朋友同事一起、个人锻炼为主要形式；体育活动的动因以增加体力和健康、消遣娱乐、改善精神情绪为主。①

王颖等(2003)对郑州市1 627人调查显示：郑州市居民体育人口约为34.61%，体育观念与体育锻炼行为存在较大偏差；参与体育健身的城乡居民半数以上选择双休日、清晨、傍晚自发进行锻炼；锻炼地点多选择在不收费的公共活动场所、单位体育设施等非正规体育场所；体育场地设施建设远低于群众的要求，已有的场馆利用率低、开放程度低；缺乏锻炼场所、没有时间、无人组织和无人指导是影响居民从事体育健身活动的最主要原因。②

王高宣等(2006)对武汉城乡12个社区、村委会16周岁以上的非学生居民1 200人的调查结果显示：武汉市体育人口从职业上看，有固定职业的远比职业相对不稳定的人参与性高；从学历上看，呈现出“水涨船高”的特点；从年龄上看，老年人和青年人最多；从地域分布上来看，城市体育人口远远高于农村体育人口；居民锻炼地点大多是在社区、公园广场、公共的体育场所；居民喜爱的体育项目主要是以长走(跑)、各种舞蹈、球类活动为主，许多新兴的运动项目也逐渐走近人们生活；城乡居民的体育消费还处在一个比较低的水平，体育消费中主要还是以运动服装和锻炼器材为主的实物性消费；城乡居民大多采取以个人为主的自发锻炼形式，缺乏有效的组织和指导，存在一定的盲目性。③

王龙(2007)对苏南地区2 310名普通成年人的调查结果显示：苏南地区成年人随着年龄的增大，体育活动休闲娱乐观念逐渐降低，强身健体观念逐渐升高；成年人体育人口总比例为21.15%，年龄呈现两头高的趋势；城乡体育人口

① 李相如，李丽莉主编.群众体育实践探索与研究——来自北京群众体育现状的报告[M].北京：北京体育大学出版社，2004，75。

② 王颖，赵清波，王新建.郑州市群众体育现状分析及对策研究[J].体育文化导刊，2003，(6)：18、19。

③ 王高宣，刘安清.武汉市社会体育人口现状及发展对策[J].体育成人教育学刊，2006，22(3)：40～42。

的活动项目主要为走、跑、羽毛球、气功、武术类活动为主，体现了较强的民族传统性，具有明显的年龄特征；成年人运动人数少，运动时间短，运动频率低，缺乏科学的指导；群众体育活动的场所依次为公园、广场、公路或街道，体育活动场地存在相对不足的现象。张圣海等(2008)对湘、鄂、渝三省市 4 623 名 16～75 岁的农村人口调查表明：湘鄂渝三省市农村非体育人口比例大、文化程度偏低，体育人口比例低、文化程度呈上升趋势；学校体育对湘鄂渝三省市农村人口参与体育活动的影响十分突出；农村体育场地器材严重不足、基层体育组织薄弱是导致该地区体育人口数极低的主要原因。①

周晓东(1998)根据全国成年人体质监测福建省体质监测调查问卷的数据统计表明：在各类人群中，18～25 岁之间的政府公务员和企事业单位的行政管理人员及从事工业生产的体力劳动者，每周参加 3 次以上体育锻炼所占比例最大；51～55 岁、56～60 岁的群体中，各类人群每周参加体育锻炼 3 次以上所占的比例也很高；相比较而言，31～50 岁的群体中每周参加 3 次以上体育锻炼所占比例总体上低于 18～25 岁、51～70 岁的群体。② 赵克、杜子平等(2000)研究表明：厦门市 18～60 岁人口参加体育活动者占调查总体的 62.2%，其中基本符合体育人口标准的为 29.3%。③ 朱家新(2006)研究表明：2003 年福建省 16 岁以上城乡居民，达到标准体育人口比例为 18.96%，其中男子占 50.43%，女子占 49.57%；从年龄来看，老年人体育人口的相对比例最高；从学历来看，高中生体育人口的相对比例最高；从职业来看，体育人口的相对比例是：离退休人员体育人口的相对比例最高；从家庭经济收入的情况来看，中等收入的家庭体育人口的相对比例最高；从居住区域来看，体育人口主要集中在城镇。④

许月云等(2006 年)研究表明：侨乡晋江乡镇居民体育参与人口比率高于全国平均水平，但体育人口比率偏低；体育活动参与状况不均衡分布在不同性别、年龄、职业结构和文化程度中，不同性别、年龄、职业结构和文化程度乡镇居民在体育活动的频度、时间和强度上存在一定程度的差异；乡镇人口特征是侨乡体育人口比率偏低和体育活动参与间断性、随意性大的主要原因，“男主外，女主内”

---

① 王龙. 苏南地区成年人群众体育现状的调查分析[J]. 江苏技术师范学院学报，2007，13(4)：93～97。

② 周晓东. 福建省成年人体育锻炼现状的调查报告[J]. 福建体育科技，1998，17(3)：35～45。

③ 赵克，杜子平，谢军等. 厦门市体育人口现状调查及对策研究[J]. 广州体育学院学报，2001，21(3)：19～22。

④ 朱家新. 福建省群众体育现状调查与发展对策研究[J]. 北京体育大学学报，2006，29(7)：903～905。

家庭关系、生理差异、教育程度、经济条件、工作环境、健康程度等是其差异性的主要因素。① 徐建清、周晓东(2007)研究表明:福建省成年居民是否锻炼主要与受教育程度和城乡种类有关;成年有锻炼习惯的居民是否属于体育人口与步行时间和工作时间等行为方式有关;不同阶层的坚持锻炼时间和是否锻炼特征有显著差异。各阶层在体育锻炼行为上出现了明显的分化,与福建省社会结构分化的趋势相对应,在是否锻炼的维度上表现得尤其突出。②

二、体育人口结构研究

体育人口是人口的亚人口群体,根据人口学的结构组成由年龄、性别、职业、文化 4 个方面组成。作为人口学的一个亚人口群体,它的结构研究也具有它上位研究的结构组成。因此,体育人口的结构也是由年龄结构、性别结构、文化结构、职业结构 4 个方面组成。

牛兴华,冯建秀(1986)研究表明:我国大城市不同产业参与体育活动的人口受性别、年龄、婚姻状况的制约,初中文化程度的人参与体育运动的人数高于其他文化程度的组。③ 李树怡等(1994)通过对全国 20 多个省市的 31 个不同社会阶层人口体育锻炼频度、锻炼时间、锻炼项目、体育组织化和体育指导水平、锻炼场所、体育支出、接受体育宣传程度等现状的研究。总结出不同社会阶层体育人口现状的特点和规律,并比较分析社会各阶层体育发展状况的差异和特点。④ 李树怡等(1995)对我国东部、中部、西部三大地区 11 个省市 18 岁以上人口进行了较全面的调查,揭示了我国 18 岁以上不同社会阶层人口每周体育活动特征,探索了不同社会阶层文化程度、婚姻、性别、工作性质、居住地、健康状况与体育锻炼时间、频度的相互关系。⑤

吴纪饶(1996)研究表明:江西省城镇体育人口职业构成是以各类专业技术人员、大中专学生、商业工作者和党政群干部及办事员为主体,同时,在职体育人

---

① 许月云,许红峰,郑志丹等.侨乡乡镇居民体育参与者体育活动特征调查研究[J].福建体育科技,2006,25(5):9～12。

② 徐建清,周晓东.福建成年国民体育锻炼行为阶层差异的初步分析[J].福建体育科技,2007,26(5):1～10。

③ 牛兴华,冯建秀.我国大中城市不同产业体育人口结构态势[J].体育,1986,(2):1～4。

④ 李树怡、牛兴华、张大为.我国不同社会阶层人口体育现状调查与研究(之一)(之二)[J].天津体育学院学报,1994,9(2、3):1～8、22～29。

⑤ 李树怡,牛兴华,董义来.我国不同社会阶层体育需求的调查与研究[J].天津体育学院学报,1995,10(3):1～6。

口的职业构成与全社会在职人口职业构成多数情况不相一致;体育人口中从事体育锻炼的内容和形式存在着性别和年龄的差异。①

第一次全国群众体育现状调查(1997)显示:参加体育活动的人数从16岁开始至76岁以上各年龄段呈直线下降趋势,但各年龄段参加体育活动者占各年龄段人群的比例呈“两头高,中间低”的状态;群众体育开展最为活跃、参加者比例最高、坚持情况最好的是城镇老年组人群,各年龄段人群开展最为普及的活动均为对场地要求不高或投资不高的传统运动项目。职业人群受性别、年龄、文化程度的影响,参加体育活动的情况有明显的差异性和职业倾向性,受地域环境、风俗习惯和经济条件的制约表现出发展的不均衡性;工人和管理人员群众参加体育活动的次数、时间及强度明显高于其他人群;文化程度较高的人群参加体育活动的人数比例较低;各职业人群参加体育活动比例较高的均集中在中青年阶段;不同职业人群参加体育活动的时间、场所、形式、项目和动机都具有独特的心理需求。②

第二次全国群众体育现状调查(2001)显示:不同性别人群体育活动参与表现出女性总体上体育活动参与水平低于男性;不同年龄阶段两性人群体育活动参与存在变化和差异,16~25岁体育人口男女差异显著,46~55岁开始女性体育人口开始超过男性,并持续到65岁以后;不同职业背景的两性体育活动参与也存在变化和差异,除直接服务人员外各职业男性体育人口的比例均高于女性;男女在体育活动内容上表现出明显的性别偏好,在活动形式与场所上女性仍以家庭和社区为核心,男性则侧重于在单位与他人一起活动。与第一次全国群众体育现状调查相比,不同年龄段人群体育活动参与的“马鞍形”分布有所改善,落差有所减小;每周坚持3次以上体育锻炼的增幅较大,但每次体育活动的时间除个别组外均有下降;体育活动项目总体变更不大,体育活动的场所则随着公共体育设施的和社区体育的发展不断完善,55岁以下中青年人从自家庭院步入公共活动场所,55岁以上中老年人则开始倾向于住宅小区等;体育活动形式无明显变化,但辅导站、俱乐部的体育活动形式比例有所下降。③

张学妍(2001)参照国际公认的社会人口职业分类方法以及研究工作的需

---

① 吴纪饶,周伟文,曾凡文等.江西省城镇体育人口的现状研究[J].体育学刊,1996,(3):17~19。

② 中国群众体育现状调查与研究课题组.中国群众体育现状调查与研究[M].北京:北京体育大学出版社,1998,78。

③ 中国群众体育现状调查与研究课题组.中国群众体育现状调查与研究[M].北京:北京体育大学出版社,2001,45。

要，将我国职业类型分为 6 种。并对 6 种职业及不同收入人群的体育消费现状进行了调查研究。结果显示：各职业群体的经济收入与体育消费呈正相关关系；不同职业和不同经济收入的群体的体育消费各具特点。① 孙淑惠(2001)以社会资源和社会声望为标准，将城市居民划分为管理阶层、知识阶层、业主阶层、蓝领阶层以及依附于这四者的退休阶层。在此基础上她探讨了社会体育在这些阶层层面上的实施现状，并针对当前社会体育实施存在的问题提出了对策。②

肖焕禹(2006)以组织资源、经济资源和文化资源占有状况为依据作为划分社会阶层的标准，结合社会综合地位评价量表，对上海市不同社会阶层居民体育消费趋向进行研究。结果显示：从宏观经济形势看，未来上海将出现一个体育消费的快速增长期，但社会各阶层居民的体育消费投资趋向表现不同；上海市居民的体育消费将出现明显的分层特点；实物型体育消费在未来上海体育消费市场上仍将占据重要地位，但参与性体育消费支出增长明显加快，且将表现出随社会阶层地位升高消费投资逐渐增加的趋势。③ 吕树庭(2006)以广州市体育人口的数据为基础，揭示了不同社会阶层参与体育的共性特征以及不同社会阶层参与体育的个性特征。在个性特征方面，他主要归纳了体育人口分布、体育人口的文化与性别构成、体育行为动机、体育行为方式、体育消费、体育参与机会这六个方面的社会阶层差异。④

黄迎乒(2007)对河南省城市各阶层社会体育人口的特征进行了分析。结果表明：河南省城市社会体育人口低于国外发达国家和国内经济发达省份；男女人口性别比高于中国现阶段总人口性别比；各阶层社会体育人口分布不均，主要集中在第十阶层和第二阶层；各阶层的社会体育人口的性别比与其职业特点密不可分；体育消费、参加运动的项目、时间空间特点除了与其职业有关外，还受其经济条件的制约。⑤ 李梅娟等(2007)通过调查认为：中产阶级群体有正确的体育态度，对体育和健康的关系有清晰的认识，但体育认识与体育实践之间存在一定

---

① 张学妍.我国不同职业和收入群体的体育消费现状研究[J].佛山科学技术学院学报(社会科学版)，2001，1(1)：34～37。

② 孙淑惠.当代我国城市社会各阶层与社会体育的实施[J].成都体育学院学报，2001，27(1)：5～9。

③ 肖焕禹，申亮.上海市不同社会阶层居民体育消费趋向探析[J].上海体育学院学报，2006，30(2)：45～50。

④ 吕树庭.社会结构分层视野下的体育大众化[J].天津体育学院学报，2006，21(2)：93～98。

⑤ 黄迎乒.河南省城市社会体育人口阶层特征分析[J].北京体育大学学报，2007，30(6)：760～762。

的距离;由于经济条件的优越,我国中产阶层群体的体育参与动机呈高层次、多元化特点;我国中产阶层群体的体育参与规律性不强,体育参与的项目主要是网球、高尔夫等新兴项目和我国群众基础较好的传统体育项目;选择的锻炼场所多为收费性场所;我国中产阶层群体体育消费水平极高,消费结构合理;影响我国中产阶层群体参与体育的主要因素是工作忙,没时间,体育兴趣、锻炼习惯及锻炼场地也是不可忽视的影响因素。①

第三节　体育人口研究评述

一、体育人口理论研究评述

从体育人口理论研究成果可见:(1)体育人口的概念多数学者主要从人口学的理论、体育的概念及身体活动的视角寻求立论依据。在我国虽然对体育概念的定义有不同的观点和看法(广义、狭义),但体育应涵盖社会体育、学校体育、竞技体育是一种普遍的认识。因此,体育人口概念的定义应当涵盖群众体育、学校体育、竞技体育等方面的人口。但目前我国体育人口还主要特指是狭义的群众体育人口。此外,无论是国内学者或者还是国外学者,无论是国内词典还是国外词典,虽然定义体育概念时侧重点有所不同,但都对身体活动(或身体运动)给予了特别的重视。“身体活动”是体育人口区别于其他人口的最重要标志,抹去“身体活动”,体育人口与其他人口无异。(2)体育人口的分类由于采用了依据体育活动的程度、体育活动的态度、体育活动的参与方式、对体育亲和程度、体育活动人群特征(年龄、性别、职业、文化程度、地域)等多种分类标准,呈现出多种的体育人口分类。(3)体育人口评定的实质是体育人口操作定义问题。国际体育人口判定标准呈现多元化倾向,即以瑞典为代表的粗放型判定标准,以英国等国为代表的精确型判定标准,以日本为代表的粗放与精确相结合的判定标准。借鉴国际体育人口判定标准,从身体活动频度、时间、强度等不同层面上反映体育人口的操作定义符合社会科学研究的规范和通则,也基本上反映了体育人口定义与操作定义间的关系。(4)体育人口测度指标是体育人口数量化的科学范畴,是

① 李梅娟,彭金洲.北京、广州、长沙三市中产阶层体育参与现状研究[J].山东体育学院学报,2007,23(4):41～43。

反映体育人口现象数量特征，衡量体育人口状况的指示器。体育人口测度指标具有反映体育人口现象功能，具有评价体育人口的功能，具有预测体育人口的功能。体育人口测度指标具有具体性、替代性、时间性的基本特征。

二、体育人口实证研究评述

体育人口是衡量一个国家群众体育发展水平的基本尺度之一，是小康社会群众体育发展的重要指标之一，是构建多元化全民健身服务体系的基础工程。因此，体育人口的实证研究有助于揭示体育人口的现状及发展规律，有助于公共体育场地的建设与规划，有助于促进体育组织的完善与发展，有助于满足人民群众日益增长的体育健身需求，有助于养成文明健康的生活方式，有助于促进社会主义物质文明和精神文明建设。我国体育人口的实证研究是伴随社会经济全面快速发展，人民生活水平不断提高，《全民健身计划纲要》的全面实施而逐步走入人们的视野。全国群众体育现状调查开创了体育人口实证研究有组织、有计划调查研究的先河，引导了体育人口实证研究的不断深入，对动态地揭示体育人口发展规律提供不可多得的第一手资料，为制定不同时期群众体育规划提供了有力的基础数据。10 多年来，我国体育人口实证研究从初期重点探索体育人口数量、性别结构、年龄结构、职业结构、活动场所、活动形式、活动内容、动机等共性特征，逐步深入到探索不同职业、不同区域、不同人群、不同性别、不同年龄、不同阶层等体育人口的个性特征。在有计划、有组织开展全国性调研的同时，各省市相关部门及学者也参照全国性调查框架，根据能力、需要、经费等实际情况开展了相关调查，弥补了全国性调查样本分布、样本数量区域性的不足和缺失。

三、社会阶层与体育人口结构评述

社会分层研究在当代中国社会双轨转型的背景下已成为一门显学。社会阶层结构作为社会结构的核心问题已经引起社会学者的高度关注，社会阶层结构层面上诸如教育公正、医疗公正、收入差距两极分化等涉及人们物质利益的问题更是成为各学科的研究热点。我国有关体育人口的社会阶层相关研究起步于 20 世纪 90 年代初。从清华、维普期刊网文献检索来看，近 20 年来的研究成果，该领域的研究可以划分为：纯体育学研究的起步阶段（1991—2002）和以社会分层理论为基础的单纬度探索阶段（2002 年至今）。在起步阶段，学者们主要集中于体育人口阶层现状特点和规律的探讨。在探索阶段，学者们在体育人口阶层现状特点和规律探讨的基础之上，借鉴中国社科院推出的《当代中国社会阶层研究报告》为理论基石，尝试研究社会分层条件和机制对体育人口的影响，亦以分层理论来解释各阶层体育人口在体育参与内容上的差异。

两个阶段的研究大体上具有以下几个方面的特征：(1)社会分层和社会体育相关研究的初步探讨是在改革开放尤其是90年代以来社会结构快速变迁的历史背景下展开的。(2)社会分层和社会体育参与相关研究随着当代中国社会分层理论的不断发展而逐步深入。(3)社会分层与体育参与、体育大众化互动理论解释和体育参与、体育消费、体育人口等阶层特征的实证研究尝试性结合，取得一定成果。然而我们应当看到其中明显不足之处。首先，这一领域的研究还未在体育学术界引起广泛的关注，介入的学者很少，研究成果较少。其次，理论解释和实证研究存在一定程度的分离状态。既往学理研究往往缺少实证研究的支持而显得理论解释穿透力不够。关于社会分层和体育参与、体育人口等社会体育发展的敏感指标的相关关系研究尚未形成定论，缺乏对社会分层影响社会体育分层机制等深层次理论假设和探讨。实证研究则只是简单的借鉴社会学分层标准进行探讨，缺少对社会现象、调查数据的深层次挖掘，数据统计方法上以简单的描述统计为主。再次，关于当前社会体育人口阶层差异形成原因、发展对策等缺乏多维度的理论探讨，未能紧扣时代发展背景和主题。最后，从研究所调查的样本来看，又存在样本量不足、覆盖范围小等问题。

第三章　福建省城乡居民体育人口实证研究(总论)

第一节　导言

一、研究背景及目的意义

体育是伴随人类社会的诞生而诞生的。经过漫长的发展历程,在人类跨入信息时代的同时,体育也已成为社会这一庞大的系统的子系统之一。大众体育就是这一子系统中的重要组成部分。20 世纪以来,随着产业革命的迅速发展,“现代文明病”逐渐滋生扩大,大众体育在现代社会生活中扮演着越来越重要的角色,全世界已有 100 多个国家将开展大众体育列为国家的目标之一。以提高国民健康意识、增强体质,提高健康娱乐水平,鼓励全民健身为宗旨的大众体育浪潮在工业发达国家迅速兴起并逐渐形成国际化潮流。1976 年联合国教科文组织成立了“政府间体育运动委员会”,其主要任务是促进和发展大众体育;1981 年大众体育的国际组织“各国体育总会国际会议”正式成立;1985 年,国际奥委会成立了“大众体育委员会”,并从 1986 年开始举办每两年一届的世界大众体育大会,1995 年巴拉圭第五届世界大众体育大会提出了“通过体育活动促进和平、健康、提高生活质量”的宣言。由于大众体育的重要性日益明显,世界上许多国家都为在 21 世纪成为健康国家,而有组织、有计划地制订发展规划,提出长期奋斗目标,相继推出了符合本国实际的健身计划。如美国《最佳健康计划》、《2000 年健康计划》,日本《东京都增进健康计划》、《迈向 21 世纪体育振兴策略》,德国《黄金计划》、《家庭体育奖章制》,加拿大《积极人生》,英国《90 年代体育战略规划》,澳大利亚《生命在于运动计划》,比利时《每家一公里计划》,法国《大众体育奖励制度》,韩国《小老虎体育健身计划》,等等。许多国家在政府的积极支持和倡导与广大民众的积极参与下,大众体育得到迅速地发展。

我国政府历来重视群众体育事业的发展。建国初期推行的广播体操、工间操、劳卫制等群众体育活动及定期举办的各类体育运动会，对推进当时群众体育的发展起到了积极的促进作用。改革开放以来，随着国民经济的迅速发展，人民生活水平的不断提高，生活方式的转变，人们参与体育的需求日益增强，群众体育的发展出现了前所未有的良好势头。为了更广泛地开展群众性体育活动，提高全民族的健康水平，推动我国社会主义现代化建设事业的发展，1995 年 6 月国务院正式批准和颁布了《全民健身计划纲要》。《纲要》从面向 21 世纪提高民族素质的战略高度出发，对今后若干年我国全民健身的目标、任务、措施提出了的明确的要求。《纲要》的颁布，是新中国体育史上的一个里程碑，标志着我国群众体育的发展进入了一个新的历史阶段。

伴随群众体育的迅速发展，为了了解国民体育锻炼的基本状况，世界各国对群众体育的调查与研究也得到高度的重视。例如美国 AC 尼尔森公司从 1973 年开始的系列《体育活动参与情况调查》；加拿大从 1981 年开始的《加拿大健康调查》；日本文部省每隔 3～4 年举行的《社会体育活动开展情况调查》。大规模、有组织、有计划的群众体育调查研究，为各国体育管理部门掌握群众体育发展状况，制定群众体育发展规划提供了重要的决策依据。改革开放以来，我国群众体育科研工作有了较大的发展，许多科研工作者从不同角度对不同地区、不同人群参与体育活动的情况进行了大量的研究。然而，由于缺乏规范性、科学性、广泛性的社会调查，定性的研究成果和局部的研究成果在一定程度上制约了我国群众体育发展规划的制定。群众体育是我国体育事业发展的根本，是“发展体育运动，增强人民体质”方针的具体实施者，是在体育工作中树立和落实“以人为本”的科学发展观、满足人民群众强身健体需求的重要途径。社会经济的快速发展给人们生活带来便利的同时，也逐渐改变着人们的生活方式，不可避免地给人们体质与健康水平带来隐患。随着我国在消除城乡差异的努力，小城镇改造的深入和局部经济圈的形成，越来越多的城乡居民的生活方式将发生改变，作为生活方式中的重要一环，体育锻炼将越来越受到人们的重视。因此群众体育锻炼的现状调查及今后的发展趋势的预测对我国群众体育工作政策的制定意义重大。通过调查将有助于全面了解我国群众体育发展的基本情况，有助于贯彻落实《全民健身计划纲要》，有助于建立群众体育发展程度评价指标体系，有助于探索我国群众体育发展的规律。

为了全面了解我国群众体育的现状，为决策提供科学的依据，国家体育总局从 1997 年开始，先后三次在全国范围开展了群众体育现状调查与研究。1997 年中国群众现状调查涉及北京、上海、吉林、内蒙古、四川、广东、福建、甘肃、河南 9 个省(区、市)的 54 个县，144 个街道，193 个居委会，8 000 户(位)16 岁以上城乡居民，399 个群众体育活动点，776 个体育场馆和 87 个体育行政管理部门。调查内容主要涉及城乡居民参加体育活动情况(调查对象的个人和家庭背景、家务劳动时间、身体健康状况、性别、年龄、民族、婚姻状况、文化程度、职业、收入、健康状况;参加体育活动的次数、时间、地点、项目、场所、形式、原因等)、群众体育活动点现状(群众体育活动点的种类、规模、项目、场所分布、形成时间、管理方式、参与者特征、指导队伍等)、体育场馆现状(场馆性质、所在位置、数量、使用率、收费、开放、管理等)。根据此次调查的抽样方案,福建省福州市连江县、三明永安市、南平市政和县被确定为抽样调查范围,16岁以上城乡居民调查样本共计800人(城市居民600份、农村居民200份)。2001年,为了检验全民健身计划一期工程实施效果,探索新世纪我国群众体育发展规律和趋势,进一步推动群众体育的发展,国家体育总局在1997年第一次全国群众体育现状调查的基础上,开展了第二次全国群众体育现状调查。调查对象涉及北京、广东、江苏、辽宁、河南、湖北、吉林、甘肃、内蒙古、四川10个省(区、市),106个县(市、区),237个街道,592个居委会,7 994户(位)16岁以上城乡居民,348个群众体育活动点,抽样省(区、市)的各级体育部门。调查的主要内容涉及城乡居民参加体育活动情况和群众体育活动点现状(具体内容与第一次调查基本相同)、体育系统群众体育工作现状(体育行政部门人员、收入、支出;辖区群众体育社团数量、类型;辖区体育指导员数量、年龄、等级、文化程度、从业年限、健康状况;群众性体育活动的次数、参加人数、项目特征;群众体育活动点规模、活动形式、组织指导者、活动地点、经费来源;直属体育场馆面积、经营方式、经营内容、开放时间、消费人次)。福建省未列入全国抽样调查范围。为全面总结2001年来实施《全民健身计划纲要》的成果和存在的问题,为制订下一步的全民健身计划提供依据,国家体育总局于2008年开展了第三次全国群众体育现状调查,重点针对目前我国群众体育工作中急需了解的国民参与体育锻炼的情况和我国群众体育工作的组织化程度。调查对象涉及全国31个省(区、市),每个省(区、市)按社会和经济发展水平分别确定三个地级市,采访了2 249个居(村)委会的5万余居民户,共获取16岁以上城乡居民有效样本量88 625人,31个省(区、市)群众体育管理部门及抽取的调研地市、区县群众体育管理部门及全部的群众体育活动点。福建省福州市、厦门市、三明市被确定为福建省抽样调查市,国民参与体育锻炼的情况调查样本总量2 800人。

从全国群众体育现状调查可见,第一次全国群众体育调查主要目的是摸清家底,了解现状,调查内容基础性强,突出了国民体育活动参与、基层群体活动场所、公共体育场馆社会效益等。第二次全国群众体育调查主要目的是通过两个时点的数据比较分析,获取国民体育活动参与、基层群体活动场所四年的发展动态及群众性体育社团、社会体育指导员的基本状况。第三次全国群众体育调查主要目的是总结实施《全民健身计划纲要》的成果和存在的问题,为制订下一步的全民健身计划提供科学依据,突出了群众体育工作中急需了解的国民参与体育锻炼的情况和群众体育工作的组织化程度。可以说,三次全国群众体育现状调查与研究都紧紧围绕了群众体育发展的基本要素,呈现出基础性、连续性、发展性的特点；调查对象逐步从区域性向整体性扩展。从福建省的实际情况来看，由于调查区域的局限性和调查样本的有限性，调查结果难以真实地反映福建省城乡居民体育活动基本情况、城乡居民体育活动基本特征，群众体育最基础、最主要的体育人口现状缺乏第一手比较全面、客观的数据。因此，探索福建省城乡居民体育活动现状，揭示福建省城乡居民体育活动的基本特征，对于制定与完善群众体育发展规划具有重要的理论和现实意义。

二、调查对象

根据《中华人民共和国体育法》、《全民健身计划纲要》和《国民体质监测工作规定》，国家每五年为一周期开展国民体质监测工作。2005 年国家体育总局、财政部等 10 部(局)联合开展了第二次全国国民体质监测工作。结合福建省实际情况，福建省体育局决定与省教育厅、省科技厅、省民宗厅、省民政厅、省财政厅、省农业厅、省卫生厅、省统计局、省总工会、省妇联 10 个单位和部门联合于 2006 年开展第二次全省国民体质监测工作。

国民体质监测对象为 3～69 周岁的中国国民，分为幼儿(3～6 岁)、儿童青少年(学生)(7～19 岁)、成年人(20～59 岁)、老年人(60～69 岁)四个年龄段。按整群随机抽样的原则确定监测样本。其中成年组以每 5 岁为一个年龄组，六类样本共计 48 个年龄组。每个设区市每一年龄组抽样 50 人，每个设区市总样本量为 2 400 人。老年组以每 5 岁为一个年龄组(60～64 岁、65～69 岁)四类样本共计 8 个年龄组。每个设区市每一年龄组抽样 50 人，每个设区市总样本量为 400 人。为了充分发挥资源共享优势，经福建体育局批准，依托第二次福建省国民体质监测，对国民体质监测抽取的调查对象实施福建省城乡体育人口调查研究。

三、研究方法

(一)文献法

通过图书馆、期刊网等途径，搜索体育人口等相关著作和研究成果，为全面了解体育人口研究现状和调查数据的分析提供基础。

(二)问卷调查法

参照第二次全国群众体育现状调查问卷，对福建省 9 个设区市第二次国民体质监测对象发放调查问卷，调查问卷随第二次全省国民体质监测一起发放。

问卷涉及调查对象基本情况、闲暇生活方式、闲暇活动安排、身体健康状况、体育活动参与、体育活动动机、体育活动时间、体育活动地点、体育活动项目、体育消费、影响因素等方面。发放调查问卷 15 300 份，回收问卷 13 756 份，问卷回收率 89.9%，其中有效问卷 11 316 份，有效回收率 82.3%。

（三）数理统计法

运用 SPSS 13.0 统计软件对问卷调查数据进行描述性统计、多维频数分析、非参数卡方检验等。

（四）逻辑分析法

以社会分层、女性主义、老龄化进程、社会主义新农村等多维社会发展为视域，就福建省城乡居民的体育人口发展现状与特征进行学理上的深度逻辑分析。

四、调查对象样本的分布及特征

11 316 个有效调查样本显示（表 3-1）：男女性别的比例趋于一致；少数民族比率为汉族 98.5%、少数民族为 1.5%，这与福建省为少数民族散杂居地区，少数民族人口占全省总人口 1.71%的情况基本一致；婚姻状况已婚为 83.3%，未婚为 13.5%，离婚为 1.3%，家庭结构夫妇家庭、核心家庭、主干家庭、联合家庭占调查样本的 93.4%，也基本反映了中国传统婚姻观和家庭观；年龄分布主要在 26～55 岁居多，这主要与调查样本的抽样标准以性别结构为标准所造成年龄结构的离散状况有关；文化程度结构为大学（含大专）及以上程度为 30.5%，中专（含高中）为 27.6%，初中 24.5%，小学 11.5%，文盲或识字不多为 5.9%，这一结构在一定层面表征了福建省城乡居民文化程度结构特征；有职业者为 77.5%，无职业者为 22.5%，无职业的类型为离退休者 52.5%，下岗为 8.7%，无职业为 23.0%，其他者为 15.8%，而有职业者的职业类型以农林牧等生产者和专业技术人员居多，分别为 23.7%和 20.2%，其次为办事人员和有关人员、生产和运输设备操作人员及有关人员，分别为 15.0%和 15.3%，再次为国家机关、党群企事业负责人和商业、服务业人员，分别为 8.7%和 8.9%，最后为个体从业人员与无职业，分别为 3.7%和 4.5%，这一状况总体反映了福建省职业分层、职业分工的结构特征。从城乡结构的样本来看，乡村、城镇体力劳动者、城镇非体力劳动者呈三足鼎立之态，反映了社会转型、社会变迁过程中，福建省城乡居民的劳动分工结构。

表 3-1 福建省城乡居民体育活动调查样本分布及特征

指标	样本(%)	指标	样本(%)
性别		年龄(岁)	
男	50.4	19～25	11.9
女	49.6	26～35	23.0
民族		36～45	24.6
汉	98.5	46～55	20.8
少数民族	1.50	56～65	15.0
婚姻情况		66 以上	4.70
未婚	13.7	职业类型	
已婚	83.3	国家机关、党群企事业负责人	8.70
离婚未再婚	0.80	专业技术人员	20.2
离婚再婚	0.50	办事人员和有关人员	15.0
丧偶未再婚	1.50	商业、服务业人员	8.90
丧偶再婚	0.20	农、林、牧、渔、水利生产人员	23.7
文化程度		生产、运输设备操作人员及有关人员	15.3
研究生	0.70	个体从业人员	3.70
大学(含大专)	29.8	无职业	4.50
高中(含中专)	27.6	城乡状况	
初中	24.5	农村	31.9
小学	11.5	城镇体力劳动者	30.8
文盲或识字不多	5.90	城镇非体力劳动者	37.3
家庭类型		有无职业	
单身	4.90	有	77.5
夫妇家庭	21.3	无	22.5
单亲家庭	1.80	无职业种类	
核心家庭	46.7	从无职业	23.0
主干家庭	16.1	离退休	52.5
联合家庭	7.50	下岗	8.70
其他	1.70	其他	15.8

第二节 福建省城乡居民闲暇生活方式及健康状况

当代中国正处于由传统的农业、农村社会向工业化城市化的现代社会转型过程中，处于由计划经济体制向社会主义市场经济体制的转变之中。这是前所未有的社会历史变迁，转型中的中国也正经历着从劳动生产方式经济向休闲生活方式经济转变，从农业经济、工业经济向知识经济转变的社会变革时期，社会变革时期产生的生活方式转型正波及每一个家庭和每一个社会成员。经济实力的增强为城乡居民生活方式的转型提供了有力的物质保障，社会转型决定着生活方式的基本性质,社会结构的调整和社会流动加速了生活方式的转变,工业社会给人们提供了更为自由的支配时间,生活空间在三维中延伸。在社会发展和生活方式转变的同时,活动量的减少和老年病年轻化趋势给健康带来了严峻的挑战。关爱健康、关注生命,追求绿色的、自由的生活方式已经逐步成为人们未来生活的目标。

一、福建省城乡居民闲暇生活方式选择总体特征

生活方式是指不同的个人、群体和全体社会成员在一定社会条件下和价值观念的指导下所形成的满足自身生活需求的全部活动形式和行为特征的体系。① 生活方式是人类社会特有的生活方式,有其特定的规定性和特殊的功能。生活方式具有物质性与精神性结合、时代性与历史性兼有、民族性与地域性显著、个体性与多样性突出的特点。人类社会是文明开化的过程,而文明开化的成果必须通过生活方式表现出来。透过一定的生活方式,可窥见社会文明的一斑。因此,生活方式是社会文明的指示器。反之,一定的文明,也都脱离不开生活方式,甚至可以说是在一定生活方式中孕育、催化而成的。因此,生活方式又是社会文明的催化器。人类文明的发展史,也就是一部生活方式的演进史。②

进入 21 世纪后,随着我国社会经济逐步从劳动生产型转向休闲生活型经济方式,消费也逐步从温饱型转向小康型,随着 5 天工作制,带薪休假制在一些单位的试行,闲暇时间延长,社会交往的开放以及人类追求自我完善、自我解放、自我超越、自我发展等精神层面的需求不断提升,作为私人消费享用过程的生活及其方式的闲暇生活方式也悄然发生变化,追求多向度、多界面、多维度、形式多样的闲暇生活方式成为福建城乡居民的重要选择。

调查显示:福建省城乡居民喜爱的闲暇活动内容主要为看电影和电视、看书报、旅游、逛商场、会客聊天、棋牌活动、参加各种体育活动等(图 3-1)。而闲暇时间的主要生活方式选择依次为:家务劳动、看书报杂志、参加文化娱乐活动、参加体育活动、参加社交活动、参加社会公益活动、辅导子女学习、进行业务文化学习等(图 3-2)。虽然家务劳动依然还为人们闲暇生活中的重要内容,但却有 35.8%的城乡居民在闲暇时间没有进行过家务劳动,而参与家务劳动的城乡居民则只有 17.6%的劳动时间在 2 个小时以上,59.6%则只进行了 1 个小时以下

---

① 中国大百科全书总编辑委员会.中国大百科全书(社会学卷)[M].北京:中国大百科全书出版社,1993,85。

② 杨楹,张禹东.生活哲学——探究中的马克思主义哲学[M].北京:社会科学文献出版社,2004,6。

的家务劳动(图 3-3)。可见,随着家用电器的现代化和家务劳动社会化程度的逐步提高,人们正逐步从以往繁重的家务劳动中解放出来,并向生活领域各个界面不断延伸和拓展。但值得关注的是,电视仍然为我省城乡居民闲暇时间支配方式中的重要形式,有 74.0%的城乡居民所喜欢的闲暇内容为看电视,有 58.4%的城乡居民每天看电视的时间超过 1 个小时,这不仅说明了我省城乡居民每天停留在电视机前的时间较长,是居民支配闲暇生活方式的基本形式,而且还显示了电视时代的到来和发展对现代人生活方式、生活质量产生了重大影响。由此可见,社会生活、家庭生活、娱乐生活、学习生活、消费生活等构成福建省城乡居民闲暇时间的多层面、多维度的生活方式,显示了社会现代化的发展使人类日益从繁重生产活动中解放出来,"生活"已成为社会活动的独立领域而存在,在现代生活方式下的人已成为更主动支配生活的现实的"生活者"。

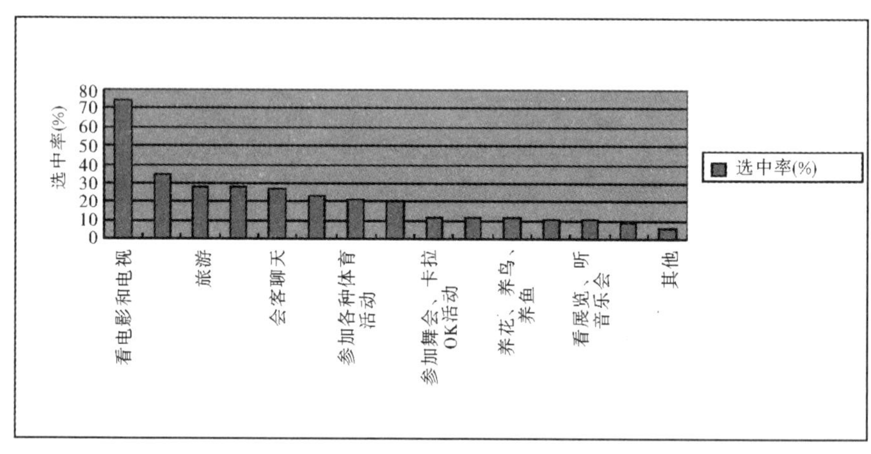

图 3-1 福建省城乡居民喜爱的闲暇活动内容

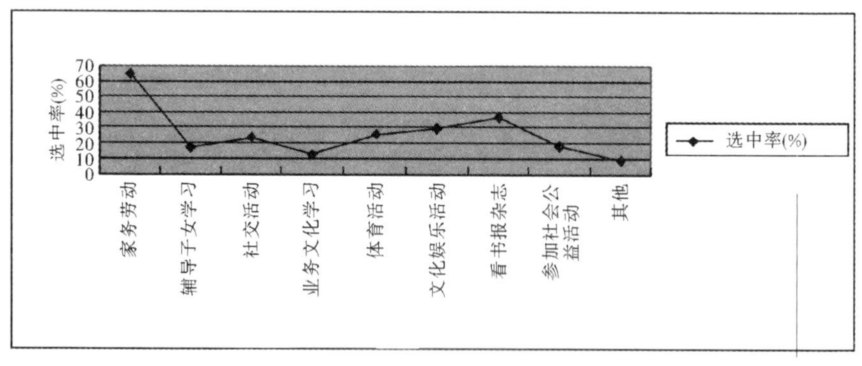

图 3-2 福建省城乡居民闲暇生活方式

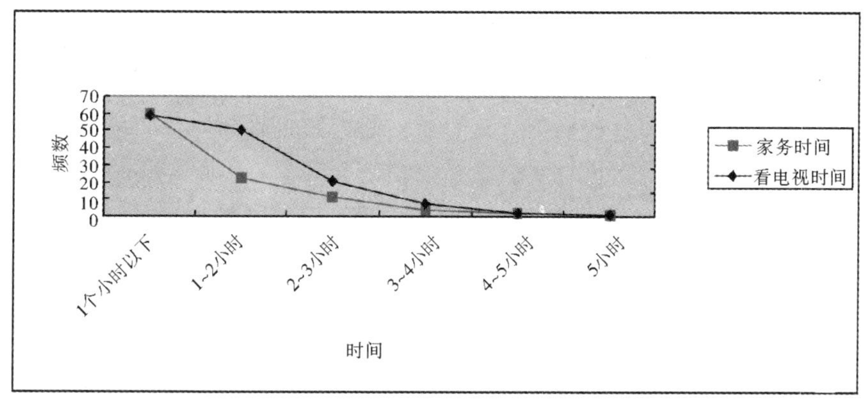

图 3-3　福建省城乡居民家务劳动与看电视时间

二、福建省城乡居民闲暇生活方式选择的人口统计学变量特征

人类闲暇生活中的消遣、娱乐活动等生活方式，在现实中的表现是丰富多彩的，由于每个人的经济条件、社会关系、教育程度、个人气质与爱好，以及职业、所处的地位等各不相同，因而每个人所形成的生活方式也不尽相同。就个体而言，可能是随意的、自由的，为满足某种需求而进行的。但就整个社会而言，所有个体的活动都是有一定范围的，受到经济基础的制约，也受到社会制度的制约。正如马克思所承认的人类消遣时间是客观存在的，并认为："消遣时间人的活动，是人的生活方式中同社会经济文化水平直接联系的一个部分。"①"个人怎样表现自己的生活，他们自己就是怎样。"②

(一)不同性别城乡居民闲暇生活方式的选择

在不同性别与闲暇生活方式选择交互比较上，男女性别在闲暇时间生活方式选择序位上呈现出大约趋同的特征。但女性的家务劳动、辅导子女学习的选中率远远高于男性，而男性看书读报、社交活动、文化娱乐活动和体育活动的选中率则高于女性，并呈显著性差异(图 3-4)。这一结果表明了女性的闲暇生活活动范围仍是以家庭为轴心，显现了传统性别分工和长达几千年中国传统文化中根深蒂固"男主外女主内"的思想还深刻影响着现代社会中的人们，并在男女

① 马克思，恩格斯．马克思和恩格斯选集第 47 卷[M]．北京：人民出版社中文第 1 版，1995，251。

② 马克思，恩格斯．马克思和恩格斯选集第 1 卷[M]．北京：人民出版社，2006，67、68。

闲暇生活方式选择上打下深深烙印。这种传统的性别分工模式和思想是女性社会体育发展的重要消极因素。因为，性别分工不仅使女性要承担更多家务劳动和教育子女责任，并导致一个不争的现实是女性的闲暇时间被剥夺，参与闲暇活动和体育锻炼的机会大大减少。同时也意味着男性闲暇时间多于女性，而且男性性别分工和社会分工角色也使得他们比女性更为关注外界信息、关心社会时政和获得参与体育活动的时间和机会更多。而在业务文化学习和参加社会公益活动的男女性别比较上，则趋于一致，说明随着社会的发展，社会分工、专业分工越来越细的今天，关注自我完善、自我专业及业务水平的发展和提升，男女之间具有高度的一致性认同。这一趋势和认同特征表征着新时代的女性也在不断通过自己的努力，承担起家庭和社会的双重责任，力求做到家庭事业两不误，同时这种兼容性的选择也反映了女性意识对传统分工的妥协和认同。

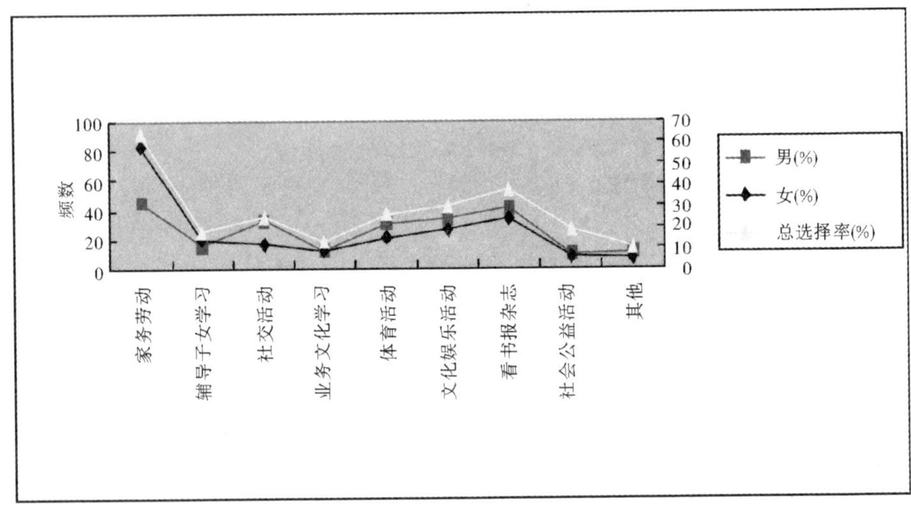

图 3-4　福建省不同性别城乡居民闲暇生活方式选择的交互比较

(二)不同文化程度城乡居民闲暇生活方式的选择

从社会学的角度看，教育是人类社会进程的手段与过程，教育一方面是使其掌握某项技能，另一方面是使其具有较高的文化和心理素质，思维方式趋向开放，更为追求自我发展和全面的和谐发展。调查显示(表 3-2)：不同文化程度城乡居民在闲暇生活方式多样性选择上显现了鲜明差异性特征，文化程度越高则闲暇生活方式越丰富多样，反之则越匮乏。大学及以上文化程度的城乡居民在看书读报、参加社交文化娱乐活动以及业务文化学习等方面远远高于初中及以下文化程度的群体。可见，随着社会变迁、发展和进步，知识分子工作环境、工资待遇、医疗卫生、住房等条件优于其他群体，在工作之余有更多的时间从事其他活动，闲暇生活方式丰富多彩。他们不仅对社会时政比较关心，利用业余时间钻研专业技术，提高自身的文化艺术修养，而且还表现在较高频率参与各种文化娱乐活动与社会交往活动，以娱乐身心、扩大社会交往空间、获取信息资源、减轻工作压力等多层面的精神祈求。特别是在参与体育活动的选择率上，不同文化程度的城乡居民呈现为文化程度越高选中率越高的鲜明特征，显现了高文化程度群体面对愈来愈激烈的社会竞争，高强度脑力劳动和长时间的伏案工作不仅导致他们机体的病态和退化，而且人与人之间的激烈竞争导致的人际关系的冷漠也使得他们普遍感到压抑和精神家园的荒芜。而体育作为人类文明进程中抵御软弱、克服异化的最积极有效手段之一，得到高文化素质人员高度的认知，体育活动逐渐成为他们闲暇生活方式的重要内容。

(三)不同年龄段城乡居民闲暇生活方式的选择

调查显示(表 3-3)：不同年龄段的城乡居民在闲暇生活方式选择序位上显现了显著性差异，也即年龄段不同决定了城乡居民在家庭和社会上所扮演的角色与位置的不同，并随之决定了他们所选择的生活方式的不同。在家务劳动的选择上，随着年龄的增长其所承担的任务越为繁重，特别是退休老人在承担家务劳动的选择率上表现出鲜明的上升趋势，不仅显示了中国传统家庭观，而且印证了“家有一老，如有一宝”价值内涵之一。在社交活动、文化娱乐、业务文化学习的选择上，则显示为随年龄的增长而逐渐下降的趋势。说明人是社会化的产物，当社会将一个自然人转化为社会人的过程中，个人也表现出积极地融入状态，履行其角色的要求，并使得其闲暇生活方式上也体现出明显的年龄角色和社会角色色彩；在体育活动方面的选择率上，表现为两头高中间低的马鞍形趋势，26～35 岁处于创业和婚育期年龄段的人群，受事业和家庭的双重压力，其参与体育活动的选择率最低；而在参加社会公益活动的选择率上，则呈现出随着年龄的增加，参与率逐渐上升的趋势，特别是离退休期后的人群，其参与社会公益活动的选择率呈明显上升的趋势，表明了部分老人在离退休之前壮志未酬，事业与成就的需求欲望变得更为强烈，特别是身体健康又有一技之长的老年人，一般都希望为社会发挥余热，渴望在工作中继续体现自己的人生价值，他们想为社会、为他人多作贡献和服务的愿望并不比年轻人淡薄，无所事事反而使他们产生被冷落和暮年无用之感。老年人是社会人力资本存量的一个重要组成部分，其中蕴藏着无限的经验和智慧，激发和发挥老年人的余热，对社会和家庭都具有重要的社会价值和经济意义。

(四)不同职业城乡居民闲暇生活方式的选择

职业地位是社会分层的主要标准,不同的职业地位或社会阶层的互动关系和模式、教育程度、生活方式是不同的,并且这些因素又是识别不同社会阶层的标志。[①] 调查显示(表 3-4):福建省城乡居民不同职业阶层与闲暇生活方式选择存在显著性的差异,主要表现以下几个特征:其一,家务劳动虽仍为各个职业阶层闲暇生活的重要组成部分,但农、林、渔、牧、水利及有关人员,生产、运输设备操作人员及有关人员和无职业者的选中率则高于其他职业阶层,并呈显著性差异;其二,除农、林、渔、牧、水利及有关人员外,看书读报为各个阶层闲暇生活的重要生活方式;其三,国家机关、党群组织、企事业单位负责人,办事人员和商业服务业人员社交活动的选择率高于其他职业阶层;其四,专业技术人员、办事人员和商业服务人员的文化娱乐活动的选择率则高于其他职业阶层,专业技术人员的业务文化学习的选择率也远远高于其他职业阶层;其五,在参加体育活动方面,国家机关、党群组织、企事业单位负责人,专业技术人员和办事人员的选择率上则高于其他职业阶层,特别是与商业服务业人员,农、林、渔、牧、水利及有关人员,以及无职业和个体从业人员等职业阶层之间存在显著性的差异。以上情况说明,社会阶层(职业阶层)地位较高的,闲暇活动基本是以休闲型、学习型和健身型为主,而社会阶层地位较低的,闲暇活动则以家务型和娱乐型为主。可见,长期的社会角色和生活角色定位使各种角色形成了一套各自特色的行为模式。[②] 而体育健身作为一种强身健体的物质产品和精神产品,对其需求与生活水平及质量密切相关,有较高收入者或较高社会地位的阶层需求要高于其他低收入或在社会结构中处于较低下层的阶层。这也正如马克思所说:“个人怎样表现自己的生活,他们自己就是怎样。因此,他们是什么的,这同他们的生产是一致的,即和他们怎样生产一致。因而,个人是什么样的,这取决于他们进行生产的物质条件。”[③]

---

① 李培林,李强,孙立平. 中国社会分层[M]. 北京:社会科学文献出版社,2004,6。

② 郑杭生. 社会学概论新修[M]. 北京:中国人民大学出版社,2004,217。

③ 马克思,恩格斯. 马克思和恩格斯选集第 1 卷[M]. 北京:人民出版社,2006,100。

表 3-2　福建省不同文化程度城乡居民闲暇生活方式选择交互比较(%)

	研究生	排序	大学	排序	中专	排序	初中	排序	小学	排序	文盲	排序	合计	排序(总)	χ^2
家务劳动	59.2	2	54.0	1	63.5	1	68.0	1	75.9	1	82.6	1	64.2	1	0.000
辅导子女学习	30.1	6	26.8	7	18.6	6	13.8	6	7.7	7	1.4	8	17.9	6	0.000
社交活动	38.4	3	31.2	5	27.6	5	20.6	4	14.4	4	6.4	5	24.2	5	0.000
业务文化学习	25.9	7	27.3	6	11.8	7	3.4	9	2.0	9	0.5	9	12.7	7	0.000
体育活动	31.5	5	34.7	4	28.8	4	20.4	5	14.8	3	8.6	3	25.5	4	0.000
文化娱乐活动	34.2	4	42.0	3	34.1	3	21.7	3	15.1	2	8.5	4	29.8	3	0.000
看书报杂志	60.3	1	53.1	2	43.7	2	27.6	2	11.1	6	3.8	7	37.2	2	0.000
社会公益活动	1.4	9	9.1	8	10.1	8	9.3	8	7.0	8	4.2	6	8.8	9	0.000
其他	8.2	8	6.5	9	8.6	9	11.1	7	13.3	5	12.7	2	9.4	8	0.000

表 3-3　福建省不同年龄段城乡居民闲暇生活方式选择交互比较(%)

	19～25 岁	排序	26～35 岁	排序	36～45 岁	排序	46～55 岁	排序	56～65 岁	排序	66～75 岁	排序	合计	排序	χ^2
家务劳动	34.4	4	58.2	1	68.0	1	38.6	1	76.5	1	72.7	1	64.2	1	0.000
辅导子女	3.1	9	30.0	4	32.2	3	7.5	9	5.2	8	1.9	9	17.8	6	0.000
社交活动	53.4	1	28.9	5	23.3	6	20.1	5	17.2	5	20.5	5	24.3	5	0.000
业务文化学习	18.6	6	19.6	7	13.7	7	8.7	8	4.0	9	3.0	8	12.7	7	0.000
体育活动	26.3	5	21.0	6	23.9	5	25.6	4	32.3	3	37.4	2	25.8	4	0.000
文化娱乐活动	50.0	2	31.8	3	27.0	4	24.5	3	25.2	4	21.9	4	29.8	3	0.000
看书报杂志	43.7	3	41.5	2	39.0	2	30.4	2	32.7	2	34.2	3	37.2	2	0.000
社会公益活动	5.2	8	6.0	9	7.7	9	10.8	6	12.6	6	16.7	6	8.8	9	0.000
其他	10.5	7	8.4	8	9.9	8	9.8	7	10.7	7	12.8	7	9.4	8	0.004

表 3-4　福建省不同职业城乡居民闲暇生活方式选择交互比较(%)

	国家机关企事业人员	排序	专业技术人员	排序	办事及有关人员	排序	服务人员	排序	农林等人员	排序	操作人员	排序	个体从业	排序	无职业	排序	合计	总排序	χ^2
家务劳动	55.5	1	59.7	1	53.7	2	57.5	1	68.2	1	62.0	1	54.1	1	69.4	1	60.8	1	0.000
辅导子女学习	24.2	6	24.6	7	27.1	6	19.5	6	12.8	6	21.1	6	18.8	6	13.8	6	22.6	6	0.000
社交活动	33.8	4	26.8	6	33.3	4	32.7	4	17.7	9	23.9	5	28.2	3	20.3	4	26.1	4	0.000
业务文化学习	19.8	7	30.4	5	20.1	7	7.4	9	2.0	8	8.1	7	14.4	7	10.0	8	15.2	7	0.000
体育活动	33.7	5	34.2	4	32.1	5	21.7	5	9.9	7	25.8	4	20.1	5	16.5	5	24.4	5	0.000
文化娱乐活动	35.5	3	41.0	3	40.8	3	40.5	2	16.5	3	31.3	3	23.7	4	24.3	3	31.8	3	0.000
看书报杂志	49.0	2	51.3	2	54.6	1	38.7	3	15.0	4	42.1	2	37.2	2	33.1	2	39.2	2	0.000
社会公益活动	7.8	8	7.0	8	8.8	8	10.1	7	6.0	8	6.0	9	11.7	8	9.8	9	7.7	9	0.000
其他	6.2	9	5.1	9	5.8	9	9.6	8	13.8	5	8.0	8	8.4	9	12.1	7	9.0	8	0.000

(五)城乡居民闲暇生活方式的选择

调查显示(图3-5):城乡居民之间,除家务劳动和其他选项外,农村居民闲暇生活方式各项选中率都低于城镇居民的选中率,并呈显著性差异,也就是说与城镇居民相比较,农村居民的闲暇活动较为匮乏,特别是在体育活动的选择率上,城乡之间的居民的选择率存在着非常显著性的差异。造成以上这些结果的成因,除了与主体的生活价值取向、教育程度、社会分工、社会角色和城乡之间收入差距、劳动强度、闲暇时间等主客观因素有关外,我国长期以来实行二元社会经济,以农养工,农村和农民公共产品的制度外安排政策,导致农村公共物品资源的匮乏和农村公共服务建设的滞后,也是形成农村居民闲暇生活结构与城镇居民闲暇生活结构之间呈鲜明的“二元结构”和非均衡发展特征的重要社会制度因素。①

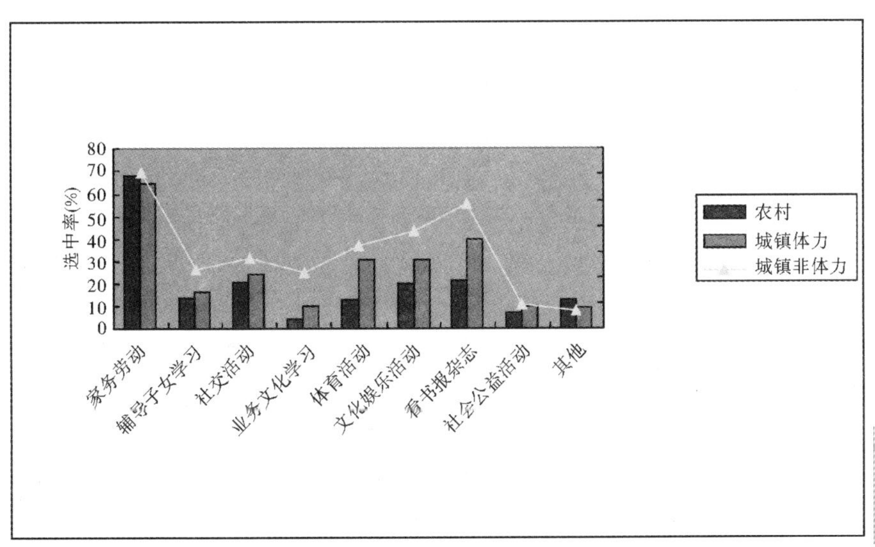

图3-5　福建省城乡居民闲暇生活方式交互比较图

此外,从城镇居民中的城镇体力劳动者和非体力劳动者这两类人群闲暇生活方式的选择率来看,城镇非体力劳动居民闲暇生活方式的选中率也远远高于体力劳动者,并呈显著性差异。其中,非体力劳动者在辅导子女学习、业务文化

---

① 许月云,戴维红,许科等.农村体育公共产品供给与发展对策研究——以侨乡泉州农村体育场地建设为例[J].山东体育学院学报,2008,24(8):23。

学习、文化娱乐、看书读报等选项的选中率高于体力劳动者。这一结果表明，城镇非体力劳动者更加关注以丰富多彩闲暇生活方式使工作造成的精神疲劳得到恢复，更加关注以各种形式多样的闲暇生活方式来陶冶情趣、愉悦心境。所有这一切也正如马克思所说的“当分工一出现之后，任何人都有自己一定的特殊活动范围，这个范围是强加于他的，他不能超出这个范畴”。[①]

三、福建省城乡居民家庭消费和家庭经济状况

当代中国社会正进行着一场全面的社会转型，从政治、经济到文化等的每个领域都在发生巨大的变化，这种变化在日程生活领域也表现得十分明显。消费方式的核心是选择性，消费方式的差异是由于选择性差异造成的。随着社会经济的发展，消费方式的选择性也在不断增强。从经济学的角度来看，消费方式的选择性变化也表现为人们消费选择能力的增强。消费方式的现代化主要表现消费方式的不断优化，消费结构的不断改善。[②]

改革开放 30 多年，福建省城镇居民的人均可支配收入从 1978 年的 371 元提高到 2006 年的 13 753 元，城镇居民人均消费支出从 1978 年的 184 元迅速增加到 2006 年的 1 599.9 元。城镇居民的恩格尔系数也由 1978 年的 65.5%下降到 2006 年的 40.9%，城镇居民的生活水平从温饱型迈向小康社会。在生活水平不断提高的同时，城镇居民消费结构也从追求物质消费向追求服务消费转变，居民更加注重生活质量和生活品位，美容、养生、保健、休闲娱乐、在外餐饮、家政服务等现代服务消费方式已成为城镇居民的生活时尚。2007 年福建城镇居民家庭人均服务性消费支出 2 910.04 元，比 1978 年增长 119.1 倍，占消费性支出的比重为 26.3%，比 1978 年提高 17.8 个百分点。城镇居民的消费结构也实现了从重视生活水平的提高向重视生活质量的提高转变。1978 年以来，在居民全部消费支出中，体现发展与享受需求的交通通讯、文教娱乐等项支出的比重迅速上升。与 1992 年相比，2007 年福建城镇居民消费结构中，食品、衣着和家庭设备用品支出比重为 53.2%，下降了 24.4 个百分点；文教娱乐服务支出比重为 12.9%，提高了 6 个百分点。在城镇居民生活水平提高的同时，福建省农村经济也取得了快速发展。农民人均纯收入从 1978 年的 138 元提高到 2006 年的 4 833元；农村居民恩格尔系数由 1978 年的 69.4%下降到 2006 年的 46.11%。

---

① 马克思，恩格斯. 马克思和恩格斯选集第 1 卷[M]. 北京：人民出版社，2006，101。

② 姚建平. 消费认同[M]. 北京：社会科学文献出版社，2006，10。

(一)城乡居民家庭消费状况

从表3-5可见,家庭消费是居民生活方式的重要表现形式,福建省城乡居民日常生活消费以外家庭消费主要支出选中率依次为:子女教育费用、购置房子、购置家用电器、购买书籍报纸、旅游等,发展性和享受性消费比重提高,呈现了福建省城乡居民在物质层面和精神层面上双重消费特征。值得关注的是,由于知识社会对人们提出的新要求和中国教育制度使然,子女教育费用依然为福建省大多数家庭消费的最重要支出部分,且随着教育费用的不断增加,已越来越成为很多低家庭收入者和贫困家庭的重要生活负担。特别是自进入21世纪以来,随着我国社会经济发展以及我国房地产业的迅猛发展,建房、购房也成为广大城乡居民家庭消费的主要支出部分,也深刻地影响着我国社会经济结构和城乡居民消费结构。此外,由于国家交通建设、旅游事业的迅猛发展,居民购买小车比率的大幅度增加,城乡居民生活空间也迅速扩大,旅游也成为城乡居民日常消费以外的重要支出部分。另外,随着城乡居民健身方式的多样化,居民购买各种各样的体育健身器材的比率也在不断提高,健身器、跑步机和按摩器等已为一些较高收入者和宽敞住宅结构的家庭所拥有。但从调查的结果来看,家庭对体育的投入依然有限,这也反映了家庭体育在福建省还处于初步发展状态。

表3-5　福建省城乡居民日常生活消费以外的主要支出(N=11 316)

	选中率(%)	排序
子女教育费用	46.0	1
购置房子	41.6	2
购置家用电器	29.9	3
买书籍、报刊等	24.1	4
旅游	18.2	5
其他	11.8	6
购置高档服装	11.3	7
购置高档日用品	9.1	8
买汽车	5.0	9
服务性消费	5.0	10
购置体育器材	4.3	11
买体育比赛门票	2.2	12

(二)城乡居民家庭经济状况

调查显示(表3-6、表3-7):福建省城乡居民中体育参与者较高的主要分布在个人平均月收入500元以上以及家庭平均月收入在1 000元以上的人群中,而个人平均月收入500元以下和家庭平均月收入在1 000元以下的人群中不参与体育活动者的比率则远远高于体育活动参与者。这一结果鲜明地表征个人和家庭的月收入越高,其体育参与人群的比率越高的特征,经济收入对人们的体育参与有很大的影响,但不是唯一的、决定性的因素,个体内在观念、意识、需求和社会外在制度、文化等体育"生态环境"也是一个不容忽视的因素。

表3-6 福建省城乡居民个人月收入状况与体育活动参与情况比较(N=11 316)

	500元以下	501~1 000元	1 001~1 500元	1 501~2 000元	2 001~2 500元	2 501~3 000元	3 000元以上
总体	15.0	35.1	24.6	17.8	3.4	2.5	0.8
参与	6.8	29.9	28.9	23.9	4.7	1.0	4.8
不参与	22.0	39.5	21.0	12.6	2.2	1.6	1.0

表3-7 福建省城乡居民家庭月收入与体育活动参与情况比较(N=11 316)

	1 000元以下	1 000~2 000元	2 000~3 000元	3 000~4 000元	4 000~5 000元	5 000~6 000元	6 000元以上
总体	22.8	30.3	23.6	10.9	6.9	2.1	3.3
参与	15.9	27.4	25.8	13.9	9.6	3.1	4.3
不参与	28.5	32.5	22.0	8.4	4.7	1.4	2.5

四、福建省城乡居民健康状况

健康是人类永恒的话题,对个体来讲,健康的好坏不仅直接影响生命长短和质量,而且直接影响在生命全过程中对社会的贡献的大小。在人类历史的长河中,健康是一个不断生成、发展的动态概念,不同历史时期人们对健康的认识都有不同内涵和维度。1989年,世界卫生组织在原有著名的健康三维(身体、心理和社会)概念的基础上,进一步把健康的概念定义为四维健康新概念,即"一个人在身体健康、心理健康、社会适应健康和道德健康四个方面皆健全"。虽然后来又有众多的学者对健康的概念进行新的理解和补充,但如何抵抗疾病这一核心问题一直是健康概念内涵一个永恒的维度。

(一)疾病状况

1. 慢性病状况

调查显示:2006 年患有慢性疾病,运动器官疾病、消化系统疾病、心血管疾病、职业病和呼吸系统疾病为福建省城乡居民疾病自我评价五大主要症状(表 3-8)。这一结果昭示着,随着人类文明的推进,人类在享受自身所创造文明成果的同时,也在吞噬着文明给人类带来的苦果——文明病。高度发达的生产力和先进科学技术的进步使人类从以往繁重的劳动解放出来以后,却也造成人类躯体因脱离劳动而产生的自我身体的异化。人在文明中丧失自我,文明的社会则让人丧失健康。① 因坐着工作时间过长而导致各种退行性疾病,如腰、颈等器官疾病,以及因现代社会不合理的生活方式、环境污染问题、过细劳动分工、生活及竞争压力各种因素而造成的消化系统、心血管、职业疾病、神经系统疾病等文明病发病率不断上升,已越来越严重危害和侵蚀着现代人的健康。此外,在体育参与者中有 34.3%患有慢性疾病,没有参与体育活动的人群中却只有 23.6%患有慢性疾病,以及在各种慢性疾病中体育活动参与者群体的比率也高于没有参与体育活动者的调查结果,也表征着越来越多的人已深刻认识到体育的健身功能和价值,体育生活方式是医治人类文明病的有效措施,它给人们提供一种摆脱日常压力与困境的一种积极健康的生活方式。

表 3-8　福建省城乡居民患慢性病程度情况比较(N=11 316)(%)

	总计	排序	体育活动参与者	排序	没有参与体育活动者	排序	χ^2
运动器官疾病	38.0	1	38.0	1	38.1	1	0.459
消化系统疾病	25.1	2	23.2	3	27.2	2	0.000
心血管疾病	24.0	3	26.0	2	23.6	3	0.000
职业病	18.5	4	19.9	4	17.0	4	0.030
呼吸系统疾病	15.6	5	15.7	5	15.6	5	0.897
其他疾病	7.2	6	6.4	6	8.1	6	0.021
神经系统疾病	5.8	7	5.5	7	6.1	7	0.013
肢体残疾	1.6	9	1.1	9	2.2	8	0.000
脑血管疾病	1.8	8	1.5	8	2.1	9	0.000

① 李力研.康德的"补丁"——人类困境与体育运动作用[J].天津体育学院学报,2005,20(6):5。

2.疾病诊治状况

调查显示(表 3-9):2006 年福建省城乡居民有 26.3%在调查前的 1 个月吃过药,有 33.1%在调查前 1 年看过病,有 12.2%在调查前 5 年内住过院,而体育活动参与者中吃过药、看过病和住过院的比率高于没有参与体育活动者,并呈显著性的差异特征。这一结果与上面患慢性病者及程度较高者在参与体育活动者与没有参与体育活动者之间的比率情况有着极大的吻合性和相一致性。可见,体育锻炼已逐渐成为人们疾病预防和疾病康复的一种重要手段,人们正从以往“有病找医生”单一的认知维度逐步演化和生成为“有病找医生”和“有病去运动”双重的认知理念,从而显出体育与人类生活世界的发展具有内在逻辑一致性的特征。

表 3-9 福建省城乡居民疾病治疗情况比较(%)

	调查前 1 个月吃过药		调查前 1 年看过病		调查前 5 年内住过院	
	是	否	是	否	是	否
总体(N=11 316)	26.3	73.7	33.1	66.9	12.2	87.8
参与者(N=4 926)	31.3	68.7	39.1	60.9	14.2	85.8
没有参与(N=6 390)	22.4	77.6	28.5	71.5	10.6	89.4
χ^2	<0.01		<0.01		<0.01	

(二)身心自我感觉状况

调查显示(表 3-10、表 3-11、表 3-12、表 3-13、表 3-14、表 3-15):46.6%的城乡居民身体感觉到一定程度以上的疲劳,37.8%城乡居民感觉到一定程度以上的精神疲劳,46.5%城乡居民感觉到一定程度以上体力衰退,30.3%城乡居民感觉到一定程度以上患慢性病,43.5%城乡居民感觉到一定程度以上运动不足,29.5%城乡居民感觉到一定程度以上肥胖正在发生。可见,随着人类社会的进步,随着我国快速经历从农业社会向工业社会、信息社会的转变,高度的文明给人类带来益处的时候,同时也带来了负面作用。其一,工业化社会快节奏的工作、激烈的竞争、人际关系的理性化、多重社会角色使人们承受了强烈的心理紧张感与压抑感,人们越来越感到先进的科学技术和高度发达的生产力往往成为与人相对立的、支配人的异己力量,人沦为物的附属物和生产的工具和手段。其二,以脑力劳动为主的生产方式成为社会生产的主导,过度而不当的营养摄入,理性的发达带来技术文明的发达,带来人类生存空间的真正缩小,带来足不出户鸟笼式的人类生活,带来了人类严重的肌肉饥饿和机能失调。这是人类疾病向我们的控诉,也是在向我们提醒:人类的理性延长着我们的寿命,同时却摧垮了我们的机体。理性的文明在解放着人类,同时也束缚着自我。①

表 3-10　福建省城乡居民身体经常疲劳情况比较(%)

	合计	很有感觉	有一定程度感觉	没太大感觉	没感觉	不清楚
总体(N=11 316)	100.0	10.5	36.1	32.1	19.6	1.7
参与者(N=4 926)	100.0	9.5	37.2	32.9	19.3	1.1
没有参与(N=6 390)	100.0	11.2	35.3	31.5	19.8	2.2

表 3-11　福建省城乡居民精神经常疲劳情况比较(%)

	合计	很有感觉	有一定程度感觉	没太大感觉	没感觉	不清楚
总体(N=11 316)	100.0	8.1	29.7	34.5	25.3	2.4
参与者(N=4 926)	100.0	7.5	30.7	34.5	25.7	1.6
没有参与(N=6 390)	100.0	8.5	29.0	34.5	25.0	3.0

表 3-12　福建省城乡居民体力正在衰退情况比较(%)

	合计	很有感觉	有一定程度感觉	没太大感觉	没感觉	不清楚
总体(N=11 316)	100.0	9.9	36.6	27.5	23.2	2.8
参与者(N=4 926)	100.0	9.1	39.7	27.1	22.0	2.1
没有参与(N=6 390)	100.0	10.5	34.2	27.8	24.1	3.4

表 3-13　福建省城乡居民担心患慢性病情况比较(%)

	合计	很有感觉	有一定程度感觉	没太大感觉	没感觉	不清楚
总体(N=11 316)	100.0	6.3	24.0	27.4	35.3	7.0
参与者(N=4 926)	100.0	6.1	25.5	26.4	36.3	5.7
没有参与(N=6 390)	100.0	6.4	22.9	28.2	34.5	8.0

表 3-14　福建省城乡居民运动不足情况比较(%)

	合计	很有感觉	有一定程度感觉	没太大感觉	没感觉	不清楚
总体(N=11 316)	100.0	14.3	29.2	24.9	27.5	4.1
参与者(N=4 926)	100.0	13.2	31.5	24.7	28.0	2.6
没有参与(N=6 390)	100.0	15.1	27.5	25.1	27.0	5.3

① 李力研.野蛮的文明——体育的哲学宣言[M].北京:中国社会出版社,1998,397。

表 3-15 福建省城乡居民肥胖正在发生情况比较(%)

	合计	很有感觉	有一定程度感觉	没太大感觉	没感觉	不清楚
总体(N=11 316)	100.0	8.6	20.9	24.9	40.9	4.7
参与者(N=4 926)	100.0	9.3	23.9	23.4	40.6	2.8
没有参与(N=6 390)	100.0	8.0	18.7	26.0	42.8	4.5

此外,由于我国医疗保障制度和服务体系的不完善,城乡居民对昂贵医疗费用的恐惧,使廉价有效的体育活动极大地激发了人们的参与热情,这一深刻现实也客观折射到身心自我感觉评价指标上,即身心自我感觉疲劳程度比较高而参与的群体则为体育参与者,较低者则为没有参与体育者的群体。

五、福建省城乡居民健康意识

健康意识是指人们对获取健康所做出的反映。健康意识的强弱是决定健康状况好坏的一个先决条件。调查显示(图 3-6):注意改善自己膳食结构、保证充足的睡眠、有规律生活、进行各种体育锻炼、补充一些营养保健品、改掉生活中不良习惯以比较高的选中率依次为福建省城乡居民对健康的主要认知。合理的营养是促进人体健康、预防疾病、延年益寿的基本条件。睡眠是人体一种保护性抑制,是人体生理上的正常需求。生活有规律是保证健康的重要因素。体育活动能促进机体功能的提高,是提高健康水平的重要手段之一。这四项指标恰与联合国卫生组织提出的人体健康四大基石相吻合。由此,饮食、休息和良好生活方式以及进行各种体育活动等积极主动的健康观念和意识普遍为我省广大居民所认同,特别是参与体育活动者这一群体,其对以体育锻炼形式来增进身心的健康水平具有较高的意识,并与不参与者群体相比较呈显著性的差异。可见,人类在作茧自缚的同时,也在不断寻找给自己松绑的途径,并以体育这种特有的方式来充当反抗异化的最积极有效手段,以维护现代社会大机器条件下的人类健康与活力,这是生活本身的辩证法使然。因为人类已经清楚意识到,体育运动这种"动手不动口"的肌体运动,与那种"动口不动手"的各类哲学思辨和精神分析,完全是"理一分殊",最终的目的又是殊途同归:使人类少一点痛苦多一分幸福。无论是费尔巴哈和马克思对"劳动异化"的批判,还是弗洛伊德对"感性压抑"的不满,甚或海德格尔对"科技异化"的控诉,无一不是指向了这种进化中的退化和幸福中的病痛,而体育运动又恰恰是以一种轰轰烈烈的感性张扬去实现这种批判。① 这是生命对困境的超越,更是对生命"囚徒"的自我解救。

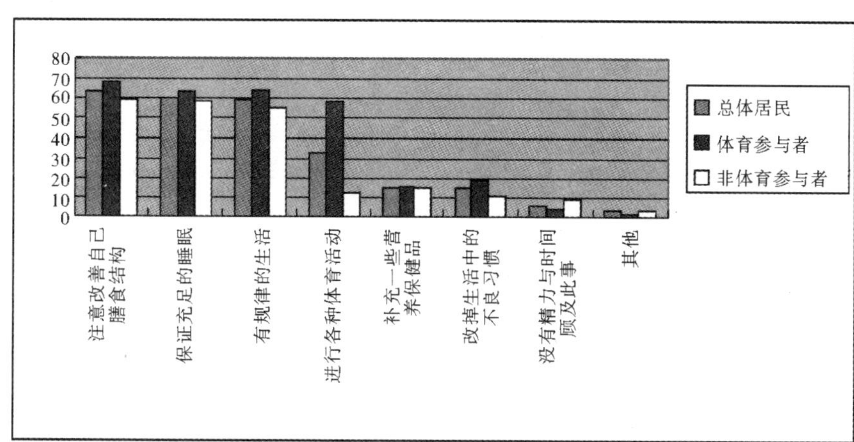

图 3-6　福建省城乡居民健康意识情况比较图

六、小结

1. 福建省城乡居民闲暇时间主要选择家务劳动、看书报杂志、文化娱乐活动、体育活动、社交活动、社会公益活动、辅导子女学习、业务文化学习等生活方式。

2. 福建省城乡居民不同性别在闲暇时间生活方式选择序位上呈现出趋同特征。但女性家务劳动、辅导子女学习的选中率远远高于男性,男性看书读报、社交活动、文化娱乐活动和体育活动的选中率则高于女性,并呈显著性差异。不同文化程度城乡居民在闲暇生活方式多样性选择率上显现了鲜明差异性特征,文化程度越高则闲暇生活方式越丰富多样,反之则越匮乏。不同职业阶层与闲暇生活方式选择存在显著性差异,家务劳动虽仍为各个职业阶层闲暇生活的重要组成部分,看书读报、社交活动、文化娱乐活动、体育活动存在明显职业差异。与城镇居民相比较,农村居民的闲暇活动较为匮乏,特别是在体育活动上更存在着非常显著性的差异。

3. 福建省城乡居民日常生活消费以外家庭消费主要支出为子女教育费用、购置房子、购置家用电器、购买书籍报刊、旅游等发展性和享受性消费比重提高,呈现出物质和精神层面上双重消费特征。随着城乡居民生活水平的提高,健身

① 李力研. 野蛮的文明——体育的哲学宣言[M]. 北京:中国社会出版社,1998,375。

方式的多样化，健身器、跑步机和按摩器等已为一些较高收入者和宽敞住宅结构的家庭所拥有。但家庭体育消费依然有限，家庭体育在我省还处于初步发展状态。

4.福建省城乡居民个人和家庭的月收入越高，其体育参与人群的比率越高，经济收入对人们的体育参与有很大的影响，但不是唯一的、决定性的因素，个体内在观念、意识、需求和社会外在制度、文化等体育“生态环境”也是一个不容忽视的因素。

5.慢性疾病，如运动器官疾病、消化系统疾病、心血管疾病、职业病和呼吸系统疾病是福建省城乡居民疾病自我评价五大主要症状。患慢性病者及程度较高者在参与体育活动者与没有参与体育活动者之间的比率有着极大的吻合性和相一致性。体育锻炼已逐渐成为人们疾病预防和疾病康复的一种重要手段，人们正从以往“有病找医生”单一的认知维度逐步演化和生成为“有病找医生”和“有病去运动”双重的认知理念。

6.福建省城乡居民不同体育参与程度者的身心自我感觉评价，折射出城乡居民由于医疗保障制度和服务体系的不完善及对昂贵医疗费用的恐惧，廉价有效的体育活动，激发了人们参与体育活动的热情。注意改善自己膳食结构、保证充足的睡眠、有规律生活、进行各种体育锻炼、补充一些营养保健品、改掉生活中不良习惯是福建省城乡居民对健康的主要认知。

第三节　福建省城乡居民体育人口状况

体育人口是经济和社会发展到一定历史阶段人口现象和体育现象，它反映了人们对体育的参与程度及亲和程度。[①] 它是经济和社会发展程度的一个重要标志，是衡量一个国家社会体育发展水平的基本尺度之一。体育人口不仅可以作为群众体育参与数量的计量标准，而且它还包含了参与质量的含义。体育人口是随着国外大众体育热潮兴起而被采用的一个新概念，也是研究人口质量和社会生活质量的一个重要指标。作为一个操作性的概念，必须具有其可量化和可操作性的判定标准，但由于决定经常参加体育锻炼人口的参数比较多，目前国际上在判定经常参加体育锻炼人口体育人口的标准上存在比较大的差异，分别采用了单一粗放式的判定标准、三元定性判断标准和三元等级判断标准等。

---

① 卢元镇.社会体育学[M].北京：高等教育出版社，2005。

1997年中国群体体育现状调查与研究课题组在仇军完成《对中国体育人口概念、分类及其结构研究》的基础上，根据课题调查的实际情况进行修订，提出我国体育人口的判定标准，即必须同时满足以下三个条件方可算为一个体育人口：每周身体活动频度3次以上，每周身体活动时间在30分钟以上，每次身体活动强度中等程度以上。为了便于与我国1997年和2001年两次群众体育现状调查所测量的体育人口的数据相比较，本书的体育人口标准采用与我国群众体育调查相一致的测度指标。

一、福建省体育人口总体情况

本书依据调查对象"2006年是否参与体育活动"为界限，确定是否为体育活动参与者。调查表明：至2006年底福建省19岁以上城乡居民中(不包含大学、中学在校生，下同)有43.5%的人参加了1次或1次以上体育活动，其中男性占54.8%，女性占45.2%，其他45.2%的人在这一年中没有参加过体育活动。2006年福建省19岁以上城乡居民体育参与率比2000年我国城乡居民体育参与率(35.0%)高出了8.5个百分点。体育活动参与者中64.6%每周身体活动3次以上，83.8%每次身体活动时间达30分钟以上，40.1%每次身体活动强度达到中等以上。体育活动参与者中有23.7%达到体育人口的标准，占有效调查对象的10.3%。如果将19岁以上2006年福建省普通高校在校生461 341人和16～18岁2006年普通高中在校生78.04万人作为当然体育人口统计在内(3.5%)，那么，2006年福建省16岁以上城乡居民体育人口为13.8%，比2000年我国16岁以上城乡居民体育人口比率(18.3%)低了4.5个百分点。以上数据表明：福建省城乡居民体育活动参与率高于全国平均水平，但体育人口比率则低于全国比率，其主要因素为体育参与者中每次体育活动的强度偏弱，即在体育参与者中只有40.1%的人群体育活动强度为中等出汗以上，而59.9%的人群其体育活动的身体感觉则只有微微出汗、微发热或无感觉等中等以下的活动强度。而同时满足每周身体活动3次以上、每次身体活动时间达30分钟以上两个条件占参与者比率的64.2%，而如果满足以上这两个指标，再同时满足每次身体活动运动强度在中等以上强度指标时，其比率则骤然下降到23.7%。简而言之，体育活动强度强弱指标是造成福建省体育人口偏低的主要指标因素。

二、福建省城乡居民体育人口的人口统计学特征

社会的每个成员都在特定的社会和群体关系中扮演着一种或多种角色。角色是一定社会关系所决定的个体的特定地位、社会对个体期待以及个体所扮演

的行为模式的综合表现。① 任何一种社会角色的产生和存在，都是一种社会文化历史积淀的结果，是社会生产和生活发展需要的结果。不同的性别、年龄、文化程度、职业，不同的地位和身份便有不同的角色规范，但社会角色并不是一成不变的，社会角色具有客观性、对应性、单一性、多重性、转换性等多元的特性。而个体在体育运动中所扮演的角色，也是与个体在社会和群体中所处的角色类型、角色地位等息息相关，并随个体所处的客观环境、社会关系等变化而不断变化着。

(一)城乡居民体育人口性别结构

调查显示(表 3-16)：福建省 19 岁以上城乡居民中，男性有 13.6%是体育人口，占体育人口的 66.3%。女性中有 7.0%是体育人口，占体育人口的 33.7%。图 3-7 显示：在体育参与者中，男性为 54.8%，女性为 45.2%。男女体育参与者和体育人口比率呈现为鲜明的男高女低的态势。男女性别在体育人口与体育参与者结构比较上，其变化幅度分别为 11.5%和－4.5%，女性参与体育活动稳定性高于男性。以上的数据表明：古代奥运会把妇女排斥于竞技体育大门之外，这种以男性为中心的历史观、价值观、伦理观的偏移，仍遗留至今。特别是在我国绵延 2 000 多年的封建社会，一直充斥着男尊女卑的思想，造成妇女顺从、卑怯的社会心理，传统的伦理观念直到今天仍然影响着女性的价值标准。这种价值标准无疑地反映在福建省女性对现代体育的认识，乃至参与等诸多问题上。然而，在偶尔参加体育活动人群中，男性为 51.2%，女性为 48.8%，男女参与状况比率趋于一致(图 3-7)。可见，内在的文化心理结构与外在的政治经济等社会结构是密切相关的，有什么样的社会结构，也就形成什么样的文化心理结构，随着社会结构的解体或转型，文化心理结构也必然会解体或转型。② 由此，随着中国社会结构的转型，社会的变迁与发展，体育的价值和功能得到广泛女性的认同，传统的“男主外女主外”伦理价值观念受到女性主义的挑战和颠覆，忙里偷闲参与体育活动成为女性参与体育活动的显著特征。而男性则因受娱乐、社交、工作压力等因素影响，参与体育活动的稳定性明显低于女性，这一点也印证了我国城乡各体育活动点女性参与率和稳定率都高于男性的事实。

---

① 丁水木，张绪山. 社会角色论[M]. 上海：上海社会科学出版社，1992。

② 李佑新，李国华等. 社会发展论——当代中国社会现代化的宏观考察[M]. 长沙：湖南人民出版社，1998，109。

表 3-16　福建省城乡居民体育人口性别结构比(%)

	性别结构	总人口体育人口率	性别体育人口率
男	66.3	6.8	13.6
女	33.7	3.5	7.0
合计	100.0	10.3	/

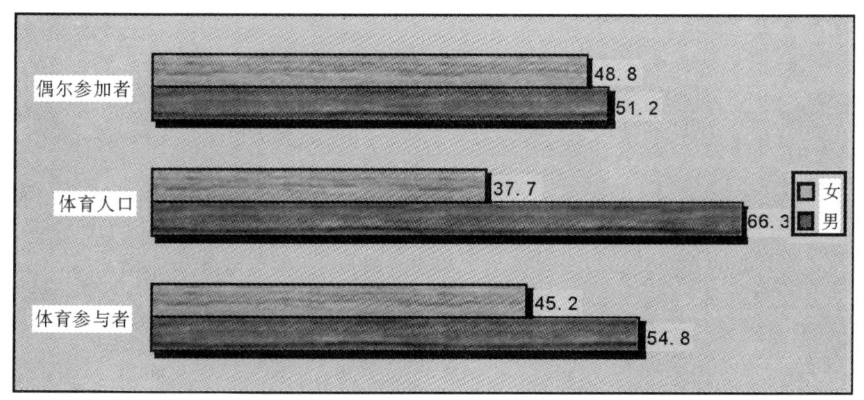

图 3-7　福建省城乡居民体育参与者、体育人口、偶尔参加者性别结构比较图

(二)城乡居民体育人口年龄结构

2006 年福建省体育人口在各自年龄段所占的比例分别为 19～25 岁为 14.0%,26～35 岁为 23.4%,36～45 岁为 25.7%,46～55 岁为 19.8%,56～65 岁为 13.7%,65 岁以上为 3.4%。因所抽取的样本分别为 19～25 岁为 1 334 人(11.9%)、26～35 岁为 2 602 人(23.0%)、36～45 岁为 2 788 人(24.6%)、46～55 岁为 2 357 人(20.8%)、56～65 岁为 1 692 人(15.0%)、65 岁以上为 533 人(4.7%),其样本比例不太均衡,该指标不具有参数的可比性和实证性意义(图 3-8)。因此,我们把各自年龄段的体育人口数量置于其所抽取样本中数量进行比率的计算,以此作为福建省体育人口、体育参与者和体育偶然参加者的年龄结构比(以下受教育程度结构、职业结构、城乡结构分析比较也同此方法)。据此,2006 年福建省体育人口在总人口中的比例分别为 19～25 岁为 12.0%,26～35 岁为 10.5%,36～45 岁为 10.8%,46～55 岁为9.8%,56～65 岁为 9.5%,65 岁以上为 7.5%,这一特征显现出与我国两次群众体育调查体育人口年龄“马鞍形”态势相背离的特征,并呈现为随年龄的增长而比率稍稍下滑,其趋势又比较平稳的分布特征。

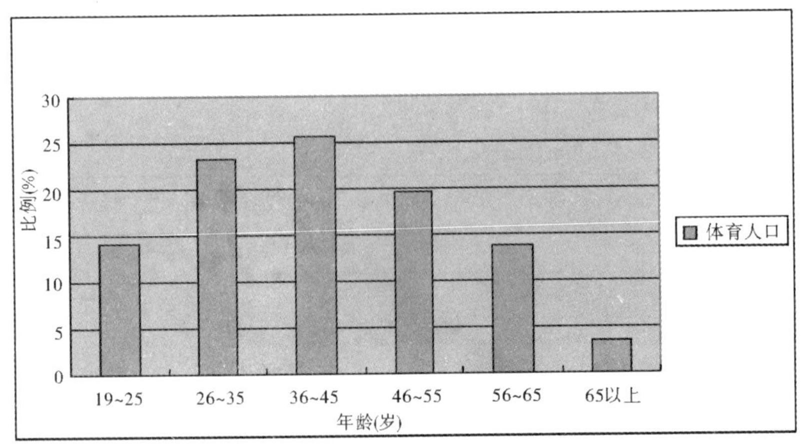

图 3-8　福建省城乡居民体育人口年龄结构图

在体育参与者、偶然体育参加者的年龄结构中，整体上都体现为 19～25 岁年龄段和 56 岁以上两个年龄段人群的参与率高于 26～55 岁之间三个年龄段人群，并呈显著性的剧减和反弹特征，表现为与我国两次群众体育调查“马鞍形”体育人口态势相一致的特征(表 3-17)。这一特征鲜明表征着 19～25 岁大都为刚走上工作岗位和处于婚前状态的年龄群，一为家庭压力、生活压力较少，闲暇时间较多，其为刚走出校门，在校期间养成的体育习惯和年轻人好动的习性等因素，使得该年龄段群体体育参与率呈较高的态势。26～35 岁年龄段人群参与体育活动比率和体育人口比率有所下降，表明了该年龄段人群为婚育和事业起步阶段，其闲暇时间少，而工作压力、生活压力大，导致了在参与体育活动过程中存在较大的或然性。36～45 岁、46～55 岁年龄段人群处于事业发展期，大多为单位的中流砥柱，社会交往与活动较多，并在家庭中承担上有老下有小的双重角色，使得这两个年龄段人群的体育参与率、体育人口比率也有所下降。56 岁以上年龄段的人群则大都为离退休的老年群体，由于空暇时间较多和离开工作岗位后产生的离退休孤独征，以及身体健康指数下降等因素，从而使得该年龄段人群的体育参与率呈逐渐上升的趋势。值得关注的一个现象为 65 岁以上的老年人其参与体育活动的比率最高，但体育人口率却最低，这可能与 65 岁以上老年人的健康状况的不稳定性，且天气、环境等一些外在的条件也会影响他们的锻炼稳定性有关。

表 3-17　福建省城乡居民体育人口年龄结构比(在各年龄段抽样样本中比)(%)

	19～25 岁	26～35 岁	36～45 岁	46～55 岁	56～65 岁	66 岁以上
体育参与者	49.2	43.8	40.5	39.8	45.4	53.1
体育人口	12.2	10.6	10.9	9.9	9.5	7.5
偶尔参加者	37.0	33.2	29.6	29.7	35.9	45.6

(三)城乡居民体育人口受教育程度结构

各层次受教育程度样本分别为:研究生 74 人(0.7%)、大学 3 358 人(29.8%)、中专 3 113 人(27.6%)、初中 2 764 人(24.5%)、小学 1 295 人(11.5%)、几乎文盲 669 人(5.9%)。据此,2006 年福建省各文化程度体育人口比例在总样本中分别为研究生学历 16.2%,大学学历 15.8%,中专学历 12.4%,初中学历 6.5%,小学学历 4.2%,几乎文盲 1.2%。显现为体育人口率和学历呈正向相关的特征,即文化程度越高体育人口比率越高,人们参与体育活动程度与文化程度关系十分密切(图 3-9)。这充分说明了体育是一种社会文明的活动,参与人群文化程度越高,对健康认知、体育价值与功能认识越清晰,其参与体育活动意识越强;其二,文化程度越高其接受体育教育的时间越长,体育对他的感召力越大,其体育技术技能的水平也越好,参与体育活动的可能性越大;其三,文化程度越高者,工作稳定性、经济水平、工作环境都较好,闲暇时间也较多,这都有利于他们参与体育活动的条件;其四,文化程度越高也意味着该群体的体力工作强度小,长期坐着工作使他们躯体和四肢长期处于弱化和饥饿状态,以及高强度的脑力劳动也他们承受的巨大的精神压力。因此,以体育活动这一特殊的形态和手段来野蛮自身的体魄,克服身体的异化,释放自我精神情怀成为高文化教育程度人群的一种共识。反之,小学及以下文化程度体育人口和参与体育活动的比率却表现为相当低的水平,这主要为该群体大多为体力劳动者,并大多分布在农村,除受主体体育观念、健康意识、文化习俗等主观因素影响外,经济收入低、劳动强度大、闲暇时间少、缺乏必需的体育活动场所和指导者等也是制约他们有效进行体育锻炼的现实客观因素。

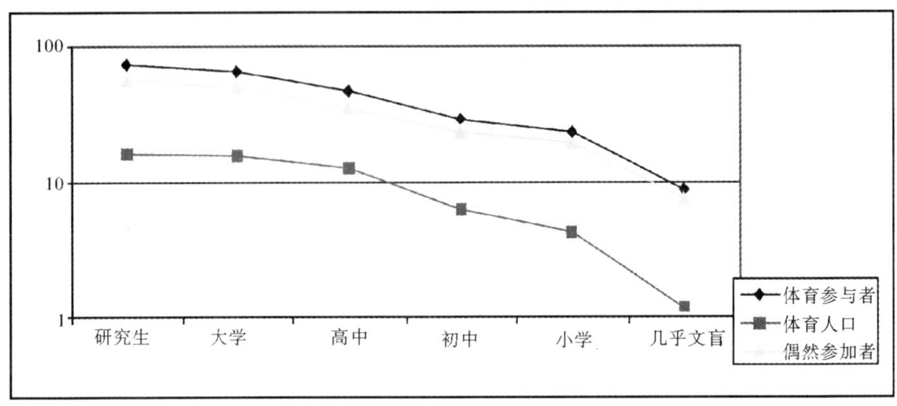

图 3-9　福建省城乡居民体育人口文化程度结构图(在各层次样本中的比例)

(四)城乡居民体育人口职业结构

调查显示(图 3-10):各职业分层中的样本分别为:国家机关、党群组织、企事业单位负责人 768 人(6.8%)、专业技术人员 1 792 人(15.8%)、办事人员和有关人员 1 331 人(11.8%)、商业、服务业人员 787 人(7.0%)、农林渔牧水利业生产人员 2 107 人(18.6%)、生产运输设备操作人员及有关人员 1 356 人(12.0%)、个体从业人员 332 人(2.9%)、无职业人员 401 人(3.5%),其中填写信息缺失 2 442人(21.6%)。据此,与以上折算方法同,2006 年福建省各职业阶层体育人口在总样本中的比例分别国家机关党群组织企事业单位负责人 14.7%、专业技术人员 15.2%、办事人员和有关人员 16.1%、商业、服务业人员 8.0%、农林渔牧水利业生产人员 3.6%、生产运输设备操作人员及有关人员 12.0%、个体从业人员 6.3%、无职业人员 8.5%。办事人员和有关人员、专业技术人员、国家机关党群组织与企事业单位负责人的体育参与率与体育人口比率分居各职业阶层的前三位,且与其他职业阶层呈显著性的差异。这主要因为该三种类型职业阶层的人员工作较稳定,文化程度较高,经济状况较好,闲暇时间较充裕,健康意识和体育意识也较强,体育活动的条件与环境也较好等各种主客观因素综合作用的应然,这是我国社会阶层的变化的必然结果。值得关注的是:生产运输设备操作人员及有关人员的体育参与和体育人口比率也较高,这主要这类人群的工作为较为单一与机械性劳动,严格的分工所造成的局部性肢体疲劳和高度精神紧张,职业性疾病和精神倦怠常常成为该类群体的一个重要的表征。由此,体育锻炼便常常为该类人群缓解精神紧张、修复肢体损伤、防止职业病发生、保持人体机能处于最佳状态的有效手段。

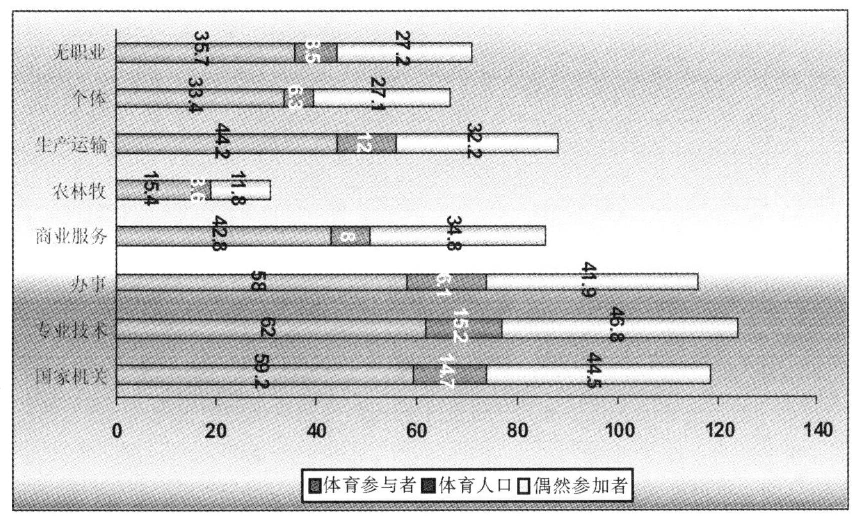

图 3-10　福建省城乡居民体育人口职业结构比图(在各层次样本中的比例)

(五)城乡居民体育人口城乡结构

调查显示(图 3-11):城乡之间的样本分别为:乡村为 3 587 人(31.7%)、城镇体育劳动者 3 471 人(30.7%)、城镇非体力劳动者 4 201 人(37.1%),其中填写信息缺失 57 人(0.5%)。据此,与以上折算方法同,2006 年福建省城乡居民体育人口在总样本中的比例分别乡村为 4.2%、城镇为 13.2%(其中城镇体力劳动者为 8.3%、城镇非体力劳动者为 14.8%)。农村体育参与者与体育人口严重偏低是福建省体育人口偏低的一个基本原因。造成这一状况的因素除了与城乡居民主体间多层、多维主客观因素有关外,即城乡居民之间的思想观念、健康观念、文化素质、劳动分工、经济收入、体育设施、闲暇时间等因素有关。中国城乡长期政治制度、经济制度、文化制度二元社会结构和城乡分割发展格局等深刻历史现实,也是这一发展结果的必然逻辑。这也正如马克思所说的“物质劳动和精神劳动的最大一次分工,就是城市和乡村的分离”,“城乡之间的对立是个人屈从于分工、屈从于被迫从事的某种活动的最鲜明的反映”。而且马克思还认为“消灭城乡之间的对立,是共同体的首要条件之一,这个条件又取决于许多物质前提,而且任何人一看就知道,这个条件单靠意志是不可能实现的”。① 由此,大力发展农村经济是调和城乡之间体育非均衡发展的最根本途径。

① 马克思,恩格斯.马克思和恩格斯选集第 1 卷[M].北京:人民出版社,2006,125。

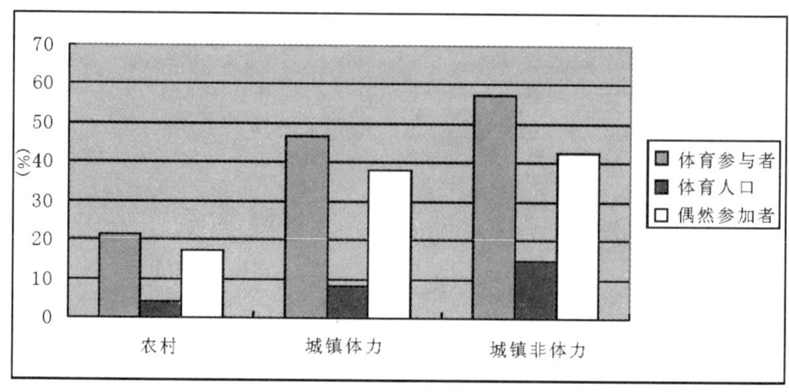

图 3-11 福建省城乡居民体育人口城乡结构比图(在城乡之间抽样样本中的比例)

三、福建省城乡居民体育人口体育行为与动机

(一)城乡居民体育人口的体育活动项目

体育活动项目是体育活动的载体,其选择性不仅受主体的兴趣爱好的影响,性别、年龄等生理因素也是主体间选择性差异的重要因素,此外,地理环境、地域文化传统也在很大程度上影响着其选择的趋向性。

调查显示(图 3-12),福建省城乡居民体育人口的活动项目选择呈多样化特征,城乡居民参加的体育活动项目每人平均为 2.6 项,长走和跑步 60.5%、登山 47.0%、羽毛球 29.7%、游泳 29.3%、足篮排球等球类运动 26.4%、乒乓球 24.3%依次为福建省城乡居民体育活动项目主要选择,登山、游泳分居体育人口项目选择第二、第四位,与 2000 年我国群众体育现状调查结果在位序和选择率上存在着一定的差异性(长走和跑步 67.7%、羽毛球 42.6%、乒乓球 35.0%、足篮排球 34.0%、体操 22.9%、游泳 21.9%、登山 14.9%)。经济实惠、简便易行、悠闲放松的长走和跑步与登山户外运动受到福建省城乡广大居民的青睐。

可见,随着现代化的逐步实现,工业化和都市化进程的推进,人们越来越多集聚在城市的狭小空间,而越来越远离自然。在这一变化过程中,人类正在丧失自己的本性,异化着自身。而长走、跑步、登山、游泳等项目与阳光、空气、水密切相关,与大自然融合使人类回归自然的绿色需求和本能欲望得到满足。另者,这一选择的特点也表征出福建省分属中南亚热带的气候特征,以及依山傍海、素有“八山一水一分田”、“九山伴水伴分田”之称的地理特征,得天独厚的地理特征和

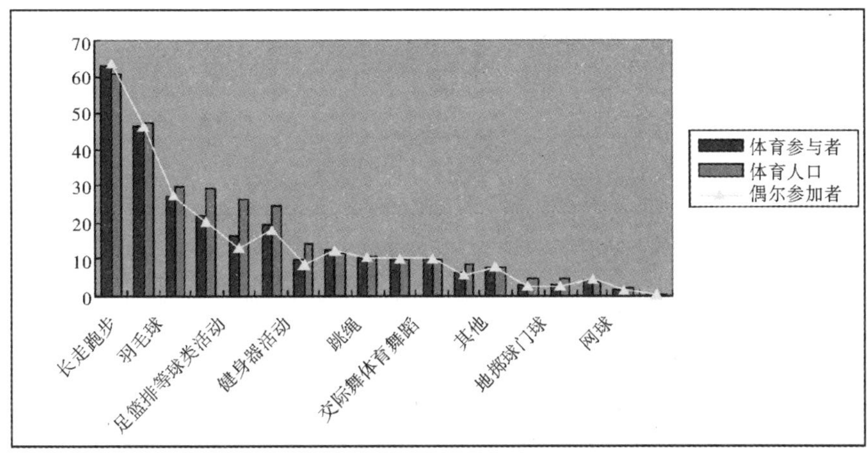

图 3-12　福建省城乡居民体育人口活动项目选择图

气候特征也是使登山、游泳成为福建省城乡居民体育锻炼项目重要选择不可忽视外在环境因素。此外,羽毛球、足篮排、乒乓球作为国人所喜爱的运动项目,同样也为福建省广大城乡居民所喜欢。值得关注的是,有 14.3%的体育人口选择健身器材作为自己的活动项目,这不仅标示着随着人们生活水平的提高,购置健身器材或到体育健身场馆(俱乐部)利用健身器材进行锻炼正悄然为人们选择,同时也预示着体育消费的结构性变化趋势。

(二)城乡居民体育人口的体育活动场所

调查显示(图 3-13):福建省城乡居民体育人口活动场所选择前 5 位序依次为公共体育场所、单位体育设施、公园广场、自家庭院、收费体育场馆。可见,体育活动所特有的趣缘性、实践性、交往性、互动性等特点,以及体育人口参与体育活动所具有鲜明的持续化、组织化特征,使得体育人口对体育活动场所的选择偏重于公共性。从这一点可以看出,发展公共体育场地和设施是满足人们日益增长多样化体育需求、增加体育人口的重要途径和基本环节,这些公共体育场地和设施往往是体育辅导站、活动站开展体育活动的根据地和体育社团开展体育活动挂靠的场所,也是体育人口主要活动的地点。诚然,近几年来,福建省政府不断加大公共体育场馆建设的财政支出,加大体育彩票公益金中群众体育设施的建设比例,修建大量的健身路径等,也在一定程度上为广大城乡居民参与体育活动提供一定的公共活动空间和场所,也是福建省城乡居民体育人口偏重选择公共场所的一个不可或缺的重要因素。此外,从体育人口与偶尔参加者两类人群参与体育活动所选择场所的比较中可以看出,体育人口选择单位体育设施、收费体育场馆的比率高于偶尔参加者，而自家庭院和住宅区空地体育场所选择的比率则较低。这一结果也表征着依托单位体育设施所开展单位职工体育是福建省体育人口形成重要因素之一，由此也反映了福建省企事业单位关注职工身体健康、注重单位体育文化建设的理念，以及体育人口中"花钱买健康"的体育消费观念得到较大程度的提升。

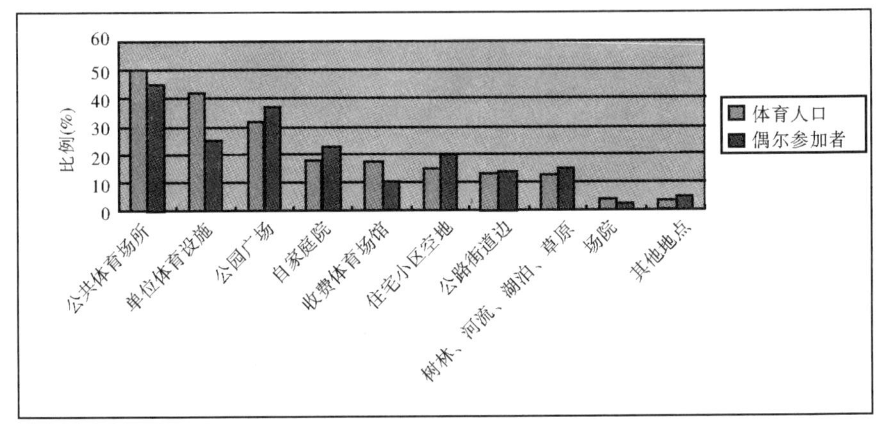

图 3-13 福建省城乡居民体育人口活动的场所图

(三)城乡居民体育人口的体育活动组织化程度

调查显示(图 3-14)：福建省城乡居民体育人口体育活动组织化程度水平较低，与朋友同事一起锻炼(71.9%)、个人锻炼(60.9%)以比较高的选择率高居榜首。但有 38.0%的体育人口参加单位组织的活动，这与以上的我省有 41.6%体育人口活动选择单位体育场所进行体育锻炼，居福建省城乡居民体育人口活动场所选择第二位具有很大的吻合性，显示了"单位体育"在福建省体育人口发展中的重要地位和贡献作用。但不可忽视的是，无论是体育人口或偶尔参加体育活动者人群，参加社区内组织的活动和体育辅导站、俱乐部锻炼组织化程度都处于较低的水平。这一结果不仅表征着福建省城乡社区体育活动的开展、社区体育组织和各种体育辅导站及体育社团的建设处于较低水平的状态，与体育人口的体育需求存在较大的差距。同时这一状况与特征也深刻昭示着，基于中国传统文化和社会政治背景下，体育社团组织还一直惯性地传承着传统文化的特质，在实际的组织和管理过程中不仅对体育社团的性质与功能不够明确，而且在许多方面依然依赖于政府、寻求着政府的庇护，包含着其明显的"官民二重性"，难以体现出其自治性的特征，由此也就难以发挥出其在现代社会体育发展中的应有功能。当然，政府缺乏对体育社团的宏观调控和管理，一些体育社团名存实亡、自生自灭也是影响我省体育人口体育活动组织化程度水平较低的一个深层次原因。

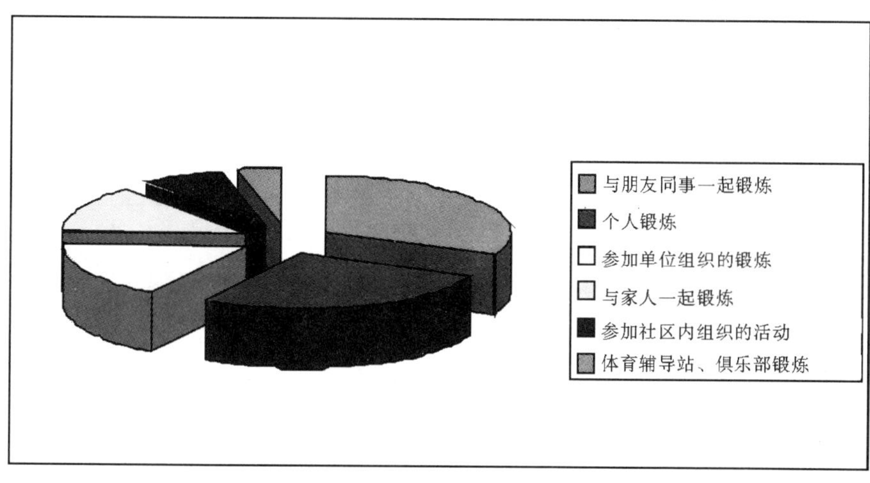

图 3-14　福建省城乡居民体育人口活动组织化程度图

(四)城乡居民体育人口的体育消费

消费水平可以从多个视角来进行考察。从宏观的角度考虑,消费水平就是一定时期内整个社会用于生活消费的商品和服务的规模和水平。从微观角度考虑,消费水平就是单个消费者一定时期内消费的商品和服务所达到的规模和水平。消费水平的高低既可以用实物量指标来反映,也可以用价值量来反映,也还可以从消费结构来反映。体育消费水平是指在一定时期内,为满足生活中体育方面的需求而消费各种物质产品和劳务的人均费用支出。它说明一定时期内个人或家庭体育消费需求满足程度,从量的方面反映个人和家庭在某一时期的水平。

调查显示(表 3-18):福建省城乡居民体育参加者一年到收费体育场馆的次数有一定的差异。相对偶尔参加体育活动者而言,体育人口每个月到收费体育场馆 2 次以上的比例较高,而偶尔参加体育活动者每个月到收费体育场馆则高于体育人口的比例。从消费金额来看,偶尔参加体育活动者消费金额总体上高于体育人口(图 3-15)。两组数据说明,体育人口在参加体育活动过程中,消费相对更加理性,利用单位的体育设施进行体育活动的比例高于偶尔参加体育活动者的 16.3 个百分点。

表 3-18 福建省城乡居民体育参与者一年到收费体育场馆次数情况比较(%)

每月次数	1次	2次	3次	4次	5次	5～10次	10～20次	20次以上
体育人口	47.3	6.9	3.8	1.8	3.3	4.8	3.2	1.8
偶尔参加者	86.5	5.5	2.8	0.8	1.8	1.4	0.8	0.4

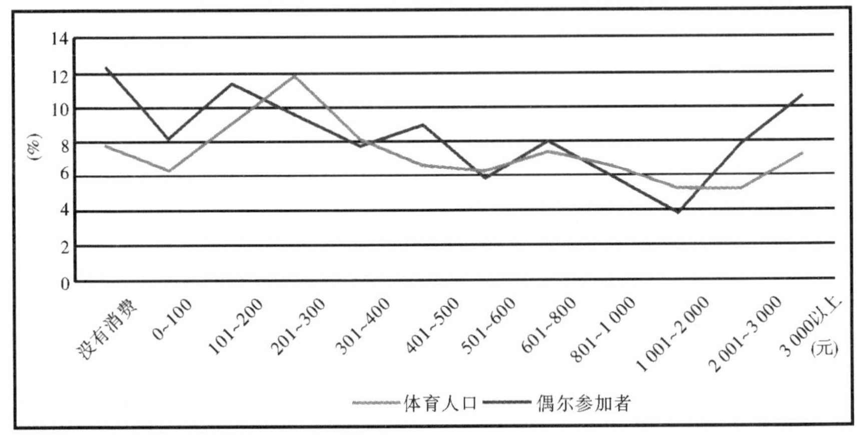

图 3-15 福建省城乡居民体育参与者一年体育消费金额情况比较图

(五)城乡居民体育人口的体育活动动机

动机是推动一个人进行活动的心理动因或内部动力。它的基本含义是:能够引起并维持人的活动,并使活动导向一定的目标,以满足个体需要的念头、愿望或理想等。可见,动机是一个内在过程,行为是这个内在过程的结果。动机和行为既可以由需要引起,也可以由外在环境因素引起,但往往是两者共同影响的结果。

1.城乡居民体育人口体育活动内在动机

调查显示(表 3-19):为了增强体力和健康、为了精神情绪的修养和改善、为了散心解闷与消遣娱乐、为了和朋友及同伴的交流成为福建省体育人口参与体育活动的主要内在动机。福建省体育人口参与体育活动不仅表现为强烈而稳定的健身动机,而且精神情绪的改善、消遣娱乐、社会交往也成为他们的重要选择。由此,人类健康标准的含义,人类追求健康永恒的主题在此得到完美的诠释。体育运动所蕴涵着丰厚的人文特质和社会功能得到体育参与者的普遍认知,显示了体育运动不仅可以满足人体的生理机能的需要,成为养精蓄锐的重要途径,更是一种主体精神情愫追求和目的意义实现的载体。在身体被支配性的制度所奴役、所湮灭的现代社会现实背景下,它不仅能为陷入文化危机的人类找到一个安宁的精神家园,更能使陷入现代生活冲突与困境的人们寻找到归属感。

表 3-19　福建省城乡居民体育人口参与体育活动的内在动机

	体育人口(%)	排序	偶尔参加者(%)	排序
为了增强体力和健康	91.8	1	85.4	1
为了精神情绪的修养和改善	34.3	2	27.9	4
为了散心解闷、消遣娱乐	30.5	3	35.3	2
为了和朋友、同伴的交流	27.7	4	23.6	5
在学生时代就喜爱运动,并养成习惯	24.4	5	11.0	8
为了美容、减肥、健美体形	20.7	6	16.8	7
感到运动不足	16.8	7	23.3	6
为了增加社会交往	11.4	8	10.1	9
陪伴子女参加,使他们能有健康的身体	8.4	9	9.1	10
为了提高运动能力	4.2	10	30.5	3
因为体弱多病	3.4	11	3.7	11
其他理由	0.9	12	1.5	12

此外,体育人口参与体育活动内在动因排序与偶尔参加者存在一定程度的异同性,体育人口在增强体力和健康、精神情绪的修养、和朋友及同伴的交流选项的选中率高于偶尔参加者,表现出更强的“身、心、社、美”等多维的健康需求,而偶尔参加者则在散心解闷消遣娱乐与改善娱乐、为了提高运动能力、感到运动不足等方面的选中率高于体育人口,表现出更鲜明主体对异化着的身体机能和精神的关注,以及对体育运动载体形式——运动技能的追求。此外,因在学生时代就喜爱运动,并养成体育锻炼选项上,体育人口的选中率远远高于偶尔参加者。说明学校期间形成的终身体育概念,对沿袭人一生的体育习惯起到不可或缺的重要作用。由此,重视学校体育教育过程中对学生体育意识、体育兴趣、体育习惯、体育技能培养是形成体育人口一个重要的前提条件。

2.城乡居民体育人口体育活动外在动因

调查显示(表 3-20):福建省城乡居民体育人口参与体育活动的外在动因依次为在学校期间对体育爱好、参加单位体育活动、受同事或朋友的影响、受媒介传媒的影响、受体育明星及名人影响、受家庭成员的影响、看体育读物的影响等。可见,个体的成长历程、个体的工作环境、个体的人际关系是影响福建省体育人口参与体育活动的首要外部因素。这一结果与我们以上一些调查结果(活动场所、活动组织化)存在一致性和吻合性。此外,大众媒介和体育明星的影响效应对福建省体育人口参与体育活动的外在动因上也起到一定的推动作用。可见,在人类迈向 21 世纪的今天,高度发达大众媒介作为社会信息交流的一种重要工具，堪称现代社会的一大奇迹，它不仅以速度、规模惊人的信息流席卷世界，造成奇妙的“地球村”景观，而且以广度、深度和空前的“情感流”、“影响流”渗透人心，产生全新的“媒介文化”现象。在这种环境里，体育通过报纸、杂志、书籍、广播、电视、通讯卫生以及被称为“第四媒体”的互联网和“第五媒体”的手机短信等传播媒介进行各种体育信息、体育文化的传播，体育越来越明显地在媒介中变为中心，而且是极不寻常的角色，对人们的体育价值观、体育活动、体育行为、体育消费等产生重要的影响作用。[①] 特别是自 2001 年 7 月 13 日北京获得第 29 届奥林匹克运动会主办权以来，奥运媒介对中国人体育意识和体育行为的影响更是变得前所未有的重大和深刻。

表 3-20 福建省城乡居民体育人口参与体育活动的外在动因

	体育人口(%)	排序	偶尔参加者(%)	排序
在学校期间对体育爱好	48.1	1	34.6	1
参加单位体育活动	35.0	2	25.3	3
受同事或朋友的影响	29.9	3	30.9	2
受媒介传媒的影响	26.1	4	24.4	4
说不清楚	17.7	5	22.3	5
受体育明星及名人影响	16.7	6	4.2	8
受家庭成员的影响	12.5	7	16.4	6
看体育读物的影响	12.3	8	8.9	7

四、小结

1. 2006 年福建省城乡居民 19 岁以上人口中(不包含大学、中学在校生，下同)有 43.5%的人参加了 1 次或 1 次以上体育活动(体育活动参与者)，其中男性占 54.8%，女性占 45.2%。比 2000 年我国城乡居民体育参与率(35.0%)高出了 8.5 个百分点。体育活动参与者中有 23.7%达到体育人口的标准，占有效调查对象的 10.3%。福建省 19 岁以上城乡居民体育活动参与率高于全国平均水平，但体育人口比率则低于全国比率，其主要原因是体育活动强度不足。如果将 2006 年福建省普通高校在校生和高中在校生作为当然体育人口统计在内，2006 年福建省 16 岁以上城乡居民体育人口为 13.8%，低于 2000 年我国 16 岁以上城乡居民体育人口 4.5 个百分点。

① 王慧琳. 媒介改变生活——以“体育传媒影响我国当代大学生体育生活的实证研究”为例[M]. 北京：人民出版社，2006，67。

2.福建省19岁以上城乡居民中,男性有13.6%是体育人口,占体育人口的66.3%。女性中有7.0%是体育人口,占体育人口的33.7%。在体育参与者中,男性为54.8%,女性为45.2%。男女体育参与者和体育人口比率呈现为鲜明的男高女低的态势,但女性参与体育活动稳定性高于男性。偶尔参加体育活动人群中,男性为51.2%,女性为48.8%,男女参与状况比率趋于一致。

3. 2006年福建省体育人口在各自年龄段所占的比例分别为19~25岁为14.0%,26~35岁为23.4%,36~45岁为25.7%,46~55岁为19.8%,56~65岁为13.7%,65岁以上为3.4%。这一结果显现出与我国两次群众体育调查体育人口年龄"马鞍形"态势相背离的特征,并呈现为随年龄的增长而比率稍稍下滑,其趋势又比较平稳的分布特征。在体育参与者、偶尔体育参加者的年龄结构中,整体上都体现为19~25岁年龄段和56岁以上两个年龄段人群的参与率高于其他三个年龄段人群,并呈显著性的剧减和反弹特征,表现为与我国两次群众体育调查"马鞍形" 体育人口态势相一致的特征。

4. 2006年福建省各文化程度体育人口比例在总样本中分别为研究生学历16.2%,大学学历15.8%,中专学历12.4%,初中学历6.5%,小学学历4.2%,几乎文盲1.2%。显现为体育人口率和学历呈正向相关的特征,即文化程度越高,体育人口比率越高,人们参与体育活动程度与文化程度关系十分密切。体育参与者和偶然参加者也同样呈现上述规律。

5. 2006年福建省各职业阶层体育人口在总样本中的比例分别为国家机关党群组织企事业单位负责人14.7%、专业技术人员15.2%、办事人员和有关人员16.1%、商业、服务业人员8.0%、农林渔牧水利业生产人员3.6%、生产运输设备操作人员及有关人员12.0%、个体从业人员6.3%、无职业人员8.5%。智力型人员体育总体参与率及体育人口比率与体力型人员呈显著性差异。

6. 2006年福建省城乡居民体育人口在总样本中的比例分别乡村为4.2%、城镇为13.2%(其中城镇体力劳动者为8.3%、城镇非体力劳动者为14.8%)。农村体育参与者与体育人口严重偏低是福建省体育人口偏低的一个基本原因。

7.长走跑步、登山、羽毛球、游泳、足篮排球、乒乓球是福建省城乡居民体育活动项目的主要选择,登山、游泳分居选择第二、第四位。经济实惠、简便易行、悠闲放松的长走跑步与登山户外运动受到城乡广大居民的青睐。公共体育场所、单位体育设施、公园广场、自家庭院、收费体育场馆依次为福建省城乡居民体育人口的活动场所。体育活动所特有的趣缘性、实践性、交往性、互动性等特点,以及体育人口参与体育活动所具有鲜明的持续化、组织化特征,使得体育人口对体育活动场所的选择偏重于公共性。体育人口选择单位体育设施、收费体育场馆的比率高于偶尔参加者。

8.福建省城乡居民体育人口体育活动以与朋友同事一起锻炼、个人锻炼为主,体育人口和偶尔参加体育活动者人群,参加社区内组织的活动和体育辅导站、俱乐部锻炼组织化程度都处于较低的水平,"单位体育"在福建省体育人口发展中仍然具有重要地位和作用。体育人口在参加体育活动过程中,消费相对更加理性,利用单位的体育设施进行体育活动的比例高于偶尔参加体育活动者的16.3个百分点。

9.增强体力和健康、精神情绪的修养和改善、散心解闷与消遣娱乐、和朋友及同伴的交流是福建省城乡居民体育人口体育活动的主要内在动机。在学校期间对体育爱好、参加单位体育活动、同事或朋友的影响、媒介传媒影响、体育明星及名人影响、家庭成员的影响、体育读物的影响等是福建省城乡居民体育人口体育活动的外在动因。

第四节 福建省城乡居民不参加体育活动状况

在我国没有达到体育人口判定标准的人分为两部分,一部分是参加了体育活动,但在锻炼的时间、频度或强度方面不能达到体育人口的标准(偶然参加体育活动者),这些人口具有分化为体育人口和非体育人口的可能。非体育人口的另一部分是"不参加体育活动的人"。1997年第一次全国群众体育现状调查表明:1996年"偶然参加体育活动"和"不参加体育活动"人分别占16岁以上的总人口中的17.80%和66.74%;2001年第二次全国群众体育现状调查表明:2000年"偶然参加体育活动"和"不参加体育活动"人分别占16岁以上的总人口中的16.05%和65.0%。由此可见,4年来对偶然参加体育活动的人转化为体育人口是有效的,但将不参加体育活动的人转化为体育参加者的成效不大。因此,了解"不参加体育活动"人群的年龄、性别、职业、文化程度等要素构成,中断体育经历的年龄、中断体育活动的原因,以及他们今后体育参与的倾向,有助于增加体育人口数量,有助于群众体育管理重点的确认,有助于《全民健身计划纲要》的推行更具有目的性和针对性。

一、福建省城乡居民体育经历中断的年龄特征

福建省城乡居民体育中断的年龄区段主要集中在30岁以前,共占所有不参加体育活动人群的84.8%,其中20岁以下占49.1%,20~29岁年龄区段占35.7%,其他年龄段在年龄构成中所占的比例不大,仅为15.4%(图3-16)。20岁以下人群,大多为刚走出校门的学生,就业压力大、工作不稳定、经济无保障,心绪和环境等常常使他们不得不中断在学校养成的体育锻炼习惯和爱好。此

外,这一年龄段的人群的身体状况良好,也在一定程度上淡薄他们对自我身体状况的关切。而 20～29 岁年龄段人群,虽然比 20 岁以下人群中断体育锻炼的比率有所缓和和下降,但比起后面几个年龄段的人群来说,依然占据较大的比例,这主要是这一年龄段人群除了与 20 岁以下人群存在一定相似的特点外(很多为刚走出校门的大学生),一些刚走上工作岗位和刚步入婚姻殿堂年轻人,也因工作压力和家庭压力,闲暇时间不足而导致了中断体育活动。30 岁以上人群,一般工作趋于稳定,两种压力相对减少,闲暇时间增多,社会文化生活日渐丰富,加上随着年龄的增多,因身体体能、机能的退化,竞争压力和精神压力的增大,再加之对体育价值功能的认识,多种综合因素促成了实质性体育参与的稳定性增加和中断率的减少。可见,除个体自身因素外,各类人群外在社会生活现实的条件也在很大程度上了引发他们中断体育锻炼的原因。

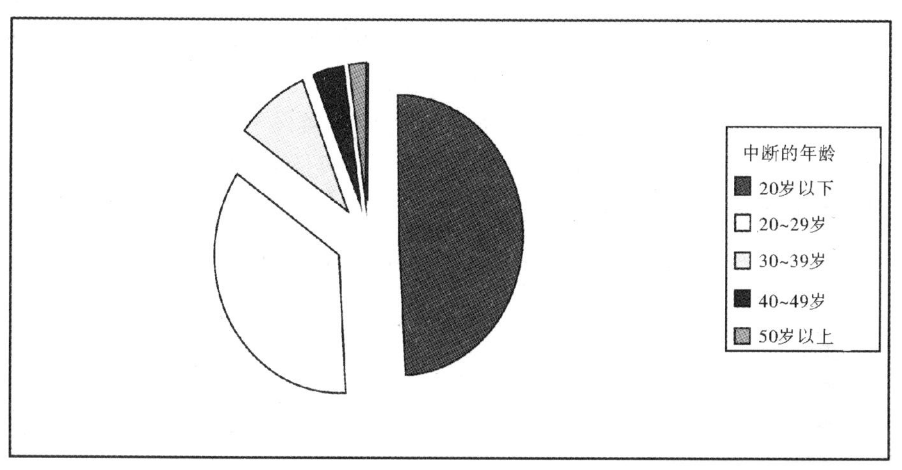

图 3-16　福建省城乡居民中断体育活动的年龄分布图

二、福建省城乡居民体育经历中断的原因

福建省城乡居民不参加体育活动的主要原因是没时间、没兴趣、工作负担重导致身心疲倦(表 3-21)。其一,在这个竞争激烈和物欲横流的社会里,为工作无着落而奔波、为生存疲于在职场上打拼、为金钱不够用而匆忙或忙碌早已成为了现代人没有时间以及没有时间关切自我的借口。在奔波中、在忙碌中很多人忘却了"自我"的存在,搁置了包裹着心智的身体,没有时间关切已快风干的灵魂,承载满心的艰辛与疲倦成为现代人生活的真实写照。其二,"没兴趣"也成为不参加体育活动人群的第二大原因,这也在一定层面说明我国学校体育教育工

作还存在较大的问题。不可否认，进入21世纪以来，特别是2001年7月13日北京赢得2008年奥运会承办权，通过各种媒介宣传奥林匹克理想、传播奥林匹克精神，以及奥林匹克“庆贺人类”项目的启动。① 如“奥运与全民健身同行”等活动在全国范围内的持续开展，对促进国人体育意识的提升、体育兴趣的形成起到积极的影响作用。其三，自1995年《全民健身计划纲要》的颁布和实施，社会体育指导员长期的基层工作等，也为体育的宣传和普及做出卓越的贡献。但体育兴趣的培养诚然不是教育和宣传两方面能完全解决的问题，文化传统、经济因素、个体需求和习惯惰性等多方因素也都深刻影响着城乡居民参与体育活动的兴趣。此外，体育锻炼场所太远与体育设施不足也在一定程度上影响着福建省城乡居民不参加体育活动一个不可忽视的外在原因，这一结果深刻表征着：这几年我省公共体育设施的建设滞后于城市规模的建设，房地产开发商为了获得经济利益的最大化，未能对新建的住宅小区配置体育场地设施，使得社区体育场地设施的缺乏问题更加突出起来，甚至成为制约城乡居民就近就便参与体育活动的一大瓶颈。其四，不懂锻炼方法也是福建省城乡居民不参加体育活动的一大因素，这不仅再次暴露学校体育教育存在的问题，而且预示着我省社会体育指导员队伍在政策建设、制度建设、管理与效益等方面存在诸多深层次问题。

表3-21 福建省城乡居民不参加体育活动的原因

	%	排序
缺乏闲暇时间	52.0	1
没兴趣	43.5	2
工作负担重，身心疲惫	28.1	3
锻炼场地远，不方便	17.1	4
不懂锻炼方法	13.0	5
没有体育设施	10.5	6
经济实力不足	9.4	7
没理由	7.3	8
学生时代就不喜欢体育活动	7.0	9
体弱无法锻炼	5.4	10
其他	3.0	11
身体很好，用不着锻炼	2.7	12
怕人讥笑和不理解	2.4	13
体育活动不适合自己的举止和行为	2.3	14

① 任海.论国际奥运会的改革[J].体育科学，2008，28(7)：16。

三、福建省城乡居民恢复体育参与的预期

我们对56.5%未参加体育活动的人继续进行意向调查，其中有33.5%福建省城乡居民表示今后有参加体育活动的意向，另有39.3%的人不能做出决定，有27.2%的人继续拒绝参加。因此可以认为，这些人群也将是未来我省成为体育参与者、体育人口的组成部分，福建省社会体育组织工作的重点应该在这部分有参加意向的人群中，而社会动员工作的重点应是尚在犹豫中或拒绝的人群。

(一)不同性别结构与今后是否打算参加体育活动情况交互比较

在男女性别结构与今后是否有意向参加体育活动选择率的交互比较上，男性不仅持肯定的意向度高于女性，且持否定的意向度也高于女性，女性群体则在“还不能决定”的选项比率高于男性，并呈显著性的差异(表3-22)。这表征着女性个体体育意识的自觉性、自主性比男性弱，以及女性受家庭、环境、伦理观念等外在因素的影响和干扰而处于难以决断的两难程度比男性大。因此，关注女性身心健康，提高女性对体育意识和价值自觉度与认知度，加大对女性享有各种体育权益保障制度的建设，为女性参加各种体育活动创设良好社会环境和服务条件，是提升我省女性参与体育活动率的重要途径之一。

表3-22　不同性别结构与今后是否打算参加体育活动情况交互比较(%)

	是	否	还不能决定
男	34.5	29.1	36.4
女	32.6	25.4	42.0
χ^2		$P<0.001$	

(二)不同年龄结构与今后是否打算参加体育活动情况交互比较

在不同年龄结构与今后有意向参加体育活动选择率的交互比较上，26～45岁年龄段的意向性最高，其次为19～25岁、46～55岁、56～65岁、66岁以上(表3-23)。而持否定的意向度则表现为随年龄的增加而增加的趋向。这一结果表明中青年人群由于受现实生活中工作稳定性、生活与工作压力等因素而中断体育锻炼是一种暂时性与时段性的现象，当他们工作生活稳定后，对自我身体关注和对体育自觉将使他们再次积极投身于体育锻炼的行列中。因此，中青年人群是我省今后成为体育参与者人群的生力军，也是转换体育人口的重要组成部分。

表 3-23 不同年龄结构与今后是否打算参加体育活动情况交互比较(%)

	19～25 岁	26～35 岁	36～45 岁	46～55 岁	56～65 岁	66～75 岁
是	35.4	39.5	37.5	30.5	23.4	16.4
否	14.6	17.5	25.8	35.0	38.7	45.3
还没有决定	50.0	43.0	36.7	34.5	37.9	38.3
χ^2	$P<0.001$					

(三)不同文化程度与今后是否打算参加体育活动情况交互比较

在不同文化程度结构与今后是否有意向参加体育活动选择率的交互比较上，大学文化程度、中专文化程度、研究生文化程度、初中文化程度、小学文化程度、文盲或半文盲依次为福建省不同文化程度今后在条件允许的情况下参与体育活动的意向度排序(表 3-24)。随着文化教育程度提高，参与体育活动意向度越高，由此，体育人口率、体育参与状况与国民文化素质呈正相关关系特征再次得到验证。值得关注的是，具有研究生学历的人群，由于工作性质的原因，今后参与体育活动的意向度并未有大中专学历人群高。可见，发展教育事业，提升城乡居民文化素质是我省体育人口比率、体育参与率增长的重要条件之一。

表 3-24 不同文化程度结构与今后是否打算参加体育活动情况交互比较(%)

	研究生	大学(含大专)	中专	初中	小学	文盲或半文盲
是	40.0	54.1	41.8	26.8	17.8	13.2
否	40.0	8.6	15.3	30.3	47.0	58.7
还不能决定	20.0	37.3	42.9	42.9	35.2	28.1
χ^2	$P<0.001$					

(四)不同职业结构与今后是否打算参加体育活动情况交互比较

在不同职业结构与今后是否有意向参加体育活动选择率的交互比较上，专业技术人员、办事人员及有关人员今后参与体育活动的意向度最高，且持否定意向度也最低。反之，农林牧等生产人员与无职业人员的意向度则最低，且否定性意向度也最高(表 3-25)。这一状况再次阐明了“分工”所造成“现实历史境遇”对个体生命活动生成与展开的强大影响作用和决定性力量。

表 3-25　不同职业结构与今后是否打算参加体育活动情况交互比较(%)

	国家机关企事业人员	专业技术人员	办事人员和有关人员	服务人员	农林牧等人员	操作人员	个体从业人员	无职业
是	44.0	55.0	48.9	37.8	19.8	41.0	31.0	29.3
否	22.0	9.8	9.2	11.9	48.1	18.6	12.7	28.0
还不能决定	34.0	35.2	41.9	50.3	32.1	40.4	56.3	42.7
χ^2	$P<0.001$							

(五)城乡结构与今后是否打算参加体育活动情况交互比较

在城乡结构与今后是否有意向参加体育活动选择率的交互比较上,城镇非体力劳动者今后参与体育活动的意向度最高,其次为城镇体力劳动者和农村居民,并呈显著性的差异。反之,持否定意向度最高者则为农村居民、城镇体力劳动者和城镇非体力劳动者(表 3-26)。这一正一反趋势再次鲜明表征着城乡之间体育非均衡发展的历史现实对体育工作者来说是任重而道远。

表 3-26　城乡结构与今后是否打算参加体育活动情况交互比较(%)

	农村	城镇体力	城镇非体力
是	21.9	37.5	46.9
否	41.4	19.1	13.5
还不能决定	36.7	43.4	39.6
χ^2	$P<0.001$		

四、福建省城乡居民参加体育活动者认为必须解决的问题

在我们征询这部分中断体育经历又试图恢复的人需要解决哪些问题才能有利于他们参与体育活动时,有时间、有同伴一起锻炼、有体育场地器材、克服个人惰性、有人指导和有经济条件依次为需要解决问题(图 3-17)。这一状况表明:他们需要解决的问题与他们存在的问题具有高度一致性。从个体层面来看,时间及个体的惰性问题仍然为各类人群解决参与体育活动问题的二大要素。可见,进入 21 世纪以来,工业化、现代化、市场化、全球化、信息化等多界面的社会变迁成为中国社会发展过程中扑面而来一个不争的事实。在这样一个历史境遇下,中国人的生存方式发生深刻变化,人们忙碌着厮杀于人与自然、人与人、人与自己的博弈之中,匆忙,成了一种生活病态!人们不仅无暇回顾内心,连自我真

切的身体也被遮蔽。把缺位的“身体”还原为道义的载体，让人更像个人！让体育出场，让它把“身体”从被人奴役的那种生活与劳动的格局中解放出来！克服你的惰性，走进体育，让体育彰显出其克服“异化”、拯救自我的重要价值，让体育成为人类困境中一块消毒的“补丁”。此外，从社会公共服务来讲，应解决的问题为体育组织的建设、体育场地设施、体育指导。由此，加强各类体育组织建设，加大对公共体育设施的投入，开放各类公共体育场馆，培养各级体育指导员，开展形式多样的体育活动和比赛等将为福建省未参加体育活动者今后参加体育活动创设良好的公共服务平台，也是我省未来体育人口可持续增长的重要前提条件。

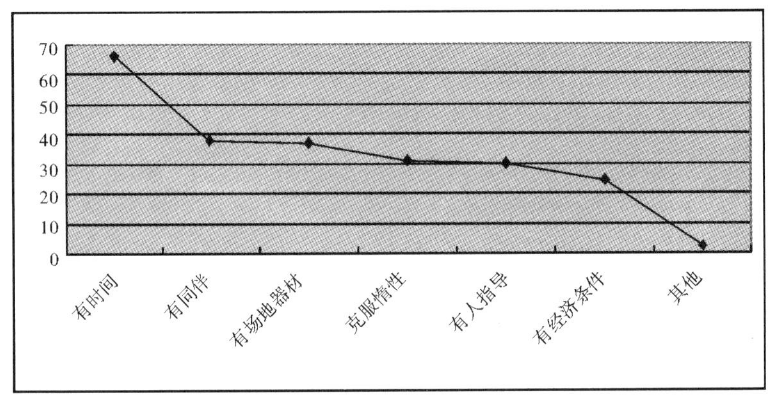

图 3-17　未参加体育活动者今后参加体育活动认为必须解决的问题图

五、福建省城乡居民对群众体育工作的要求和愿望

在全体被调查对象被征询回答我省今后社会体育工作的要求和愿望时，多数人认为建立与居民生活小区相配套的体育活动空地或活动场所是保证今后我省体育工作的首要问题，其次为与健全各种体育法规和政策以保证公民享有的体育权利、加强对体育运动知识与锻炼方法的宣传报道、有专人指导开展体育活动、尽可能地开放体育活动的场馆并适当合理的收费等。体育场地作为体育事业发展的基础，它不仅是广大城乡居民锻炼身体、增强体魄、丰富文化生活不可或缺的物质基础，而且是保证体育活动经常化、生活化的重要条件，是直接影响我省体育人口的增长的首要因素（表 3-27）。这一结果主要因为：自 20 世纪 90 年代中期之后城镇房地产业迅速发展的过程中，存在着居民居住小区体育场地设施建设立法滞后于房地产业的发展，现行法规对城镇居民住宅小区体育设施建设均没有强制性规定及用地定额指标不全面等缺陷，以及实施与监督却未完

全到位等问题,导致了社区体育场地设施建设未能在居住小区的规划与建设中得到应有的配置,严重制约我省城乡居民就近就便体育活动的开展。因此,建立我省居民生活小区相配套的体育活动空地或活动场所的法律法规建设,并加强依法行政,是福建省各级政府为我省社会体育事业发展提供政府公共服务职能的体现。其二,体育法规和政策,是保证公民享有体育权利的法律保障,1995 年颁布的《中华人民共和国体育法》和根据其基本精神制定的《全民健身计划纲要》是我国社会体育发展的一块重要里程碑,是 20 多年来我国社会体育发展的战略性规划和社会主义现代化目标配套建设的蓝图。但我国地广人多,各个地方的经济发展水平、地域特征存在很大的差异,在我国这"一法一纲"实行和推行之后,全国很多省市根据自己的实际情况制定一些相应的社会体育发展的条例,为保证本地公民享有体育权利提供更为坚实的法律保证。但 20 多年来,福建省各级政府和体育职能部门却忽视这一保障性工作,从而深层次影响我省社会体育发展过程中各个领域工作的实施,如体育场地建设、公共体育场馆的开放、社会体育指导员职业制度的落实等。

表 3-27　福建省城乡居民对社会体育工作的要求和愿望

选　　项	%	排序
建立与居民生活小区相配套的体育活动空地或活动场所	65.7	1
健全各种体育法规和政策,以保证公民享有的体育权利	45.3	2
应加强对体育运动知识、锻炼方法的宣传报道	40.9	3
应有专人指导开展体育活动	38.3	4
尽可能地开放体育活动的场馆,并适当合理的收费	37.5	5
说不清楚	9.7	6
其他	2.8	7

六、小结

1. 福建省城乡居民体育中断的年龄区段主要集中在 30 岁以前,共占所有不参加体育活动人群的 84.8%,其中 20 岁以下占 49.1%,20～29 岁年龄区段占 35.7%。

2. 福建省城乡居民未参加体育活动人中有 33.5%表示今后有参加体育活动的意向,另有 39.3%的人不能做出决定。今后福建省群众体育组织工作的重点应在有参加意向的人群中,而社会动员工作的重点应是尚在犹豫中或拒绝的人群。

3. 男性今后有参加体育活动的意向和持否定的意向度的比例均高于女性。

女性个体体育意识的自觉性、自主性比男性弱，以及女性受家庭、环境、伦理观念等外在因素的影响和干扰而处于难以决断的两难程度比男性大。26～45岁年龄段今后有参加体育活动的意向的比例高于其他年龄段；而持否定的意向度则表现为随年龄的增加而增加的趋向。因此，中青年人群是我省今后成为体育参与者人群的生力军，也是转换体育人口的重要组成部分。

4.随着文化教育程度提高，今后参与体育活动的意向度越高，但具有研究生学历的人群，由于工作性质的原因，今后参与体育活动的意向度并未有大中专学历人群高。发展体育教育事业，提升城乡居民文化素质是我省体育人口比率、体育参与率增长的重要条件之一。

5.专业技术人员、办事人员及有关人员今后参与体育活动的意向度最高，且持否定意向度也最低；农林牧等生产人员与无职业人员的意向度则最低，且否定性意向度也最高。“分工”所造成“现实历史境遇”对个体生命活动生成与展开的强大影响作用和决定性力量。

6.城镇非体力劳动者今后参与体育活动的意向度最高，其次为城镇体力劳动者和农村居民，并呈显著性的差异。持否定意向度最高者则为农村居民，城镇体力劳动者和城镇非体力劳动者次之。城乡之间体育非均衡发展的历史现实对体育工作者来说是任重而道远。

7.建立与居民生活小区相配套的体育活动空地或活动场所、健全各种体育法规和政策以保证公民享有的体育权利、加强对体育运动知识与锻炼方法的宣传报道、有专人指导开展体育活动、尽可能地开放体育活动的场馆并适当合理的收费等是城乡居民对群众体育工作的要求和期望。

第五节　福建省体育人口增长的对策

一、充分利用北京奥运会对推动全民健身的综合效应，构建体育生活化平台

充分利用北京奥运会对推动全民健身的综合效应，促进全民健身活动深入持久地开展。福建省体育行政部门要充分利用全民健身日等重大时间节点，广泛组织开展主题鲜明、突出创新、以人为本、科学文明、方便群众参与、具有福建地方特色的全民健身活动，努力营造体育健身科学化、生活化氛围。继续调动事业单位、行业单位、民营及私营企业单位在组织开展群众体育活动中的资源优势

和作用,鼓励和支持各协会重点组织开展好群众参与面广、有特色、形成品牌的体育健身活动,为我省城乡居民体育生活化构建良好平台。

二、推进“全民健身工程”建设,提升政府体育公共服务水平

继续推进“全民健身工程”建设。坚持从实际出发、因地制宜、分类指导的原则,充分发挥中央资金在全民健身场地设施建设中引导、扶持、示范的杠杆调节作用,“建”、“管”并重,推动全民健身场地设施在建设模式、建设内容、建设标准和资金投入等方面的创新和服务水平的提升,使广大人民群众享受到更多更好的体育公共服务。完善全民健身场地设施建设管理的法规制度和信息管理系统,充实全民健身工程项目库,推动全民健身工程建设与管理规范化、标准化、科学化,为我省城乡居民体育人口的可持续增长搭建良好的外部条件。

三、突出“科学健身”理念,提高全民健身活动科学化水平

鼓励和资助体育科研、教学单位开展群众体育科学研究和技术推广。举办全民健身科学大会,组织编写体育健身科普读物,通过学校教育、媒体影响、社区和单位等渠道,大力宣传和教育。倡导各地市采取积极措施,创新群众性体育竞赛和活动形式、内容、健身项目以及锻炼方法。建立科学健身指导体系,搭建科学健身指导、服务、保障平台,并进行试点、示范、推广,以更好地指导人民群众科学地开展健身活动,提高我省城乡居民健身活动科学化水平,形成科学健身生活方式。

四、树立“社会公正”理念,促进城乡体育一体化的发展

政府和体育行政部门应改变长期以来重城市体育轻农村体育的观念,以政府再分配职能的正当性,通过专门性的农村体育公共产品公共政策的制定,出台农村体育公共产品供给的相关政策和法规,以公共政策所特有的权威性、强制性和持续性,确保农村体育公共产品建设资金有稳定的来源;建立起农村公共产品供给城乡投入一体化公共财政体系,并把农村体育公共产品供给纳入国民经济社会发展规划和财政预算体系,实现城乡体育协调发展,促进农村体育人口的增长。

五、加大公共体育投入和体育资源整合，实现社会成员共享社会发展成果

福建省体育彩票发行量大，在全国名列前茅。因此，要发挥彩票公益金的作用，加大对惠及广大城乡居民公共体育设施的建设。同时，政府则应创新体育公共产品的供给方式，通过制定鼓励政策，如税收优惠政策、赋予冠名权等，大力引进民间资本，拓宽公共体育投入筹资渠道，构建政府、社会、企业等联合提供的多中心供给模式。此外，出台相关政策措施，加大公共体育设施开放力度，充分利用机关、学校、团体、企事业组织等丰富的体育场地设施资源向社会开放，以实现社会成员共享社会成果，促进体育人口的增长。

六、推进社会体育指导员队伍建设，发挥社会体育指导员组织和指导作用

社会体育指导员是我国群众体育组织和指导的作用力量。福建省各体育行政部门要以我国筹备和成立中国社会体育指导员协会为契机，全面推进社会体育指导员队伍建设。坚持增加数量与提高质量并重，采取多种途径大力培训社会体育指导员，强化培训服务与管理，完善网络管理体系；积极挖掘新的社会体育指导员资源，加强对在校大、中专学生培育与开发，使高等院校尤其是体育专业院校成为我国社会体育指导员的培训基地。充分发挥社会体育指导员队伍在全民健身活动中重要组织和指导作用，在促进我省体育人口增长和构建社会主义和谐社会中的作用。

七、改革体育社团管理体制，推进体育社团社会化、实体化进程

法制建设落后，工作环境滞后，社团管理工作滞后是我省体育社团发展的现实境遇。政府应从法律上、制度上创造有利于体育社团发展的外部环境，建立比较完善的社会监督、舆论监督、竞争环境的监督、捐赠者的监督以及服务对象的行业自律机制等社团监督体系，促进社团成员的主体化、纲领的务实化、组织管理一体化、物资的实力化、经济的实体化等管理体制的改革是规范我省体育社团发展，推进我省体育社团社会化与实体化进程的重要措施，也是有效提高我省体育人口组织化程度的重要举措。

第四章　社会分层视野下福建省城镇体育人口特征

第一节　社会分层理论

一、社会分层的理论基础

“社会分层”一词，英文的表达为“social stratification”。这一概念，首先是在西方政治学中出现并成熟的，而且也广泛地辐射到西方其他人文学科。社会分层是社会学的基本概念，是社会结构中最主要的现象，因而成为社会学研究中最重要的传统理论领域之一。社会学所说的社会分层指的是依据一定具有社会意义的属性，一个社会的成员被区分为高低有序的不同等级、层次的过程与社会现象。这里所谓的社会意义的属性则是阶层划分标准。随着社会变迁中新问题的不断出现，中外学者不断对社会分层进行新的审视，由于研究者所处的时代、所站的立场、所持的方法不同，形成了不同的理论模式和分析框架，使这一传统理论领域不断盛开新的奇葩。

笔者认为，社会分层是社会成员、社会团体与社会资源的不同配置、获取机会形成的一个高低有序的不同等级、层次的不平等系统，其中最关键的社会资源包括了财富、声望与权力，这些资源由更为具体的职业、家庭背景、所受教育程度、机遇等决定。这三种资源间又存在一定的关联，因此社会成员、社会团体在社会系统中的排序或者地位是由三种资源综合能力来确定的。这符合了资源多元配置、获取的社会现实，也避免了系统结构的单一性。从系统的水平向度上看，综合资源接近的形成了各种类型的群体；从系统的垂直向度上看，这些综合资源差异、高低则反映了整个社会阶层结构面貌。

二、社会阶层划分的标准

纵观国内外经典社会分层理论及分析框架，可以发现社会阶层因为社会个体占有资源的多寡的差异而形成的具有社会意义的属性，从而被区分出高低不同的社会阶层顺序。社会学里，具有社会意义的属性通常用“社会地位”这一术语来指代，也就是说社会地位构成了社会分层的标准。“社会地位”可以分为正式的社会地位与非正式的社会地位。正式社会地位是指那些长期存在并同其他相关地位发生稳定的制度化关系的位置或属性。在确定和比较人们正式社会地位的差异时，经常使用一个概念是社会经济地位(Social Economic Status，简称SES)。尽管在名称上突出了经济因素，但它并不是仅指经济地位，而是涵盖了个人的教育程度、收入水平及职业声望的内容，并计算上述三个方面的综合值来反映一个人综合社会地位的高低。通常社会经济地位相同的人在获得社会资源方面的机会也大体相同。① 本书根据既定的研究设计、问卷设计具体情况，在我国社会学家李强提出的划分社会阶层的定量标准基础上，根据研究的实际情况作了修订，综合家庭人均收入、教育水平和职业地位，界定三位一体的标准，来度量研究对象的社会经济地位，从而划分出福建省城镇体育人口的阶层分布现状及结构。

三、阶层划分的操作化定义

操作化定义是指将研究问题转化为变量，并说明该变量进行可感知的测量方法。操作定义需要用可感知、可度量的事物、事件、现象和方法对变量或指标做出具体的界定和说明。② 社会阶层的划分标准不是一成不变的，它可以是一元的，也可以是多元的。在一个社会发生重大变化、人们观念急剧变化的时期，分层标准的选择几乎是一个经验问题，不同的社会学家有不同的理论取向，导致了社会分层划分的多样化。正如前文说提到的那样，社会地位构成了社会分层的常用标准，目前西方比较通用的社会地位综合测量量表，由美国社会学家邓肯提出的“社会经济地位量表”(Social Economic Status，简称 SES)，它通过测量人们的收入、教育水平和职业，并计算其综合值，以此反映一个人的综合社会地位的高低。我国社会学家李强根据国内的情况对该量表进行了修订，提出了中国

① 张力为.体育科学研究方法[M].北京：高等教育出版社，2002，4。

② 郑杭生.社会学概论新修[M].北京：中国人民大学出版社，2005，217。

大城市居民社会经济地位的量表(表 4-1)。

表 4-1　中国大城市居民社会经济地位量表

资料来源:李强,2002

教育	家庭人均月收入	职业	评分
不识字或识字很少	200 元以下	临时工、无职业者	1
小学毕业	201～600 元	体力劳动工人	2
初中毕业	601～1 000 元	技术工人	3
高中、中专、中技职高毕业	1 001～2 000 元	办公室一般工作人员	4
大学专科毕业	2 001～3 000 元	一般管理人员与一般专业技术人员	5
大学本科毕业	3 001～4 000 元	中层管理人员与中级专业技术人员	6
研究生及以上	4 001 元及以上	高层管理人员与高级专业技术人员	7

上述三个方面的指标值相加得到的总分称为综合得分。根据总分,李强教授将大城市居民的社会地位划分为七个阶层,其社会地位分层标准为:总分 21 分为社会最上层,18～20 分为社会上层,15～17 分为社会中上层,12～14 分为社会中层,9～11 分为社会中下层,6～8 分为社会下层,3～5 分为社会最下层。本书根据李强提出的七层社会地位的量表标准,结合福建省社会具体情况、研究目的以及问卷设计的实际情况再作修订(表 4-2)。

表 4-2　社会地位测量量表(修订)

指标内容	项目	评分
教育程度	研究生	6
	大学(含大专)	5
	高中(含中专、职高)	4
	初中	3
	小学	2
	文盲或识字不多	1
家庭人均月收入	4 501 元以上	7
	3 001～4 500 元	6
	1 601～3 000 元	5
	1 101～1 600 元	4
	801～1 100 元	3
	501～800 元	2
	500 元以下	1
职业	国家机关、党群组织、企业、事业单位负责人	7
	专业技术人员	6
	办事人员和有关人员	5
	商业、服务业人员、个体从业人员	4
	农、林、牧、渔水利生产人员	3
	生产、运输设备操作人员及有关人员	2
	无职业	1

注:按福建省统计局公布的 2007 年城镇家庭月人均可支配收入为 1 146.10 元。

本次调查家庭月人均月收入中间区域界定为1 101～1 600元，同时由于本书的问卷以中国群众体育现状调查课题组两次调查的问卷为蓝本，问卷的职业、教育程度设计与李强教授的社会经济地位量表中的职业、教育程度的两个指标略有不同，在咨询专家、参考相关类似研究的基础上，笔者认为再次修订后的社会地位测量量表完全能够支撑起本书的研究需求。经过数据统计，按得分情况将社会成员分为7个阶层，20分为最上层，17～19分为上层，14～16分为中上层，11～13分为中层，8～10分为中下层，6～8分为下层，3～5分为最下层。

根据修订后的七层社会地位的量表标准，综合了教育水平、家庭人均月收入和职业三个方面指标，得到了如表4-3的福建省城镇居民社会综合地位的分布情况。

表4-3 福建省城镇居民社会综合地位分布(七层社会地位)

阶层	人数	百分比(%)
最上层	0	0
上层	46	0.6
中上层	2 063	26.7
中层	1 922	24.9
中下层	2 055	26.6
下层	1 288	16.6
最下层	300	3.9
缺失	51	0.7
总计	7 725	100

由于最上层的人数为0，因此，将其合并到上层中，这样，将七层社会地位简化为6个层次的社会地位(表4-4)。上层人数的最少，占总人数的0.6%，中上层、中下层以及中层的人数分布较为平均，分列第一到第三位，分别占到总人数的26.7%，26.6%和24.9%。下层和最下层的人数分列第四和第五位，占到总人数的16.6%和3.9%。因此从表4-3中数据分布形态可以看出，根据量表得到的结果，福建省城镇居民的社会阶层的分布比较集中于中间几个阶层，重心略偏上，属于“橄榄形”结构。可见，改革开放30多年来，福建省在加强对内改革，对外开放而取得的飞速的社会经济大发展的同时，在社会结构稳定方面亦取得了不俗的成绩，实现了社会建设和经济建设协调的良性发展。

表 4-4　福建省城镇居民社会综合地位分布(六层社会地位)

阶层	人数	百分比(%)
上层	46	0.6
中上层	2 063	26.7
中层	1 922	24.9
中下层	2 055	26.6
下层	1 288	16.6
最下层	300	3.9
缺失	51	0.7
总计	7 725	100

量表法测定的社会地位是建立在“教育程度”、“家庭人均月收入”和“职业”等比较客观指标上的“社会地位”,是三个指标的综合得分,“社会地位”与三个指标之间必然存在高度相关关系。根据它们之间的相关程度可以判断“社会地位”的有效性,表 4-5 是它们之间的相关指标。表 4-5 中的相关指标都是比较高的,高相关表明了通过量表法得到的“社会地位”比较好的保留了“教育程度”“家庭人均月收入”和“职业”三方面的信息,但是,它们之间又不是完全相关,说明社会地位的分布与教育、职业和收入三个指标的具体分布并不完全一致,而是综合了三个指标的分布。从积极方面看,“社会地位”折衷了各种具体分布,避免了单一指标的片面性,同时舍弃了具体分布所具有的明确含义,意义变得抽象,只表示“地位”的高低而不与具体的对象相联系,为概括性的分析提供了可能,也为进一步的定量研究提供了便利。本书将量表 4-2“社会地位”作为基本变量,在此前提下,从定量的角度进一步探讨阶层之间的关系。而从消极方面看,社会地位中存在两个问题需要做个说明。

表 4-5　社会地位与教育、家庭人均月收入和职业之间的关系

	相关种类	教育	家庭人均月收入	职业
社会地位	皮尔逊相关系数	0.746**	0.675**	0.856**
	斯皮尔曼等级相关	0.743**	0.659**	0.865**

第一,个别案例中存在的教育程度、职业地位和家庭人均月收入之间的不一致性降低了综合社会地位的有效性。教育程度、职业是个人特征,家庭人均月收入则是家庭特征,个人特征与家庭特征有时是分离的,一个教育水平很低,职业地位也很低的人可能因为其家人的收入非常高,生活方式完全表示出社会上层的特点,但在社会地位量表中评分并不高,可能居于中层甚至更低。这种不一致的情况的存在,降低了“社会地位”与教育程度职业地位和家庭人均收入之间的相关性。

第二，由于采取了先分类再综合的方法，结果是模糊了连续型变量所具有的区分性。比如，对于“家庭人均月收入”，在分类中将几乎没有区别的1 600元和1 601元的个体分在了两个不同的组中，得到了两个不同的评价等级，而收入差别很明显的1 101元和1 600元两类不同个体却分在同一组中，得到了相同的等级评定。显然，这样的分类扩大了前者之间的差别，掩盖了后者之间的差别，导致了两个在其他条件几乎相同，仅仅在收入方面有微小差异的人，处于两个不同的社会阶层中。然而这一缺陷是难以避免的，这是由于社会研究中大多数现象都是由定类变量或定序变量这一特点所造成的，定距变量若要与定序变量形成一个综合变量，只能将定距变量先转化为分类变量。量表法得到的社会地位固然存在这样的缺陷，然而目前似乎还没有更好的综合方法。

此外还有一点需要说明，由于实际抽样操作过程有些偏离社会学研究方法规定的严格要求，表4-3得到的社会地位分布并不一定能准确反映福建省城镇居民社会地位的实际分布情况，两者之间可能会存在一定的偏差。

第二节　福建省城镇体育人口的结构现状

一、福建省城镇体育人口自然结构

(一)体育人口的年龄结构(5岁组)

年龄结构是人口的自然属性，指的是一定时期、一定区域范围内，不同年龄的人口占总人口比重的状况。[①] 人口的年龄结构对现期及未来的人口发展和社会发展有着重要的作用和影响。我们依据年龄，将0～14岁人口称为少年儿童人口，15～59岁称为劳动年龄人口，将60岁及以上人口称为老年人口。又将0～14岁人口和60岁及以上人口合并，统称为非劳动年龄人口。根据福建省2007年统计年鉴得知，福建省已于1995年进入老年型社会，2006年福建省(男性16～59岁，女性16～54岁)劳动年龄人口数占全省总人口数的64.8%，其中男性劳动人口数为33.2%，女性劳动人口为31.6%。福建省非劳动年龄组(男性60岁以上，女性55岁以上)为15.1%，其中男性人口数为6.3%，女性人口数

① 田雪源.人口学[M].杭州:浙江人民出版社，2004，291。

为 8.8%，较之 1995 年增加了 3.9%。体育人口年龄结构表示各年龄组在总体育人口中所占的比例，深刻地揭示了体育人口的自然属性。本书的研究对象为福建省城镇 16 岁及以上非学龄人口，故对福建省城镇体育人口年龄结构的研究只能根据问卷调查的数据为基础，结合逻辑判断作出估计。

表 4-6 是福建省城镇居民各 5 岁组体育人口的年龄构成。纵观福建省城镇居民体育人口年龄结构，基本上呈平顶峰正态分布，可以将其分为两个部分，第一部分是 16～45 岁这个年龄段，体育人口随着年龄的增长，体育人口的比例呈递增趋势，由于 16～20 岁组别的城镇居民大多为在校学生，故所抽样到的样本数及体育人口数比例明显比其他组别来的低。第二部分是 46 岁以后，体育人口比例与年龄数成反比，呈缓慢递减趋势。从各年龄段构成比重可以推断，福建省城镇体育人口结构属于成年型结构。在表 4-6 中还可以看到，福建省城镇体育人口年龄结构中各 5 岁组女性体育人口所占比例基本上都低于男性体育人口(60 岁以上除外)，反映了福建省城镇体育人口年龄结构在性别上的不平衡。男性城镇体育人口年龄结构与全省城镇体育人口年龄结构大体上一致，女性城镇体育人口年龄结构可以将其分为三个部分，第一部分是 16～40 岁年龄段，它是随着年龄的增长而缓慢递增(16～20 岁年龄段除外)，第二部分是 41～50 岁年龄段，有个上升的过程，第三部分为 51～55 岁年龄段，随着年龄的增长，女性城镇体育人口比例又往下下降，如图 4-1 所示。

表 4-6 福建省城镇体育人口年龄构成(5 岁组)

年龄组别	总体(%)	男性(%)	女性(%)
16～20	1.0	0.7	0.3
21～25	9.8	6.8	3.0
26～30	11.3	8.1	3.2
31～35	12.5	9.2	3.4
36～40	13.6	9.2	4.3
41～45	13.6	9.4	4.2
46～50	11.8	7.1	4.7
51～55	9.3	4.9	4.4
56～60	8.2	4.6	3.6
61～65	5.9	2.6	3.3
66 岁以上	3.0	1.4	1.6
合计	100	64.0	36.0

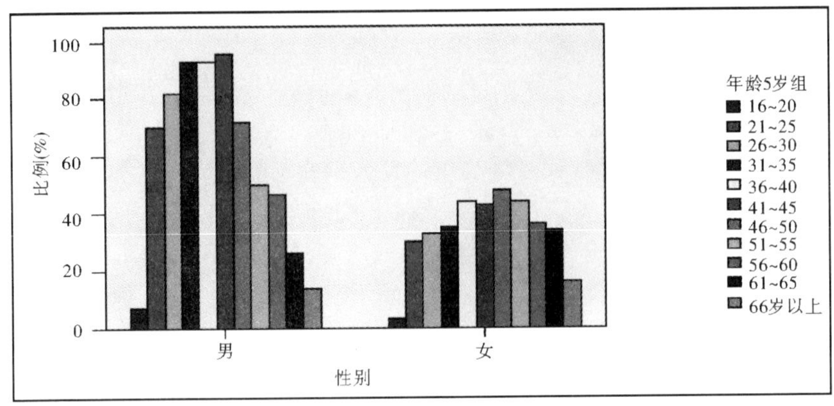

图 4-1 福建省不同年龄段男、女体育人口分布图

(二)体育人口的性别结构

一个国家或地区的总人口中,男性人口和女性人口各自所占的比重就成为这个国家或地区人口性别结构。[①] 性别结构以性别比来衡量,一般用对应于100女性的男性人数来表示,反映的是某一时期、某一地区人口自然特征。人口结构学规定反映性别比平衡区间为96～106。2006年底,福建省人口性别比为106.19。[②]体育人口作为亚人口群体,它的性别比如表4-7所示,当前福建省城镇体育人口性别比为177.78,和现阶段总人口性别比106.19相比,高出70.59。男性体育人口总数大大高于女性体育人口总数,这是福建省城镇体育人口性别结构的一个十分显著的特征。它的另一个特征是分年龄性别比波动幅度大,性别比最高的是31～35岁组,达到270.59;性别比最低的是61～65岁组为78.79。图4-2是福建省城镇体育人口分年龄性别比变动曲线。总体上来说,福建省城镇体育人口性别比呈现出两波比较大的变动,其中第一个达到顶点为16～20岁组,其后性别比突然回落,从21～25岁组到36～40岁组,这四个组别的性别比变动的幅度较为平缓。第二个波峰出现在41～45岁组,性别比达到231以上,随后一路回落到51～55岁组,从56～60岁组又开始上扬,在此形成一个小波峰,随后又平缓回落。变动曲线生动地反映了福建省城镇不同年龄体育人口参与体育活动的性别结构状况。

---

① 刘长茂.人口结构学[M].北京:中国人口出版社,1991,13。

② 福建省统计局.福建省2007统计年鉴[M].北京:中国统计出版社,2007。

表 4-7 福建省城镇体育人口性别构成(5 岁组)

年龄 5 岁组别	性别比(%)
16～20	233.33
21～25	226.66
26～30	253.13
31～35	270.59
36～40	213.95
41～45	223.81
46～50	151.06
51～55	113.95
56～60	127.78
61～65	78.79
66 岁以上	87.5
平均	177.78

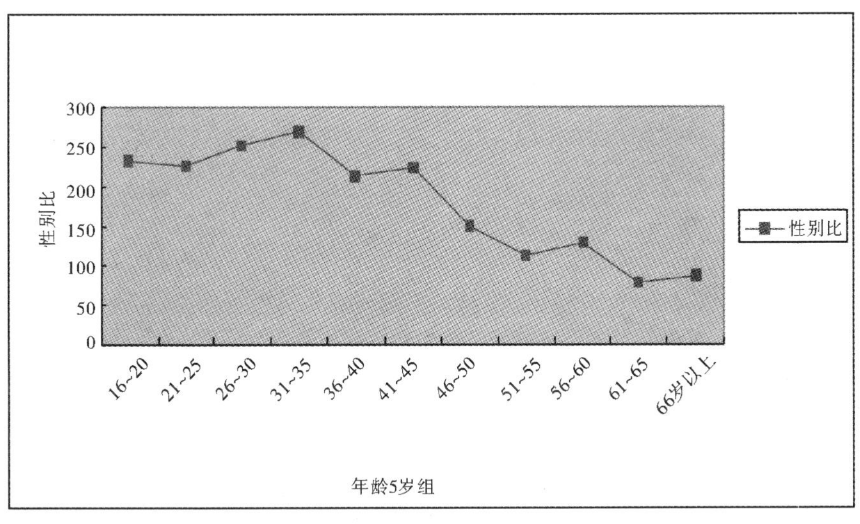

图 4-2 福建省城镇体育人口性别比图

二、福建省体育人口的社会结构

(一)体育人口的文化结构

文化有广义和狭义之分,广义上指人类在社会历史实践过程中所创造的物质财富和精神财富的总和,狭义的文化则是指精神财富。一个国家或地区的文化结构如何,标志着该国家或地区的人口素质、社会发展和文明程度。人口学研究所用的“文化”是指具有一定年龄的人，使用文字和通过文字运用知识的能力。[①] 从这点上来看，人口的教育程度则正好反映了文字的使用和知识的运用。反映人口教育结构的指标有很多，如文盲率、人口的平均受教育年限等。体育人口文化教育结构实际上是指体育人口中具有不同文化教育程度人口之间的比例。[②] 本书采用学历程度划分法，即将人口受教育状况划分为研究生、大学（含大专）、高中（含中专）、初中、小学、文盲或识字不多，来揭示福建省城镇体育人口的文化教育结构。

图 4-3 是福建省城镇体育人口文化教育构成，其中研究生和文盲或识字不多教育程度体育人口比例都很低，分别只占了 0.9％和 0.4％，大学（含大专）教育程度体育人口的比例最多，将近一半为 49.2％，高中（含中专）教育程度体育人口的比例大约占到 1/3，为 33.4％；初中和小学教育程度体育人口的比例分别为 4.1％和 0.4％。福建省城镇总体体育人口、男性体育人口、女性体育人口的文化教育构成在文化维度上都成偏态分布，即大学（含大专）文化程度的比重最多，高中（含中专）文化程度的比例次之，研究生和文盲或识字不多的比例最少。

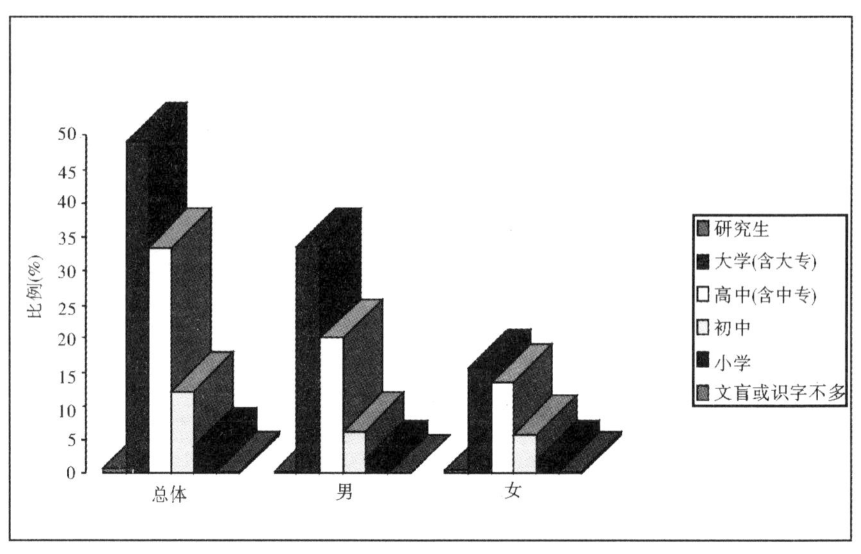

图 4-3　福建省城镇体育人口文化教育构成

① 刘长茂. 人口结构学[M]. 北京：中国人口出版社，1991，258。

② 仇军. 中国体育人口的理论探索与实证研究[M]. 北京：北京体育大学出版社，2002，78。

表 4-8 显示了福建省城镇不同性别体育人口的文化教育构成，男性体育人口当中，有 53.8%体育人口的文化教育程度达到大学（含大专），占的比重最大，高中（含中专）教育程度以 32.1%居于第二位，两者相加达 85.9%；女性体育人口方面，情况大体与男性相似，大学（含大专）文化教育程度的比例达到 41.5%，高中（含中专）文化教育程度的比例达到 35.6%，初中文化教育程度的比例达到 15.4%，三者相加达到 92.5%。人口结构学为了便于评价人口文化结构水平，以接受高等教育的人口比重为依据，把人口文化结构分为低水平、中等水平、高水平三种不同类型，受过高等教育人口比重在 7.00%以下为低水平结构，7%～14%为中等水平，15.00%以上为高水平结构。① 2006 年底，福建省居民接受过大专以上教育的人口占总人口的比重仅为 5.0%，高中（含中专）教育程度的人口比重为 11.1%，初中教育程度的人口比重为 32.0%，小学教育程度的人口比重为 35.4%，文盲或识字不多的人口比重为 10.0%。② 由此可见，福建省城镇体育人口文化教育结构的最显著的特征就是以高达 48.6%的受高等教育程度人口比例，远远优于福建省人口的文化教育结构，以人口结构评价标准来看，其总体、男性、女性体育人口的文化教育结构均属于高水平。

表 4-8　福建省城镇不同性别体育人口文化教育构成

文化程度	男（%）	女（%）
研究生	0.6	1.3
大学（含大专）	53.8	41.5
高中（含中专）	32.1	35.6
初中	10.1	15.4
小学	3.4	5.2
文盲或识字不多	0	1.0
合计	100	100

（二）体育人口的职业结构

职业一般被定为个人在社会中所从事的、并以其为主要生活来源的工作。在统计学中，职业则被定义为在业人口本人所从事的工作种类，或者在业人口所从事社会劳动并取得报酬或经济收入的工作类别。人口职业结构是指经济活动人口在各种职业中分布的状况和比例关系。人口的职业结构是经济结构中的重要组成部分，表明在业人口在经济结构中的数量关系，或人口就业在经济结构中

① 田雪源．人口学[M]．杭州：浙江人民出版社，2004，338。

② 福建省统计局．福建省 2007 统计年鉴[M]．北京：中国统计出版社，2007。

的地位和作用及人口就业与经济结构发展的关系。体育人口职业结构则是指社会体育人口在不同岗位间的分布和比例关系。①

由于本书采用的是中国群众体育现状调查课题组(以下统称课题组)的调查问卷,其职业分类根据研究的需要分为教科文卫人员、管理人员、直接服务人员、农民、工人和其他职业共6个职业。然而本书问卷则是与福建省国民体质监测工作一起发放,体质监测工作问卷中的职业分类标准则与国家统计局和国家标准局颁布的职业分类标准大体相似,为了便于比较分析,本书摈弃课题组的职业分类表则,转而采用国家统计局和国家标准局颁布的职业分类标注。具体标准如下:各类专业技术人员、国家企事业单位负责人、办事人员和有关人员、商业工作人员和服务性工作人员、农林牧渔劳动者、生产运输工人和有关人员、其他从业人员共7个类别职业。其中第一、第二大类主要是脑力劳动者;第三大类包括部分脑力劳动者和体育劳动者;第四、第五、第六大类主要是体力劳动者;不便分类的其他劳动者均列入第七大类。

表4-9是本书体育人口职业分类标准与国家统计局、课题组职业分类标准的比较。从中可以看出,本书与国家职业分类标准差异不大,因此,福建省城镇体育人口职业结构研究所依据的职业分类标准具有有效性。

表4-9 福建省城镇体育人口职业分类标准与其他标准的比较

中国职业分类标准	福建省城镇职业分类标准	课题组职业分类标准
各类专业技术人员	各类专业技术人员	教科文卫人员
国家企事业单位负责人	国家企事业单位负责人	管理人员
办事人员和有关人员	办事人员和有关人员	直接服务人员
商业工作人员	商业工作人员和服务性工作人员	农民
服务性工作人员	农林牧渔劳动者	工人
农林牧渔劳动者	生产运输工人和有关人员	其他
生产运输工人和有关人员	其他从业人员	
其他从业人员		

本书以体育人口为研究对象,共有1 016个样本。其中有160个样本无职业,无职业的原因有离退休、下岗、从无职业、其他共四类,分别占到总样本的1.2%、12.5%、1.0%、1.0%,856例样本为在岗居民。表4-10所示福建省城镇体育人口职业结构构成。福建省城镇体育人口职业构成偏向于脑力型,专业技术人员居第一位,为27.1%;办事人员和有关人员属于脑力劳动和体力劳动的

① 仇军.中国体育人口的理论探索与实证研究[M].北京:北京体育大学出版社,2002,78。

复合型，居第二位，为19%；国家机关、党群组织、企事业负责人员的比重为9.8%，三者的总比值粗略估算约56%。体力型的商业、服务业人员和生产、运输设备操作及有关人员两个类别的比重和为20.9%，加上部分属于体力型的办事人员和有关人员的比重，大约将占到福建省城镇体育人口的30%。农、林、渔等生产人员的比例最小只有0.8%，这是由于本书的研究对象以城镇居民为主，这一类别职业人口比重偏低。

表4-10　福建省城镇体育人口职业结构构成

职业分布	职业构成比例(%)
国家机关、党群组织、企业、事业单位负责人	9.8
专业技术人员	27.1
办事人员和有关人员	19
商业、服务业人员	6.1
农、林、渔、牧、水利业生产人员	0.8
生产、运输设备操作人员及有关人员	14.8
其他从业人员	1.6
无职业	20.8
合计	100

表4-11是福建省城镇不同性别体育人口职业构成。福建省城镇男性体育人口职业构成以脑力型为主，专业技术人员占到19.2%，居第一位，办事人员和有关人员以及生产、运输设备操作人员及有关人员分别占到12.8%和10.5%，分列第二和第三位。女性体育人口呈现出与男性体育人口大体相似的职业构成特征，只是，无职业的体育人口居第一位，达到12.7%，其他几个职业类别的比重大小顺序与男性的排序相同，专业技术人员比重为7.9%，居第二位。从表4-11还可以看出，福建省城镇体育人口在不同性别之间同一种职业的体育人口比重差距比较小。

表4-11　福建省城镇不同性别体育人口职业构成

职业	男(%)	女(%)
国家机关、党群组织、企业、事业单位负责人	6.2	3.6
专业技术人员	19.2	7.9
办事人员和有关人员	12.8	6.2
商业、服务业人员	3.6	2.5
农、林、渔、牧、水利业生产人员	0.6	0.2
生产、运输设备操作人员及有关人员	10.5	4.3
其他从业人员	1.2	0.4
无职业	8.1	12.7
合计	62.2	37.8

三、小结

1.根据修订后的“社会经济地位”量表，对福建省城镇的社会阶层结构进行研究，将其划分为最下层、下层、中下层、中层、中上层以及上层6个层次。福建省城镇居民社会阶层的分布比较集中于中间几个阶层，重心略偏上，属于“橄榄形”结构。

2.至2006年底福建省城镇16岁以上人口中(不包含大学、中学在校生)有54.2%的人参加了1次或1次以上体育活动，体育活动参与者中有24.5%达到体育人口的标准，占有效调查对象的13.2%。当前福建省城镇体育人口性别比为177.78，和现阶段福建省总人口性别比106.19相比，高出70.59。男性体育人口总数大大高于女性体育人口总数，这是福建省城镇体育人口性别结构的一个十分显著的特征。从各年龄段构成比重可以推断，福建省城镇体育人口结构属于成年型结构。福建省城镇体育人口年龄结构中各5岁组女性体育人口所占比例均低于男性体育人口(60岁以上除外)，反映了福建省城镇体育人口年龄结构在性别上的不平衡。

3.福建省城镇体育人口文化教育结构的最显著特征是——高达48.6%的受高等教育程度人口比例，远远优于福建省人口的文化教育结构，以人口结构评价标准来看，其总体、男性、女性体育人口的文化教育结构均属于高水平。体育人口职业构成偏向于脑力型：专业技术人员居第一位；办事人员和有关人员属于脑力劳动和体力劳动的复合型，居第二位；国家机关、党群组织、企事业负责人员居第三位，三者的总比值约56%。体力型的商业、服务业人员和生产、运输设备操作及有关人员两个类别的比重和为20.9%，加上部分属于体力型的办事人员和有关人员的比重，大约将占到福建省城镇体育人口的30%。农、林、渔等生产人员的比例最小只有0.8%。

第三节　福建省城镇体育人口的阶层分布现状

体育人口是人类文明、社会进步的必然结果，是自体育成为世界各个国家用来改善人口质量、提高人口素质、促进人的健康与和谐发展的重要手段之后必然出现的结果，更是社会经济发展到一定阶段客观存在的人口现象。体育人口作为衡量群众体育发展水平的一个极为重要的指标，反映了人们对体育的参与程度及亲和程度。它是经济和社会发展的一个标志，也是制定社会发展规划与进行战略研究的一个重要依据。改革开放30多年来，福建综合经济实力显著增强，核心竞争力持续提升，经济结构不断优化，科技创新能力明显增强，社会事业日益进步，人民生活水平大幅提高。在社会转型和体制转轨的今天，福建省社会结构不可避免的会出现较大的变迁，其社会阶层结构的分化和重组也必将影响着社会经济发展的各个方面。深刻的勾勒出福建省城镇体育人口在社会阶层结构分化和重组过程中的分布和现状，对于构建面向全省人民、适应不同阶层的不同需求的，亲民、便民、利民的多元化全民健身服务体系，有着重要的现实参考意义。

一、福建省城镇体育人口的阶层分布

本书调查了7 725名城镇居民，其中由于数据缺失的缘故，有51名城镇居民未能得出其阶层地位分布情况，其中符合体育人口标准的城镇居民有1 016名。根据修订量表得到的结果，福建省城镇体育人口的阶层分布如下（表4-12）。从数据分布形态可以看出，体育人口在社会各个阶层中的分布呈倒金字塔形状，体育人口的比例随着阶层顺序的降低而递减，其中上层的体育人口比例最高，占到了28.3%，体育人口在社会中上层至最下层中的比例分别为16.6%、14.2%、11.4%、9.5%、7.0%。体育人口的分布在各阶层之间存高度显著差异。

表4-12 福建省城镇居民体育人口的阶层分布

阶层	社会阶层人数	社会体育人口数	体育人口在各个阶层的百分比(%)
上层	46	13	28.3
中上层	2 063	342	16.6
中层	1 922	273	14.2
中下层	2 055	235	11.4
下层	1 288	123	9.5
最下层	300	21	7.0
总计	7 674	1 016	13.2
χ^2		$P<0.000$	

二、福建省城镇不同性别体育人口的阶层分布

表4-13用交叉列联分析方法对不同性别的体育人口在社会各个阶层中的

分布进行了分析，从中可以发现不同性别体育人口阶层构成的观察频数及其百分比。观察频数分布，即在样本中实际归属于某一阶层的个案数。观察频数的百分比，即根据表4-13第一部分实际归属于某一阶层的个案数除以行总数得出，比如最下层男性体育人口在总男性体育人口中的观察频数为$\frac{6}{644}\approx 0.9\%$。从表4-13第一部分观察频数分布及其百分比分布可以发现，城镇男性体育人口在中上层组别中的观察频数的百分比最高，达到了38.2%；在中层组别中的比例为29.0%，排列第二；分列第三到第六位的分别为中下层、下层、上层与最下层组别。从男性城镇体育人口阶层构成的观察频数及其百分比数据的分布形态来看，城镇男性体育人口的阶层构成以中下层、中层和中上层为主，两端的上层、下层及最下层三个阶层组别所占的比例较小，它的阶层结构呈橄榄状，与福建省城镇居民社会阶层结构的形态大体相似。城镇女性体育人口的观察频数及其百分比与男性体育人口略有不同，中下层与中上层的比例相同，并列第一位，居于第二位的是中层组别。剩下的排序与男性体育人口排序一样，但是在下层组别中，女性体育人口的比例较男性体育人口在该组别的比例要高的较多。从女性城镇体育人口阶层构成的观察频数及其百分比数据的分布形态来看，城镇女性体育人口的阶层结构也是以中、上、下层为主，略异于男性体育人口的是，中层组别的女性体育人口比例低于中上、中下层两个组别，城镇女性体育人口的阶层结构呈略显中凹的橄榄状。

表4-13　不同性别体育人口的阶层结构交叉列联表

不同性别体育人口	阶层分布						合计 N
	最下层	下层	中下层	中层	中上层	上层	
			观察频数分布				
男	6	54	139	187	246	12	644
女	15	69	96	86	96	1	363
合计	21	123	235	273	342	13	1 007
			百分比(%)				
男	0.9	8.4	21.6	29.0	38.2	1.9	
女	4.1	19.0	26.4	23.7	26.4	0.3	

三、福建省城镇不同年龄段体育人口的阶层分布

我国两次群众体育调查“马鞍形”体育人口年龄分布，反映了年龄是影响居民参与体育锻炼一个重要现实人口特征。本书研究的基础大部分是建立在两次群众体育调查积累起来的理论总结和现实经验，因此，很有必要对体育人口阶层

结构的年龄分布现状进行研究。

表 4-14 用交叉列联分析法对不同年龄段的体育人口的社会阶层分布进行了分析，从中可以发现不同年龄段体育人口的阶层构成的观察频数及其百分比。21～30 岁两个年龄段的体育人口的阶层结构的形态大体相似，体育人口在各阶层中的分布随着阶层级别的上升而递增，在中层达到顶峰，随后下降，不同的是 26～30 岁组体育人口在上层中有了较大的反弹。31～35 岁组体育人口较之前面两个年龄段不同的是，体育人口的比例于中上层达到了顶峰。36～40 岁组的体育人口的比例在各个阶层中的分布，首先于下层有一个较小的下降，往后上升至中层，随后平稳下滑。41～50 岁两个年龄段体育人口的阶层结构的分布随着阶层的上升而上升至中层时有个小滑坡后，急剧反弹至上层达到顶峰。51～55 岁年龄段体育人口的阶层分布呈波浪形，于下层达到波峰后，在其他几个阶层的形态呈波浪状分布。56～65 岁的几个年龄段体育人口分布比例大体相似，波峰起于下层，随后逐渐下降，有所差异的是，61～65 岁组别的体育人口于上层有个反弹。两端年龄段的体育人口由于样本抽样数量的缘故，体育人口数及其比例本身就低，又经过六个阶层的分布之后，显得很不均衡，尤其是 16～20 岁和 66 岁以上两个年龄段体育人口只分布于中下层和中层，对于研究没有什么实际意义。

表 4-14　不同年龄段体育人口的阶层结构交叉列联表

年龄 5 岁组	阶层分布观察频数/百分比(%)						合计
	最下层	下层	中下层	中层	中上层	上层	
16～20	0/0	0/0	8/3.4	2/0.7	0/0	0/0	10
21～25	0/0	7/5.7	21/8.9	47/17.2	24/7.0	0/0	99
26～30	0/0	3/2.4	18/7.7	47/17.2	44/12.9	2/15.4	114
31～35	2/9.5	6/4.9	18/7.7	37/13.6	63/18.4	1/7.7	127
36～40	1/4.8	5/4.1	23/9.8	52/19.0	54/15.8	2/15.4	137
41～45	0/0	9/7.3	27/11.5	30/11.0	69/20.2	3/23.1	138
46～50	0/0	5/4.1	26/11.1	28/10.3	55/16.1	3/23.1	117
51～55	3/14.3	30/24.4	24/10.2	15/5.5	20/5.8	1/7.7	93
56～60	6/28.6	33/26.8	22/9.4	12/4.4	9/2.6	0/0	82
61～65	5/23.8	17/13.8	32/13.6	3/1.1	2/0.6	1/7.7	60
66 岁以上	4/19.0	6/6.5	18/6.8	0/0	2/0.6	0/0	30
合计	21	123	235	273	342	13	

总的来看，不同年龄段体育人口的阶层分布比例大体上可以以 50 岁为拐点，50 岁年龄段以前的体育人口的社会阶层分布大多集中在中间几个阶层，而且上层的比例也不低。50 岁以上的年龄段体育人口的阶层分布多集中在下层左右，随着阶层排序的增高而减少且比例很低是这个年龄段的最大特征。

出现这种情况的原因可能是，50 岁以前的成年城镇居民，他们要么是建设这个社会的中坚力量，要么是刚从校园毕业走向工作岗位的中青年。成为社会中坚力量的这部分城镇居民大都是职业固定、收入稳定，社会地位大多是处于中间阶层附近。而青年由于刚从校园毕业，其教育程度自然相对来说是高的，同时，综合了家庭人均收入之后的“社会地位”指标系数相对也较高，也处于中间附近的阶层。50 岁以后的成年城镇居民，逐渐的要从工作岗位上退下来，尤其是那些退休后的居民他们的社会地位由于大多是成长于“文革”期间，文化教育一度受到中断，加上退休后职业得分都较低，因此，50 岁后的尤其是 60 岁以上居民的社会地位都较低。由此而造成的社会各个阶层的年龄结构出现了以 50 岁为分界线的分布形态。体育人口是以锻炼频数、持续时间以及锻炼强度来评价的。中青年首先由于体质好，加之刚从校园毕业，受学校体育锻炼的习惯的直接影响，而老年人则由于身体、生理等方面条件的制约，导致了不同年龄段体育人口阶层分布形态的差异。

四、小结

1. 福建省城镇体育人口的阶层分布呈倒金字塔形状，体育人口的比例随着阶层顺序的降低而递减。其中上层的体育人口比例最高，占到了 28.3%，体育人口在社会中上层至最下层中的比例分别为 16.6%、14.2%、11.4%、9.5%、7.0%。体育人口的分布在各阶层之间存在高度显著差异。

2. 城镇男性体育人口的阶层构成以中下层、中层和中上层为主，两端的上层、下层及最下层三个阶层组别所占的比例较小，它的阶层结构呈橄榄状；城镇女性体育人口的阶层结构也是以中、上、下层为主，略异于男性体育人口的是，中层组别的女性体育人口比例低于中上、中下层两个组别，城镇女性体育人口的阶层结构呈略显中凹的橄榄状。

3. 不同年龄段体育人口的阶层分布比例大体上以 50 岁为拐点，50 岁年龄段以前的体育人口的社会阶层分布大多集中在中下、中、中上三个阶层，而且上层的比例也不低；50 岁以上年龄段体育人口的阶层分布多集中在下层左右，随着阶层排序的增高而减少且比例很低是这个年龄段的最大特征。

第四节 影响福建省城镇体育人口形成因素的二项 Logistic 回归分析

数学统计学科的发展对社会科学实证研究的发展具有重大的推动作用。在关于研究对象有关影响因素的分析时,数学统计方法能够充分发挥出准确描述因素与研究对象之间复杂关系的工具性作用。在体育社会科学的研究中,回归分析方法的应用,为研究因变量受一个或多个自变量交互影响关系提供了便利。作为标准的统计分析工具,多元回归分析在诸多行业和领域的数据分析应用中发挥着极为重要的作用。利用多元回归方法分析变量之间关系或进行预测的一个基本要求是,被解释变量应是连续定距型变量。①

然而,在实际应用中这种要求未必能够得到满足。体育人口是一种复杂的社会现象,它的形成是许多因素综合作用的结果,诸多因素的影响交织在一起,相互作用,对全面准确揭示体育人口形成带来了很大困难,实证研究更是如此。例如,在研究体育人口与职业、个人收入、家庭总收入、年龄、文化程度、闲暇时间等因素间的关系时,可以根据调查数据建立体育人口与这些因素间的多元回归模型,在这个多元回归模型中,被解释变量"是否是体育人口"(1 表示是体育人口,0 表示不是体育人口)是个纯粹的二值品质型变量,显然不满足多元回归分析的要求。在数据分析的应用中,特别是在体育人文社会科学研究中,像这种被解释变量为 0/1 二值品质型变量的情况是较为普遍的,此时无法直接采用一般的多元线性回归模型建模。因此,当被解释变量为 0/1 二值品质型变量时,通常采用二项 Logistic 回归分析,它是多元线性回归方法不断发展的成果。本书采用该方法对影响福建省城镇体育人口的因素进行分析。

一、二项 Logistic 回归分析概述

二项 Logistic 回归专用于通过一组连续型或非连续型变量预测一个二值品质型变量。二项 Logistic 回归分析方法与判别函数分析、一般多元线性回归方法极其相似。但它的统计技术更为灵活,对于预测变量的分布作假定;在二项 Logistic 回归中,预测变量不必具有正态分布、线性相关或各组方差相等的特

---

① 薛薇. SPSS 统计分析方法及应用[M]. 北京:电子工业出版社,2006,281。

征，同时也不可能产生负的预测概率。① 如果因变量与一个或多个自变量呈现非线性相关，二项 Logistic 回归分析方法能够解决此问题。因为二项 Logistic 回归产生的模型是非线性的，回归模型中，因变量 Y 代表以预测变量最佳线性组合的非线性函数为基础的一种结果出现的概率，即预测变量相对于某一事件的发生概率。

二、二项 Logistic 回归中的虚拟变量及其回归系数的含义

通常的回归分析中，自变量都是定距或定比型变量，但在实际应用中，因变量的变化不仅会受到定距或定比型变量的影响，还会受到品质变量的影响。例如，居民是否成为体育人口不仅会受到诸如收入、年龄、家务劳动时间等定距型变量的影响，还可能受到性别、文化程度、职业等品质变量的影响。品质变量通常不能像定距或定比变量那样直接作为解释变量进入回归方程，而应将其转化成虚拟变量后再参与回归分析。②

Logistic 回归分析中将品质变量转化成虚拟变量的方法是：对于具有 n 个分类的品质变量，可将其转换成 $n-1$ 个取值为 0/1 的虚拟变量，这 $n-1$ 个虚拟变量的取值组合就代表了品质变量的 n 个类别。例如，品质变量“社会地位”有 6 个类别，上层、中上层、中层、中下层、下层和最下层，则可以设置 5 个虚拟变量，5 个虚拟变量的取值如下（表 4-15）。

表 4-15 社会地位虚拟变量的取值及其所代表的类别

类别	$x1$	$x2$	$x3$	$x4$	$x5$
上层	0	0	0	0	1
中上层	0	0	0	1	0
中层	0	0	1	0	0
中下层	0	1	0	0	0
下层	1	0	0	0	0
最下层	0	0	0	0	0

表 4-15 中 5 个虚拟变量的取值组合代表了社会地位的 6 个类别，其中，$x1=0$、$x2=0$、$x3=0$、$x4=0$、$x5=0$ 代表社会地位为最下层这一类别，Logistic 回归分析中称虚拟变量皆取 0 所代表的类为参照类；$x1=0$、$x2=0$、$x3=0$、$x4=0$、$x5=1$ 所代表社会地位上层这一类别；$x1=0$、$x2=0$、$x3=0$、$x4=1$、$x5=0$ 所代

① 张力为. 体育科学研究方法[M]. 北京：高等教育出版社，2002，440、441。

② 薛薇. SPSS 统计分析方法及应用[M]. 北京：电子工业出版社，2006，288。

表社会地位中上层这一类别；$x1=0$、$x2=0$、$x3=1$、$x4=0$、$x5=0$ 所代表社会地位中层这一类别；$x1=0$、$x2=1$、$x3=0$、$x4=0$、$x5=0$ 所代表社会地位中下层这一类别；$x1=1$、$x2=0$、$x3=0$、$x4=0$、$x5=0$ 所代表社会地位下层这一类别。

在 Logistic 回归分析中，如果将社会阶层这种品质变量作为解释变量纳入回归模型中，社会阶层并不参与回归分析，取而代之的是 5 个虚拟变量。比如，体育人口 Y 与社会阶层 x 进行 Logistic 回归分析，回归分析结果如表 4-16 所示。

表 4-16　二项 Logistic 回归分析结果

变量	回归系数 β	Wald	P 值	Exp(β)
x		59.927	0.000	
$x1$	0.340	1.917	0.166	1.405
$x2$	0.540	5.208	0.022	1.716
$x3$	0.788	11.197	0.001	2.200
$x4$	0.971	17.212	0.000	2.640
$x5$	1.648	17.139	0.000	5.196
Constant	−2.579	129.883	0.000	0.076

由表 4-16 可得 Y 和 x 所对应的 5 个虚拟变量间的回归模型如下：

$$\text{Logit } P=-2.579+0.340x1+0.540x2+0.788x3+0.971x4+1.648x5$$

即

$$\Omega=\text{Exp}(-2.579+0.340x1+0.540x2+0.788x3+0.971x4+1.648x5) \qquad (1)$$

将 $x1=0$、$x2=0$、$x3=0$、$x4=0$、$x5=0$（该取值组合代表社会最下层，为参照类）代入(1)式得：

$$\Omega_0=\text{Exp}(-2.579)=e^{-2.579}=0.076$$

表示参照类体育人口发生比为 0.076。

将 $x1=1$、$x2=0$、$x3=0$、$x4=0$、$x5=0$（该取值组合代表社会下层，）代入(1)式得：

$$\Omega_1=\text{Exp}(-2.579+0.340)=e^{-2.579+0.340}=\Omega_0 e^{0.340}=1.450\Omega_0$$

表示社会定位为下层的体育人口发生比是参照类中体育人口发生比的 Exp(0.340)＝1.450倍。因此，Logistic 回归方程中各虚拟变量 x_i 的回归系数 β_i 的含义是：在其他条件不变的情况下，β_i 表示 x_i 所代表的类的发生比是参照类发生比的 Exp(β_i)倍。

三、影响福建省城镇体育人口形成因素的二项 Logistic 回归分析

体育人口是指生活在一定时间、一定地域，以增进身心健康或提高运动成绩为目标，以身体活动为共同标志的个人所组成的社会群体。① 体育人口的形成有赖于社会的进步和经济的发展。人们的社会地位、文化素质、经济状况、职业分布、闲暇时间、体育意识等都是是否能成为体育人口需要加以考虑的影响因素。

目前，学者们在对影响体育人口形成因素的研究中，比较一致的选用了个人收入、家庭收入、受教育程度、职业声望、家庭体育消费、家务劳动时间、年龄、性别等具有统计意义的客观因素。如仇军《中国体育人口形成的路径分析》、吕树庭等《影响体育人口因素的社会学分析》、何国民《体育人口形成因素的二项 Logistic 回归分析》等学术研究成果中均以与上述相似的影响因素展开分析。笔者以为上述影响因素中，学者们对于体育意识、体育动机等主观方面的因素未考虑的原因或许有以下两点。首先，由于体育意识与动机属于抽象的概念，在实证研究中难以量化；其次，量化后的指标难以统一。

由于本书以社会分层为理论视角，故在参考仇军等人的研究结果基础之上，结合本书的理论视角，笔者选取教育程度、职业、家庭人均月收入、个人收入、每天家务劳动时间、社会地位、年龄和性别 8 个指标作为影响福建省城镇体育人口形成的因素。由于本书所依赖问卷调查回来的“家庭体育消费”的信息严重缺失，为了避免对于其他因素的相关性有所影响，故舍弃该因素，未对其对福建省城镇体育人口的影响进行 Logistic 回归分析。将调查表中影响体育人口形成的相关因素进行编码和数量化，结果如表 4-17 所示。

① 陈作松. 锻炼心理学[M]. 北京：人民体育出版社，2008，19。

表 4-17　对体育人口形成的相关因素进行编码和数量化

因素名称	变量	数量化
体育人口	Y	0＝非体育人口*；1＝体育人口
年龄	$x1$	0＝青年*；1＝中年；2＝壮年；3＝老年
性别	$x2$	0＝女*；1＝男
教育程度	$x3$	0＝文盲或识字不多*；1＝小学；2＝初中；3＝高中(含中专)；4＝大学(含大专)；5＝研究生
职业	$x4$	0＝无职业*；1＝生产、运输设备操作人员及有关人员； 2＝农、林、牧、渔水利生产人员； 3＝商业、服务业人员、个体从业人员；4＝办事人员和有关人员； 5＝专业技术人员； 6＝国家机关、党群组织、企业、事业单位负责人
家庭人均月收入	$x5$	0＝保障性收入*；1＝低收入；2＝中低收入；3＝中等收入；4＝中高收入；5＝高收入；6＝超高收入
个人月收入	$x6$	0＝保障性收入*；1＝低收入；2＝中低收入；3＝中等收入；4＝中高收入；5＝高收入；6＝超高收入
社会阶层地位	$x7$	0＝最下层*；1＝下层；2＝中下层；3＝中层；4＝中上层；5＝上层；6＝最上层
每天家务劳动时间	$x8$	0＝60 min 以下*；1＝60～120 min；2＝121～180 min；3＝180 min 以上

注：* 在以下的 Logistic 回归分析中这些类皆为参照类。

(一)二项 Logistic 回归分析结果

为考查年龄、性别、个人月收入、家庭人均月收入、文化程度、职业状况、社会地位和每天家务劳动时间这 8 个因素对体育人口形成的影响，将这 8 个因素作为回归自变量(皆当作品质型变量)，体育人口 Y 作为回归因变量，进行二项 Logistic 回归分析，回归过程中自变量选取方法采用逐步筛选策略(Forward：LR)，变量进入标准为 $P<0.05$，变量被剔除标准为 $P>0.20$，回归分析结果如表 4-18、表 4-19 所示。

表 4-18 体育人口影响因素的二项 Logistic 回归分析结果

变量	回归系数 β	Wald	Sig.	Exp(β)
$x5$ (e)		14.845	0.021	
$x5(1)$	−0.253	0.720	0.396	0.776
$x5(2)$	−0.055	0.044	0.833	0.946
$x5(3)$	0.115	0.222	0.637	1.122
$x5(4)$	0.138	0.362	0.548	1.148
$x5(5)$	0.386	2.598	0.107	1.471
$x5(6)$	0.142	0.333	0.564	1.152
$x8$ (d)		9.443	0.024	
$x8(1)$	−0.270	8.575	0.003	0.975
$x8(2)$	−0.157	1.683	0.195	0.855
$x8(3)$	0.005	0.001	0.977	0.763
$x3$ (c)		38.497	0.000	
$x3(1)$	1.030	3.701	0.054	2.800
$x3(2)$	1.084	4.369	0.037	2.955
$x3(3)$	1.617	9.881	0.002	5.040
$x3(4)$	1.667	10.391	0.001	5.298
$x3(5)$	1.814	8.861	0.003	6.134
$x4$ (b)		28.397	0.000	
$x4(1)$	−0.920	13.111	0.000	0.398
$x4(2)$	−0.215	3.244	0.072	0.807
$x4(3)$	−0.655	16.419	0.000	0.519
$x4(4)$	−0.091	0.552	0.458	0.913
$x4(5)$	−0.161	1.779	0.182	0.851
$x4(6)$	−0.103	0.508	0.476	0.902
$x2(1)(a)$	−0.595	62.104	0.000	0.552
Constant	−3.015	30.152	0.000	0.049

a：Variable(s) entered on step 1：xingbie.
b：Variable(s) entered on step 2：wenhuadengji.
c：Variable(s) entered on step 3：zhiyedengji.
d：Variable(s) entered on step 4：jiatingshourudengji.
e：Variable(s) entered on step 5：mtianjiawushijian.

表 4-19　体育人口影响因素中各虚拟变量所代表的类别

变量	所代表的类别	变量	所代表的类别
$x2$	性别	$x4(6)$	国家机关、党群组织、企业、事业单位负责人
$x3(1)$	小学	$x5(1)$	低收入
$x3(2)$	初中	$x5(2)$	中低收入
$x3(3)$	高中(含中专)	$x5(3)$	中等收入
$x3(4)$	大学(含大专)	$x5(4)$	中高收入
$x3(5)$	研究生	$x5(5)$	高收入
$x4(1)$	生产、运输设备操作人员及有关人员	$x5(6)$	超高收入
$x4(2)$	农、林、牧、渔水利生产人员	$x8(1)$	60～120 min
$x4(3)$	商业、服务业人员、个体从业人员	$x8(2)$	121～180 min
$x4(4)$	办事人员和有关人员	$x8(3)$	180 min 以上
$x4(5)$	专业技术人员		

由表 4-19 显示了自变量筛选的过程和各自变量的回归系数检验结果，可以看出，最终进入回归方程的变量有 $x2$(性别)、$x3$(文化程度) $x4$(职业)、$x5$(家庭人均月收入) $x8$(每天家务劳动时间)共 5 个因素，其中文化程度的回归系数最高，是影响福建省城镇体育人口形成的一个主要因素。而 $x1$(年龄)、$x6$(个人月收入)、$x7$(社会地位)这三个变量未能纳入方程。这一结果与仇军教授于 2002 年所分析的《中国体育人口形成的路径分析》中得出的“家庭体育消费、个人收入、家庭收入、家务劳动时间以及职业声望这 5 个因素是影响中国体育人口形成的因素”的结论有所差异，也同何国民先生关于武汉市社会体育人口形成的影响因素的研究结论“家庭年体育消费额、年龄、文化程度、职业状况对体育人口形成有显著影响”差异较大。除去因为缺失值较多的缘故而舍弃的“家庭体育消费”这一因素以外，最突出的差异在于“性别”这一变量也进入到了关于福建省城镇体育人口形成的影响因素二项 Logistic 回归方程中。

(二)二项 Logistic 回归结果的分析

1. 体育人口形成的显著影响因素

表 4-18 显示了自变量筛选的过程和各自变量的回归系数检验结果，可以看出，最终进入回归方程的变量有 $x2$(性别)、$x3$(文化程度) $x4$(职业)、$x5$(家庭人均月收入) $x8$(每天家务劳动时间)共 5 个因素，表明这 5 个因素对于体育人口的形成有显著影响。体育人口的形成有赖于社会的进步和经济的发展，同时也受限于个体的具体诸如身体素质、个性特征等因素。二项 Logistic 回归分析所选取的 5 个指标恰好体现了这几个方面，实证分析结果与理论分析相一致。通

过表 4-18 可以写出式(2)(3)和(4)Logistic 回归方程。

$$\text{Logit } P = -3.015 - 0.595x2(1) \quad (2)$$

$$\text{Logit } P = -3.015 - 0.595x2(1) - 0.920x4(1) \quad (3)$$

$$\text{Logit } P = -3.015 - 0.595x2(1) + 1.030x3(1) \quad (4)$$

式(2)反映了女性和男性在体育人口形成上的差异。女性较男性使 Logit P 平均降低了 0.595 个单位。结合发生比 Exp(β)可得知,在控制其他条件不变的条件下,女性的体育人口发生比是男性的 0.552 倍,这与福建省城镇居民体育人口性别比高达 177.8 相吻合。结合表 4-18 得出回归系数检验表可以得出如下结论:

(1)由文化程度 $x3$ 所对应的 5 个虚拟变量的回归系数可以得知:在控制其他条件不变的条件下,文化程度为小学、初中、高中(含中专)、大学(含大专)以及研究生的居民中体育人口发生比分别是文盲或是识字不多的居民体育人口发生 2.800、2.955、5.040、5.298 和 6.134 倍,说明居民体育人口发生比随着文化教育程度的增加而增加。

(2)由职业等级 $x4$ 所对应的 6 个虚拟变量的回归系数可以得知:在控制其他条件不变的条件下,职业为生产、运输设备操作人员及有关人员;农、林、牧、渔水利生产人员;商业、服务业人员、个体从业人员;办事人员和有关人员,专业技术人员;国家机关,党群组织、企业、事业单位负责人的居民体育人口发生比分别是无职业居民体育人口发生比的 0.398、0.807、0.519、0.913、0.851 和 0.902 倍。从数据可以看出,无职业居民由于不用上班,从而拥有更多的闲暇时间从而为他们成为体育人口提供了时间保证,这一人群的体育人口发生比处于最高。同时,体力型职业的体育人口发生比较低,而知识性职业体育人口发生比相对来说较高。这同体育人口比和文化程度线性关系有着较大的关系,也符合了上面的结论。

(3)由家务劳动时间 $x8$ 所对应的 3 个虚拟变量的回归系数可以得知:在控制其他条件不变的条件下,每天平均家务劳动时间为 60～120 min 、121～180 min 和 180 min 以上居民体育人口发生比分别是每天平均家务劳动时间为 60 min 以下居民体育人口发生比的 0.975、0.855 和 0.763 倍。可见随着劳务时间的增多,居民成为体育人口比的可能性逐渐降低。

(4)由家庭月均总收入等级 $x5$ 所对应的 6 个虚拟变量的回归系数可以得知:在其他条件不变的条件下,家庭人均月收入为低收入、中低收入、中等收入、中高收入、高收入和超高收入的居民体育人口发生比分别是家庭月均保障性收入居民体育人口的发生比的 0.776、0.946、1.122、1.148、1.471 和 1.152 倍。从数据的分布形态来,虽然家庭人均月收入对与体育人口的形成有着显著性的影响，但是其影响程度并不高。作为最后一个变量而被引入方程中，它并没有显示出随着家庭人均月收入的增加而使体育人口发生比逐渐提高的现实。这主要是因为，现实社会比较复杂，家庭人均月收入高的的居民，因为较高的经济条件面临可供选择的休闲方式较多。

2. 体育人口形成的无显著影响因素

在逐步回归分析中，年龄、个人月均收入和社会地位未能进入回归方程，究其原因可能是"家庭人均月收入"替代了"个人月均收入"进入回归方程，而"社会地位"本是由职业、文化程度还有家庭人均月收入三个指标综合而来的指标。他们之间必然存在相关关系，这里笔者对两者的相关关系进行检验。表 4-20、表 4-21显示个人收入和家庭人均月收入存在有高度显著性相关关系，社会地位和教育、家庭人均月收入和职业的相关系数也很高，呈显著性。因此，"个人月均收入"和"社会地位"这两个因素被"家庭人均月收入"和具体的三个指标取代。

表 4-20 个人月均收入和家庭人均月收入之间的关系及检验

	相关种类	个人月均收入
家庭人均月收入	皮尔逊相关系数	0.716**
	斯皮尔曼等级相关	0.553**

表 4-21 社会地位与教育、家庭人均月收入和职业之间的关系及检验

	相关种类	教育	家庭人均月收入	职业
社会地位	皮尔逊相关系数	0.746**	0.675**	0.856**
	斯皮尔曼等级相关	0.743**	0.659**	0.865**

四、小结

1. 福建省城镇体育人口形成因素的二项 Logistic 回归分析结果表明：性别、文化程度、职业等级、家庭人均月收入以及每天家务劳动时间对福建省城镇体育人口形成有显著的影响。在控制其他变量的条件下，男性体育人口发生比是女性体育人口发生比的 1.8 倍；家庭人均月收入对与体育人口的形成有着显著性的影响，但是其影响程度并不高；每天平均家务劳动时间低的居民越有可能成为体育人口；体育人口发生比与居民的文化程度成正相关；除了参照组无职业人群由于闲暇时间较多缘故，其体育人口发生比居于首位之外，体力型职业的体育人口发生比较低，而知识型体育人口发生比相对来说较高。

2. 文化程度、职业等级、家庭人均月收入构成了社会地位的综合指标，是划分社会阶层的标准。从这三个指标纳入回归方程的结果来看，阶层性因素在影响福建省城镇体育人口的形成中占有重要的贡献。在排除其他因素的作用效应条件下，社会阶层性因素对于福建省城镇体育人口的形成具有显著影响。

第五节　影响福建省城镇各阶层体育人口形成因素的二项 Logistic 回归分析

社会的转型带来了社会阶层结构的分化与重组。现实社会中，各阶层的利益诉求、生活方式、体育行为等都带有阶层性特征。从影响福建省体育人口形成因素的二项 Logistic 回归分析结果来看，构成阶层划分标准的三个指标均纳入方程的模型中。但是，具体到各个不同社会阶层，由于阶层之间的各种特性的差异，影响各阶层体育人口的因素又有何差别呢？

从表 4-12 得知，本书中的上层总体样本仅为 46 例，其体育人口的比例虽然较高达到了 28.3%，是各阶层中体育人口比例最高的一个阶层，但是其实际体育人口的样本数只有 13 例，如此的样本数不足以用来探讨上层体育人口总体的分布及结构特征。同样的，最下层这一阶层总体样本数为 300 例，该阶层中符合体育人口标准的样本数仅为 21 例，与上层的情况相类似。因此下面关于影响福建省城镇各阶层中体育人口形成因素分析的研究中，剔除了上层和最下层这两个不大具有代表性的阶层，着重分析中上、中、中下以及下层四个阶层的体育人口（回归分析方法同上）。

一、影响福建省下层体育人口形成因素的二项 Logistic 回归分析

由于是独立针对具体社会阶层的体育人口的二项 Logistic 回归分析，故在影响因素的筛选过程中，剔除了“社会阶层”这一变量，其他的同上（下面的分析采取同样的处理方法）。

表 4-22 显示了自变量筛选的过程和各自变量的回归系数检验结果，可以看出，最终进入回归方程的变量有 $x3$（文化程度）和 $x8$（每天家务劳动时间）两个因素。$x8$（每天家务劳动时间）回归系数显著性检验的 Wald 观测值所对应的概率 P 值略大于最小显著性水平 a，但是逐步筛选回归将其纳入方程。从表 4-22 可以看出，下层居民的每天家务劳动时间和文化程度对下层体育人口的形成有显著影响。其中，文化程度的 Wald 观测值为 20.154，在方程中居于主要地位，

表明是主要的影响因素。

表 4-22 下层体育人口二项 Logistic 回归分析结果

变量	回归系数 β	Wald	Sig.	Exp(β)
$x8$ (*b*)		7.644	0.054	
$x8(1)$	−0.146	3.863	0.049	0.618
$x8(2)$	−0.329	0.308	0.579	1.157
$x8(3)$	−0.481	1.132	0.287	1.390
$x3$ (*a*)		20.154	0.000	
$x3(1)$	0.817	1.140	0.286	2.264
$x3(2)$	1.339	3.367	0.067	3.817
$x3(3)$	1.763	5.705	0.017	5.830
$x3(4)$	2.616	9.544	0.002	13.680
Constant	−3.514	23.425	0.000	0.030

a：Variable(s) entered on step 1：wenhuadengji.
b：Variable(s) entered on step 2：mtianjiawushijian.

从回归系数可以看出，$x8$(每天家务劳动时间)与参照组(每天家务劳动时间 60 min 以下)体育人口发生比呈反方向变化，每天家务劳动时间为 60～120 min、每天家务劳动时间为 121～180 min 以及每天家务劳动时间 180 min 以上的 Exp(β)值分别为 0.618、1.157 和 1.390。说明了在控制其他变量的条件下，随着家务劳动时间增加，体育人口发生比越来越低。反过来说，家务劳动时间越低的居民，越有可能成为体育人口。从回归系数来看，$x3$(文化程度)与参照组(文盲或识字不多)体育人口发生比呈正向关系。各文化等级的体育人口发生比随着文化教育程度的提高分别是参照组体育人口发生比的 2.264、3.817、5.830 和 13.680 倍。说明了在控制其他条件下，下层体育人口发生比随着文化程度的提高而提高。

二、影响福建省中下层体育人口形成因素的二项 Logistic 回归分析

表 4-23 显示了自变量筛选的过程和各自变量的回归系数检验结果，可以看出，最终进入回归方程的变量有 $x2$(性别)、$x3$(文化程度) $x4$(职业)、$x6$(个人月均收入)。回归系数显著性检验的 Wald 观测值所对应的概率 P 值均略小于最小显著性水平 a。影响中下层体育人口发生比的因素较起下层多了性别、职业、个人月均收入，而每天家务劳动时间并未纳入中下层体育人口影响因素的 Logistic 回归方程。相对于下层体育人口而言，每天家务劳动时间的多少对于中下层体育人口的发生比没有影响。

表 4-23 中下层体育人口二项 Logistic 回归分析结果

变量	回归系数 β	Wald	Sig.	Exp(β)
*x*6 (*d*)		13.020	0.043	
*x*6(1)	−0.174	0.195	0.659	0.840
*x*6(2)	−0.032	0.006	0.940	0.968
*x*6(3)	0.435	0.906	0.341	1.545
*x*6(4)	0.867	3.016	0.082	2.380
*x*6(5)	23.794	0.000	1.000	21 562 232 920.147
*x*6(6)	2.466	3.240	0.072	11.775
*x*4 (*a*)		20.329	0.002	
*x*4(1)	−0.682	4.588	0.032	0.506
*x*4(2)	0.267	1.183	0.277	1.306
*x*4(3)	−0.048	0.019	0.891	0.953
*x*4(4)	1.125	7.573	0.006	3.081
*x*4(5)	0.859	0.966	0.326	2.361
*x*4(6)	1.580	2.575	0.109	4.855
*x*3 (*c*)		17.325	0.004	
*x*3(1)	19.188	0.000	1.000	215 354 029.961
*x*3(2)	19.153	0.000	1.000	207 925 790.724
*x*3(3)	19.894	0.000	1.000	436 249 734.992
*x*3(4)	20.246	0.000	1.000	620 722 125.215
*x*3(5)	1.076	0.000	1.000	2.932
*x*2 (*b*)	−0.464	9.894	0.002	0.629
Constant	−22.022	0.000	1.000	0.000

a：Variable(s) entered on step 1：zhiyedengji.
b：Variable(s) entered on step 2：xingbie.
c：Variable(s) entered on step 3：wenhuadengji.
d：Variable(s) entered on step 4：gerenshourudengji.

从回归系数可以看出，*x*6(个人收入)因素对于中下层体育人口发生比的影响比较复杂。在控制其他变量的情况下，个人收入为低收入以及中低收入的中下层体育人口发生比与参照组(保障性收入)的中下层体育人口发生比呈反方向变化，Exp(β)值分别为 0.840 和 0.968，说明每增加一个单位，这两个等级收入的体育人口发生比相应地减少了。个人收入为中等、中高、高等等级的中下层体育人口发生比与参照组(保障性收入)的中下层体育人口发生比呈正方向变化，说明这三个层次的收入级别的体育人口发生比随着收入的增加而增加。虽然，超高收入等级也与参照组呈正向关系，但是其发生比的变化反而低于高等收入等级的发生比。

*x*4(职业)因素对于中下层体育人口发生比的影响与个人收入的影响方式

有点类似，呈现出交织变化的影响方式。在控制其他变量的条件下，其中，$x4(1)$（生产、运输设备操作人员及有关人员）、$x4(3)$（商业、服务业人员、个体从业人员）与参照组无职业体育人口发生比呈负向变化关系；$x4(2)$、$x4(4)$、$x4(5)$和 $x4(6)$与参照组发生比呈正向变化关系。说明了影响该阶层体育人口发生比的因素比较复杂多样。$x3$（文化程度）与 $x2$（性别）因素在其他变量不变的情况下，它们对于中下层体育人口发生比的变化方式分别是：随着文化教育程度提高而增加，而女性较男性体育人口发生比要来得低，这与福建省体育人口发生比的方式相一致。

三、影响福建省中层体育人口形成因素的二项 Logistic 回归分析

表 4-24 显示了自变量筛选的过程和各自变量的回归系数检验结果，可以看出，最终进入回归方程的变量有 $x2$（性别）、$x5$（家庭人均月收入）。回归系数显著性检验的 Wald 观测值所对应的概率 P 值均略小于最小显著性水平 a。从中层体育人口 Logistic 回归分析结果来看：它与中下、下层的回归分析结果又有所不同，在控制性别变量不变的条件下，家庭人均月收入是该阶层的另外一个主要影响因素。

表 4-24　中层体育人口二项 Logistic 回归分析结果

变量	回归系数 β	Wald	Sig.	Exp(β)
$x5$ (c)		13.379	0.037	
$x5(1)$	0.489	0.302	0.583	1.631
$x5(2)$	0.191	0.057	0.812	1.210
$x5(3)$	0.818	1.122	0.289	2.266
$x5(4)$	0.450	0.355	0.551	1.569
$x5(5)$	0.966	1.596	0.207	2.627
$x5(6)$	0.379	0.237	0.627	1.462
$x2$ (a)	−0.834	34.615	0.000	0.434
Constant	−21.597	0.000	0.999	0.000

a：Variable(s) entered on step 1：xingbie.

b：Variable(s) entered on step 2：jiatingshourudengji.

c：Variable(s) entered on step 3：zhiyedengji.

从回归系数来看，中层 $x5$（家庭人均月收入）体育人口发生比与参照组（保障性收入）呈正向变化关系。在控制其他变量的条件下，家庭人均月收入每增加一个等级，体育人口发生比分别 1.631、1.210、2.266、1.569、2.627 和 1.462 倍，其中中层 $x5(5)$（高收入）体育人口发生比最高，中等收入等级体育人口居于次位，低收入位于第三位。从各收入级别的发生比来看，中层体育人口发生比并没

有呈现出预期的随着家庭人均月收入的增加而提高，以一种“波浪”依次往前变化。性别因素关于中层体育人口发生比的影响效果与中下层一致，男性较女性体育人口发生比较高。

四、影响福建省中上层体育人口形成因素的二项 Logistic 回归分析

表 4-25 显示了自变量筛选的过程和各自变量的回归系数检验结果，可以看出，最终进入回归方程的变量只有 $x2$(性别)这一因素。这一点与其他几个阶层的情况大有不同，而且也不符合常理。对此，笔者也深有疑惑。对于造成这种的现象的原因，笔者以为：(1)可能是由于数据的本身所具有的刚性所导致；(2)就本次调查的构成中上阶层样本可能存在比较大的差异。对此，笔者也无能为力，目前只能仅仅就数据而作分析。从回归系数来看，中上层关于性别因素对与体育人口发生比的影响与其他阶层是一致的。

表 4-25 中上层体育人口二项 Logistic 回归分析结果

变量	回归系数 β	Wald	Sig.	Exp(β)
$x2$	−0.843	40.816	0.000	0.430
Constant	22.045	0.000	1.000	59.036

a: Variable(s) entered on step 1: xingbie.

五、小结

1. 影响各阶层体育人口形成因素的二项 Logistic 回归分析结果显示：每天家务劳动时间和文化程度对下层体育人口的形成有显著影响；性别、职业、个人月均收入，文化程度对中下层体育人口的形成有显著影响；性别、家庭人均月收入对中层体育人口的形成有显著影响；中上层体育人口的影响因素比较特殊，唯有性别纳入回归方程。

2. 数据量化刚性的负面作用此时比较明显的表现出来，如果仅对数据作说明的话，性别因素的作用效用与其他几个阶层的性别因素作用方式没有差别。

第六节 福建省城镇各阶层体育人口的结构

各个阶层对社会资源的获取有着不同的利益诉求和客观需要。建设全面小

康社会要求构建的全民健身服务体系必然要求政府、社会将群众体育资源以一种合理、公平和科学的方式在全社会进行配置。了解和分析目前各个社会阶层中社会体育人口的分布及结构，研究其特征和规律，是探索构建面向不同阶层、不同群体的健身服务体系一个基础要求。

因此下面关于福建省城镇各阶层中体育人口的分布及结构的研究，剔除了上层和最下层这两个不大具有代表性的阶层，着重分析中上、中、中下以及下层四个阶层的体育人口的分布及结构。

一、福建省各阶层体育人口的分布情况

从表 4-26 得知，中上阶层的体育人口比例占到了该阶层有效调查样本总数的 16.6%，较全省城镇体育人口 13.2%的比例高了 3.4%；中层阶层的体育人口比例占到了该阶层有效调查样本总数的 14.2%，较全省城镇体育人口 13.2%的比例高了 1.0%；中下阶层的体育人口比例占到了该阶层有效调查样本总数的 11.4%，较全省城镇体育人口 13.2%的比例低了 1.8%；下层阶层的体育人口比例占到了该阶层有效调查样本总数的 9.5%，较全省城镇体育人口 13.2%的比例低了 3.7%。从数据分布的形态来看，随着阶层级别的上升，各阶层体育人口的比例呈递升趋势。

表 4-26　福建省城镇各阶层体育人口的分布

社会各阶层	体育人口数	比例(%)
中上层(N=2 063)	342	16.6
中层(N=1 922)	273	14.2
中下层(N－2 055)	235	11.4
下层(N=1 288)	123	9.5
总计(N=7 328)	973	13.3

利用多个独立样本差异方法检验各阶层体育人口的总体分布是否存在显著性差异(表 4-27)。从 Kruskal-Waillis H 检验的秩表可以看出，中上层的平均秩最高为 3 944.64，比起其他阶层的平均秩高出较多，预示着各阶层社会体育人口的分布存在显著差异，Chi-square 值 $x2$ 为 61.842，Asymp. Sig 近似概率 $P=0.000<0.01$，故应拒绝原假设，接受备假设，认为这四个阶层的体育人口的分布差异具有高度显著性。另外中位数检验以及 J-T 值概率均小于 0.01，与 Kruskal-Waillis H 检验结果一致，这里不做赘述。

表 4-27 Kruskal-Waillis H 检验的秩表

阶层分层	*N*	Mean Rank	
是否体育人口	中上层	2 051	3 944.64
	中层	1 910	3 853.86
	中下层	2 041	3 747.91
	下层	1 278	3 675.88
	总计	7 280	
	Chi-square	61.842	
	Asymp. Sig	0.000	

二、福建省各阶层体育人口的性别结构

表 4-28 显示了福建省城镇各阶层体育人口的性别结构，从数据形态分布情况可以看出：中上阶层男性体育人口的比例占到了该阶层的 71.9%，女性比例为 28.1%，体育人口性别比为 255.9；中层男性体育人口的比例占到了该阶层的 68.5%，女性比例为 31.5%，人口性别比为 217.5；中下阶层男性体育人口的比例占到了该阶层的 59.1%，女性比例为 40.9%，体育人口性别比 147.4；下层男性体育人口的比例占到了该阶层的 43.9%，女性比例为 56.1%，体育人口性别比为 78.3。中上阶层及中层体育人口性别比较全省城镇体育人口的性别比(177.8)分别高出了 78.1 和 39.7，中下层及下层体育人口性别比较全省城镇体育人口的性别比分别低了 30.4 和 99.5。由此可见，福建省城镇各阶层体育人口性别分布差异较大，表现出随着阶层等级降低，性别比逐步下降的趋势，其中中层这一阶层成为各阶层体育人口性别比高于或低于全省体育人口性别比的变化临界点，而只有下层阶层女性体育人口比例高于男性体育人口比例。

表 4-28 福建省城镇各阶层体育人口的性别分布

社会各阶层体育人口数	体育人口数		比例(%)	
	男	女	男	女
中上层(*N*=342)	246	96	71.9	28.1
中层(*N*=273)	187	86	68.5	31.5
中下层(*N*=235)	139	96	59.1	40.9
下层(*N*=123)	54	69	43.9	56.1

三、福建省各阶层体育人口的年龄结构

从表 4-29 可以看出，下层体育人口的比例集中在 51～65 岁这个年龄段中，三个年龄段的体育人口比例占到了下层总体育人口比例的 65%，由此可见，下

层体育人口的年龄结构偏向老年型。中下层体育人口的比例在各年龄段分布的较为平均，略呈橄榄状。中层体育人口的比例集中在21～50岁这个年龄段中，6个年龄段体育人口比例占到了中层总体育人口比例的83.3%，是典型的橄榄状，中上层体育人口的分布形态与中层相似，波峰起始于26岁，至50岁后逐渐下降，年龄结构呈成年的年轻型状态。

表4-29　福建省城镇各阶层体育人口的年龄分布表

年龄5岁组	各阶层体育人口比例(%)			
	下层	中下层	中层	中上层
16～20	0	3.4	0.7	0
21～25	5.7	8.9	17.2	7.0
26～30	2.4	7.7	17.2	12.9
31～35	4.9	7.7	13.6	18.4
36～40	4.1	9.8	19.0	15.8
41～45	7.3	11.4	11.0	20.2
46～50	4.1	11.1	10.3	16.1
51～55	24.4	10.2	5.5	5.8
56～60	26.8	9.4	4.4	2.6
61～65	13.8	13.6	1.1	0.6
66岁以上	6.5	6.8	0	0.6

四、小结

1.福建省城镇各阶层体育人口性别分布差异较大，表现出随着阶层等级降低，性别比逐步下降的趋势，其中中层阶层成为各阶层体育人口性别比高于或低于全省体育人口性别比的变化临界点，而只有下层阶层女性体育人口比例高于男性体育人口比例。

2.下层体育人口的年龄结构偏向老年型。中下层、中层以及中上层体育人口的分布形态大体相似，年龄结构呈成年的年轻型状态。

第七节　福建省城镇各阶层体育人口的体育行为特征

人们的体育锻炼行为不仅受到个体内部因素的影响，而且也受到人口统计学变量以及建立锻炼行为的外部条件的影响。从锻炼心理学的产生之日起，人们就开始研究人的锻炼行为如何受到环境的影响。锻炼心理学家不仅研究社会文化环境，而且研究经济文化因素对锻炼行为的影响。[①] 社会科学的大发展，为我们讨论人类锻炼行为及其效果提供了理论基础。社会分层作为一种社会现象是客观存在的，它受到人们的自然差别和社会差别的影响。其中，自然差别是指人们在自然生理形态上的差别，如性别、肤色、年龄等；社会差别是人们所处的社会地位上的差别。[②] 处于同一个社会阶层中的人们，在经济水平、文化教育程度、社会地位各个方面都比较相似，可以说他们属于同一个群体。社会心理学告诉我们，人们的行为选择倾向于同一属性的群体，不同群体之间由于认知的差距，则会存在不同程度的差异。

体育行为包括体育活动内容、体育活动场所、体育活动方式等，研究各阶层社会体育人口的体育行为的特征，探索各阶层之间的差异，有利于分析不同阶层体育人口主体内在需要，为构建满足不同阶层需求的健身服务体系提供理论指导。

一、福建省各阶层体育人口的体育活动内容特征

体育活动项目是体育活动的载体，其选择不仅受主体的兴趣爱好的影响，性别、年龄等生理因素也是主体间选择差异的重要因素。此外，社会经济地位、地理环境、地域文化传统也在很大程度上影响着其选择的趋向性。调查显示(表 4-30)：福建省城镇各阶层体育人口的活动项目选择呈多样化特征，长跑、登山、游泳、羽毛球、乒乓球、篮排足球类等依次为福建省城镇各阶层社会体育人口主要的选择活动项目。各阶层体育人口之间活动项目的选择并没有显示出阶层影响因素所导致的离散性，相反的呈现出较高的一致性。可见，随着现代化的逐

① 陈作松.锻炼心理学[M].北京：人民体育出版社，2008，19。

② 金盛华.社会心理学[M].北京：高等教育出版社，2005，130。

步实现，工业化和都市化进程的推进，人们越来越多集聚在城市的狭小空间，而越来越远离自然。在这一变化过程中，人类正在丧失自己的本性，异化着自身。而长走、跑步、登山、游泳等项目与阳光、空气、水密切相关，与大自然融合使人类回归自然的绿色需求和本能欲望则是各阶层社会体育人口的共同愿望。

表 4-30　福建省城镇各阶层体育人口体育活动项目选择(%)

	下层	排序	中下层	排序	中层	排序	中上层	排序
长走、跑步	54.5	1	57.0	1	63.9	1	62.5	1
登山	39.8	2	48.5	2	54.1	2	52.8	2
游泳	22.8	4	26.8	3	32.7	4	32.5	6
羽毛球	21.1	5	23.8	4	38.4	3	33.4	3
乒乓球	16.3	6	23.4	5	24.2	6	32.7	5
篮排足球类	10.6	8	22.1	6	27.5	5	32.8	4
体操	13.8	7	15.0	7	10.8	10	10.1	9
健身器活动	8.9	10	14.0	8	18.2	7	15.6	7
交际舞	10.6	8	13.6	9	11.2	9	6.8	11
气功太极拳	23.6	3	12.3	10	5.9	11	5.6	12
跳绳	10.6	8	11.5	11	10.8	10	13.9	8
地掷球	5.7	12	10.2	12	1.9	14	1.8	16
台球、保龄球	5.7	12	8.9	13	11.9	8	8.3	10
民间舞蹈	9.8	9	6.0	14	2.2	13	2.1	15
武术	6.5	11	4.7	15	4.5	12	3.6	13
网球	0.8	13	2.1	16	1.9	14	2.7	14
冰雪运动	0.8	13	0.4	17	0.7	15	0	17

二、福建省各阶层体育人口的体育活动场所特征

体育活动场所是开展体育活动所必备的的物质条件。各阶层体育人口体育活动场所的选择受到场地资源总量、个人锻炼习惯以及场地资源的可获取、便利性等因素影响。调查显示(表 4-31)：中下层和中层体育人口活动场所选择前三位依次为公共体育场馆、公园广场和单位体育设施；自家庭院和住宅小区空地是这两个阶层的第四和第五选择对象。下层体育人口与这两个阶层略有不同，公共体育场馆和公园广场并列第一位，住宅小区空地和自家庭院分列第二、第三位；单位体育设施、公共体育场馆、公园广场以及收费体育场馆在中上层体育人口活动场所选择排序中位列前四。

表 4-31 福建省城镇体育人口体育活动场所选择(%)

	下层	排序	中下层	排序	中层	排序	中上层	排序
公共体育场馆	45.0	1	54.1	1	51.3	1	46.0	2
公园广场	45.0	1	45.9	2	36.3	2	28.0	3
单位体育设施	20.0	4	29.5	3	33.3	3	55.5	1
自家庭院	25.0	3	20.5	4	15.0	6	14.2	6
住宅小区空地	35.0	2	18.9	5	18.9	4	14.5	5
树林等空地	5.1	5	8.2	7	11.2	7	13.0	7
收费体育场馆	5.0	6	11.5	6	17.9	5	23.7	4
场院	0	7	3.3	8	3.4	9	2.4	9
其他	0	7	1.6	9	3.9	8	4.7	8

总体上来看,各阶层体育人口体育活动场所的选择性并没有明显的差异。体育活动所特有的趣味性、实践性、交往性、互动性等特点,以及体育人口参与体育活动所具有鲜明的持续化、组织化特征,由此使得各阶层体育人口对体育活动场所的选择偏重于公共性。同时,近几年来,福建省政府不断加大公共体育场馆建设的财政支出,加大体育彩票公益金中群众体育设施建设力度,社会体育场地公共资源从数量和质量上的增加,也是福建省城镇各阶层社会体育人口偏向选择公共场所的一个不可或缺的重要因素。

但是,收费体育场馆在各阶层体育人口中的选择比例及排序随着阶层级别的上升而逐渐增高的现象也值得我们关注。对不同阶层体育人口选择收费体育场馆的分布进行比较分析,对其作差异检验。结果显示(表 4-32):不同阶层体育人口选择收费体育场馆的平均秩有较大的差距,最低的平均秩为 1 788.09,最高的达到 2 047.74。K-W 检验统计量为 72.945,概率 P 值为 0,不同阶层体育人口选择收费体育的场馆参与体育活动的分布存在显著差异。不同的阶层序次代表着不同的社会经济地位,显然,高阶层的体育人口的经济实力,高阶层所占据的社会位置所形成的体育资源的可获取性以及到收费体育场馆消费的阶层地位的象征意义都是形成该现象的深层次的原因。

表 4-32 不同阶层体育人口收费体育场馆选择的 Kruskal-Waillis 检验结果

阶层分层	N	Mean Rank	收费的体育场馆
下层	553	1 788.09	
中下层	968	1 923.42	
中层	1 087	2 047.74	
中上层	1 347	2 038.91	
Chi-square			72.945
df			3
Asymp. Sig.			0.000

三、福建省各阶层体育人口的体育活动方式特征

调查显示(表 4-33):福建省各阶层体育人口体育活动方式大体上相同,呈现出组织化程度水平较低的特征。与朋友同事一起锻炼,个人锻炼以较高的比例分别高居各阶层体育人口的第一和第二位,参加单位组织的活动排在第三位,显示了"单位体育"在福建省体育人口发展中的重要地位和贡献作用。但不可忽视的是,无论是下层、中下层还是上层、中上层的社会体育人口,参加社区内组织的活动和体育辅导站、俱乐部锻炼组织化程度都处于较低的水平。这一结果不仅表征着福建省城镇社区体育活动的开展、社区体育组织和各种体育辅导站及体育社团的建设处于较低水平的状态,与各阶层体育人口的体育需求存在较大的差距。同时这一状况与特征也深刻昭示着,基于中国传统文化和社会政治背景下,体育社团组织还一直惯性地传承着传统文化的特质,在实际的组织和管理过程中不仅对体育社团的性质与功能不够明确,而且在许多方面依然依赖于政府、寻求着政府的庇护,包含着其明显的"官民二重性",难以体现出其自治性的特征,由此也就难以发挥出其在现代社会体育发展中的应有功能。当然,政府缺乏对体育社团的宏观调控和管理,一些体育社团名存实亡、自生自灭也是影响我省各阶层社会体育人口组织化程度水平较低的一个深层次原因。

表 4-33　福建省城镇体育人口体育活动方式特征(%)

	与朋友同事一起锻炼	个人锻炼	参加单位组织的锻炼	与家人一起锻炼	参与社区内组织的活动	体育辅导站、俱乐部锻炼
下层	70.7	51.2	31.7	28.5	34.1	6.5
排序	1	2	4	5	3	6
中下层	70.9	60.3	32.5	29.5	23.9	10.3
排序	1	2	3	4	5	6
中层	72.1	62.5	45.4	32.3	13.0	9.7
排序	1	2	3	4	5	6
中上层	75.1	63.5	50.0	35.8	9.8	9.2
排序	1	2	3	4	5	6

四、小结

1. 福建省城镇各阶层体育人口的活动项目选择呈多样化特征,长跑、登山、游泳、羽毛球、乒乓球、篮排足球类等依次为福建省城镇各阶层体育人口主要的选择活动项目。经济实惠、简便易行、悠闲放松的长走、跑步与登山户外运动受

到福建省各阶层体育人口的青睐。各阶层体育人口之间活动项目的选择并没有显示出阶层影响因素所导致的离散性，相反，呈现出较高的一致性。

2. 从总体上来看，各阶层体育人口体育活动场所的选择性并没有明显的差异。但是，收费体育场馆在各阶层体育人口中的选择比例及排序，有随着阶层级别的上升而逐渐增高的趋势。差异检验结果显示：不同阶层社会体育人口选择收费体育的场馆参与体育活动的分布存在显著差异。福建省城镇各阶层体育人口体育活动方式大体上相同，呈现出组织化程度水平较低的特征。

第八节　福建省城镇各阶层体育人口参与体育活动的动机特征

动机（motivation）由拉丁语“movere”演变而来，原来的意思是引起动作。凡“能引起、维持一个人的活动，并将该活动导向某一目标，以满足个体某种需要的念头、愿望、理想等”都可以称之为动机。[①] 动机和行为既可以由内在需要引起，也可以由外在环境因素引起，但往往是两者共同影响的结果。

一、福建省各阶层体育人口参与体育活动的内在动机

调查结果显示（表 4-34）：下层和中下层体育人口参与体育活动内在动机排列前 5 位分别是：为了增强体力和健康、为了散心解闷与消遣娱乐、为了精神情绪的修养和改善、为了提高运动能力、为了和朋友及同伴的交流；中层体育人口参与体育活动内在动机选择与前两个阶层略有不同，为了美容、减肥、健美体形替代为了散心解闷与消遣娱乐位列第四位，其他动机选择排序则一致；中上层体育人口参与体育活动内在动机的选择依次排列的是：为了增强体力和健康、为了精神情绪的修养和改善、为了提高运动能力、为了散心解闷与消遣娱乐、为了和朋友及同伴的交流，选择内容相同，只是内在动机在该阶层的排序与其他阶层略有不同。

① 祝培里. 体育心理学[M]. 北京：人民体育出版社，2000，176。

表 4-34　福建省城镇各阶层体育人口参与体育活动内在动机

	下层(%)	排序	中下层(%)	排序	中层(%)	排序	中上层(%)	排序
为了增强体力和健康	33.1	1	31.7	1	26.8	1	26.4	1
为了散心解闷、消遣娱乐	13.8	2	9.3	3	7.9	6	9.7	4
为了提高运动能力	12.2	3	15.5	2	14.1	2	13.0	3
为了精神情绪的修养和改善	8.9	5	9.0	5	11.2	3	13.4	2
为了和朋友、同伴的交流	9.1	4	9.2	4	8.0	5	9.0	5
在学生时代就喜爱运动	6.9	6	6.3	7	7.9	6	8.5	6
为了美容、减肥、健美体形	6.6	7	6.8	6	8.6	4	6.1	8
感到运动不足	3.8	8	4.2	9	6.7	7	6.3	7
为了增加社会交往	3.1	9	4.4	8	4.0	8	3.4	10
陪伴子女参加	1.6	10	1.7	11	3.3	9	3.5	9
因为体弱多病	0.6	11	1.8	10	1.2	10	0.5	11
其他理由	0.3	12	0.3	12	0.2	11	0.3	12

总的来说，在体育活动内在动机的选择上，福建省城镇各阶层体育人口趋向多元化格局。城镇各阶层体育人口参与体育活动内在动机大体相同，不仅表现为强烈而稳定的健身动机，而且精神情绪的改善、消遣娱乐、社会交往也成为他们的重要选择。由此，人类健康标准的含义，人类追求健康永恒的主题在此得到完美的诠释。体育运动所蕴涵的丰厚的人文特质和社会功能得到各阶层社会体育人口的普遍认知，显示了体育运动不仅可以满足人体的生理机能的需要，成为养精蓄锐的重要途径，更是一种主体精神情愫追求和目的意义实现的载体。在身体被支配性的制度所奴役、所湮灭的现代社会现实背景下，它不仅能为陷入文化危机的人类找到一个安宁的精神家园，更能使陷入现代生活冲突与困境的各阶层人们寻找到归属感。但在动机的各项选择率在阶层维度上变动的一个明显特征为：强身健体动机的选择率随着阶层的上升而下降，而精神情绪的改善的选择率则随着阶层的上升而上升，其他几个动机的选择率在阶层维度上起伏并无规律可循。

二、福建省各阶层体育人口参与体育活动的外在动因

调查结果显示(表 4-35)：福建省各阶层体育人口参与体育活动外在动因主要为：参加单位体育活动、在学校期间对体育爱好、受媒介传媒的影响、受同事或朋友的影响、受家庭成员的影响、看体育读物的影响等。其中，下层体育人口的外在动因排序与中下层、中层、中上层体育人口的外在动因略有不同，但其主要

选择项目内容则是一致的。各阶层之间体育人口参与体育活动的外在动因，并没有表现出离散的分布形态。但是在个别外在动因维度上，如“在学校期间对体育的爱好”、“受同事或朋友的影响”外在动因的选择率在随着阶层上升而上升，“说不清楚”选择率则随着阶层的上升而下降。

表 4-35 福建省城镇各阶层体育人口参与体育活动外在动因

	下层（%）	排序	中下层（%）	排序	中层（%）	排序	中上层（%）	排序
参加单位体育活动	24.9	1	20.5	2	18.1	2	20.1	2
在学校期间对体育爱好	18.4	2	20.7	1	26.8	1	28.3	1
受媒介传媒的影响	15.9	3	13.4	4	13.5	4	14.2	4
受同事或朋友的影响	13.9	4	17.9	3	16.8	3	18.8	3
说不清楚	10.0	5	9.3	5	7.9	5	6.9	5
受家庭成员的影响	7.0	6	7.1	7	7.1	6	6.0	6
看体育读物的影响	7.0	6	7.8	6	6.0	7	6.0	6
受体育明星及名人影响	3.0	7	3.3	8	4.6	8	3.5	7

可见，个体的成长历程、个体的工作环境、个体的人际关系是影响福建省城镇各阶层体育人口参与体育活动的首要外部因素。这一结果与我们以上一些调查结果（活动场所、活动组织化）存在一致性和吻合性。此外，大众媒介传媒和体育明星的影响效应对福建省各阶层社会体育人口参与体育活动的动因也起到一定的推动作用。在人类迈向 21 世纪的今天，高度发达的大众媒介作为社会信息交流的一种重要工具，堪称现代社会的一大奇迹，它不仅以速度、规模惊人的信息流席卷世界，造成奇妙的“地球村”景观，而且以广度、深度和空前的“情感流”、“影响流”渗透人心，产生全新的“媒介文化”现象。特别是自 2001 年 7 月 13 日北京获得第 29 届奥林匹克运动会主办权以来，奥运媒介对中国人体育意识和体育行为的影响更是变得前所未有的重大和深刻。

三、小结

1. 福建省城镇各阶层体育人口参与体育活动内在动机大体相同，不仅表现为强烈而稳定的健身动机，而且精神情绪的改善、消遣娱乐、社会交往也成为他们的重要选择。动机的各项选择率在阶层维度上变动的一个明显特征为：强身健体动机的选择率随着阶层的上升而下降，而精神情绪的改善的选择率则随着阶层的上升而上升，其他几个动机的选择率在阶层维度上起伏并无规律可循。

2. 福建省各阶层体育人口参与体育活动外在动因主要为：参加单位体育活

动、在学校期间对体育爱好、受媒介传媒的影响、受同事或朋友的影响、受家庭成员的影响、看体育读物的影响等。其中，下层体育人口的外在动因排序与中下层、中层、中上层体育人口的外在动因略有不同，但其主要选择项目内容则是一致的。各阶层之间体育人口参与体育活动的外在动因，并没有表现出离散的分布形态。但是在个别外在动因维度上，如"在学校期间对体育的爱好"、"受同事或朋友的影响"外在动因的选择率随着阶层上升而上升，"说不清楚"选择率则随着阶层的上升而下降。

第九节　福建省城镇体育人口结构性增长的对策

一、兼顾公平与效率，合理配置社会体育资源

随着社会阶层体系日益成熟，福建省社会体育分层结构已经逐渐形成，各阶层参与体育的形式表现出诸多不同，包括运动项目、场地选择、体育价值、组织形式等。社会体育表现出的层次性符合我国及我省社会体育良性发展的趋势，对福建省体育社会化、产业化的早日形成具有引导作用，给福建省广大体育产品和服务供应商带来了机遇和挑战。但是，我国社会分层体系的形成本身存在一定的不合理因素，如当年通过工农业产品价格剪刀差，造成了农村农民的贫困。这样，基于不完全合理的社会分层体系之上的体育分层，自然也不尽合理。然而，社会体育资源尤其在当代中国现状中，具有很强的社会福利的性质，对社会体育资源及其机会的占有与人民大众的生活质量、生存状态息息相关。而许多处在较低层次的人们，他们的社会地位不是个人过错所致，而是缘于社会转型或社会结构性的因素。因此，在尊重社会运行规律和市场机制的同时，应当将天平偏向于数量巨大的处在弱势地位的部分阶层群体，从而兼顾公平与效率，维护社会正义和稳定。

二、构建多层次的体育需求体系，满足不同阶层的体育文化需求

各社会阶层拥有自己的阶层亚文化。这一文化因素是社会结构与人的行为的中介因素，在体育分层领域大致形成精英、优雅、休闲、市民、落寞五大阶层文化，分别对应着精英体育、中产体育、大众体育、基本体育、体育匮乏五种体育类

型。由此,针对五个阶层文化和相对应五种体育类型的不同属性,建立一个"两头小、中间大"橄榄形社会体育阶层需求结构体系。一方面,根据社会精英高层次和中产体育较高层次体育文化需求的需要,充分发挥市场作用,积极鼓励民间和境外资本投资体育产业,适当发展一些高消费、高层次体育运动项目,以满足这些特定人群的需要,并以此推动体育产业的发展。另一方面,坚持以人为本,努力满足广大人民群众日益增长的多元化、多层次的体育需求,不断加大城乡居民基本体育服务投入,广泛开展群众喜闻乐见的运动项目,以满足大众体育、基本体育、体育匮乏阶层的体育文化需求。

三、以下层中青年人群为突破口,有效提高底层体育人口比例

福建省城镇底层社会体育人口的年龄结构偏向于老年型,中青年人群在该阶层中的比例较其他阶层的比例来的更低。因此作为具有公益属性的群众体育,在构建和谐社会主义社会的主旋律下,应当保障弱势群体享受基本体育公共服务的权利。利用福建省体育彩票发行优势,加强我省体育彩票公益金以及公共财政支出,以政府为体育公共服务主体,引导社会力量,吸引社会资金,鼓励企业赞助,发展相应社团以及志愿组织,依托社区和单位,面向较低阶层加大体育场地设施的投资力度,开展形式多样的群众性体育活动,为他们提供优质的体育公共服务,以中青年人群为突破口,从而提高较低阶层体育人口比例。

四、提高女性体育人口比例,消除体育人口在性别结构上的差异

有关体育主管部门应牢固树立男女体育权利平等的工作理念,不仅要在法律法规上予以权利平等的规定,最重要的是在全面健身服务体系实施过程中,抓权利、机会平等的落实。首先,要在大、中、小学校体育教育过程中,加强终身体育思想的灌输和落实,使多数受教育女性在离开学校时能形成正确的体育价值观,培养良好的体育锻炼习惯。其次,要在全省加强女性体育组织的建设,各企事业单位有条件的成立女性喜闻乐见的体育协会。加大女性群体活动的资金投入,定期开展活动。最后,在实施《全民健身计划纲要》时,应把女性参与体育作为一个重点对象,建议加强宣传,积极培养女性社会体育指导员,引导更多的女性参与体育,从根本上消除体育人口的性别差异,为我省体育人口的性别结构的均衡作出贡献。

第五章　新农村建设进程中福建省农村体育人口特征

第一节　社会主义新农村建设的时代背景与意义

一、我国关于建设社会主义新农村的历史回顾

建设社会主义新农村是中央从贯彻落实科学发展观、构建社会主义和谐社会的全局出发作出的一项重大战略部署，是统领新时期“三农”工作的一个重大战略举措。建设社会主义新农村不是一个新概念，20 世纪 50 年代，我国在全面建设社会主义制度、加快推进社会主义工业化的背景下，国民经济发展“二五”、“三五”计划中都提出“建设社会主义农村”的任务，强调要在农村建立起社会主义制度，促进农业生产力发展，满足城乡居民生活和城市工业化对农产品的需求。20 世纪 80 年代，我国在政治上拨乱反正、经济上确立“生产力标准”的基础上，为了促进生产力发展，从农村开始全面推行改革开放，在这种背景下，1982 年、1983 年、1984 年的三个中央 1 号文件和 1987 年的中央 5 号文件中都提出“建设社会主义新农村”的任务，强调要在农村实行以家庭联产承包经营为基础、统分结合的双层经营体制，促进农业生产力发展，解决农民温饱问题，为全社会提供充裕的农产品供给。20 世纪 90 年代，我国在改革开放向纵深推进、建立社会主义市场经济体制、推动工业化加快发展的背景下，1991 年的中央 21 号文件(十三届八中全会《决定》)又提出“建设社会主义新农村”的任务，强调要进一步完善农村基本经营制度，发展农业生产力、乡镇企业、小城镇，促进农民生活由温饱向小康的跨越，并从智力支持和根本保证角度强调加强农村精神文明和基层组织建设。总的来看，以往“建设社会主义新农村”是工业化初期阶段和城乡分割体制下，以生产、生活和经济发展为主要内容，依靠变革农村生产关系、调动和

发挥农民群众的积极性和自身力量来推进的。同时，农村发展也为我国现代化的整体发展作出了很大贡献。1954—1978 年，国家对农业采取不等价交换方式取得的资金约 5 100 亿元，税收 978 亿元，国家对农村支出 1 577 亿元，净抽取约 4 500 亿元，平均每年 155 亿支持工业化建设。1979—2000 年，国家通过农产品剪刀差、农村储蓄政策性流失、土地资源直接收益流失、劳动力价值流失、不合理税费负担及各种摊派，农村付出近 8 万亿元。进入 21 世纪以来，通过经营土地的低价收购、高价卖出，各级政府又从农民手中拿走了 8 000 万亩土地。

经过 30 多年的改革开放，我国实现了从贫穷到温饱再到总体小康的历史性跨越，建立了社会主义市场经济体制的总体框架，进入了全面建设小康社会、加快推进社会主义现代化的新的发展阶段。正是基于这一新的时代背景，党的十六届五中全会提出的“建设社会主义新农村”，其内涵有了很大的拓展，全面涵盖了经济建设、政治建设、文化建设、社会建设和党建设各方面的内容，全面体现了科学发展观的要求和社会现代化的方向。实际上，现阶段建设社会主义新农村是工业化中期阶段，实施统筹城乡发展方略，实行工业反哺农业、城市支持农村的方针，是从根本上解决“三农”问题的重大战略举措。

二、社会主义新农村建设的时代背景

（一）“以工促农，以城带乡”发展阶段的新课题

任何一项战略任务都是在特定的历史条件下提出的，新农村建设同样如此。其一，从社会发展规律和国际经验来看，工业反哺农业，是对工业化发展到一个阶段后的工农关系、城乡关系变化特征的一种概括。这里的工业泛指非农业部门和城市，而农业则涵盖“三农”。工业反哺农业是指从用农业积累支持工业，转向加强对农业的扶持和保护。一般讲，在工业化发展初期，农业在国民经济中居主导地位，为了创造更多的物质财富，提高整个国民经济的发展水平和人民的生活质量水平，要用农业积累支持工业发展；当工业化发展到一定阶段，工业已取代农业而成为国民经济的主导产业时，为了使工农业协调发展，此时必须加强对农业的扶持。实行由农业哺育工业到工业反哺农业的政策转变，这是世界多数国家普遍的做法。① 例如，日本在“二战”前处于以农养工阶段，从 20 世纪 50 年代末、60 年代初转向工业反哺农业阶段。韩国在 20 世纪 60 年代中期以前还从农业部门抽取工业化资本，自 60 年代末开始转向保护农业。许多国家的经验表

① 李剑阁. 中国新农村建设调查[M]. 上海：上海远东出版社，2007，3。

明，当工业化、城市化进程加速，国民经济发展到工业对农业反哺时期时，如果及时加强农业、反哺农业，整个国民经济就会协调发展，顺利实现工业化、现代化。其二，从我国社会发展的实际情况来看，长期以来，我国经济落后，工业基础薄弱，国家建设资金主要用于发展工业和城市，农业部门为国家工业化提供了巨额的资金。这种向工业和城市倾斜的政策延续时间过长，加剧了城乡之间过大的差距。目前，我国已进入工业化中期阶段，国民经济的主导产业由农业转变为非农产业，经济增长的动力主要来自非农业。2005 年，非农产业占 GDP 比重的 87.6%，城市化水平进入 21 世纪以来年均提高 1 个百分点以上，2005 年达到 43%，进入了快速发展时期。实行工业反哺农业，不仅与我国工业化所处的发展阶段有关，而且是由于我国农村和农村发展所具有的特殊性、复杂性决定的。我国农业劳动生产率低，农业仍然是国民经济中承受风险最大的弱质产业。农民生活水平明显低于城镇居民，农村教育、科技、文化、卫生等事业的发展水平也明显落后于城市。因此，社会主义新农村建设的提出将为处理好对“三农”取与予的关系，改变农业和农村在资源配置和国民收入分配中的不利地位提供了条件。

（二）逐步扭转城乡收入差距扩大趋势的具体举措

中国实现经济社会的可持续发展会面临很多的难题，但缩小城乡收入差距，最终实现城乡共同富裕，将是“难中之题”。改革开放以来，我国城乡居民收入都得到较大幅度的增长，1978—2005 年，城镇居民收入从 343 元提高到 10 493 元，农村居民收入从 134 元提高到 3 255 元。城乡居民收入存在一定的差距，是各国工业化进程中共同存在的现象。但我国城乡居民收入差距明显偏大，到 2005 年，城乡居民收入差距之比已由 1978 年 2.57∶1 扩大到 3.22∶1，2006 年为 3.24∶1，这是改革开放以来我国城乡差距之比的最高值。我国城乡差距悬殊，既有政策的影响，更有体制的原因。长期实行城乡分割的二元结构体制，加剧了城乡结构的失衡，使城乡差别制度化。同时，随着近些年来我国农村工业化、城镇化步伐加快，虽然农业、农村经济得到长足的发展，农民收入增幅得到一定程度提高，但农业也随之面临资源短缺、生态环境脆弱和市场约束、体制障碍等严重问题，成为三大产业中效益最低的产业、国民经济发展中最薄弱的环节。一个很难解决又必须解决的问题摆在我国政府的面前，如果任其发展，将直接严重地影响国民经济平稳较快发展，影响全面小康社会和现代化建设的顺利发展，影响和谐社会建设。因此，推行社会主义新农村建设，逐步建立起适合我国国情的支持农业的政策体系，不仅是缩小城乡居民收入水平、构建和谐社会、全面建设小康社会的客观需要和迫切要求，而且是解决当前经济社会发展突出矛盾和问题的应对之策，是保持国民经济平稳较快发展的长久之计。

(三)"三农"理论的拓展与完善

结合农村实际不断进行理论创新,是农村改革与发展取得成功的一条重要经验。改革开放之初,总结农村家庭承包经营责任制而形成的双层经营理论,突破了人民公社体制,调动了农民的生产积极性,极大地解放和发展了农村生产力。在我国农业以及整个国民经济发展进入新阶段后,为了摆脱城乡二元结构的束缚,提出了一系列战略性结构调整的构想,推动农业不断向广度和深度进军,带来了农村经济的大发展。历史证明,实践基础上的理论创新是社会发展和变革的先导,每一次理论的大突破都带来实践的大发展。实践无止境,理论创新也无止境。在全面建设小康社会的新形势下,解决好"三农"问题,仍然离不开理论创新。

随着经济社会发展的阶段性变化,党对"三农"问题的认识也在与时俱进地日益深化,党中央在解决"三农"问题和处理工农关系、城乡关系上提出一系列的新思想、新论断、新举措。党的"十六大"报告第一次明确提出,"统筹城乡经济社会发展,建设现代农业,发展农村经济增加农民收入,是全面建设小康社会的重大任务"。党的十六届三中全会首次明确提出了坚持以人为本,全面、协调、可持续的科学发展观并具体化为"五大统筹"。党的十六届四中全会上,胡锦涛总书记提出"两个趋向"的观点。2004 年底的中央经济工作会议上,胡锦涛总书记进一步指出,之所以提出"两个趋向"是因为我国在总体上已经到了"以工促农、以城带乡"的发展阶段。2005 年 3 月,温总理在政府工作报告中了明确提出,"要适应经济社会发展新阶段的要求,实施工业反哺农业、城市支持农村的方针"。可见,到十六届五中全会召开之前,党中央已经根据经济社会发展的阶段性变化,为阐述提出建设社会主义新农村这一历史的重要性和必然性,从理论基础到思想认识作了层层铺垫,这一重大历史任务的提出具有必然性,也是对马克思主义经典理论和党的三代领导核心一贯高度重视"三农"思想的继承和创新,是对社会主义新农村建设理论和政策的集成、完善和发展。

(四)发达现代化国家农村建设丰富的经验教训与启示

无论欧洲,还是日本、韩国等国家和地区,在工业化、城市化进程中都有一个新农村建设的过程,而且有着各自的特点。韩国农村建设经历了新农村运动到农村地区综合开发再到农村定居生活圈开发三个阶段。起初"新农村运动"很大程度上是靠政府援助的,不太具有可持续性,随之开展了农村地区综合开发战略,其出发点是提高农业生产力,增加农民收入,解决工业化过程中出现的一系列经济、社会问题。其落脚点就是改善农村生活环境,推动农村基础建设,稳定农村社会。韩国政府在新农村建设中不仅是强有力的组织者，而且是直接的参与者。他们以国家投资为主导，实施了一系列的地区开发项目，带动农民改变农村面貌、建设新农村，对我们颇有启发。发达的现代化国家农村建设有着丰富的经验教训，这是我国推进社会主义新农村建设的重要参考。

三、社会主义新农村建设的意义

（一）建设社会主义新农村是全面建设小康社会的重大举措

十六届五中全会通过的“中共中央关于制定国民经济和社会发展第十一个五年规划的建议”指出：“实现全面建设小康社会目标的难点和关键在农村，建设社会主义新农村，体现了农村全面发展的要求，也是巩固和加强农业基础地位、全面建设小康社会的重大举措”。为什么说实现全面建设小康社会目标的难点和关键在农村？20 世纪 90 年代初，农业部、教育部等 12 个部委，提出了小康生活应该满足的 16 项指标。城市居民基本都达到了小康生活要求的 16 项指标，但农民还有三项指标没有达到。第一，农民的人均纯收入没有达到 1 200 元。小康生活的 16 项指标体系规定，按 1990 年不变价格计算，到 2000 年人均纯收入达到 1 200 元，但实际上农民的实际人均纯收入只有 1 034 元。小康生活体系中最重要的指标是人均纯收入，这个最重要的指标没有达到，就不能说全国实现了小康。第二，农民初级医疗保障体系没有建立起来。农村初级医疗保障建立不起来，就意味着农民小病没地方看，大病没钱看。调查显示，城市居民和农民最后死的地方不一样，城市人绝大多数是死在医院里，而 70％～80％的中西部农民死在自己家里。这里面有风俗习惯的因素，更重要的是农民没钱治疗重大疾病。另外，城镇居民和农民孩子的出生地也不同，城市的孩子都是出生在医院，而农民的孩子有 35％是出生在自己家里。农民初级医疗体系建立不起来，就不能说他们的生活进入小康社会。第三，农民人均蛋白质摄入量不足 75 克。小康生活要求每人每天摄入的蛋白质不能少于 75 克。实际上这不是一个要求很高的指标，吃两个鸡蛋就可以吸收 75 克蛋白质。每人每天吸收 75 克蛋白质的目的就是为了保证每人每天摄入的热量不少于 3 000 大卡，让农民有足够的热量保证身体健康，符合小康生活的要求。现在农民每天摄入的蛋白质是 65 克多一点，还差约 10 克蛋白质。小康生活 16 项指标中，农民还有这三项没有实现，因而我们就不能说农民真正地完全地实现了小康生活水准。到 2005 年末，按年人均纯收入低于 683 元为贫困人口的标准计算，农村贫困人口为 2 365 万人；按年人均纯收入 684～944 元为低收入的标准计算，农村低收入人口为 4 067

万人，以上两项加起来就是 6 432 万人。另外全国还有 2 000 多万人，随时可能因疾病、天灾、子女教育等原因从小康、温饱返贫。我们全面建设小康社会的起步点在城市和郊区，落脚点在农村，全国建设小康社会的重点和难点在农村。

（二）建设社会主义新农村是解决“三农”问题及构建和谐社会的重要环节

“三农”问题是说：“农村真穷，农民真苦，农业真危险。”大多学者认为“三农”问题是农民收入增长相对缓慢的问题。1978—1984 年，由于推行家庭联产承包责任制，连续六年农民平均每年收入增长达到 16.5%，城乡的收入差距之比，1978 年是 2.57∶1，1984 年降到 1.86∶1。那时候，农民沐浴在改革的春风里，我们没有感觉到农村穷，农民也没有认为自己苦，反而很幸福。但 1998 年以后，城市居民人均可支配收入每年增长 8.6%，而农民人均纯收入每年实际增长只有 4.3%。城乡的收入差距之比拉大，到 2003 年增加到 3.23∶1，2004 年有所降低，是 3.21∶1，但 2005 年又变成了 3.22∶1。城镇居民人均可支配收入 10 493元，而农村居民人均纯收入为 3 255 元。农民的收入相对城市增长缓慢，城乡收入差距在进一步扩大。

自从我国改革从农村转向城市，国家把大部分基础设施投资投向城市，现在的城市显得富丽堂皇，但农村的各种基础设施建设严重滞后，大多数农村还是显得脏乱差。社会要和谐，收入差距就不应该太大。城市居民人均可支配收入达到 4 000 美元，农村达到 3 000 美元，这样才是和谐。到 2020 年，如果不进一步缩小城乡差距，即使经济上全面建成小康社会，我们却很难建成和谐社会。建设社会主义新农村也是构建社会主义和谐社会的重要环节。

（三）建设社会主义新农村是实现国民经济良性循环的必然要求

改革开放以来，我国经济经历 30 多年的高速增长，平均每年增长 9.4%，2009 年经济增长 8.7%。到 2020 年，我国全面建成小康社会，国民收入比 2000 年翻两番，意味着每年经济增长将达到 7.18%以上，连续 40 年达到 7%以上的经济增长水平，意味着我们这样一个人口大国，将创造经济连续增长的世界奇迹。但事实上，拉动经济增长这辆马车的是两匹骏马和一匹瘦驴，进出口增长最快，其次是投资拉动经济增长，消费对经济增长的拉动速度最慢。进出口的增长使我国和国际的贸易摩擦不断增多；投资增长带来了严重的生产过剩；消费增长相对缓慢，城市消费市场已经饱和，最大的农村消费市场在萎缩，县以下在国民消费总额中的比重在下降。我国有广大的农村市场，有 2.5 亿农户，有 74 544 万的农民。如果农民富裕了，可以把城市生产的工业产品消费掉，城市就可以维持再生产，甚至实现扩大再生产。如果农民穷或是没有使用工业品的配套设施，他就不会消费工业产品，城市的企业就不可能实现扩大再生产，甚至不可能维持简单再生产，城市的工人就有可能失业。有经济学家说的话既通俗又易懂，他说："城市工人失业，是因为农民太穷。"农民富裕了，内需扩大了，城市居民的失业人数会减少，同时还会为农村剩余劳动力的转移创造机会，国民经济就会进入良性循环。

四、建设社会主义新农村的目标和内涵

（一）建设社会主义新农村的目标

社会主义新农村建设是一个综合性、系统化的目标体系，是一个庞大的系统工程，需要进行全方位的把握，党的十六届五中全会通过的《中共中央关于制定国民经济和社会发展第十一个五年规划的建议》指出，要按照生产发展、生活宽裕、乡风文明、村容整洁、管理民主的要求，坚持从各地实际出发，尊重农民意愿，扎实稳步推进新农村建设。这里的"生产发展、生活宽裕、乡风文明、村容整洁、管理民主"20个字，阐明了建设社会主义新农村的目标和任务，概括了社会主义新农村的基本内涵，展现了具有时代特点的新型农村形态，描绘出了一幅新农村的美好蓝图。这20个字包含的内容涉及农村政治、经济、文化、社会管理等方方面面。生产发展为新农村各方面的发展提供物质条件，生活宽裕是新农村各方面发展的最终目的，乡风文明为新农村的各方面发展提供支持，村容整洁为新农村的各方面发展提供良好环境，管理民主为新农村的各方面发展提供政治保障。可见，社会主义新农村及其建设包含着丰富的内涵，具体来说，包括下述几个基本方面。

（二）建设社会主义新农村的内涵

1. 生产发展——新农村建设的物质基础

新农村建设的生产发展是指以科学发展观统领农业和农村经济发展全局，促进农业和农村经济健康发展，城乡经济社会协调发展，从而为增强农业、繁荣农村、富裕农民打下坚实的物质基础。这里的生产不仅应包括农业生产，而且应包括工业等农村非农产业生产经营活动，是农村经济活动的总称。主要是指在推进农业和农村经济结构调整中，农业生产尤其是粮食生产要稳步发展，做到粮食增产、农业增效、农民增收和绿色生态环保几方面的统一。农业产业化、现代化、市场化、信息化水平不断提高，农村第二、第三产业逐步扩大。生产发展是建设社会主义新农村必要的物质基础。生产发展是建设新农村的基本前提，只有

生产发展，才能为建设新农村、提高广大农民的物质生活和文化生活水平，为农村各项事业的全面发展奠定坚实的物质基础。否则，新农村建设就成了无源之水。

2.生活宽裕——新农村建设的根本目的

建设社会主义新农村，核心目标就是采取有效措施，千方百计增加农民收入，提高农民的生活水平，使广大农民切实享受到经济发展和改革的成果，逐步享受到与城市居民差距不大的公共服务。因此，这里的生活宽裕主要是指在生产发展的基础上，农民的收入逐步提高，衣食住行条件不断改善，生活水平和生活质量明显上升，生活条件更好，城乡差别缩小。这意味着在加快经济发展的同时，农村教育、文化、医疗、社会保障、基础设施等社会事业也将进入加速发展时期，城乡差距有望逐步得到缩小，生活宽裕的农民必将享受全面建设小康社会所带来的成果。

3.乡风文明——新农村建设的灵魂

乡风文明指的是农村文化的一种状态，是一种有别于城市文化，也有别于以往农村传统文化的一种新型的乡村文化，它是社会主义新农村建设的灵魂。就是要不断提高农民的思想、文化、道德水平，重建农村精神家园，丰富农村文化生活，形成崇尚文明、崇尚科学、健康向上的社会风气，培养高素质的、推进社会主义新农村建设的新型农民。其本质是推进农民的知识化、文明化、现代化，实现农民的全面发展。社会主义新农村需要有新农民，建设新农村和培养新农民是一个过程的两个方面，而文明的乡风是培育新农民的精神基础。

4.村容整洁——新农村建设的有效载体

村容整洁主要是指农村脏乱差状况从根本上得到治理，生态环境、人居环境明显改善，社会秩序稳定，村容村貌整洁。随着城市化进程的加快，农村重民、惠民政策的落实，农业生产的发展，农民收入的增加，农民就有建设新家园的愿望。在农村村容建设中要加强规划，站在统筹城乡发展的战略高度，实行城乡统一规划。既要考虑城市文化的进程和发展布局，还要站在农村自然和文化发展脉络的高度，尊重农村的实际和特点，以改善人居环境为切入点，从硬化、绿化、净化、美化入手，进行村容村貌的综合整治，实现人与自然的和谐相处。村容整洁是社会主义新农村的外形体现，也是建设社会主义新农村的有效载体。

5.管理民主——新农村建设的政治保障

新农村建设提出的管理民主主要是指在党组织领导下，健全和完善民主选举、民主决策、民主管理、民主监督等村民自治机制，不断增强农民群众的自我教育、自我管理能力，使广大农民群众真正拥有知情权、参与权、选择权、监督权，真正让农民当家做主，增强农民群众的主人翁意识，不断推进农村民主政治建设。

农村基层民主建设是社会主义新农村建设的重要内容，社会主义新农村将依法推进村民自治建设，落实和完善民主选举、民主决策、民主管理和民主监督机制，逐步健全以财务公开为重点的村务公开制度，民事民议、民财民理，集思广益搞好农村各项建设，使村民享有更多更充分的民主权利。

第二节　社会主义新农村建设与农村体育发展的关系

我国是一个农业大国，农业、农村、农民问题是关系国家发展的重大问题。农村体育作为农村发展的一件大事，不仅是我国“三农”问题的重要组成部分，也是我国体育事业的重要组成部分，其发展关系到我国体育事业发展的全局，是我国体育事业发展进程中的一个重点和难点。没有农村体育的发展，我国体育事业就不会取得大的进步。

一、新农村建设是农村体育发展的机遇

（一）新农村建设将为农村体育的大发展奠定经济基础

人的需求是分层次的。美国著名心理学家马斯洛将人类的需求分为由低到高的五个层次。依次为：生理需求，即基本生活资料需求包括吃、穿、住、用等；安全需求，包括人身安全、健康保护（免遭痛苦、威胁或疾病等）的需求等；社交需求，包括归属意识、友谊、爱情等；尊重需求，包括自尊、荣誉、地位等；自我实现需求，包括自我发展和实现。马斯洛还认为，只有当低层次的需求得到满足以后，人类才会产生新的更高层次的需求。改革开放以来，我国社会经济得到了持续快速发展，人民生活总体上已达到小康水平。但目前的小康还是低水平的、不全面的、发展很不平衡的小康。尤其是在广大农村地区，人们的收入和生活水平都还比较低，一些偏僻边远山区甚至温饱问题还没有解决。这种经济状况下，很多农民整天忙于生计，没有心思从事体育。中央在《关于推进社会主义新农村建设的若干意见》中提出，新农村建设“必须坚持以发展农村经济为中心，进一步解放和发展农村生产力，促进粮食稳定发展、农民持续增收”。并明确了要实行工业反哺农业、城市支持农村和“多予少取放活”的方针，拓展农民创收渠道，保障务工农民的合法权益，稳定、完善、强化对农业和农民的直接补贴政策，加强扶贫开

发工作，这将极大促进农村经济发展和农民收入的增加。也只有在农民基本的生活资料需求得到满足，再不为一日三餐和柴米油盐发愁的时候，才会考虑体育这一更高层次需求的满足。此外，推进现代农业建设，加强农村基础设施建设，提升农业产业化水平和科技含量，也将大大提高农业劳动生产率，使农民从土地上解脱出来，有较多时间参与体育。

（二）新农村建设将极大提高农民的体育意识

体育意识制约着人对体育的参与情况，只有深刻认识体育，才能积极主动投入到体育活动中去。同时，人的体育意识又与文化水平有密切联系，一般文化水平越高，对体育价值和意义的认识也就越到位，从而参与体育的意识也就越强。我国农村的教育水平较低，这在很大程度上阻碍了农民科学的体育意识的养成。国家把教育科学文化建设纳入新农村建设的体系中，着力普及和巩固农村九年制义务教育，改善农村办学条件，加强农村教师队伍建设。加大对农村文化的投入，继续实施广播电视“村村通”工程，构建农村公共文化服务体系。同时大力倡导健康文明新风尚，提倡科学健康的生活方式。这些举措的实施，将极大改善农民接受教育科学文化知识的条件，提高他们的文化素质和认识水平，使农民逐渐接触和接受科学的体育健身意识。同时，农村学校体育也是农村体育的一个重要组成部分，加大农村教育的投入，对改善农村学校体育的发展条件也具有重要意义。

（三）新农村建设将促进农村体育硬件设施的改善

自新中国成立以来，广大农村就一直是体育设施投资的薄弱环节。2004 年是我国的“农村体育年”，国家和地方各级政府加大对农村体育设施的投入，初步改善了农村体育的设施状况。新农村建设是对农村的全面建设，其中就包括了农村体育的发展，而农村体育设施的匮乏则是阻碍农村体育发展的重大障碍。要发展农村体育，推动实施农民体育健身工程，开展文体活动，就必须克服这一障碍。自国家作出新农村建设的重大决策以来，各地体育部门已经意识到增加农村体育硬件设施的意义，正在采取各种有效措施，改善农村体育硬件条件。如为了贯彻落实中共中央十六届五中全会精神、《中共中央国务院关于推进社会主义新农村建设的若干意见》、《中华人民共和国国民经济和社会发展第十一个五年规划纲要》，进一步加快新时期农村体育事业的发展，国家体育总局决定“十一五”期间在全国组织实施“农民体育健身工程”。相信经过若干年的努力，城乡在体育硬件设施上的落差将逐步缩小。此外，新农村建设使农村再次成为社会关注的热点，将社会各界对体育的关注由城市分流到农村，农村体育逐渐进入人们的视野，有利于拓宽农村体育发展的资金来源，改善农村体育发展的条件。农民体育健身工程是推进社会主义新农村建设的一项具体举措，是政府为广大农民谋福利办的实事。

二、农村体育的发展对新农村建设的价值

（一）增强农民体质，提高农民健康水平

身体是革命的本钱，健康是第一位的，是人们从事生产活动的基础。农业是一个劳动密集型的产业，对人的健康素质的要求比其他产业要高得多。随着现代农业的发展，农业技术装备的改善和机械化水平的提高，农业生产对人自身体质的要求虽将逐步降低，但这仍不能在短期内从根本上改变农业生产对人自身体质高依赖的程度。增强体质是体育的首要功能，大力发展农村体育，将大大增强农民的健康素质，使他们能更加精力充沛地投身到生产活动中去，从而提高生产效率，促进农村生产力发展，促进农民增收和农业增效。过去不少农民由于缺乏必要锻炼，体质弱，在看病吃药上花了不少钱，有的甚至因此而返贫。从这一意义上讲，发展农村体育，增强农民体质，也是防止农民因病返贫的最经济、最有效的办法。

（二）发展农村体育产业，形成一个新的经济增长点

当前体育产业已经成为西方发达国家国民经济的支柱产业，在我国体育产业也是国民经济的重要组成部分。但我国体育产业的绝大部分收入来自城市，农村体育产业的贡献值微乎其微。其实农村也是一个巨大的体育市场，如果把这个市场比作冰山的话，现在露出水面的只是极小的一部分，绝大部分还掩藏在水下，属于潜在的市场。我国农村自然资源、人文资源丰富，任何一个省市区的广大农村都蕴藏着独特的休闲体育产业资源。因此，根据各地资源状况、产业结构、交通区位、体育发展状况等综合因素，在休闲理念的指导下，充分发挥农村现有自然资源和人文资源优势，发展农村休闲体育产业，拓展农村体育市场，不仅能够在建设社会主义新农村中为农民增加收入，而且还能促进农村产业结构调整、扩大农村人口就业领域发挥积极的作用，从而形成一个新的经济增长点。同时，发展农村休闲体育产业，促进农民经济发展，还能吸引更多的农民参与到体育活动中来，推动农村体育的发展。

(三)提高农民素质,培养新型农民

《中华人民共和国国民经济和社会发展第十一个五年规划纲要》在“建设社会主义新农村”部分中,提出要“加快农村教育、技能培训和文化事业,培育造就有文化、懂技术、会经营的新型农民”。事实上,新农村建设与新农民的培育是相辅相成的。新农村是新农民活动的舞台和载体,新农民是新农村建设的结晶和归属,社会主义新农村建设必须以提高农民素质为重点。① 体育运动不仅可以增强农民的身体素质,更重要的是体育运动中内含的一些现代公民所必需的精神特质,如:参与意识、平等意识、竞争意识、合作意识、民主意识、权利意识、开放意识、进取意识等。通过大力开展农民体育,积极引导广大农民参与到体育运动中来,必将使他们在体育运动中大大提高自身的综合素质。在实现由传统农民向新型农民和现代农民的转变中,体育将发挥重要的作用。② 此外,体育是现代社会人民健康文明的一种生活方式,是社会交往的一种手段,发展农村体育可以使农闲时节无事可做的农民多一个休闲娱乐的方式,把他们从无聊中解脱出来,使他们远离打牌赌博、封建迷信甚至聚众闹事等不健康、不合法的行为,对维护农村稳定具有积极作用。从某种意义上说,体育在社会主义新农村建设的重要一环——新文化建设中起到了“桥头堡”的作用,为新农村建设和新农民的成长给予宝贵的文化滋养,从而逐步消除和抵制农村的贫困文化和落后文化,为新型农民的培育提供沃土。

(四)传承民族文化,弘扬传统体育

我国历史文化悠久、地域辽阔、风俗习惯各异,民族体育文化源远流长,各个民族、各个地区存在着很多人们喜爱参与、老少皆宜的传统体育项目,如武术、气功、舞龙、舞狮、龙舟、秧歌、射箭、马术、踩高跷等这些项目具有明显的民族文化、地域文化特色,在不同程度上折射出各个民族各个地区的发展轨迹,它们是剖析体育起源和发展各阶段诸形态的活化石。③ 然而,随着千百年的历史冲刷、社会的转型、人们生产方式和生活方式的变迁,以及现代体育运动的冲击,许多优秀民族传统体育运动已处于边缘状态,甚至是流失状态。如在农牧地区,随着生活水平的提高,“马背生活”的牧民离开马鞍,现代化的交通工具已经取代了马,与

① 丁兆庆.建设社会主义新农村必须“内”“外”兼顾[J].理论前沿,2006,(6):35、36。

② 田雨普.农民体育发展战略研究[M].南京:南京师范大学出版社,2009,37。

③ 周结友,裴立新.全民健身对于推进社会主义新农村建设的功能探究[J].体育科学,2006,26(11):7~11。

往昔传统体育文化相适应的文化生态系统也发生变化。在这种情况下，过去借助特定的文化生态系统而得以存活的民族传统体育项目，必将会逐渐失去根基。因此，从文化传承的角度来看，发展农村体育，不仅可以繁荣相对落后的农民体育文化生活，提高农民的生活质量和文化品位，而且可以继承和弘扬中华民族传统体育，通过对农村体育开展，对这些根植于地方文化之中的传统体育进行挖掘与整理，保护濒临消失的民族传统体育项目，传承民族文化。

第三节　新时期我国农民体育发展的特征

我国是发展中的农业大国，根据我国国民经济和社会发展统计公报显示，截至 2006 年年末，中国总人口为 13.144 8 亿人，其中农村人口为 7.37 亿，占全国总人口的 56.1％。① 可见，农民体育问题是我国社会经济发展的基本问题，也是我国社会体育发展的重点和难点。而在广阔的地理环境和我国传统文化基础上建立起来，并且经历了社会发展和转型期的激烈震荡之后，我国农民体育的发展展现了一些既具有传统文化痕迹又有新时代特点的一些新特征。这些发展特征是新农村体育建设中我们服务农村、服务农民的基础，也是我们制定全面建设小康社会农民体育发展规划的前提。

一、滞后性

体育作为一种社会文化现象，作为一种休闲娱乐方式，是建立在一定的经济基础之上的。如果说，竞技体育可以搞“举国体制”、搞集中投入、进行相对超前快速发展，那么，作为亿万民众参加的群众体育，则必须与经济发展水平相适应，稳步运行。② 然而，新中国成立以后，在二元经济发展模式的制约下，形成了“城乡隔绝、对立、分离的不公正局面”。③ 我国农村经济文化和社会发展水平严重滞后于城市，与之相适应的农村体育发展水平也相当滞后。这种发展的滞后性表现在以下 5 个方面。

---

①　中华人民共和国国家统计局.中华人民共和国 2006 年国民经济和社会发展统计公报[R].2007-02-28。

②　田雨普.农民体育发展战略研究[M].南京：南京师范大学出版社，2009，145。

③　胡鞍钢.中国需要进行第三次“外放农民”[EB/OL].人民网，2002-08-09。

(一)体育观念的滞后

长期二元结构使广大农民在体育意识的认知领域与城市居民产生了很大的偏差。在农民中,"体力劳动就等于体育锻炼"、"体育锻炼是城里人的事,是有钱人的事"、"体育与农民无关"等思想依然根深蒂固,广大农民认识不到体育锻炼的重要意义。农闲和闲暇时间大多选择看电视、喝酒、闲聊、打牌赌博等,很少有人进行经常性的体育锻炼。很多农民生活质量停留在传统的农业社会状态。此外,相对其他产业,我国农业生产的科技含量极低,生产的机械化、自动化程度也低,至今,生产中畜力和手工劳动仍占有较大比重。这使许多农民产生了劳动可以代替体育的思想,认为没有必要进行健身活动。生产劳动虽然能代替一部分体育活动,但它不是全身的运动,多半是局部肢体重复的活动,是具有物质目的的和带有强制性的活动;而体育是科学地有目的地锻炼身体,是人类自觉自愿的主动性行为,它不仅能使人体各部位得到均衡全面的发展,并能适当调节和恢复体力,发展人体劳动能力,此外还有休闲、娱乐、健心、益脑和交往等功能。当然,农民体育观念的滞后性,主要与农民传统观念、农民群体受教育程度等因素有关。

(二)体育场地器材的贫乏

中国城乡体育的非均衡发展,使得城市居民与农民享受着很不公平的待遇。城市居民不但有良好的休闲娱乐场所,而且其供给水平也远远高于农民的供给水平。由于农村公共设施整体落后,体育场地器材设施作为非生产和生活必备设施条件,更显得十分贫乏。据第五次全国体育场地普查统计,我国现有体育场馆8万多个,其中占国土面积16.5%和人口约30%的城镇占全部体育场馆的91.82%,而占国土面积83.50%并拥有约70%人口的广大农村却仅占有8.18%的体育场馆资源。可见,我国体育场馆资源的分布呈现明显的"城市优势"和"农村匮乏"的现象。[①] 而且,大部分的农村体育场地主要是由一些新旧不一的、篮球场地为主的公共体育场地以及新建的少量花园绿地和小广场构成,作为广大农民聚集地的村落,则很少有合乎标准的体育场地。即使是农村中小学,体育场地器材也很缺乏、陈旧。农村体育场所的质量和配套设施显得相当的单一和低下。

① 刘魏.新农村体育事业发展问题研究[M].北京:中国物质出版社,2009,105。

(三)体育活动内容的单调

2007年的全国群众体育活动调查显示，散步、跑步、足篮排、乒乓球、各种体操是16岁以上农村居民最常参加的体育活动，其中足篮排以学生群体为主。可见，在现代健康观念的熏陶下，尽管有一部分农民在潜意识里认为应当参加一些体育活动，但在缺乏体育场地及器材的条件下，或因无锻炼条件而放弃，或只能参加一些对场地器材要求较低的健身活动，这些活动主要是徒手的、个人的，不需要服装器材，并在自然场地上进行，活动内容总体比较单调，且趣味性、交往性、合作性比较差。尽管一些具有民间性、传统性的和地方特色民族(民俗)体育开展在一些农村地区节庆、娱乐活动中较为活跃，但大多数农村随着农村生产方式转变，农民生活方式的变迁，以及对该类活动文化遗产保护和传承认识不足，很多民族体育活动有逐渐消失和失传之势。

(四)社会体育指导员的匮乏

农村社会体育指导员可以向农民传授科学的体育锻炼的方法，制定体育锻炼的计划，对农民进行医务监督、健康测定评价、体育测定评价，还可以发动非体育人口的参与，组织和管理农民的体育活动，等等。我国农民体育是以9亿农民为对象，具有广泛性。但农村幅员广阔，居住分散，农村体育活动在时间上更多受季节性的制约，这些都给农村体育的组织工作带来巨大的困难。据相关调查表明：全国社会体育指导员中90%在城镇，而广大农村只有10%。而这10%的农村体育指导员普遍存在着在专业技能方面的不足，甚至根本没有受过专业技术、技能的培训的问题。此外，由于受历史、社会等客观因素的影响，目前我国农村基层体育组织网络还没有形成，政府不能发挥农村群众体育工作的职能，农民的体育活动得不到好的开展和引导，使那些有能力并想参加体育活动的农民没有地方去活动，再加上农村现在有很多农民在外打工，这部分人的体育锻炼在组织上更成了农村和城市社区都不管的真空地带。农村缺乏相应的健身指导员，也给农村体育活动的开展带来困难，使农村体育比较散乱、盲从。① 因此，培养农村社会体育指导员迫在眉睫。

(五)体育消费水平的低下

体育消费水平是指按人口平均的体育实物消费资料的体育劳务或服务消费资料的数量，它反映人们在各种体育消费行为中所能承受的物质与精神的支出

① 傅砚农.对农村体育的影响及其原因[J].体育文化导刊，2003，(10)：72、73。

能力。消费和收入是紧密相连的，收入是消费的基础。经济学认为，按消费资料满足人们需要的程度和层次，消费可分为生存消费、享受消费和发展消费。体育消费是属于生活消费之外的享受消费和发展消费，它是人们生活质量变化及内在构成合理化程度的标志。体育消费是生活消费的一部分，一般随着收入水平的增长而呈正比例变化。可见，农村体育消费水平的高低受农村社会经济发展的制约。我国目前大部分农民收入水平低，整体消费水平低，体育消费水平更低，且体育消费结构以实物消费为主，许多地域的农民甚至没有体育消费。其二，我国农村体育消费水平也受农村社会文化背景、传统消费习惯、消费意识等因素的影响，同时体育消费水平也与个人的体育行为习惯、个人的消费观念和个人文化程度和职业有关。有着良好的体育行为习惯，文化程度较高和有稳定职业的人对体育活动有着积极的态度，体育消费量也较高。由此可见，农村体育消费水平低，固然与农民收入低有直接关系，但农民在满足自身生存需要后，体育消费水平将更多地依赖于其体育意识、体育消费观念和周围体育文化环境。

二、民俗性

民俗，是人民大众在生活中自然产生的、在较大范围和较长时间流行的行为方式准则，是群众千百年来形成的风俗习惯以及与风俗习惯相对应的活动形式。它极大地影响着人们的价值观念和生活方式，具有相对普遍性和草根性。[①] 我国是一个多民族的国家，由于受气候、地形等自然条件及社会因素的影响，各地风俗人情迥异，形成我国各地方特殊的体育文化和尽显民俗特色的体育项目。如陕北的秧歌、腰鼓、放风筝、赶庙会等；关中地区的社火、秋千、锣鼓、舞龙、舞狮等；陕南地区踩高跷、踢毽子、灯会等；福建赛龙舟、拍胸舞、舞龙、舞狮等。这些具有民族特色和地方风格的体育项目，反映了不同地区农民生产劳动的场景，构成了不同地域特色文化的多彩画卷。由于民俗活动都与喜庆活动相结合，因而总是伴随歌舞、音乐竞技和比赛等群体性行为，体现出文体融合和节日性特点。且农民体育的民俗性在活动组织特征上，其社会性、民间性、自发性和群助性的特征也表现得较为突出。活动的组织者往往是具有传统影响力的项目技能高手或在农村中有影响力的精英，参赛者也是当地的农民，由于举办多年，故已形成民众、单位、农村精英等多方支持和协办的传统模式，从服饰、道具、场地、器械的准备，到阵容、编排、路线、奖励的策划，无不由乡民主持，乡民参与，充分体现民俗性特征。

---

① 田雨普.农民体育发展战略研究[M].南京：南京师范大学出版社，2009，146。

三、季节性

决定城乡居民生活节律的主要因素是不同的。在城市，这一主要因素是劳动制度。而在农村，从事农业生产的农民则必须根据农时的季节变化和农作物等的生长状况安排整个生活时间，这就导致农民的生活时间结构呈明显的季节性变化。在春耕、夏种和秋收等农忙时节，农民为不误农时，要长时间在较高的强度下从事繁重的体力劳动，他们往往没有自由支配的时间，甚至连生理性生活时间，如睡眠和吃饭时间，有时也要压低到最低限度。因此，在此时节，他们几乎没有时间和精力再进行体育活动，即使在有限的休息时间参与一些体育活动，也大都是体力付出很小或相对静止的娱乐性活动，如打台球、下棋等，并且是少数农民的活动。相反，在农闲季节，他们的自由支配时间则会大大增加，劳动时间则会减少到最低程度。可见，农业生产的季节性，导致农民生活时间结构呈季节性的变化，其体育活动也随之呈现出其特点，这是农民生活时间和体育活动时间模式的一大特色，也是影响城乡居民体育活动时间配置结构差异的主要制约因素。

四、分散性

我国农村人口密度相对较低。由于每家农户需要一定数的农田耕种，并且又不能在距离农田较远的地方居住，因就形成了规模较小的自然村落。即使是生产、生活条件优越，农村人口相对密集的村落，也不会达到城市的密集程度。农民居住的分散性特征将给农村体育的开展带来很多的困难。首先，农民居住的分散性，将给农村体育场地设施的建设带来很大的限制性。因为，体育设施投入较大，而其利用和服务容量也相对较大，在人口较分散的区域进行建设，功能得不到充分发挥，会带来某种程度的闲置和浪费。由此，农村的人口居住分散性，也在一定程度决定了农村体育场地设施的滞后性。① 其次，体育活动是一种群体性的交往交流活动，是一种互相影响、互相促进的行为。农民居住的分散性特征，也在很大程度造成农民参与体育活动的氛围的弱化，并也将使得农村体育组织体系在组织领导、组织宣传、人才指导等方面存在更大更多的弱化和空缺。当然，农民居住的分散性，也使得农民在锻炼自然环境上拥有城市无以比拟的空间优势和空气纯净环境，它是推进农村因地制宜开展农村体育活动的先天优势。

---

① 田雨普.农民体育发展战略研究[M].南京：南京师范大学出版社，2009，148。

五、娱乐性

娱乐是人的天性,是从人的幸福和自我满足的体验中产生的情感状态,是人的本性以游戏状态的表现和抒发。而体育运动本质上是在娱乐的基础上产生的,是娱乐的一种表现形式。从本源上分析,娱乐是体育产生的源泉,是体育的初级形态。农民体育,特别是村落体育,多半是农民在丰收和农闲时,成就感、兴奋性和喜悦心情的集中表达,具有自然性和原始的冲动性。① 他们的娱乐活动尽管有许多种因素,但是本质的娱乐特点十分突出。尽管这种活动身体运动特征十分明显,但是,音乐、美术、舞蹈、戏剧等其他文化艺术特征也大量表现其中。与其说是体育活动,还不如称其为文化体育活动。农村体育的娱乐性特点不仅表现在活动内容的文体合一性,而且表现在活动过程的轻松享乐方面。② 农民进行体育锻炼时,一般选择具有游戏欢乐特点的球类项目、棋类项目,人们在竞技中感受博弈、成功和快乐,在自娱自乐时往往会伴有观众参与,具有明显的娱人性、民间性和群体性。

第四节　新农村建设中福建农民闲暇生活方式与健康状况的评价

当人类走到 21 世纪,越来越多的国家所面临的共同的一个特点是“随着社会生产力水平的不断发展,生产效率不断提高,国民从事工作的必要劳动时间不断递减”。因此,整个人类社会要么维持现有的工作时间使越来越多的人失业;要么不断减少工作时间倡导人们积极利用闲暇时间。显而易见,人类的可持续发展之路是要增加全体人的闲暇时间,且在此期间从事精神生产、休闲娱乐活动等以实现人的全面发展。经过 30 多年的改革发展,我国农村的整体发展水平和农民个人的收入水平都有了实质性的提高,农民的生活质量也随之有了实质性的提高。改善生活方式、提高生活质量,再也不是城市居民的特有的生活目标。尤其是作为新时期的农民,作为整个中国社会全面小康实现之路的阶层,只有在农民兄弟实现了闲暇生活方式的合理化和高度化之后,才能够谈得上新农村建

---

① 田雨普.农民体育发展战略研究[M].南京:南京师范大学出版社,2009,148。

② 田雨普.农民体育发展战略研究[M].南京:南京师范大学出版社,2009,149。

设、新农民培养目标的实现。农村与城市相比，具有各不相同的自然生态环境、经济社会发展水平和文化风俗习惯，因而，农村居民的闲暇生活方式也将在一定层面上表现出其特有的特征。

一、福建省农民闲暇生活方式选择特征

调查显示（表 5-1）：福建省农民闲暇时间的主要生活方式选择依次是：家务劳动（67.9％）、看书读报（20.6％）、社交活动（20.0％）、文化娱乐活动（19.2％）、辅导子女学习（13.4％）、其他体育活动（12.5％）等。由此可见，家务劳动依然占用了农民大量的闲暇时间，农民闲暇时间“家务型”人群占有很大的比例。传统的“男主外，女主内”的性别分工在农村依然有很大的市场，因而，女性当中属于家务型的比例大大高于男性，为 42.1％比 25.8％。此外女性在生活方式多样性的选择率的比例上也远远低于男性，可以说，目前在农村，妇女仍然是家务劳动的主要承担者。正是女性由于家务劳动时间较长，对其他时间支出产生了强烈的挤压，使其拥有的闲暇时间较男性短。但随着农民生活水平的提高，农民正从繁重的家务中解放出来。农民日常家务劳动主要是做饭洗衣打扫室内外卫生，但在做饭使用的能源上，以液化气为主，基本免去采集柴薪之苦。购物方便化，不出远门，即可买到所需之物。在衣着方面，20 世纪 70 年代以前，纺线织布、做衣做鞋，是农村妇女的主要家务，而现在的农民服装消费基本上已成衣化。从总体上看，目前农民的家务劳动并不繁重。此外，农民闲暇生活方式的选择结构也开始出现向城市化演化的端倪。受非农业就业的扩大、电视机的普及等现代性因素的影响，农民闲暇生活方式选择正向生活领域各界面不断延伸和拓展，也开始具有某种“共时性”特征，如社交活动、看书读报、文化娱乐活动、体育活动等，而这恰恰是城市居民生活方式选择模式的一项重要特征。

表 5-1　福建省农民闲暇生活方式选择一览表(％)

	家务劳动	辅导子女学习	社交活动	业务文化学习	体育活动	文化娱乐活动	看书报杂志	参加社会公益活动	其他
男性	25.8	6.6	15.0	2.7	8.4	11.9	13.9	4.5	8.6
女性	42.1	6.8	5.0	1.5	4.1	7.3	6.7	2.5	4.0
总体	67.9	13.4	20.0	4.2	12.5	19.2	20.6	7.0	12.6
排序	1	5	3	9	7	4	2	8	6

二、福建省农民喜爱的闲暇活动内容及空间

(一)闲暇活动的内容选择

闲暇活动的内容是直接影响生活质量的重要因素之一。随着农村社会的进步和农民生活水平的提高,农民的闲暇活动内容日益丰富。如果排除农业生产的季节性因素,农民的闲暇活动内容既和地方习俗有关,也和个人兴趣爱好有关。从“活动”的角度,闲暇可以被定义为一系列不同类型的活动,即人们在工作及满足生理需求时间之余,自由愉快地进行的各种活动。法国学者罗歇·苏认为,“闲暇”用作复数时,是根据个人的愿望和爱好所自由选择的活动。从社会活动的角度来定义闲暇,闲暇包括“一系列在尽到职业、家庭与社会职责之后,让自由得到尽情发挥的事情,它可以是休息,可以是娱乐,可以是非功利性的增长知识、提高技能,也可以是对社团活动的主动参与”(Dumazedier, 1960)。

可见,闲暇活动的结构是相当复杂的。根据农民闲暇生活的实际状况,我们把农民闲暇活动分为消遣型、社交型和学习型三种。主要属于消遣型的有看电影和电视、棋牌活动、逛商场、旅游、参加各种体育活动、看花养鸟养鱼、看展览听音乐会、参加舞会卡拉 OK 等;属于社交型的为会客聊天、参加社会公益活动等;属于学习型活动有看书读报、参加文化专业技术学习、阅读专业书籍等。可以看出,现阶段福建省农民最喜爱的闲暇活动以消遣娱乐型为主。看电影电视(消遣娱乐型)、会客聊天(社交型)是其最喜爱的闲暇活动内容。

福建省农民在最喜欢闲暇活动内容的选择上,男女之间存在一定的差异特征,女性更趋娱乐性,女性在消遣娱乐型的选择率上高于男性,而男性更趋功利性,在社交型和学习型的选择率上高于女性。同时女性闲暇喜爱活动的种类相对集中,活动范围比较狭窄,在给出的 15 项闲暇活动中,看电影电视、会客聊天两项活动是农村女性喜爱参与最多的闲暇活动,其喜爱率分别为 43.7%和 17.3%,分别比男性高出 8.6 和 1.9 个百分点(表 5-2)。从女性选择喜欢闲暇活动内容来看,农村女性的闲暇活动处于一种“半休闲”状态,纯闲暇比较少。这种“半休闲”现象在农村妇女中常常表现为边干家务边看电视,这与农村女性至今是家务劳动的主要承担者有关。相比之下,男性农民的闲暇活动则比较丰富,特别是在体育活动的选择率上更是远远高于女性农民。显示进入新时期以来,农民的思想观念得到较大解放,极大地推动了农村社会的现代化进程,也促进了农民生活观念、生活方式的现代化。但在现代生活方式对农村的渗透和享用上,男女两性还是存在较大的差距,农村女性依然处于文化上的隶属地位。

表 5-2　福建省农民喜爱的闲暇活动内容一览表(%)

选择内容	男性	女性	总体	排序
看电影和电视	35.1	43.7	78.8	1
会客聊天	15.4	17.3	32.7	2
棋牌活动	17.6	5.6	23.2	3
逛商场	5.9	15.6	21.5	4
看小说、报刊、杂志等	12.2	6.9	19.1	5
旅游	6.1	5.5	11.6	6
参加各种体育活动	7.3	3.0	10.3	7
参加社会公益活动	4.7	2.9	7.6	8
其他活动	3.4	3.6	7.0	9
看花养鸟养鱼	3.7	2.9	6.6	10
参加舞会卡拉 OK	3.2	3.2	6.4	11
看展览听音乐会	2.8	2.6	5.4	12
参加文化专业技术学习	3.4	1.7	5.1	13
阅读专业书籍	3.6	1.4	5.0	14
参加社区文化游乐活动	2.5	1.7	4.2	15

此外,在闲暇时间内容只有 10.3%的福建省农民选择参与体育活动的选中率上,与其他闲暇活动的选中率相比较略显低下。当然,这一方面与农民的闲暇生活习惯、传统观念等主观因素有关,但缺乏必要的体育活动的场所与设施,大多数农民的经济条件还处于比较低水平,以及农民个人体育活动技能缺乏等一些客观条件也是严重影响福建省农民闲暇时间体育活动参与率的重要因素。

(二)闲暇活动的空间选择

闲暇活动的空间是构成人们闲暇生活方式的一个重要因素。一个人参与的活动类型、活动的物质环境与社会背景结合在一起,构成了休闲空间。一个人所处的情景(有阶层、种族、年龄、性别等定义)会影响到他家庭、工作、社交的场景(卡拉·亨德森,1996)。闲暇活动的空间可以划分为户内和户外两个基本的组成部分。户内和户外必须保持适当的比例结构,才最有益个人的身心健康。在这个比例结构中,一般认为,户内闲暇活动的比例不宜过高,因为户内活动有很大局限性,它很容易让个体走向单调、贫乏的生活。丰富、发达的闲暇生活要求大量地向户外活动发展,这也是社会闲暇生活发展的一般趋势。

农民的闲暇空间大致有三个层次:一是以农民的生存空间为核心的户内活动空间;二是以所在村为界限的空间,这是农民户外活动经常利用的空间;三是村以外的空间。从福建省农民闲暇活动的空间选择来看,其活动的空间以户内为主,活动空间范围也以家及村为核心界限,“差序格局”比较明显(表 5-3)。但调查也显示出,旅游、参加舞会卡拉 OK、看展览听音乐会也已成为一部分农民闲暇活动的选择内容。可见，随着生活水平的提高，现代化生活方式也在全方位向农民的闲暇生活方式渗透，农民闲暇生活的空间逐步扩大初见端倪。

表 5-3　福建省农民喜爱的闲暇活动内容空间分布一览表

选择内容	选中率	第一空间	第二空间	第三空间
看电影和电视	78.8	▲		
会客聊天	32.7		▲	
棋牌活动	23.2		▲	▲
逛商场	21.5			▲
看小说、报刊、杂志等	19.1	▲		
旅游	11.6			▲
参加各种体育活动	10.3		▲	
参加社会公益活动	7.6			▲
其他活动	7.0			▲
看花养鸟养鱼	6.6	▲		
参加舞会卡拉 OK	6.4			▲
看展览听音乐会	5.4			▲
参加文化专业技术学习	5.1		▲	
阅读专业书籍	5.0	▲		
参加社区文化游乐活动	4.2		▲	

注：▲表示属于该类空间。

三、福建省农村居民日常生活消费以外的主要消费结构

从理论上讲，消费结构是反映人们消费水平和消费质量的重要指标，是指一定时期消费者所消费的各种消费资料（包括物质资料和劳务）之间的比例关系。[①] 随着改革开放的深入和农村经济的发展，我国农民的收入得到迅速的增加，农民的消费水平与消费结构呈现出由温饱型向小康型、生存型向享受型、自给型为主转向以商品型为主的三大趋势水平。[②]

调查显示（表 5-4）：福建省农村居民日常生活消费以外家庭消费主要支出为子女教育、建房或买房、购置家用电器等。其消费结构中，物质性消费处于主要地位，享受型消费和发展型消费放在其次，享受型和发展型消费在农民心目中，仍然是满足了物质消费需要之后的消费。马克思说过："……因为要多方面

① 尹世杰. 消费经济学[M]. 北京：高等教育出版社，2003，63。

② 田翠琴. 农民闲暇[M]. 北京：社会科学文献出版社，2005，249。

享受，他就必须有享受能力，因此，他必须是具有高度文明的人。”[①]农民消费能力、消费类型、消费质量的高低，既与农民的经济发展水平有关，也与农村的消费文化、消费意识以及个体的素质等综合因素有关。我国农民的消费文化特征主要体现为：消费结构的偏中性、日常消费的节俭性、节日消费的集中性、人情消费的攀比性、卫生消费的匮乏性、消费观念的重实惠性与闲暇消费的淡薄性。[②] 可见，福建省农村居民消费结构基本映现了我国农民消费文化特征，农民的消费文化对农民的消费方式与消费行为起着直接的渗透、制约和构建作用。

表 5-4　福建省城乡居民日常生活消费以外的主要支出

选择内容	男性(%)	女性(%)	总体(%)	排序
子女教育费用	23.0	22.4	45.4	1
购置房子	23.4	15.8	39.2	2
购置家用电器	18.8	12.3	31.1	3
买书籍、报刊等	7.7	4.7	12.4	5
旅游	4.7	3.4	8.1	7
购置高档服装	4.3	5.5	9.8	6
购置高档日用品	4.7	5.1	9.8	6
买汽车	3.2	2.0	5.2	8
服务性消费	1.1	1.4	2.5	10
购置体育器材	2.5	0.9	3.4	9
买体育比赛门票	1.2	0.5	1.7	11
其他	7.1	8.2	15.3	4

调查同时显示：福建省男女性别在日常生活消费以外的主要消费方式的选择上存在一定程度的差异，主要表现在：男性较女性更偏重于置业型的消费方式；女性较男性更注重服饰型的消费方式；表征了中国男性家本观念和女性的爱美心态。

四、福建省农民健康状况

(一)疾病状况

调查显示(表 5-5)：2006 年福建省农民有 28.6%患有慢性疾病，运动器官疾

① 马克思，恩格斯. 马克思和恩格斯选集第 46 卷[M]. 北京：人民出版社，1979，329。
② 田翠琴. 农民闲暇[M]. 北京：社会科学文献出版社，2005，295。

病、消化系统疾病、心血管疾病、职业病、呼吸系统疾病和神经系统疾病为福建省农民疾病自我评价六大主要症状。近年来，随着城乡一体化进程的不断推进，工业反哺农业政策的不断实施，福建省农民的生活水平也有了质的提高。原多出现于城镇居民的文明病，也不同程度地发生于农民身上。在整体农民、农村体育参与者以及农村非体育参与者这三个群体之间进行比较(表 5-6)发现有 23.1%的体育参与者患有慢性疾病，而农村非体育参与者人群中这个比例则达到31.5%，远高于体育参与者以及整体的水平。同非体育参与者相比，体育参与者的身体更健康，生活方式更积极，这也从另外一个侧面验证了体育锻炼的健身、强体的价值，体育参与和提高人生活质量有直接的关系。实际上，自第二次世界大战后对体育与健康的关系的研究不断加深，体育锻炼对预防和治疗心脏病、高血压、肥胖、糖尿病等慢性疾病的实证证据已成为世人公认的事实，体育活动所产生的是一种非金钱性投资收益。

表 5-5 福建省农民是否患慢性疾病情况比较(%)

	总体	体育参与者	没有参与体育活动者
是	28.6	23.1	31.5
否	71.4	76.9	68.5

表 5-6 福建省农民患慢性疾病程度情况比较

	参与者(%)	排序	非参与者(%)	排序
运动器官疾病	27.1	1	38.5	1
心血管疾病	25.7	3	27.1	2
消化系统疾病	26.1	2	26.6	3
呼吸系统疾病	12.5	4	12.6	4
职业病	2.4	5	3.8	5
神经系统疾病	1.3	6	2.8	6
其他疾病	1.3	6	2.5	7
脑血管疾病	0.9	8	1.4	8
肢体残疾	0.3	9	0.2	9

(二)身心自我感觉状况

调查显示(表 5-7、表 5-8、表 5-9、表 5-10、表 5-11、表 5-12)：38.1%的农民身体感觉到一定程度以上的疲劳；30%的农民精神感觉到一定程度以上的疲劳；35.4%的居民感觉到一定程度以上体力正在衰竭；21.4%的农民感觉到一定程度以上患有慢性疾病；28.9%的农民感觉到一定程度以上运动不足；17%的农民感觉到一定程度以上肥胖正在发生。纵观整体农民、体育参与者和非体育参与者三者间关于身心自我感觉状况的评价，显示出较大的差异，体育参与者在六个维度的自我评价都较其他两个群体来的较为理想，即身心自我评价较好的群体为体育参与者。

表 5-7　福建省农民身体经常疲劳情况比较(%)

	很有感觉	有一定程度感觉	没太大感觉	没感觉	不清楚
总体	9.1	28.8	35.3	23.0	3.8
参与者	9.0	28.2	36.0	24.9	1.9
非参与者	9.1	29.3	34.6	21.2	5.8

表 5-8　福建省农民精神经常疲劳情况比较(%)

	很有感觉	有一定程度感觉	没太大感觉	没感觉	不清楚
总体	6.2	22.3	36.3	27.4	7.8
参与者	6.1	20.9	35.7	29.0	8.3
非参与者	6.3	23.7	36.8	25.7	7.5

表 5-9　福建省农民体力正在衰竭情况比较(%)

	很有感觉	有一定程度感觉	没太大感觉	没感觉	不清楚
总体	7.8	25.2	32.5	26.1	8.4
参与者	7.0	22.8	33.5	27.7	9
非参与者	8.6	27.6	31.2	24.5	8.1

表 5-10　福建省农民担心患慢性疾病情况比较(%)

	很有感觉	有一定程度感觉	没太大感觉	没感觉	不清楚
总体	4.0	17.0	28.6	36.6	13.8
参与者	3.7	16.2	25.8	39.8	14.5
非参与者	4.2	17.7	31.5	33.4	13.2

表 5-11　福建省农民运动不足情况比较(%)

	很有感觉	有一定程度感觉	没太大感觉	没感觉	不清楚
总体	9.8	19.7	25.6	33.5	11.4
参与者	10.8	19.5	23.9	35.1	10.7
非参与者	8.7	19.8	27.3	32.0	12.2

表 5-12 福建省农民肥胖正在发生情况比较(%)

	很有感觉	有一定程度感觉	没太大感觉	没感觉	不清楚
总体	4.7	12.8	26.4	44.5	11.4
参与者	5.0	13.2	25.8	43.8	12.2
非参与者	4.4	12.3	27.5	45.3	10.5

五、福建省农民健康意识

健康意识包括了个体对健康的思想、观点、理论等理性认识层次和心理、情绪、态度等感性认识层次两个层面。其中根据自身身体健康状况及其疾病预示，对自身未来的健康状态进行预测，并据此作出决策从而实现维护自身生命，提高自身健康水平——健康维护是健康意识强弱的一个重要指标。农民的健康意识直接支配着其健康生活方式和行为。在社会物质水平低下的情况下，为了维持生存所需，农民的健康状况、健康意识一向都处于较低的水平。随着社会物质财富的积累，以及城乡一体化过程中传统农耕生产方式的改善、社会价值观的不断融合、闲暇时间的不断增多、健康业已成为农民关注的大事。

福建省农民对健康主要保障的认知情况如表 5-13 所示，主要集中在“饮食营养、充足睡眠、有规律的生活、进行各种体育活动”四种选项上，我省农民维护个体健康的主要手段，正与维护健康的四大基石相吻合。说明福建省农民对自我健康维护的认知意识比较强，对保持健康手段的选择上认识是合理的。与城镇居民相比较，农民在饮食睡眠等基本生活方式上选择率更高，而市民由于文化和生活水平的提高，对于医疗卫生、体育锻炼和营养补充等主动行为则更偏重。

表 5-13 福建省农民健康意识情况比较

	总体(%)	排序	参与者(%)	排序	非参与者(%)	排序
注意改善自己饮食与营养	55.8	1	59.8	1	56.5	1
保证充足的睡眠	55.0	2	58.0	2	55.9	2
有规律的生活	53.3	3	57.4	3	54.4	3
进行各种体育活动	17.0	4	44.7	4	9.3	5
补充一些营养保健品	13.7	5	14.8	6	13.5	4
改掉生活中的不良习惯	9.4	6	16.8	5	7.3	6
没有精力与时间顾及此事	5.9	7	3.4	7	6.6	7
其他	3.7	8	2.5	8	4.0	8

六、小结

1. 福建省农民闲暇时间的主要生活方式选择依次为家务劳动、看书读报、社交活动、文化娱乐活动、辅导子女学习、体育活动等。家务劳动依然占用了农民大量的闲暇时间，农民闲暇时间“家务型”人群占有很大的比例，妇女仍然是家务劳动的主要承担者。

2. 福建省农民最喜欢闲暇活动内容主要为看电影电视、会客聊天和逛商场等。男女之间在选择上存在一定的差异特征，女性更趋娱乐性，而男性更趋功利性，女性闲暇活动的种类相对集中，活动范围比较狭窄。

3. 福建省农民的闲暇空间选择以户内活动为主，活动空间范围也以家及村为核心界限，“差序格局”比较明显。但随着生活水平的提高，现代化生活方式也在全方位向农民的闲暇生活方式渗透，农民闲暇生活的空间逐步扩大已初见端倪。

4. 福建省农村居民日常生活消费以外家庭消费主要支出为子女教育、建房或买房、购置家用电器等，物质性消费处于主要地位，享受型消费和发展型消费为其次。福建省男女性别在日常生活消费以外主要消费方式的选择上存在一定程度的差异，男性较女性更偏重于置业型的消费方式，女性较男性更注重服饰型的消费方式，表征了中国男性家本观念和女性的爱美心态。

第五节　新农村建设中福建农村体育人口的特征

改革开放以来，福建省在推进经济社会全面发展的同时，切实加强农业和农村工作，作为各项工作的重中之重，保持了农业增效、农民增收、农村稳定的好局面。当前，正落实中央的决策部署，积极稳妥地推进海峡西岸社会主义新农村建设。在海峡西岸社会主义新农村建设规划中，明确了加快发展农村文化体育事业，加强农村体育设施建设，不断满足群众对文化体育的要求、对健康的渴望。然而，受历史传统及改革开放前“城乡二元结构”等体制因素，福建省农村体育乃至全国层面上的农村体育仍然处于劣势，与城镇构成了结构失衡的社会现实。正如前文所阐述的那样，体育人口作为衡量一个地区群众体育发展水平的重要指标，它历来不仅受到学者的关注，也是行政部门制定体育方针、政策的一个基础。因此，研究福建省农村体育人口的现状及结构特征，可以更深层次的归纳和探索福建省农村体育发展的现状,有着窥一斑而识全貌的功效。

一、福建省农村体育人口的总体情况

调查结果表明(表 5-14):至 2006 年底,福建省农村 19 岁居民(不包含在校学生)有 21.8%的人参加过 1 次或 1 次以上体育活动,其中潜在体育人口为 17.6%,体育人口为 4.2%。其他 77.7%的人在这一年中未参加体育活动。这一现状较全省 43.5%的体育参与率有着较大的差距,同时,农村体育人口的比例低于全省(13.8%)9.6 个百分点。反映出福建省农村体育活动参与率与城镇相比较的严重失衡态势。这一失衡的态势主要由新时期我国农村体育发展存在着体育观念的落后性、体育场地设施匮乏性、社会体育指导缺失性、体育活动内容的单调性、体育消费的低下等诸多的滞后性特征,以及农村自然环境、社会环境、文化环境引发的季节性、民俗性、分散性、娱乐型等特征所决定的。

表 5-14 福建省农村居民参与体育活动者的分布表

N=3 608	完全非体育人口	潜在体育人口	体育人口
数量	2 805	634	152
比例(%)	77.7	17.6	4.2

注:缺失值为 17,约占 0.5%。

二、福建省农村体育人口的统计学变量特征

(一)农村体育人口性别结构

表 5-15 显示福建省农村体育人口的性别结构。男性体育人口的比例占到全省农村体育人口总数中的 81.6%,女性体育人口比例为 18.4%。根据人口学性别比的计算方法,福建省农村体育人口的性别比为 443.5%。这一数据比起福建省城镇体育人口性别比 177.8%高出近两倍,同时,比起福建省人口性别比 106.2%高出了 3 倍有余。反映了农村男女居民在参与体育活动的意识、机会、能力以及结果等方面的不均衡格局。

表 5-15 福建省农村体育人口性别结构

体育人口(N=152)	性别(%)		性别比(%)
	男	女	
比例	81.6	18.4	443.5

作为一个有着几千年封建社会传统的国家，虽然在改革开放30多年伟大国策的激发下呈现出蓬勃向上的社会、经济、政治大发展，但在广袤的农村大地上，男尊女卑、男主外女主外等传统思想仍然有着较为深厚的根蒂。参与体育活动作为一项人民的基本权利，它在不同性别之间的实现仍然受到封建传统思想的束缚。农村女性居民由于大多在经济上处于依附地位，同时承担着繁重的耕作、家务劳动等都直接影响着女性居民体育活动参与机会、能力和结果的丧失。这不能不引起我们的深思和有关部门的关注。

(二)农村体育人口年龄结构

表5-16显示了福建省农村体育人口的年龄构成(5岁组)，21～25岁年龄段的体育人口比例最高为23.7%，56～60岁年龄段的体育人口比例为各年龄段最低，占到3.3%。26～40岁这三个年龄段的体育人口比例分布较为平均，而46～55岁以及66岁以上年龄段体育人口的比例相等，同为6.6%。从各年龄段体育人口的比例来看，福建省农村体育人口的年龄结构属于成年的年轻型；不同性别体育人口在各年龄段的分布比例与总体的分布趋势略有差异。21～25岁年龄段体育人口的比例分别是男女体育人口中的最高值。只是，体育人口的分布比例的变化趋势在不同性别中存在较为明显的差异。从图5-1变化曲线可以看出，农村男性体育人口自波峰(21～25岁)开始至31～35岁年龄段有个小幅的反弹后，男性体育人口的比例在36岁以上年龄段的分布呈缓慢递减趋势，至66岁以上年龄段后以小幅上扬结束。农村女性体育人口自波峰(21～25岁)开始，随着年龄段的上升，略呈的“波浪状”变化趋势。这一现象与我们所看到的农村参加体育锻炼的多数人是年轻人的现状是相符合的。

表5-16　福建省农村体育人口年龄构成(5岁组)

年龄组别	总体(%)	男性(%)	女性(%)
16～20	11.8	13.7	3.6
21～25	23.7	25	17.9
26～30	9.2	8.1	14.3
31～35	9.9	11.3	3.6
36～40	9.9	9.7	10.7
41～45	6.6	6.5	7.1
46～50	6.6	5.6	10.7
51～55	6.6	4.8	14.3
56～60	3.3	2.4	7.1
61～65	5.9	5.6	7.1
66岁以上	6.6	7.3	3.6

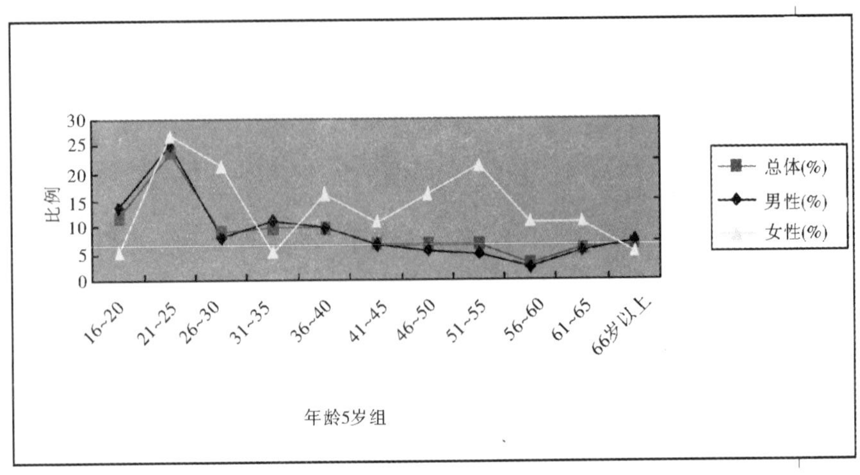

图 5-1 福建省农村体育人口年龄结构(5 岁组)

(三)农村体育人口文化结构

表 5-17 显示了各文化教育层次的农村体育人口的构成。其中具有研究生教育背景的体育人口比例为 0%,大学(含大专)及以下教育背景的体育人口的比例分别为 20.4%、31.6%、35.5%、9.9%和 2.6%。农村体育人口的文化结构大体上呈倒 U 形分布形态。具有大学(含大专)学历及以上的居民在农村社会中显然是极少数,因此,这两个层次体育人口的比例自然就低了。从表 5-17 福建省农村体育人口文化教育构成来看,福建省农村体育人口由于高等教育学历的总人口比例的低下而呈中等受教育水平的文化结构,高中(含中专)和初中文化程度是目前福建省农村体育人口中主力军。与福建省城镇乃至全省体育人口的文化结构特征相似的是:体育人口的比例与文化教育程度呈正相关,即文化程度越高体育人口比率越高,人们参与体育活动程度与文化程度关系十分密切。

表 5-17 福建农村体育人口文化教育构成(%)

文化程度	研究生	大学(含大专)	高中(含中专)	初中	小学	文盲
100	0	20.4	31.6	35.5	9.9	2.6

(四)农村体育人口职业结构

改革开放以来,农民不再是人民公社时代单纯的社员,随着社会分工的更加细化,中国农民已经开始出现较大的职业非农化。从表 5-18 可以看出,农村体育人口中农、林、渔、牧生产人员及生产、运输设备操作人员及有关人员的比例占到最高位52.0%，排列第二、第三位的分别是无职业、专业技术人员这两个职业层次，比例为21.1%和8.6%。其他职业层次的体育人口的比例都较低。可见，近年来我国城镇人口增长快速，农民"市民化"进程加快，福建省农民的职业身份发生了较大的分化，这种分化特征也将随之给农民的生活方式带来结构性变化，并由此形成农民体育人口结构变迁的基础和条件前提。因为人们的职业身份实际上是同许多其他的社会经济因素如收入水平、受教育程度等联系在一起的。这也是社会主义市场经济发展的重要标志。

表5-18　福建省农村体育人口职业结构构成(%)

职业分布	职业构成比例	所占样本的比例
农、林、渔、牧生产人员及生产、运输设备操作及有关人员	52.0	1.9
无职业	21.1	0.9
专业技术人员	8.6	0.4
国家机关、党群组织、企业、事业单位负责人	5.9	0.3
办事人员和有关人员	5.9	0.3
商业、服务业人员	4.6	0.2
其他从业人员	1.9	0.1
合计	100	4.1

三、福建省农村体育人口活动项目选择的特征

调查显示(表5-19)：福建省农村体育人口的体育活动内容呈多元化特征。长走和跑步、足篮排球等球类活动、登山、游泳、羽毛球、乒乓球分别位列农村体育人口体育活动内容选择的前6位。简便易行、经济实惠的体育活动项目在广大农村中深受村民的喜爱。民俗体育是我国也是我省民间传统体育的一个重要组成部分，在福建省农村流行的民俗体育主要有龙舟、舞龙、舞狮等，这些具有民族特色和地方风格的体育项目，反映了不同地区农民生产劳动的场景，构成了不同地域特色文化的多彩画卷，它在农村有着广泛基础。但调查显示：具有传统、地方特色的民间体育活动内容如武术、民间舞蹈等的选择比例及排序都很低，这也从一个侧面反映出民俗体育或传统体育在农村这片土地上的萎缩。

表 5-19 福建省农村体育人口活动项目选择

项目	选中率(%)	排序	项目	选中率(%)	排序
长走、跑步	65.3	1	交际舞体育舞蹈	6.8	9
足篮排球等球类活动	29.9	2	武术	6.8	9
登山	28.6	3	气功太极拳	6.1	10
游泳	27.9	4	台球保龄球	5.4	11
羽毛球	19.0	5	地掷球门球	5.4	11
乒乓球	12.4	6	跳绳	4.1	12
健身器活动	10.2	7	跳民间舞蹈	3.4	13
体操	9.5	8	网球	3.4	13
其他	9.5	8	冰雪运动	0	14

篮球在福建省沿海农村普及率很高，是当地农民最为喜欢的体育项目。特别是在福建闽南地区，不仅富裕的村镇修有灯光球场，而且几乎每个村都有篮球队，他们经常利用民俗节假日开展各类比赛，成为福建省沿海地区农村体育的一道亮丽的风景线。登山和游泳在福建省农民体育活动项目上也呈较高的选择率。这一选择的特点也表征出福建省分属中南亚热带的气候特征，以及依山傍海，素有“八山一水一分田”、“九山伴水伴分田”之称的地理特征，得天独厚的地理特征和气候特征也是使登山、游泳成为福建省农民体育锻炼项目重要选择不可忽视的外在环境因素。值得关注的是，健身器械活动、体育舞蹈等尚属新兴体育活动项目在农村体育人口的选择比例中占有一定的比例。这说明，在城镇化的过程当中，农村人民在涌向城市为自己和城市建设作自身贡献的同时，也引进了时尚的体育活动项目，为农村文化文明的代谢更新注入了新的信息。

四、福建省农村体育人口活动场所选择特征

体育场地设施是实现体育锻炼的重要组成条件之一。调查显示(表 5-20)：福建省农村体育人口活动场所选择前 5 位序依次为：公共体育场所、公园广场、自家体院、单位体育设施和公路街道边。农村体育人口体育活动的场所以公共体育场地设施为主。由于农村的地域、社会经济特征，如收费体育场馆、住宅小区等体育活动场所的选择率较低。从这一点可以看出，发展公共体育场地和设施是满足人们日益增长多样化体育需求、增加体育人口的重要途径和基本环节，这些公共体育场地和设施往往是体育辅导站、活动站开展体育活动的根据地和体育社团开展体育活动挂靠的场所，也是体育人口主要活动的地点，更是农民茶余饭后休闲的主要去处，也是他们进行体育锻炼的理想场地。可见，近年来，在

新农村建设的过程中，一些惠及农民体育的全民健身工程、农民体育健身工程的陆续铺开建设，极大缓解了农村体育场地设施的不足，在一定程度上为满足日益增长的农民体育活动的需求奠定了极大的物质基础，农民参与体育活动的硬件局限得到一定层面的改观。自家庭院成为福建省农村体育人口活动的主要场所之一。这是因为，福建省农村居家建筑风格比较宽敞，并大多数有庭院空地，适合开展一些简便易行的体育活动，特别随着新农村建设的推进，沿海等一些比较富裕农村居民，也在自己的庭院中添置和安装一些体育设施，如乒乓球桌及一些简易的健身器材。

表 5-20　福建省农村体育人口活动场所选择

	男性选率(%)	女性选率(%)	总选率(%)	排序
公共体育场所	35.6	9.4	45.0	1
公园广场	18.8	4.0	22.8	2
自家庭院	18.1	4.0	22.1	3
单位体育设施	16.8	2.0	18.8	4
公路街道边	18.1	0.7	18.8	4
树林、河流、湖泊、草原	12.8	2.1	14.9	6
场院	13.4	1.4	14.8	7
住宅小区空地	8.1	2.7	10.8	8
收费体育场馆	6.7	1.4	8.1	9
其他地点	2.0	1.4	3.4	10

五、福建省农村体育人口活动组织化程度特征

调查显示(表 5-21)：福建省城乡居民体育人口体育活动组织化程度水平较低，与朋友同事一起锻炼(65.8%)、个人锻炼(64.4%)以比较高的选择率高居榜首，有 17.2%的体育人口选择与家人一起锻炼。但不可忽视的是，体育人口参加社区内组织的活动和体育辅导站、俱乐部锻炼组织化程度都处于较低的水平，这与目前农村基层一级的行政管理单位和体育组织如村委会、农民体育协会的行政管理意识、管理职责模糊不清有着极大的关系。同时由于村委会面临着提高村经济、社会建设的任务，加之财政能力薄弱而导致体育活动的组织工作仅停留于口头或甚至遭到遗忘；而有关调查显示，农民体育协会或老人体育协会等基层体育组织很大一部分处于名存实亡的状态。

表 5-21　福建省农村体育人口活动组织化程度

	男性选率(%)	女性选率(%)	总选率(%)	排序
与朋友同事一起锻炼	53.4	12.4	65.8	1
个人锻炼	54.0	10.4	64.4	2
与家人一起锻炼	13.8	3.4	17.2	3
参加单位组织的锻炼	11.6	0.7	12.3	4
参加社区内组织的活动	7.5	1.4	8.9	5
体育辅导站、俱乐部锻炼	2.1	1.3	3.4	6

六、福建省农村体育人口的体育活动动机

(一)农村体育人口体育活动的内在动机

调查显示(表 5-22):为了增强体力和健康、为了提高运动能力、为了散心解闷与消遣娱乐、为了和朋友及同伴的交流为福建省农村体育人口参与体育活动的主要内在动机。福建省农村体育人口参与体育活动不仅表现为强烈而稳定的健身动机,而且精神情绪的改善、消遣娱乐、社会交往也成为他们的重要选择。从这一点来看,一方面表征着,随着农村经济的发展,农村社会环境、文化环境以及农民的生产和生活方式都发生了重大的变化,他们参与体育锻炼的动机不尽相同,并呈鲜明的多元化和个性化的特征。另一方面也显示着体育人口对体育的健身、健心等功效有着较为深入的认识,农村体育人口体育活动的内在动机选择特征并未与城镇体育人口有着明显的差异,反映在社会转型和文化转型的大潮中,在农村生产方式发生转变的过程中,农民的现代思维方式也发生巨大的变化,他们已经开始关注自我的内心世界、关注自身的生存价值,他们强烈感受到关注自我是人类发展的一个必要的环节,自身的身心健康和正常的生理需求都是必需的,寻求自我提高和宣泄内心世界也是必不可少的。而体育运动作为一种最直接和最具显现自我生存价值的一种现代生活方式,随着时间的推移和文化的辐射,成为一部分农民享受人生的方式。

表 5-22　福建省农村体育人口参与体育活动的内在动机

	选中率(%)	排序
为了增强体力和健康	93.2	1
为了提高运动能力	31.3	2
为了散心解闷、消遣娱乐	26.5	3
为了和朋友、同伴的交流	23.1	4

续表

	选中率(%)	排序
为了精神情绪的修养和改善	21.1	5
在学生时代就喜爱运动,并养成习惯	19.7	6
为了美容、减肥、健美体形	9.5	7
感到运动不足	6.8	8
为了增加社会交往	5.5	9
因为体弱多病	4.1	10
陪伴子女参加,使他们能有健康的身体	3.4	11
其他理由	0.7	12

(二)农村体育人口体育活动的外在动因

调查显示(表 5-23):福建省体育人口参与体育活动的外在动因依次为在学校期间对体育爱好、受同事或朋友的影响、受媒介传媒的影响、看体育读物的影响、参加单位体育活动、受家庭成员的影响、受体育明星及名人的影响等。可见,学校体育是群众体育的发动机,在学习期间的关于体育知识、功能、技能的传授对于人们今后参与体育活动奠定了思想和技术基础。然而,我国当前农村学校体育没有发挥应有的作用,导致农村体育明显滞后。一方面是农村尤其是老少边穷的地方体育场地器材匮乏,制约着农村学校体育的开展;另一方面,中国传统的以儒家学说为核心,兼容佛、道、法家思想的极富道德色彩的文化在当今社会经济生活中仍然产生着深远而广泛的影响,反映出重智轻体等僵化、保守的传统习惯和社会心理。农村孩子读书是为了跳出农门,繁重的文化学习加上条件所限制,学校体育活动开展很少。基础教育在新大纲体系中,虽也充分考虑到开展体育活动的地域性和灵活性,却苦于师资缺少而实施艰难。形式活泼的竞技项目在乡村开展困难,好的民族传统项目也面临着后继无人、传承困难的局面……因此,发展农村学校体育是推进农村体育发展的重要途径。

表 5-23　福建省农村体育人口参与体育活动的外在动因

	选中率(%)	排序
在学校期间对体育爱好	48.1	1
受同事或朋友的影响	35.0	2
说不清楚	29.9	3
受媒介传媒的影响	26.1	4
看体育读物的影响	17.7	5
参加单位体育活动	16.7	6
受家庭成员的影响	12.5	7
受体育明星及名人影响	12.3	8

其次,受同事或朋友影响排在农村体育人口参与体育活动外在动因的第二位。这与农村中人们茶余饭后、走门串户等人际来往使得村民的人际关系较城镇来得更为随意和融合有较大关系,因而成为影响他们参加体育活动的重要外在因素。此外,媒介宣传也是影响农村体育人口参与体育活动重要外在动因之一。

七、影响农民不参与体育锻炼的因素

调查显示(表 5-24):"没兴趣"、"缺乏闲暇时间"、"工作负担重,身心疲劳"是影响福建省农民不参与体育锻炼的主要因素,选中率分别高达 53.1%,48.3%和 24.8%。可见,锻炼意识因素、时间因素和工作因素是影响福建省农民不参与体育锻炼的三大核心因素。数据的分布特征符合了当前我国农民生活方式水平不高以及农业生产方式落后的现状。体育兴趣是影响福建省农民参加体育锻炼的第一大因素,是造成福建省农村体育人口低下的核心要素。这一核心要素的形成主要与农民生活的传统习惯、传统观念等历史遗留下来的主观因素存在极大的相关,同时也与目前农村体育发展过程中存在场地设施匮乏、社会体育指导力量单薄、体育氛围(包括宣传、活动氛围)低下等一些"城乡二元"社会发展过程中存在不可回避的客观因素有关。同时,一直以来"劳动即体育"的观念扎根于广大劳动人民心中,认为劳动可以代替体育锻炼,殊不知劳动是机械、重复和单调的;而体育锻炼是有意识的,目的在于增强体质、娱乐身心。同时农民科技文化素质普遍偏低,缺乏对科学文明生活方式以及个人健康知识的了解也在很大层面上影响福建省农民体育兴趣形成及闲暇时间不足的重要原因。

表 5-24　影响福建省农民不参与体育锻炼的因素

	选中率(%)	排序
没兴趣	53.1	1
缺乏闲暇时间	48.3	2
工作负担重,身心疲劳	24.8	3
不懂得锻炼方法	13.5	4
锻炼场地远不方便	13.4	5
经济实力不足	10.6	6
没有体育设施	9.4	7
身体弱,不宜参加体育活动	4.9	8
没有特别理由	4.9	8
学生时代就不爱好体育	3.4	9
其他理由	3.0	10
身体好,用不着参加体育锻炼	2.7	11
怕人讥笑和不理解	2.4	12
体育活动不适合自己的行为特点	1.8	13

此外,“面朝黄土背朝天”,“日出而作,日落而息”的生活,年复一年、日复一日,这似乎是中国农民几千年的写照,是一种辛苦与劳累的象征,是深为人们所熟知的画面。在社会转型和文化转型的大潮中,在生产方式转变的过程中,虽然有一大部分农民已从世代以手工劳动为主转向现代化机械生产,农民劳动的强度已非昔日。但目前留守农村的农业人口大体上都为中老年人群和在校学生,农耕、家务、照看儿孙等多种劳动常年积压在这些留守人群当中,造成他们工作负担繁重,身心疲倦而无暇顾及自我、关注自身的身心状况。

八、小结

1. 至2006年底,福建省农村19岁居民(不包含在校学生)有21.8%的人参加过1次或1次以上体育活动,其中潜在体育人口为17.6%,体育人口为4.2%,其他77.7%的人在这一年中未参加体育活动。

2. 福建省农村男性体育人口的比例占到全省农村体育人口总数中的81.6%,女性体育人口比例为18.4%,性别比为443.5%。反映了农村男女居民在参与体育活动的意识、机会、能力以及结果等方面的不均衡局面。

3. 从各年龄段体育人口的比例来看,福建省农村体育人口的年龄结构属于成年的年轻型;不同性别体育人口在各年龄段的分布比例与总体的分布趋势略有差异。21～25岁年龄段体育人口的比例分别在男女体育人口中占到最高值。

4. 福建省农村体育人口由于高等教育学历的总人口比例的低下而呈中等受教育水平的文化结构。与福建省城镇乃至全省体育人口的文化结构特征相似的是:体育人口的比例与文化教育程度呈正相关,即文化程度越高,体育人口比率越高,人们参与体育活动程度与文化程度关系十分密切。

5. 农村体育人口中农、林、渔、牧生产人员及生产、运输设备操作人员及有关人员的比例占到最高位52.0%,排列第二、第三位的分别是无职业、专业技术人员这两个职业层次,比例为21.1%和8.6%。其他职业层次的体育人口的比例都较低。

6. 福建省农村体育人口的体育活动内容呈多元化特征。简便易行、经济实惠的体育活动项目在广大农村中深受村民的喜爱。而具有传统、地方特色的民间体育活动内容如武术、民间舞蹈等的选择比例及排序都很低。农村体育人口体育活动的场所以公共体育场地设施为主。福建省城乡居民体育人口体育活动组织化程度水平较低。

7. 福建省农村体育人口参与体育活动的内在动机不仅表现为强烈而稳定的健身动机,而且精神情绪的改善、消遣娱乐、社会交往也成为他们的重要选择;而其外在动机主要以受到在学校期间对体育的爱好和受同事和朋友的影响为主。

第六节　新农村建设进程中农村体育发展对策

一、创新农村体育公共产品供给制度

制度是国家的产物，制度创新既是全面创建社会公正的结果，又成为创建社会公正的推动力。[①] 公正不仅表现为一种生活理想，更体现为一种现实的要求。因此，在以国家为生存单位的社会生活中，解决现实社会生活中非公正、不公平的问题，则需政府凭借其垄断权利，通过其强有力调控机制和普遍的具有约束性的法律、法规和政策等制度层面上的改革和创新来展开和生成。维持社会的公正秩序是政府义不容辞的责任，公正的社会生活只有通过合理的制度安排和设计才能实现。[②]

(一)农村体育公共产品供给的调适体制

制度调适是指对制度的调整，并通过对制度的调整来实现对社会的调适，以促进社会生活的普遍公正。[①]城乡社会的发展，实际上是城乡两个系统在经济、社会、人口、空间、生态等基本要素平等交融与协调发展的过程，是一种彼此相互影响，近而创造、维持和改变彼此行为模式的工程。[③] 在现代社会，政府作为社会公平公正的化身，对保障社会公正起着重要作用，如果说初次分配注重效率，二次分配侧重公平，那么政府在二次分配中的重要作用是显而易见的。因此，要从根本上改变农村公共产品供给非均衡的局势，政府必须对原有的制度进行调适。一是从根本上调整现有的国民收入和利益分配的格局，建立起工业反哺农业、城市反哺农村的新机制。世界经验表明：在工业化初始阶段，农业支持工业，为工业提供积累资金的工业优先发展阶段，以及在工业化达到一定程度以后的工业反哺农业、城市支持农村，实现工农业协调发展阶段都带有普遍的发展趋

---

① 唐代兴．公正伦理与制度道德[M]．北京：人民出版社，2003，107～159。

② 高红，朴贞子．中国阶层分化中的社会公正性研究[J]．理论探讨，2006，(3)：136。

③ 陆学艺．“三农论”——当代中国农业、农村、农民研究[M]．北京：社会科学文献出版社，2002，78。

势。因此，对于体制转轨中的中国而言，“工业反哺农业”既是政府的一种再分配行为，也是政府致力于消除经济与社会严重不平等的制度调适。二是以实现两种供给制度的并轨为目标，以坚持城乡供给的统筹为原则，取消现存的农村社会性公共产品制度外筹资方式，实现对农村公共产品制度内供给，对城乡社会性公共产品供给逐步实现统一筹划、统一政策、统一标准、统一待遇，逐步建立起适应中国国情、世界惯例，城乡统一、均衡、公平、公正、平等的新型现代供给产品体制。

（二）农村体育公共产品供给的政策体制

公共政策是指公共领域里的行为规范、准则或指南，是以政府机关为代表的公共权威为解决公共问题或满足公共需要，有意识地采取的积极的行动或不行动。[①] 可见，国家的公共政策取向和公共投入流向对社会各领域、各阶层的协调发展具有举足轻重的作用。历史地看，中国体育举国体制既反映了符合中国国情的特定的发展道路和背景，又反映了人们在特定时期对于优先与兼顾、效率与公正问题的理解和认识。但在经济持续发展、国力日益强大，以及人们快速增长的公共需求与公共服务的严重不足之间的矛盾不断激化的今天，人们不仅对奥运金牌的认识越来越趋于理性，而且对中国体育制度在满足人民对体育的公共需求方面存在先天缺陷的审视也越来越深刻。公民享有均等化的社会性公共产品和公共服务是发达市场经济国家政府的基本施政纲领。因此，随着我国社会的发展，随着社会公正成为社会主义的核心价值取向和中国共产党的执政理念，以及基于协调社会利益机制的立足点，政府和体育行政部门应当站在社会各阶层的整体利益上，以构建和谐社会要求为标准，发挥政府这只“有形的手”作用，深化改革我国体育管理体制，从以往注重竞技体育走向两者之间的“同步化”或“相对平等度”，在公平与效率之间寻找均衡点和最佳结合点，建立合理配置体育公共资源的新制度和公共政策体系。其二，社会成员共享社会发展的成果，既是现代社会文明的标志，也是现代社会进程中的客观需要。有鉴于此，基于社会公正的基本理念和规则，政府和体育行政部门应改变长期以来重城市体育轻农村体育的观念，以政府再分配职能的正当性，通过专门性的农村体育公共产品公共政策的制定，出台农村体育公共产品供给的相关政策和法规，以公共政策所特有的权威性、强制性和持续性确保农村体育公共产品建设资金有稳定的来源，以制度和法规的手段保障农村这一“边缘群体”享有体育公共产品和服务的权益诉求。

---

① 蒋云根.公共管理与公共政策[M].上海：华东大学出版社，2005，130。

(三)农村体育公共产品供给的财政保障体制

公共财政是指在市场经济体制下,政府根据社会公众的集体意愿提供市场机制无法提供的公共产品,以满足社会公众需要的经济活动或分配活动。[①] 因此,对于长期以来城乡二元结构和分税制度改革所导致我国农村体育公共产品财政供给上巨大的历史性欠债和结果。基于公正的社会调剂规则,政府应发挥二次分配调节结果差异的功能,通过公共支出、税费体系和财政转移等体制调整,保证农村及农民共享社会发展和进步的成果。第一,按照事权与财权对等原则,在合理界定各级政府职能权限的基础上,科学规定财政总支出中各级政府可以支出的比例,保证县、乡(镇)政府支配的财力能够基本满足所承担职责的需要;[②]第二,按照公共服务均等化原则,建立起农村公共产品供给城乡投入一体化公共财政体系,并把农村体育公共产品供给纳入国民经济社会发展规划和财政预算体系,实现城乡体育协调发展;第三,按照科学、精简、公正的原则,改革财政转移支付制度。也即,在社会主义初级阶段财政投入有限的情况下,选取某种公众特别偏好和大众性体育公共产品作为试点,由中央和省级政府以财政转移支付方式对该类特殊体育公共产品和服务实行公共财政制度补偿,实现公共财政资源最优配置目标。如国家体育总局根据2006年《中共中央国务院关于推进社会主义新农村建设的若干意见》于2006年在全国范围正式启动的"农民体育健身工程"就是一种很好的财政转移支付制度的佐证。

(四)农村体育公共产品供给的表达和决策体制

社会公正的"公"蕴涵着"公众"的意思,没有公众的参与,很难有公正。公众的广泛参与是社会公正的基础。新中国成立以来,我国逐步形成了一个独特的农村公共产品供给体制。尽管不同时期供给主体、供给决策、供给筹资、供给管理监督等存在一定差别,但"政府代替农民决策"的本质状况却没有发生根本改变,农村公共产品供给的决策主要由各级政府自上而下进行。[③] 但是,由于我国农村地域广阔,自然条件不同,经济社会发展不平衡,体育基础差异大,因而采用

① 余淑均,杨军.农村公共产品供给中的公共财政思路[J].理论月刊,2007,(2):171~173。

② 王学杰.建立健全支持新农村建设的公共财政体制[J].湖南行政学院学报,2006,(5):8、9。

③ 吕云涛,纪光欣.中国农村公共产品供给体制的变迁与走向[J].中共贵州省委党校学报,2007,(1):36~38。

同一力度或同一标准，统一提供标准的农村体育公共产品而忽视了经济发展不同阶段以及广大农民对体育公共产品需求的差异性，必然难以达到理想的效果。因此，如何真实而准确地掌握不同地区、不同经济发展阶段、不同传统习俗农民的对体育公共产品的真实需求就显得尤为重要。而这目标的实现，则需基层体育部门联合科研部门深入农村，开展信息多元化的调查和研究，真实了解农民体育意愿与需求的同时，充分尊重农民话语权，尊重村委会和村民选择，通过“下→上→下”公共产品的需求表达和信息反馈机制，形成“自下而上、上下合一”的政府与农民共同协商与决策的供给体制，做到有的放矢、物尽其用。广大农民的需求表达和决策体制既是社会主义新农村建设“管理民主”的具体体现，社会主义民主政治文明的具体体现，也是广大农民的广泛参与和自治的体现，更是实现社会公正的基础性条件之一。

(五)农村体育公共产品供给的多中心体制

诚然，按照西方经济学的公共产品理论，公共产品的供给主体应该是政府，中央及各级地方政府。它们有义务和责任满足公民公共生活的需要。① 然而，实现社会公正，并不意味着社会利益和资源分配上的完全平均主义。平等强调的是权利与义务的平等、机会的均等；公正的核心是均衡和合理，它注重调剂原则，旨在缩小初次分配中出现的差距，实现社会的整体发展和相对稳定的正常运转。② 因此，在政府目前有限的财力不可能在短期内提供充足的体育公共产品满足农村公共体育发展需要，而我国农村区域经济发展水平极不平衡的现实背景下，政府应采取不平衡投入战略，对于一些经济欠发达地区的农村，政府发挥其强有力的主导作用，承担体育公共产品供给主要责任，保障某种程度的结果平等，避免贫富悬殊和两极分化的进一步加剧，促进贫困地区农村体育的稳定发展，以实现全体社会成员共享社会经济发展成果的社会公正价值取向。而对于一些经济发达、体育消费比较高的农村地区，政府则应创新体育公共产品的供给方式，大力引进民间资本，拓宽农村体育公共产品的筹资渠道，通过制定鼓励政策，如税收优惠政策、赋予冠名权等，依托乡镇企业、农村经济组织、乡村精英等与农村发展有着天然地缘、情缘和文缘联系的优势，广泛发动，构建政府、社会、企业、农村经济组织、农村精英等联合提供的多中心供给模式，促进富裕农村地区体育的快速发展。

---

① 吴新叶.农村基层非政府公共组织研究[M].北京：北京大学出版社，2006，118。

② 洋龙.平等与公平、正义、公正之比较[J].文史哲，2004，(4)：145～151。

(六)农村体育公共产品供给的监督体制

由于现实中基层政府所追求的目标与农民的要求并非完全一致,因此出现以筹集公共资金为目的而向农民提供低质量体育公共产品甚至是虚假服务的不良现象。① 公共体育资源的管理混乱、滥用、挪用,以及资源配置低效、无效、甚至负效,不仅导致农村体育公共产品供给的短缺,而且降低了政府的公信力,影响农村体育的发展,这种现象可部分归咎于对公共体育产品供给缺乏有效监督机制。因此,在市场经济条件下,构建公平的社会秩序,这就要求政府不仅要充当社会利益的代表者,还必须充当社会公平的维护者,以制度建设为中心,强化行政监督,制定和完善农村体育公共产品服务资金的管理制度,实行公开透明的管理机制,专款专用,避免资金被挪作他用。特别要强化社会审计监督,鼓励民间参与,以提高监督的有效性和降低监督成本,及时查处各项违规、违纪行为,消除各种"权力寻租"的土壤,将公共资源的使用置于严格的社会监督之下,建立起农村体育公共产品供给拒腐的健康机制,确保其健康性。

二、建立新农村农民体育发展的长效机制

(一)农村体育健身宣传发动体系

"建设新农村,必须培育新农民"。新农民是新农村建设的主体,也是进行体育活动的主体,没有农民的广泛参与,谈不上农民体育的发展。然而,长期以来,受中国政治、经济、文化、教育、人文地理综合背景影响,以及农民价值取向、生活环境、风俗习惯、教育水平等现实因素影响,广大农民文化素质普遍偏低,体育意识淡薄,价值观念陈旧落后,缺乏对科学文明生活及健康知识的了解。因此,建立健全农村体育宣传发动体系,把体育健身宣传发动作为新农村体育发展的一个重点,是推动新农村体育建设和发展的重要前提条件。如:利用广播、电视、墙报、标语等多种新闻媒介,大力宣传全民健身计划、农村体育有关方针政策、体育锻炼的作用和价值等;通过广泛开展"体育三下乡"活动,面向农村,服务农民,开展"体育健身设施、体育健身指导、体育科普知识宣传"为主要内容的活动,提高广大群众体育健身意识和科学健身知识水平;通过完善国民体质检测点,为农民体育健身提供科学健身依据等;通过健身工程建设以及举办的各种丰富多彩的

---

① 姜自茹,刘莉莉.社会主义新农村建设中的农村公共产品供给制度创新[J].甘肃农业,2006,(11):13、14。

体育活动为契机，营造农村的健身文化氛围等，使广大农民树立“健康就是财富”、“生活奔小康，身体要健康”的新型体育健康观。

(二)农村体育组织与管理服务体系

当前我国农民体育活动大部分由锻炼者自发形成、自主管理，农村居民参加体育活动的组织化程度相当低。因此，发展新农村体育，离不开一个健全的组织体系。其一，把农村体育工作的重心下移到乡镇、行政村甚至家庭。基层乡镇和行政村应当普遍成立全民健身领导机构和工作机构，乡镇要有领导干部分管体育工作，村委会也要有村干部专人负责本村的体育工作。设立乡镇文体工作站，并有专职体育工作人员或专职社会体育指导员的编制，负责乡镇体育工作的开展和行政村体育工作的指导，将体育工作的组织网络延伸到村落。其二，发挥村民委员会的组织作用。2002 年 12 月 12 日颁布的《农村体育工作暂行规定》中第十条要求：“乡镇、居委会应当加强对体育工作的领导，应当为群众参加体育活动创造必要的条件，支持和扶助群众性体育活动的开展。”因此，组织开展农村体育活动是村民委员会义不容辞的职责。特别是目前我国村委会是一个集自治管理、行政管理、社会服务、经营管理于一身的农村“准政府”，具有管理村级经济事务的职能，掌管经济支配，而且贴近农民生活，从这个意义上说，村委会对村级体育工作具有极大的组织管理能力和推动力。其三，不断完善各种体育社团组织，力求每一乡镇、村至少都有农民体育协会和老年体育协会，有条件的乡镇甚至行政村成立农民体育健身俱乐部及单项体育协会。依托体育社团具有的自发性、民间性、非盈利性、互益性和同类相聚性特点，充分发挥体育社团在农村体育发展中的积极作用。总之，新农村体育的发展，要抓好以乡镇为龙头，村民委员会为基础，体育社团为纽带，社会体育指导站或中心为依托，体育项目协会为依靠的组织网络建设，真正建立起纵向到底、横向到边的体育组织网络，使组织工作真正深入到农民中间，真正做到有牌子、有班子、有办公室、有活动经费、有专职干部的组织体系，以及有规划、有活动、有落实、有检查的组织工作力度。

(三)“以农为本”的农村体育内容体系

农村体育活动的开展是农村健康文明生活方式的一种体现，也是新农村、新农民、新风貌的一种展现。因此，农村体育活动的内容选择，一是因地制宜选择农民喜闻乐见、参与程度高的体育活动项目，有效利用健身工程的场地设施，常规性开展篮球、乒乓球、羽毛球、气排球、台球、象棋、武术、气功等体育健身和竞赛活动。二是建立农村“特色”体育内容体系，利用农闲和传统节日，将体育活动与农民的生产劳动相结合，把趣味与常规竞技项目结合起来，如跳绳、踢毽子、拔河、挑水、搬运重物、自行车载重、掰手腕等。三是挖掘和创新民族民间(民俗)传统体育内容体系。我国历史文化悠久、地域辽阔、风俗习惯各异,民族民间体育文化源远流长,各个民族、各个地区存在着很多人们喜爱参与、老少皆宜的传统体育项目,这些项目具有明显的民族文化、地域文化特色,在不同程度上折射出各个民族各个地区的发展轨迹,他们是剖析体育起源和发展各阶段诸形态的活化石。[①] 因此,县、乡、村各级体育组织部门要加强对本地区具有民间性、传统性和地方性体育活动的挖掘与研究,以传统显特色,以特色建精品,以精品推普及。这些根植于地方文化之中的传统体育、乡土体育不仅具有很强的健身价值,而且在农村传统节日中能增添节日的喜庆气氛,丰富村民的精神文化生活,凸显体育文化娱乐在构建和谐农村中的作用,是加快"乡风文明"建设的一条重要途径,同时对继承和弘扬中华民族传统体育文化,保护濒临消失的民族民间传统体育项目也具有重要的意义。

(四)指导员、协管员为主的农村体育骨干体系

自1994年原国家体委以第19号令发布了《社会体育指导员技术等级制度》以来,我国社会体育指导员从无到有迅速发展,我国社会体育指导员队伍人数逐年扩大,已成为我国体育工作者队伍的重要组成部分,但大部分的社会体育指导员主要分布在城市社区和城镇,农村体育健身指导员极其匮乏。因此,在新农村建设的进程中,政府职能部门要相应的研究出台关于加强农村社会体育指导员工作的若干意见,制定中、长远战略,有计划、有步骤地壮大农村社会体育指导员队伍。其一,把农村社会体育指导员的培训纳入到新农村体育发展规划中,充分利用全社会的体育人才,采用由上而下的"三级培训"机制,不断增加农村社会体育指导员的数量,推动农村全民健身活动开展;其二,制定相应的优惠政策,引导和鼓励高校社会体育专业的学生到乡镇等基层组织就业,进一步充实农村体育指导员队伍,提高农村社会体育指导员的综合实力;[②]其三,有针对性地采取定期、定向等多种形式,加大对农村中具有较高文化程度的体育"爱好者"和"热心人"等体育骨干的培训力度,使广大农村体育主体力量的培养能"从群众中来,到群众中去",真正体现"亲农"、"便农"和"近农"的指导思想;其四,结合文化厅"文化中心户"、"文化协管员"建设,整合资源,通过捆绑式的培训,努力将其培养成农村体育的中坚力量。

---

① 周结友,裴立新.全民健身对于推进社会主义新农村建设的功能探究[J].体育科学,2006,26(11):7～11。

② 曹军,于军,陈辉.社会主义新农村建设目标下发展农村体育的思考[J].中国体育科技,2006,42(6):8～12。

第六章　女性主义视野下福建女性体育人口特征

第一节　关于女性主义

从公平与正义的哲学意义上看,谋求妇女解放与发展是人类亘古不变的追求,而变化的只是其主旋律从历史先觉者的“自为”转向了当代人类社会整体的“自觉”。这说明人类的先哲们早已觉察到了人类文化中普遍存在的性别间权利不平等现象。但是,由于生产力水平的限制和男权社会森严的文化壁垒,这些“自为”的女性主义思想既没有形成启蒙运动的文化空间,也没有转变为社会实践的途径,“性别平等”的历史诉求只能以一种社会理想的状态存在。这种“自为”的历史形态随着近代欧洲资本主义的崛起而结束,特别是14世纪以后,经过文艺复兴、宗教改革和启蒙运动的洗礼,妇女作为一个整体逐步打破了物质与心灵的双重枷锁,开始以“自觉”的姿态去实现这一历史诉求。

作为人类性别文化转型的重要潮流之一,女性主义在世界各国已呈现出丰富多彩的形态,并在其广泛的社会实践基础之上,呈现出开放多元的理论建构格局。女性主义者力图通过教育来实现女性的自我解放进而直接参与人类文化转型,通过思想和文化而不是战争与暴力来达到改变人类现状并使之变得更美好的目的,因而,女性主义对于构建和谐社会具有重要意义。女性主义思想的多样性不仅为我们理解妇女受压迫的根源,理解性别歧视与其他危害人类的各种偏见提供无限开阔的思路与启示,也为我们所生活的多元文化时代提供了对自我与他者关系的最丰富的思考。

一、“女性主义”概念的界定

“女性主义”这一概念由英文“feminism”翻译而得来,它源于法国,意同于妇女解放。有人认为:“女权主义理论就是对妇女屈从地位的批判性解释。”20世纪初中国知识分子引进“feminism”一词时,译为女权主义,这是根据当时西方妇女运动主要以争取妇女参政权的特点译出的。第四次世界妇女大会后,研究者认识到原来的概念不能涵盖当代西方妇女运动及理论的发展变化了,当代西方妇女运动已远不是一场简单的女性向男性争取权利的斗争,而演变成力图改变以男子为中心的文化和社会体制,从而达到改变社会性别关系、使男女都能全面发展的运动。因此,“feminism”被赋予了新文化的政治内涵,仍用“女权主义”便显得狭隘过时,“女性主义”则因其强调女性的视角显得比较宽泛灵活而取代了“女权主义”的翻译。

《英汉妇女与法律词汇释义》的界定是:“女权/女性主义作为一种理论与实践,包括男女平等的信念及一种社会变革的意识形态,旨在消除对妇女及其他受压迫群体在经济、社会及政治上的歧视。”目前,国内学术界多用“女性主义”并认同上述界定。有学者提出,准确把握女性主义的含义,还需要把握社会性别的概念。随着妇女解放运动的发展,西方女性主义者发现,男女不平等的原因不在于生理性别(sex),而在于社会性别(gender),主张把生物学意义上的性别同由社会文化建构的性别角色区分开来,认为女性主义和社会性别二者是一体多面的统一:前者是关于男女平等的信念,旨在消除对妇女及其他受压迫社会群体的各种歧视;后者是关于歧视和不平等产生的根源及实现平等的分析方法。

二、女性主义运动

西方女性主义运动又称女权运动,是资本主义国家妇女在政治、经济、文化、教育各个领域争取男女平等,争取改变女性受压迫社会地位的一种理论和运动。女性主义运动最早作为一种妇女解放运动产生于19世纪的法国,后来相继在英美等国及世界范围内流行开来,其实质是否定和批判男权文化所赋予女性的“女人味”或“十足的女性气质”,它“充溢着反传统的所指和能指”,不仅包括初期女权运动争取各种政治权利的社会斗争,而且包含着在法律、教育和文化领域内批判与构建的理论研究。[①] 两个世纪以来,世界经历了两次女性主义运动的浪潮。女性主义运动的第一次浪潮发生在19世纪下半叶到20世纪初,女性主义运动的第二次浪潮是在20世纪的60—70年代(有学者认为在60—80年代)。

---

① 倪志娟.女性主义研究的历史回顾和当代发展[J].江西社会科学,2005,4:135。

(一)女性主义运动的第一次浪潮

1. 运动的兴起

在欧洲大陆，女性运动的源头一般认为来自法国大革命自由平等思潮的影响。18 世纪 90 年代，巴黎出现一些女性的俱乐部，她们要求教育权和就业权，著名女性活动家玛丽·戈兹(Maric Gouze)代表她的俱乐部发表了第一个“女权宣言”，主张自由平等的公平权利不能仅限于男性。她在法国大革命后期遇害，女性俱乐部也被解散，在以后的年代中，女性组织一再重组，但总是遇到男权社会的敌意，有时甚至暴力的冲突。

1848 年 7 月 19 日，在纽约州塞尼卡·福尔斯村的韦斯利安卫理公会教堂，召开了美国第一届女性权力大会。会上通过了《权力和意见宣言》，大会的主要组织者是废奴运动的积极参加者，后被人称为“女权运动之母”的莫特(Lucretia Coffin Motl)、斯坦顿(Elizabeth Cady Standon)和安东尼(Susan B. Anthony)。有历史学家认为，这次大会的召开标志着美国女权运动的开始。①

1859 年，英国第一个女权组织“郎汉姆女士”(Ladies of Langham Place)成立了“促进女性就业协会”。女性运动第一次浪潮中最著名的领导人是奥斯通克拉夫特(Mary Wollstonecraft)。她是第一代女性运动的活动家，她提出两性充分平等的要求，包括两性平等的公民权和政治权利，反对贵族特权，强调男女两性在智力和能力上是没有区别的。她主张女人应当不再受制于她们的身体以及由身体所带来的情感。她的名著《女权辩护》成为女性运动的经典。她在《为女权辩护》一书中为女性要求工作权、教育权、政治权和投票权。② 她的思想就像一道闪电，照亮了漆黑的夜空，在当时沉闷的性别秩序中产生重大的影响。

值得 提的是，在女性运动第一次浪潮中还有两位重要代表人物。一位是泰勒(Hairiet Tailor)，其代表作是《女性的选举权》；另一位是穆勒(John Stuart Mill)。穆勒是女性主义运动第一波时最著名的女性主义男性学者，他于 1869 年出版一部以“女性的屈从地位”为题的著作，提出了女性没有理由被排除在领导职位之外，并提出只有女性有了选择自由之后，才能知道她们的“自然”能力是

① 李银河. 女性主义[M]. 济南：山东人民出版社，2005，16。

② 奥斯通克拉夫特(Mary Wollstonecraft)，卡罗尔· H. 波斯顿(Garol H. Poston)编辑. 女权辩护(A Vindication of the Rights of Woman)[M]. New Yoort: W. Norton, 1975, 60。

什么样的。[①] 这两部著作也被视作女性主义的经典之作。穆勒的女性主义思想是当时自由主义思想家能够达到的最高境界。他身为男性，本已享有这个特权阶层的一切便利，却能够为当时很难发出自己声音的弱势群体仗义执言，十分难能可贵。他写于100多年的著作至今仍被人们提及并译成各种文字介绍到世界各地，有力证明了他思想所蕴涵的巨大生命力。

但由于19世纪工业革命刚刚起步，人类社会的经济、文化未发生根本的变化，在女性权利的问题上还只是热衷于一些抽象原则的慷慨陈词。进入20世纪以后，女性人权才开始法制化、成型化。1915年，英国女性协会成立。第一次世界大战期间，女性协会在各国如雨后春笋般涌现出来，女性运动的第一次浪潮至此进入高峰期。西方的妇女人权经历了一个漫长的法制化过程。以选举权为例，美国妇女直到1920年，英国妇女直到1928年，法国和德国的妇女直到40年代才争得了平等的选举权。

2.运动的目标

女性运动第一次浪潮的第一个目标是为女性争取选举权。尽管在这一过程中遇到强大的阻力，但女性运动争取选举权的斗争还是取得了成功：第一个为女性争得选举权的国家是新西兰，那是1894年；第二个是澳大利亚。1914年，芬兰和挪威女性取得选举权，其他欧洲国家女性大多在第一次世界大战后取得了选举权。在美国，最早取得女性选举权的是怀俄明州(1868年)，其次是犹他州(1870)，直到1920年8月，美国女性才获得完全的选举权，这一权力被载入美国宪法的第19条修正案。[②]

女性运动第一次浪潮中的第二个争论焦点是：女性应不应该有教育的权利，应该受什么样的教育。各国女性纷纷提出实现受教育权力的要求，女子学校大量涌现，很多女童直接进入原来只收男童的学校。[③]

女性运动第一次浪潮的第三个焦点是女性就业问题，尤其是已婚女性的就业问题。在19世纪，一种被人们普遍接受的观念是：女性赋有与男性不同的特殊素质，比如生育和抚养子女就是女人的天性，因此女人的天职就是留在家里生育和抚养儿女。许多希望出来工作的女性对于必须在工作和家庭中选择一项感到不公平，她们提出，男人可以同时拥有工作和家庭，为什么女人就不可以？这个时期的女性主义提出：为了经济独立，所有女性都应当在劳动市场上与男性作

① 约翰·斯图尔特·穆勒，哈丽雅特·泰勒.性别平等论文集(Essays on Ser Equality)[M].艾里斯·S.罗西编辑. Chicago: University of Chicago Press, 1970, 95。

② 李银河.女性主义[M].济南：山东人民出版社，2005，19、20。

③ 李银河.女性主义[M].济南：山东人民出版社，2005，19、20。

自由平等的竞争，争取同工同酬。①

3.各国女性运动的特色

在女性运动的第一次浪潮中，女性运动的各种力量之间存在着策略与意识形态上的分歧，各国的女性运动也有着各自的特点和差异：在英国，女性运动与工会运动相呼应，同时女性主义一直同马克思主义保持着密切关系，女性运动的目标是争取福利立法，保护女性儿童权益、争取男女同工同酬，但她们的斗争并未立即获得成功，而是经过反复斗争才取得进展的；在美国，女性运动不仅不具备英国以上的特点，其主要目标是争取平等权利立法；而澳大利亚女性运动则具有两者兼备的特点；20世纪初，德国女工运动的声势较西欧其他国家更强大，是女性运动的先锋；奥地利、捷克、匈牙利、荷兰、西班牙女工运动的一个共同特点是积极参加选举，参与政治；在俄国，中产阶级女性提出了与西欧女性运动相似的口号，那就是开展女性教育，主张女性就业，要求在法律上和选举权上男女平权。

19世纪末20世纪初，中国女性运动的主要内容有：女子参政权；兴办女子实业；争取女子社会权利，如放足、剪发、入学与婚姻自由等。然而，说到中国近代女性的觉醒，不能不提及西方教会在中国办女学的影响。据不完全统计，从1844年英国东方女子教育协会在宁波开办第一所教会女学以后，基督教、天主教等教会陆续在京都、江南一带开办女子学校近300所，学生人数达5 000人。我国近代第一所国人自己办的女校是1898年经元善在上海创办的经政女学。1902年，蔡元培等在上海创办爱国女学。可见，中国的女性解放运动就是从兴女学开始的，女子受教育无疑是中国女性觉醒、摆脱传统女性生活方式的第一步。女性问题向来都是同阶级问题一起被提起的，女性解放一向被认为是阶级解放的一部分。最有代表性的人物是著名的女性运动领袖秋瑾和宋庆龄。而早在1922年，中国共产党的第二次代表大会就制定了关于女性问题的第一个文件——《关于女性运动的决议》，其中也表达了女性运动是革命的一部分的思想："女性解放是要伴着劳动解放进行的，只有无产阶级获得政权，女性才能得到真正的解放。"②

（二）女性主义运动的第二次浪潮

1.运动的基调

女性主义运动第二次浪潮的主要目标是批判性别主义、性别歧视和男性权

---

① 李银河.女性主义[M].济南：山东人民出版社，2005，19、20。

② 李银河.女性主义[M].济南：山东人民出版社，2005，23～25。

力，当时虽然女性有了选举权、工作权和受教育权，但是表面的性别平等掩盖着实际上的性别不平等。这次女性运动的基调是要消除两性差别，并把这种差别视为造成女性对男性从属地位的基础。女性运动要求各个公众领域对女性开放，缩小男性与女性的差别，使两性趋同。当时的女性主义者认为，女人应当克服自己的女性气质，努力发展男性气质，其中包括攻击性和独立性；她们不赞成母性是与生俱来的，也不赞成女性在道德上天生高于男性；她们否定女人缘与做母亲的经验使女人在性格上与男人有了根本的差异这一论断，而是认为许多男人也很温柔，甚至更爱照顾人，这些特征和气质不是先天遗传，而是后天培养的结果。①

在女性运动第二次浪潮到来之前，也就是在两次女性运动之间，波伏瓦（法国）是女性主义唯一的声音。她于1949年出版的《第二性》一书后来成为女性主义的圣经。在这部著作中，波伏瓦用大量的哲学、心理学、人类学、历史、文学及轶事材料证明：女性自由的障碍不是由其生理条件，而是由政治和法律的限制造成的。她的最广为人知的观点就是：一个人并非生下来就是女人，而是变成女人的。波伏瓦与马克思主义一样，并不把女性的解放运动当作一种非历史的行动，而认为，只有在现代的生产形态下，女性才能释放其自由自主行动的全部潜力。她提出三种女性解放的途径：第一，女性只有到社会上去工作，才能掌握自己的命运；第二，成为知识分子；第三，争取社会进行社会主义改革，以最终解决主体与客体、自我与他人的冲突。② 尽管有人从不同的立场批评波伏瓦用个人主义的办法来解决集体问题，忽视了工人女性和农民女性问题，但是她的《第二性》一书在女性主义和女性运动中的经典地位是毋庸置疑的。

自第19条修正案通过之后将近40年里，女性主义在美国一直处于冬眠状态。其后，大约在1960年左右，女性主义者的新一代宣布：为了得到充分的解放，妇女需要经济上的机会和公民的自由。在这些女性主义的行动者中有贝·弗里丹(Betty Friedan)，她是“全国妇女组织”的创始人之一，也是这个组织的第一任主席。1963年她的《女性的奥秘》成为女性运动第二次浪潮兴起之时对当时女性心中所想的事情的最杰出的表达。到1970年时，这本书在英美两国已销到100万册以上，此外这本书还有各种文字的译本。它是美国自由女性主义的代表作，它的千言万语如果用一句最响亮的话语来概括就是：对家庭主妇的形象说一声“不”！

---

① 李银河. 女性主义[M]. 济南：山东人民出版社，2005，23～25。

② 西蒙娜·德·波伏瓦(Simone de Beauvoir)，H. M. 帕什利(H. M. Parshley)翻译、编辑. 第二性(The Second Sex) [M]. New Yoort：Vintage Books，1952，29。

2.运动的规模与特色

女性运动的第二次浪潮规模宏大,涉及了各主要发达国家。到20世纪70年代末期,仅英国就有9 000多个女性协会,美国、加拿大也涌现出大量女性组织。如1966年美国全国女性组织成立,弗里丹任主席,这一组织成为西方最大的女性组织。到80年代末,美国女性组织已拥有15万名成员,176个分会。①对女性运动产生重大作用的当属1979年第34届联合国大会通过的《消除对女性一切形式的歧视公约》,这是女性运动的一个重要文件和里程碑,在它的影响下,许多国家陆续成立了有关机构,从事维护女性权益事宜。如前苏联和东欧国家大都是由党政部门统筹管理,西方和第三世界则在政府内外分别成立相关机构。在这些机构的努力下,一些国家修改了宪法和法律。如,挪威的"男女工作平等法案"于1980年开始生效,墨西哥于1979年修改了80个法律,去掉了原条款有关歧视女性的内容等。概括地说,女性运动第二次浪潮使女性在社会生活各个领域所有指标上迅速与男性接近,这些指标不仅包括参政、就业、教育等直接反映女性社会地位的公共领域指标,也包括那些间接反映女性社会地位的私人领域指标,如家务劳动的分担,性行为方式,等等。②

三、女性主义流派

女性主义理论阵营中流派繁多,主张各异,但是它们却有着一个共同的目标,那就是消灭两性间的不平等关系,归根结底就是一句话:在全人类实现男女平等。在两次女性主义运动浪潮中,形成了四个传统的女性主义流派:自由主义女性主义、激进女性主义、马克思主义女性主义与社会主义女性主义。20世纪70年代初至90年代中期,在联合国主持下召开了四次世界妇女大会,加强了对女性主义理论的研究。这一时期,西方资本主义进入后工业化社会,女性主义与后现代主义、生态主义、心理分析主义等现代思想相结合,形成新的流派,主要有后现代女性主义、心理分析女性主义、生态女性主义等。

(一)自由主义女性主义

自由主义女性主义发端于16世纪的英国和法国,它直接受欧洲启蒙思想的浸润,在卢梭的《社会契约论》、法国的《人权宣言》以及富兰克林的《独立宣言》熏陶下成长起来。其基本理论观点是:理性、公正、机会均等和选择的自由。它直

① 李银河.女性主义[M].济南:山东人民出版社,2005,31。

② 李银河.女性主义[M].济南:山东人民出版社,2005,36。

接面对的严酷现实是女性被全面排除于社会生活之外，它为将女性包括进社会生活奋斗了200多年，从18世纪到20世纪60年代，女性运动的主导倾向是跟随着自由主义传统的，它关注女性的个人权利和政治、宗教自由，女性的选择权和自我决定权。法国革命的“自由平等博爱”口号、美国革命的“人人生而平等”口号是自由女性主义的主导思潮，生命权、自由权和追求幸福权的诉求也是自由女性主义的主要诉求。自由主义女性主义的主要代表人物是玛丽·奥斯通克拉夫特、约翰·斯图尔特·穆勒和贝蒂·弗里丹。

自由女性主义提倡理性和公正，在一定程度上有利于社会正义，它揭示着男女不平等的现实及原因，并建议从教育、就业和法律等各方面赋予女性以权利，使女性与男性拥有平等的机会和权利。[①] 这在理论上和实践上都具有积极的意义。但自由女性主义的主张仍受到不少的批评，主要集中在：自由女性主义的人性观视男人和女人都是理性的、独立的、竞争的，一方面否认了感性和女性特质存在的意义，另一方面忽视了人类社会抚养孩子的合作和互助性质；自由女性主义不承认非性别形式的其他种类的压迫，尤其不承认阶级压迫的存在；自由女性主义不承认女性与男性存在的差异，忽视了女性在生理上弱势，不利于对女性进行保护；自由女性主义未能认识到父权制社会的本质，所提出在政治、教育、法律等领域的平等，但未向权力的性别概念挑战，未能触及资本主义的社会根基；等等。

(二)激进女性主义

激进女性主义产生于英国、法国和美国，是女性主义理论流派中发端较晚的一支，到20世纪60年代才发展成为较系统的自我认定理论。激进女性主义最主要的理论建树是父权制理论，它非常强调自己的理论是关于女性的理论，是完全由女性创造出来的理论，又是为了女性而创造的理论，并宣称自己一派的理论“完全没有父权制的痕迹”。其基本理论观点是：性别压迫是其他压迫的基础，父权制是妇女受压迫的根源，父权制度的主要支柱是“性政治”；在关于生育和抚育的观点上，认为女性受压迫和男女不平等是由性别和生理差异造成的，女性要从这种生理压迫中解放出来，就必须进行现代技术革命和生物革命；在关于恋爱婚姻模式上，认为现存的占主流地位的异性恋理论，是以男性为标准的，激进女性主义者反对这种男性本位观，提倡女性认识自身的优越性和合理性，建立有别于

---

① 贝蒂·弗里丹(Betty Friedan). 女性的奥妙(The Feminine Mystique)［M］. New Yoort：VDell，1974，362。

以男性为标准的而以女性为标准的本位观；等等。① 激进女性主义的主要代表人物有凯特·米丽特、杰曼·格里尔和舒米拉斯·费尔斯通。

激进女性极其关注生理对女性造成的束缚，具有一定的历史意义，但它过分强调女性与男性是截然对立的，这种偏激的理论取向受到不少学者的批评和抨击。它忽略了女性受压迫的其他社会原因，忽略了政治、经济、教育、文化、观念对女性的综合作用，无法全面揭露女性受压迫的真正根源；它倾向于从男性身上寻找出问题，甚至把男性当作女性处于压迫地位的对立面，不能充分利用男性的力量来解放妇女，削弱了妇女解放的力度。激进女性主义的观点虽然能为实践提供一定的帮助，但其出发点是女性本质主义，对女性从属根源和两性关系认识偏激，从而不可能从根本上改变女性受压迫的处境。

(三)马克思主义女性主义

马克思主义女性主义是在审视马克思主义的基础上产生的，并分为古典马克思主义女性主义和非古典的马克思主义女性主义。古典马克思主义女性主义是以马克思主义的经济决定论和阶级压迫为唯一标准来分析女性受压迫的根源，与马克思主义的妇女观有一定的相同之处，但研究的侧重点是不同的。前者把妇女解放置放于人类解放中的一个次要地位，后者则把女性的解放置于社会发展的主流层面，其目标直接指向妇女解放，而且把马克思关于经济决定论、异化理论、两种再生产理论运用于家务劳动和劳动市场，从而构建了关于家务劳动的价值理论和劳动力市场的性别分工体系理论。② 其主要的代表人物有波伏瓦、盖尔·卢宾等。非古典的马克思主义女性主义是在批判古典马克思主义女性主义基础上发展起来的，它摒弃正统的马克思主义政治经济学家机械接过马克思、恩格斯关于资本主义性质的论述的做法，而是挑战了马克思主义关于生产、再生产理论和阶级关系的论述，进一步丰富和发展了马克思主义理论。它的理论贡献主要包括：资本主义的建立和发展并非仅靠所谓阶级的公共的“家外劳动”，即市场劳动的贡献，同时也包括妇女的、私人的“家内劳动”的支持；一切生产，包括家庭领域的生产，也是社会性的；家务劳动也是直接为资本主义经济发展作贡献的活动；家庭劳动和市场劳动是紧密相连的，而不是截然分开的。③ 其

---

① 凯特·米丽特(Kate Millett). 性的政治(Sexual Politics) [M]. New Yoort：Crvoe Press，1970，178。

② 叶文振主编. 女性学导论[M]. 厦门：厦门大学出版社，2006，60。

③ 玛格丽特·本斯通(Margaret Benston). 妇女解放的政治经济(The Political Economy Women's Liberation) [J]. 每月评论(Monthly Review)，1969，21(4)：16。

主要的代表人为玛格丽特·本斯通。

(四)社会主义女性主义

社会主义女性主义是在马克思主义女性主义基础之上,并受激进女性主义的影响而发展起来的。因此,学术界也常常把社会主义女性主义纳入马克思主义女性主义的流派范畴。社会主义女性主义的理论基础是历史唯物论,其基本的论点是:物质生活塑造人的意识,经济制度决定上层建筑。它认为男权和阶级双重压迫构成了妇女压迫的基本社会形式,父权制和资本主义的双重压迫才是女性处于从属地位的根源,为了达到妇女的彻底解放,不仅要改变经济基础,还必须推翻无处不在的父权制。它主张将女性主义的斗争融入反对资本主义的斗争中,认为只有改变整个社会结构,真正的性别平等才有可能实现。女性问题在工人运动、社会民主运动和马克思主义运动中将得到根本的解决,女性解放的主要的途径是进入社会主义劳动市场。① 其主要的代表人物有朱丽叶·米切尔、海迪·哈曼特、艾里斯·扬。

可见,社会主义女性主义综合和扬弃了马克思女性主义和激进女性主义的观点,不但批判了经济一元论的片面性,而且提出了女性受压迫的根源在于资本主义和父权制,使女性处于从属地位的主要原因更加明朗化。但是由于社会主义女性主义过于强调女性解放与无产阶级解放的一致性,忽略了女性的特殊要求和利益。在这一理论的引导下,在中国社会主义革命当中,女性主义理论一直被排除在革命的主流话语之外,女性的特殊问题和特殊利益一直处于隐而不彰的地位。

(五)后现代女性主义

在女性主义四大主要派别长达百年的争论之后,20 世纪 60 年代,随着西方国家进入后工业化社会,后现代主义思潮的出现,打破了自启蒙时代以来人类所信奉的"客观"、"真理"和"公正"等概念,对现代的文明和理性进行了批判。受后现代主义思潮的影响,在传统的女性主义者内部分化出了一部分后现代女性主义者,她们放弃对女性解放具体目标的追求,而是尽心去解构社会意识、思维习惯以及男权思想对女性主义的影响。其理论观点主要有以下几个方面:对二元思维及人的主体性的解构,打破"罗格斯中心主义"和"消除语言中心主义",消除所存在的关于主体和客体、心灵和身体、本质和现象、自为和自在、意义和文本、

① 朱丽叶·米切尔(Juliet Mitchell). 妇女地位(Woman's Estate) [M]. New Yoort: Pantheon Books,1971, 100。

男性与女性等对子的二元对立；对男性话语即权利的解构，认为语言是控制着文化和主体思维方式的力量，要推翻父权制控制，就要从语言批判开始；对普遍主义的解构，建立一种差异和多元理论，反对宏大理论体系，更加关注差异，关注文化、历史的特殊性与多元性；对传统女性主义的理论进行解构，认为生物学上的性别是不存在的，只存在社会性别，强调了“性”范畴本身就是一个社会性别化了的范畴，带有很强的政治色彩，并被政治性地自然化了，但它本身却并不自然；①等等。其主要代表人物是雅克·拉康、雅克·德里达、埃莱娜·西苏、露丝·伊丽格瑞、茱莉亚·克里斯多娃、福柯等。

可见，后现代女性主义的理论观点丰富了传统女性主义理论，引发人们对两性关系及女性生存状况的思考，解构了男权传统的意识形态，为女性确立自身主体性和权利创造条件。但由于其运用后结构主义的解构观，势必存在以下困境：强调个体差异与强调女性群体利益之间的矛盾；女性主义者不但消解男女两性的二元格局，而且对女性主义的一些理论体系进行解构，这使得解放父权制这一目标变得越来越困难；陷入了解构和建构理论的矛盾中。

（六）心理分析女性主义

心理分析理论是当今世界影响最大的心理学理论之一，它的主要创始人是奥地利精神学家弗洛伊德，他关于两性发展的理论是其学说中最重要的组成部分，他的学说强调“解剖即是命运”的本质观点，不但在心理学界奠定了看待女性的错误观点，也影响了其他学科对女性的正确认识，造成极其不利的影响。② 女性主义运动的兴起，必然把矛头指向心理分析理论，以消除心理学界认知障碍和谬误。主要代表人物有贝蒂·弗里丹、朱丽叶·米切尔、卡罗尔·吉利根、内尔·诺丁斯等。这些女性主义者通过对父权制的心理分析、女性道德观的心理研究、女性角色的心理研究，以及通过批判传统心理学的男性中心论，提出以女性为中心的方法论等领域的研究，他们不但批驳弗洛伊德精神分析学上对女性不正确的观点，而且在此基础上也发展了自己的理论学说。

由此，作为女性主义重要流派的心理分析女性主义不但修补了以男性为中心的传统心理学的不足，而且还弥补了心理学中缺乏女性角色的不足，凸显了女性的主体性，构建了女性独特的认识论，丰富了心理学理论和女权主义理论。当然，从心理学的角度来分析女性问题也遭到很多激进女性主义者的强烈批评。

---

①　雅克·拉康（Jacques Lacan）. 文选（Ecritsw：A Selection）［M］. New Yoort：W. W. Norton，1977，64。

②　叶文振主编. 女性学导论［M］. 厦门：厦门大学出版社，2006，66。

她们认为心理分析基本上是一种男权制的话语，女性主义不应该借用心理分析的任何理论，而应当对它采取全面批判的态度。

（七）生态女性主义

20 世纪 60 年代，西方社会刮起了生态和环境保护之风，绿党政治、商业生态学、生态政治等概念应运而生，在此生态大合唱中，也少不了女性主义的声音。1974 年弗朗索瓦·德·埃奥博尼在她出版的《女性主义或死亡》一书中首创提出生态女性主义一词，并表达这样的观点：对妇女的压迫与对自然的压迫有着直接的联系。她试图提醒人类重新认识人与自然的关系，号召妇女领导一场生态运动。在此后的十年间，世界上出现一系列生态灾难，不但恶化了妇女和儿童的生存，而且还危及整个人类的生存环境。因此，生态女性主义在这种社会背景下产生并日益壮大。它是社会环境运动和女性主义运动相结合的产物，它既是一种女性主义理论，又是一种生态伦理学，同时也是一种多元的文化视角。其观点主要为：强调女性与自然界的联系；肯定了女性在自然界中的独特立场；批判男性的统治伦理观，肯定女性的价值观；颠覆压迫自然与女性的父权制意识；对西方现代化及其过程中出现的殖民主义、帝国主义进行反思及批判。① 其主要代表人物有卡伦·沃伦、瓦尔·普鲁姆伍德、卡洛琳·麦西特、阿尔·萨勒等。

作为 20 世纪 60 年代以来的一支理论流派，生态女性主义把自然生态与性别进行联系的观点正日益渗透到哲学、宗教、文学、经济学等领域，成为绿色浪潮和生态学术中不可忽视的一支流派，在人类环境保护中作出一定的贡献。② 但由于生态女性主义者过分赞美女性本质、过分推崇人类中心论和极端地将发展作为西方男权主义的举措加以猛烈的抨击，具有强烈的激进女性主义的特征，从而也遭到学术界的强烈批评。

四、中国女性主义研究

“五四”运动以来中国的妇女解放运动以及 20 世纪 80 年代的妇女研究高潮是我国女性主义研究的两个重要时期。前一个时期主要是立足当时中国妇女地位极其低下，我国知识分子借助“五四”新文化运动契机，大量引入西方妇女解放的论著译介来传播女性解放的思想。他们曾以摧枯拉朽的战斗精神讨伐封建主

① 卡伦·J. 沃伦(Karen J. Warren). 生态女性主义的力量与承诺(Ecological Feminist Philosophies) [M]. Bloomington: Indiana University Press, 1996, 20。

② 叶文振主编. 女性学导论[M]. 厦门：厦门大学出版社，2006，71。

义"男尊女卑"、"父权"等附属文化核心思想及制度。但由于当时的中国的政治黑暗远远大于男权的压迫，所以政治救亡必然取代了性别思想启蒙，使得当时的女性研究更多侧重于女性在救国中的地位和作用。新中国成立以来，中国女性地位得到前所未有的重视，但也由于阶级斗争、妇女的"阶级翻身"革命等原因，使得我国女性主义的研究无论是从学理上的创新，还是在实证上的研究一直处于滞后的状态。直至20世纪80年代中后期，伴随着当时思想界、学术界"文化热"的兴起，中国妇女主体意识和群体意识自发崛起的运动出现了，女性从业问题、妇女研究、妇女教育兴盛、女性主义的理论、女性的社会问题等受到学界和政界前所未有的关注。

随着工业化、城市化、全球化和西方化的出现，一批学者一边清理新中国成立以来所接受的正统理论，一边将西方女权主义直至女性主义理论大量译介到中国，对中国女性地位的研究也形成了这样或那样的影响。不仅中国妇女的社会参与加强了，而且还诞生了"国务院妇女儿童工作委员会"，这对自觉提高妇女的地位、实现妇女主体意识和女性群体意识的觉醒提供了有力的保障。20世纪90年代以来，许多学者更是在理论上大胆突破禁区，打破正统理论的思维框框，不仅大胆质疑传统的妇女解放理论，同时还采用田野调查法深入到不同地区、不同族群，从实证的角度多方面多领域对妇女婚姻、妇女社会地位的历史变迁等问题，提出了中国性别与历史文化变迁的关联模式等。这些富有理论和实证层面上的创新研究，都推进了中国妇女问题的认识深度。

第二节　体育与女性主义

一、体育中的女性体育

(一)古代体育运动中的女性体育

在母系社会中，妇女是很能干的，相传3 400多年前，在地中海地区妇女不仅从事一些日常生活中的劳动，还参加斗牛，在古希腊传说中，妇女参加一些男人参加的活动，像骑马、狩猎、游泳和赛跑等。在古埃及由原始部落向文明古国转变的时候，法律规定，体育运动正式列入教育课程，那时的体育运动包括体操、摔跤、举重、游泳和球类运动，还有各种舞蹈，女子经常参加这些运动。古代黄河流域也曾有过男女同等参加体育运动的权利，魏晋南北朝时期，不仅男子善射，女子也善射，北魏广平人李波小妹尤善骑射。[①] 男女不平等性别歧视是人类社会发展到一定阶段产物。当人类社会进入父系社会以后妇女的社会地位发生了变化，由此妇女参加体育运动的权利也被剥夺了。[②] 诸如“男尊女卑”（语出《周易》）、“男主外，女主内”（语见《大易通解》）、“女子以弱为美”（源自班昭《女诫》），与“女子无才便是德”（参见《易酌》）等说法，确实对中国的女性影响深远，也已发展成多数人根深蒂固的观念。[③] 南唐以后，女孩很小就被要求缠足，严重摧残了妇女的身心健康，最终将妇女拒之于体育的大门之外。中世纪的妇女参加体育运动被看作是“疯子”，绵延两千多年的中国封建社会更是对妇女要求森严，三纲五常、三从四德束缚了妇女的个性解放，《本命解》中曾写到“教令不出闺门，事在供酒席而已，外之非仪也”。

（二）古代奥运会中的女性体育

奥林匹克运动的起源从有文字记载的历史可以追溯到公元前776年。但在此之前，古奥运会可能已经存在了几个世纪。公元前776年历史上第一个有组织的奥运会在雅典以西320英里处的一座名叫奥林匹亚的城市举行。运动会每4年举办一次，只向自由出生在希腊的男子开放。至公元394年止，经历了1 168年，共举行了293届。女子被禁止进入体育场，长期以来研究者推测，妇女被排除在古代奥运会之外是有一定的宗教因素，就是所有竞赛项目都是裸体进行的，因此担心妇女会亵渎神灵。据说，古代奥运会严格禁止妇女参加或者观看比赛，悄悄溜进竞技场的女性受到被从高高的山崖上扔下去的处罚。[④] 历史上除斯巴达城邦以外，古希腊的大多数妇女都受到歧视。但是妇女并没有完全被这些法规所吓倒，勇敢的女性敢于向不平等挑战，要求与男人享有同样的权利，公元前440年，Allipateira偷偷潜入奥林匹克竞技运动会，男性为排除女性因而开始设置性检查制度。公元前396年斯巴达Kyniska公主在马车比赛中一举夺魁，跃身为第一位奥林匹克女性冠军。

（三）现代奥运会中的女性体育

当1896年奥林匹克运动会首次点燃火炬时，现代奥林匹克之父法国人顾拜

① 谭华.体育史[M].北京：高等教育出版社，2006，125。

② 卢元镇.体育社会学[M].北京：高等教育出版社，2006，272。

③ 孙葆丽.古代奥运会与妇女[J].体育文化导刊，2002，(4)：86、87。

④ 彭永捷等.人文奥运[M].北京：东方出版社，2003，95。

旦先生仍然反对妇女参加比赛，他非常信奉当时上流社会对女子美德的评价，认为奥林匹克体育竞赛是男人的事情，将女子拒之门外。对此一些有觉醒的女子就发出了抗议，希腊女子梅尔波门尼就以非官方的身份独自跑完了比赛，她以自己的行动向奥委会发出了抗议。第二届奥运会是作为巴黎世界博览会的一部分而举行的，以开放著称的东道主法国率先派出了女运动员参赛。顾拜旦和国际奥委会虽仍然反对女子参加奥运会，但难以施加更多的影响。接着英国、美国、波西米亚(捷克)等国也相继派出了女运动员参赛，使女运动员人数达到了19人。虽然这次女子参赛未得到国际奥委会的正式认可，她们也只参加了网球比赛。其中，英国选手库珀获得网球女子单打的冠军，有幸成为首位获奥运会冠军的女选手，这是奥林匹克运动史上具有划时代意义的事件，妇女从此进入了奥林匹克阵营。随后的几届奥运会，为女运动员增加了射箭、游泳等项目，而国际奥委会也在1910年正式承认了奥运会中的女子比赛。此后，随着“二战”的爆发，奥运会暂停两届，但却给女性体育的发展带来一个契机。由于男子大多上了前线，许多女性走上以前属于男性的岗位，其能力也被得以重新认识。“二战”后，更多的女子项目进入了奥运会，1928年阿姆斯特丹奥运会中女子田径首次进入，这在很大程度上促进了女子体育在奥运会中的发展。

一个世纪以来，随着妇女运动的发展，妇女在政治、经济、文化和社会各个领域作用的加强，妇女在奥林匹克运动中的地位也发生了变化。1984年，女子马拉松成为奥运会项目，接着女子足球、女子柔道、女子举重、女子撑竿跳高、女子三级跳远等项目成为奥运会的比赛项目，女子与男子平分天下的格局已在国际体坛上逐步形成。特别是1999年的国际奥委会启动2000改革方案促进性别平等措施的改革，它不仅成立妇女专门委员会，在国际奥委会中有12名妇女委员，并有1名妇女担任副主席。同时，为了促进妇女体育的发展，还设立了“妇女与体育奖”。妇女体育地位的提高也更明显体现在奥运会的参与上，夏季奥委会女子大项由1996年亚特兰大奥运会的21项增加到2004年雅典奥运会的27项，增长率为29%；小项由108项增加到135项，增长34.2%；参赛运动员由3 626人，占运动总数的34.2%，增加到4 524人，占运动员总数的40.8%。[①] 2006年2月，国际奥委会执委会再次做出决定，2008年北京奥运会奥运会女选手人数占45%。这一切都表明女性在奥林匹克运动中的地位已不可动摇，奥运会参赛运动男女平等的目标已经为期不远。

---

① 任海.奥林匹克运动[M].北京：人民体育出版社，2005，85。

二、体育运动与女性主义

(一)体育女性主义

18世纪法国大革命后,全世界范围内的妇女解放运动,在长达两百多年的围绕着政治、经济、文化、教育、家庭和社会生活中的性别平等的斗争中取得了辉煌成就。以男性为中心的社会也开始向着男女平等的现代社会迈进。女性主义者介入体育领域始于19世纪70年代的北美。体育女性主义致力于帮助运动识别和抵制歧视,争取与男子平等的机会。作为女性主义运动的后来者,它关注的核心不是体育与娱乐范畴中的文化争议,而是法律、政治以及意识形态领域中的问题。① 女性主义对体育的关注迅速获得来自多方面的支持,到19世纪80年代,更多具有理想思考、理论含量的女性体育著作相继出版。体育女性主义不仅在北美,也在西欧和澳大利亚、新西兰等地迅速发展。

体育女性主义运动的重要动力来源于对女性权力和需要的关注。体育女性主义不是单一的运动或观点,也不能简单用文化传统、自由主义、马克思主义、激进主义、社会主义者中的任何一个来概括它多样的形式特征。体育女性主义的精髓是:体育运动是一种内容丰富又过程艰苦的经历,具有使女性获得身体自信、娱乐和满足感的多方面作用。因而体育女性主义主张应动员女性参加体育运动。体育女性主义介入体育与女性运动的重要意义在于揭示体育中男性支配女性的模式是如何形成的。它对男性特权发起理论和实践的双重质疑,性别作为学术研究中的一个基础领域使人们开始有意识地关注体育理论和实践中充满复杂矛盾的两性关系。

(二)体育运动与体育女性主义

在全世界争取男女平等的潮流中,在国际体育组织的积极推动下,1994年由英国体育理事会主办首届妇女与体育国际大会,来自82个国家的280位代表就如何改变妇女在体育运动中的地位展开了热烈的讨论后,签署了促进妇女更广泛地参与体育运动的行动纲领——《布莱顿妇女与体育宣言》。其主要目标是促使妇女在平等的环境中全方位参加体育运动。1996年,国际奥委会组织的第一届世界妇女与体育大会在洛桑举行,包括国际奥委会、国际单项体育联合会、国家奥委会和其他国际组织、政府组织、非政府组织、联合国及一些研究机构的

---

① 卢元镇.体育社会学[M].北京:高等教育出版社,2006,273。

代表出席了这次会议。大会对妇女在体育运动中的地位和权利有了更为明确的规定和要求。该会的举行，对推动体育领域中男女平等的理想变成现实，及全世界妇女体育的发展具有重要的历史意义。

女性主义运动促进了女性思想和身体的解脱，促进了女性体育的大发展。而女性体育的兴起，标志着女性主义运动进入了一个新的阶段。女性体育不仅在竞技领域率先得到发展，同时，这一思潮也激励着不同年龄、层次的女性追求她们在大众体育中的权益，并帮助女性重新定位了她们在家庭和职业中的角色。随着女性主义思想被广泛地接受，以及男性控制女性的生活日趋削弱，以及在当今的大众体育世界的潮流中，女性体育成为其重要的组成部分。许多职业女性视参加体育为自身的权利，和男人一起在马路上跑步、一起到健身房去发达肌肉，去登山、旅行，去享受各种身体娱乐；许多家庭妇女也离开锅台，迈出门槛，勇敢地加入大众体育的行列，她们不仅是为了让丈夫觉得自己更好看、更年轻，而且是为了体现人的价值和尊严——把参加体育运动视作女性独立的象征。

第三节　中国女性地位与中国女性体育发展

一、中国女性地位的历史背景

中国有着悠久的历史，民族众多，地域辽阔，社会情况复杂，虽然女性的文化地位的评价不能使用完全统一的标准进行界定，但可以肯定，中国历代的主流政治所奉行的妇女观对社会中妇女文化地位的确认常常有着惊人的一致。这与中国文化依赖的社会政治结构有着密不可分的联系。中国传统政治结构有两个重要特征：一个是宗法制度；一个是专制制度。前者出于小农自然经济生活方式的需要，以父系血缘作为家族认同的标准，它是造成女性长期以来依附族权、父权的重要根源之一，深深地影响着中华民族的日常生活；后者与某一朝代男性君主的专制为权利核心，皇帝长期个人专权，迷信男性权威和权利，使得“三纲五常”、“存理灭欲”等封建思想大行其道。

在以男性为主体的中国传统社会里，妇女一直处于被动和受支配的地位。这种状态越是到封建社会后半段，越是被系统化和制度化。宋代儒学对两性性别在法礼社会中的道德规范有严格区别。男人要“存天理”、“灭人欲”，那么女人就要为这种“存”和“灭”做出必要的牺牲。理学家们在现今的伦理要求基础上对

"男女有别"之类作了更深入的阐发，在"修身—齐家—治国—平天下"治理模式下，"修身"是个人的事，而"齐家"首先遇到的就是如何处理夫妇关系，因此，"妇德"被看成是"家之隆替，国之废兴"的大事，过不了"齐家"这一关，也就等于断绝男人"治国"、"平天下"的出仕的前途。一句话，对老婆管得好不好，跟丈夫的仕途经济直接挂钩了。于是，一系列的规范妇女行为的"女教"纷纷出台，"女红"、"裹足"、"束胸"成为女子进入社会的"必修课"，"三从四德"成为淑女必备的条件。这还不算，女子还不能出闺阁，踩中门，不能偷看缝隙，不能跨越墙壁，平日举止必须柔顺和婉，站立文雅，举止祥缓……通过一系列妇女的行为训练，使女子温良淑贤，安详平静，平和文雅，纤弱稳重，凡事逆来顺从，变成生育后代的工具和男子的玩物。而那些微坦荡、活泼、热情，都被视为轻佻和浮躁，与"女德"相背。①

在这种情况下，理学家们拿出"饿死事小，失节事大"的约束妇女的枷锁，对妇女的贞洁操守表现出狂热的关注，婚前的童贞和婚后的节操对妇女来说，被渲染成比生命还重要的事。虽然这样的礼教是彻头彻尾的强加给妇女的绳索，但在封建宗法社会里，妇女一出生即受到这样的教育，并被解释为天经地义的事情，因此绝大多数妇女从来就不会怀疑其正确与否，而且在"相夫教子"的生命历程中，束缚于"门风"和"族规"之下，她们以"夫荣子贵"作为为人妻母的根本，将全部的人生价值和意义寄托在丈夫和儿子身上。所以往往能"以身作则"，自觉担负起维护封建礼教的任务。这类自觉维护封建礼教的妇女，受到家族、地方政府甚至国家的褒奖。《二十四史》中无不专列《烈女传》，原本不能上族谱的女子也能获得《孺人传》的位置，如果为亡父活活守寡 30 年以上，还能得到"贞女"牌坊的"褒奖"，以示表彰，这冰冷的贞节牌坊成为祭奠千万怨妇悲情人生的罪证！(骆自强，2003)

二、中国女性文化地位的历史特征

(一)性别歧视成为历代社会的主流意识形态

纵观中国传统封建文化，历代以来无论是上至帝王将相的正统文化，还是下至普通老百姓的庶民文化，都是把性别歧视的观念纳入被奉为主流意识形态的儒家世界观中。儒家根本经典之一的《礼经》上说"男先于女，刚柔之意也"，就是对性别歧视给予了系统的回答。

---

① 叶文振主编.女性学导论[M].厦门：厦门大学出版社，2006，372。

(二)封建伦理道德中贯穿着歧视妇女的意识

封建社会中影响最大、毒害最深的妇女行为规范“三从四德”就充分体现了妇女服从男人的“礼教”要求。所谓“三从”是指“未嫁从父,既嫁从夫,夫死从子”(《仪礼·服·子夏传》)。宋代以后“三从”发展成为女子在婚姻关系中“从一而终”,而男子可以一夫多妻的理论依据。“三纲”中的“夫为妻纲”,也是讲妇女对丈夫的服从。“四德”指“妇德、妇言、妇容、妇功”(周礼·天宫·九嫔),是要求女子谨守品德、辞令、仪态、手艺等礼教规范,其中“妇德”的重要内涵之一是“无才”,“无才”实际上是剥夺妇女接受文化教育的权利。

(三)封建政治杜绝女子参政

《易经·家人》中提到“女正位乎内,男正位乎外”,从政治上取消了妇女参政的权力。男子参政败绩的罪责也常常算到女人头上,“亡商”、“西施亡吴”、“陈圆圆亡明”等,都是把女人视为政治失利的“红颜祸水”。

(四)法律上禁锢与压抑妇女

中国封建社会历代以来,在处理两性违法乱纪的事务方面,法律的天平总是往男人身上倾斜。女子不能支配任何财物是封建法律的基本规定,从先秦延及唐律皆遵从的是《礼记·内则》的基本规定:“子妇无私货,无私蓄,无私器,不敢私假,不敢参与。”夫殴妻为无罪,妻伤夫则刑法处置。

(五)审美观中大肆渲染男尊女卑

贤良及恭顺男人是古代文学作品中女子形象的标准,不符合这个标准则打入“泼妇”、“淫妇”的行列。推行“女子以弱为美”的畸形病态审美观,要求女子细腰寸足供人观赏,这严重损害了中国传统妇女的身心健康。

(六)受到神权的束缚与排斥

性别歧视是儒家思想的重要组成部分,儒家思想中的性别歧视观念作为传统社会主流思想的重要内容,不能不影响到民间的宗教信仰。以家族先祖为代表的民间信仰,把男子尊奉为本宗的开基鼻祖。许多民间信仰把女性视为污浊的重要根源从而对她们有大量的禁忌规定。女性在家族中没有实际的地位,而是作为男性附属者的身份加入到宗族仪式行列中,因此,她们受到神权的束缚与排斥。①

三、当代中国女性地位的社会变迁

人类社会是由男女两性共同构成的一个整体，妇女是人类社会的“半边天”，社会的存在、发展与进步必须靠男女两性的共同努力和密切合作才能实现，这是任何社会都无法回避的问题。新中国成立以来，特别是改革开放以来，我国妇女的地位发生了很大的变化，在政治、经济和文化领域都占有一席之地，在社会发展过程中也起到了很重要的作用。

(一)女性政治参与

女性政治参与是女性公民权利和义务的一个重要的组成部分。新中国成立以来的半个多世纪，我国的社会主义制度和法律规定赋予女性享有与男性平等的政治、经济和文化权利，为女性参政提供制度和法律的双重保障；女干部的绝对数和相对数都有一定的扩大，女性参政意识和政治素质得到不断提高，参政水平日益上升。但同男性相比较，无论是女性参政数量、比重、意识、水平等还有很大差距。

(二)女性教育状况

在经历了几千年“女子无才便是德”封建思想浸润的旧中国，女性(学校)教育经历了女子教育思想的启蒙、女子初等教育纳入国家教育体系、女子高等教育在学制中确立等几个阶段。中华人民共和国成立以来，政府以法律形式确定了妇女在政治、经济、教育、科技、文化等各个方面享有与男子同等的权利，强调女子作为人的独立性，在意识形态领域中提倡“时代不同了，男女都一样”的新观念，打破几千年形成的“男尊女卑”的旧观念。我国女性教育有了长足的发展，取得了令人瞩目的成就。但也存在以下的不足：一是初等教育和中等教育阶段，男女比例差距不大；二是教育层次越高，女性所占的比例越少；三是农村女孩辍学、失学现象突出；四是高等教育中在学女性的学科聚集现象严重等。

(三)女性就业状况

就业是体现个体社会地位的重要指标。新中国成立以来，中国政府致力于提高女性经济地位，宣传劳动光荣及独立自主等先进理念，鼓励女性积极参加工

---

① 叶文振主编.女性学导论[M].厦门：厦门大学出版社，2006，372。

作。由于计划经济和统包统配的劳动就业制度，与世界平均水平相比较，中国女性的劳动参与率较高、劳动参与和工资收入的两性差距也比较小。改革开放以来，随着中国经济体制的转轨，女性的就业开始接受市场的考验，表现为新增女性劳动力就业难、下岗失业女性比男性高、男女工资收入差距加大。特别是这几年，随着全球经济一体化，中国就业问题压力日趋严重，女性就业困难状况进一步加剧，女大学生就业难问题更是成为当前就业问题中的突出问题。

(四)女性婚姻家庭

我国传统的婚姻家庭模式是以男性为主导，女性在家庭中则属于从属的地位，传统的婚姻制度一般是“娶妻嫁女”，家庭分工模式是“男耕女织”、“男主外、女主内”，家庭权利配置是“夫唱妇随”。新中国成立以后，我国政府于 1950 年、1980 年、2001 年根据社会发展的现实，对《婚姻法》进行修改，强调保护妇女合法权益，实行男女平等的婚姻制度。随着现代社会的发展和我国计划生育制度的实施，女性的爱情观、婚姻观以及家庭结构和功能发生了深刻的变化，恋爱自由的婚姻观，传统大家庭模式逐渐被核心家庭为主的小家庭模式所代替，家庭的生育功能逐渐退化，诸如丁克家庭、单亲家庭、再婚家庭等非主流家庭所占比例逐渐增多，婚姻制度对女性的束缚大大弱化，家庭权利结构趋于平衡，男女在家庭中的地位趋于平等。虽然现代的婚姻家庭生活中男女两性的社会地位已经趋于平等，但事实上，在当前社会转型中，女性依然是弱者，她们在婚姻家庭中依然处于相对的弱势地位。如女性在婚姻生活中依然承担着家庭家务劳动的主要角色分工；“三高”女性群体的择偶难；家庭暴力、重婚、纳妾、婚外情等种种异化现象。

(五)女性文化地位

新中国成立以来，中国《宪法》从根本上确立了妇女在政治、经济、文化教育等领域上享有与男子平等的权利，从而使女性在创造文化和享用文化方面获得更大的权利和机会。但是历经了深远文化影响的社会转型后，女性处于文化上的隶属地位还是比较明显，如左右文化决策的女官，以文化传承与文化创造为职业的女教师、女博士、女作家，从数量到规模上，仍然显著地少于男性。同时，当下的大众文化加剧了女性被观赏化的性别，把美女作为观赏物来推销产品、吸引眼球、活跃经济等，都隐藏着对女性文化地位的不尊重。

(六)女性社会保障

所谓社会保障制度是指由于性别差异，国家以女性为主要对象的社会保障制度和社会保障制度中涉及男女两性利益差别的制度规定。我国女性社会保障制度主要包括女性生育保险制度、女工劳动保护制度、女性福利制度、女性就业保障、女性养老保险、女性医疗报销、女性教育等。我国女性社会保障制度在20世纪50年代就已确立,在很长一段时期内保障了女性的合法权利与实际。然而,随着社会经济的不断进步与发展,原有的女性社会保障制度在教育、就业与失业、退休、社会参与以及生育保障的覆盖面等方面上还存在一定的性别差异,难以满足当代女性的发展需求。

四、当代中国女性体育的发展

旧中国由于受2000多年封建传统思想的影响,女性参与到体育运动中的时间远远落后于西方国家。直到新中国成立以后,中国《宪法》从根本上确立了妇女在政治、经济、文化教育等领域上享有与男子平等的权利。特别是1956年中国为了提高在国际上的声望,提出了发展竞技体育的口号,"为国争光"的信念压倒了性别意识,女性得以广泛地参与到体育运动中来,随着女性在各行各业的工作、社会、家庭中的地位的提高,在体育及其他领域也开始享有与男性同等的权利。

(一)竞技体育中女性体育的状况

新中国成立以来,中国女运动员的成绩几乎是从零开始的。第一位达到世界水平的女运动员是田径运动员郑凤荣。1957年在北京先农坛体育场举行的北京市运动会上,郑凤荣飞身越过1.77米的高度,刷新了美国运动员麦克丹尼尔保持的1.76米的世界女子跳高纪录。这不仅是中国运动员首次打破世界田径纪录,也是第二次世界大战之后亚洲人第一次打破世界田径纪录。从这之后,优秀女运动员创造了中国体育史上许多第一,很多项目例如中国女排、女篮、女足等,都是先于男队走向世界。1974年9月,中国体育代表团第一次参加亚运会(第七届),女运动员们夺得15块金牌,占中国队金牌总数的44.5%。女运动员们开始以"女子能顶半边天"的豪迈气概,冲出亚洲,走向世界。

自此,中国女运动员进入了一个辉煌的时代,在各个领域都涌现出了杰出的女世界冠军,比如体操界的刘璇、跳水界的郭晶晶,还有女排、女乒、女举等称霸全球的体育项目,以及在刚刚结束的温哥华冬奥会上令世界惊讶的冠军王濛,都展现了中国女运动员的风采,从"三寸金莲"到世界冠军,中国女子体育发展之路经历了一个从坎坷到辉煌的历程。据不完全统计,新中国成立60多年以来,我国女子运动员获得世界冠军金牌和打破及创造世界纪录的总数占60%以上,女子竞技水平超过男子,呈现出一种奇特的"阴盛阳衰"现象。

(二)社会体育中女性体育的发展

体育作为社会的一种文化形态和一项公共事业,它归全社会共有,需要全体人民的参与。新中国成立以来,我国政府在宪法及各个领域都致力于男女平等的实现。特别是随着1995年《全民健身计划纲要》的颁布实施,《体育法》的施行,群众体育得到了广泛开展。此外,我国政府在开展群众体育活动时特别注重提倡和开展女子体育,给女性提供了和男性同样的条件,甚至在有些方面优于男性。改革开放以后,实行的双休日制,闲暇时间增多,以及家务劳动的电器化、现代化,又为妇女参加体育活动创造了条件,大部分女性已能自主、自觉、自为地投身于社会体育活动中。特别是现代生活方式的改变,很多“文明病”在女性人群中的高发,使女性参与体育活动的积极性空前高涨。但1997年、2001年、2008年我国三次中国群众体育调查结果报告都表明,我国群众体育人口中女性体育人口比率、经常参与体育锻炼者比率都不及男性。一些学者研究认为:文化传统、经济压力、女性偏见、宗教和民间习俗的限制、女性自身素质限制等因素是制约我国女性参与体育活动的重要因素。

第四节　福建省女性闲暇生活方式及健康状况

一、福建省女性闲暇生活方式的选择

闲暇作为人类生活的一部分显得越来越重要,它不仅显示了个人生活质量的高低,同时也是衡量一个国家和社会发展的重要标志。我国女性人口接近全国人口的半数,了解女性的闲暇生活状况对了解我国经济发展、社会进步、文化繁荣的程度都具有重要意义。调查表明:家务劳动、看书读报、文化娱乐、体育活动为我省女性的主要闲暇生活方式。这表明我省女性闲暇的内容不仅呈多样化,且活动与交往空间也明显扩大。在不同性别与闲暇生活方式选择交互比较上(图6-1),男女性别在闲暇时间生活方式选择率序位上呈现出大约趋同的特征。但女性的家务劳动、辅导子女学习的选中率远远高于男性,而男性看书读报、社交活动、文化娱乐活动和体育活动的选中率则高于女性,并呈显著性差异。女性的闲暇取向基本上还是以家庭为中心,这一结果表明:中国传统文化中“男主外、女主内”的社会性别分工模式虽然随着现代女性的地位的上升,这种分工

的基础和前提条件已发生变化，但现实生活中，家务劳动主要由女性承担的现状并没有发生实质性的变化，女性依然承担着为男性提供各种家庭服务的重负。这一特征的背后的话语假定是：男性是主体的、主动的、权力的；女性是客体的、被动的、从属的，社会性别不平等在现代家庭的场景中依然根深蒂固。同时，这一特征也表征着新时代的女性也在不断通过自己的努力，承担起家庭和社会的双重责任，力求做到家庭事业两不误，同时这种兼容性的选择也反映了女性意识对传统分工的妥协和认同。

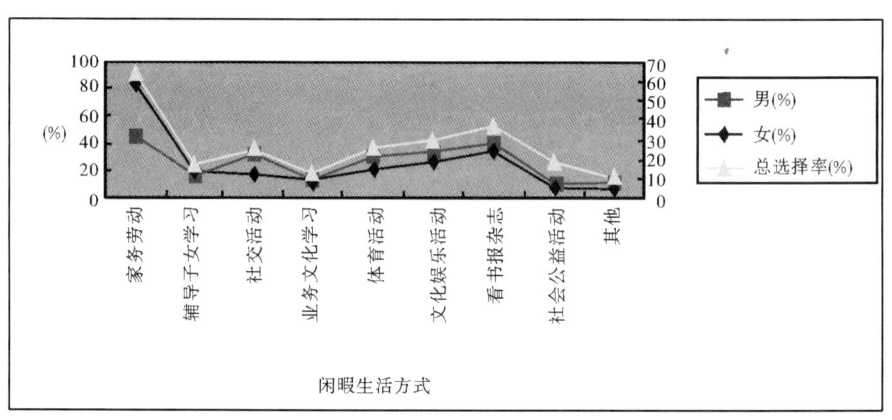

图 6-1 福建省女性闲暇生活方式选择选择一览表(N=5 617)

二、福建省女性闲暇时间的分配

闲暇时间是人们在履行社会职责及各种必要时间支出后所剩余下来的，个人可以支配的，并对职业劳动具有补偿功能的活动时间。① 它的产生和发展与人类文明的发展有内在的一致性，也就是说，它是衡量人的自我意识觉醒程度的一把标尺，它在本质上代表着人类的生活方式和整个社会文明的趋向。② 调查显示：看电视是女性花费时间最多的闲暇活动，福建省女性每天看电视的时间在各项活动的时间中支出最长(表 6-1)。这不仅说明了我省城乡女性居民每天停留在电视机前的时间较长，是发展中国家居民支配闲暇生活方式的基本形式，而且还显示了电视时代的到来和发展对现代人生活方式、生活质量的重大影响。

① 王雅林、董鸿扬.休闲社会学[M].哈尔滨：黑龙江人民出版社，1992，42。

② 怡然.女性闲暇生活状况——以福建省为例[J].南京人口管理干部学院学报，2004，(20)1:46。

此外，福建省女性体育活动的占闲暇时间分配的 17.2%，排在闲暇时间分配的第六位。这一特征表明：处在社会转型期的现代女性要同时担任职业和家庭的责任使得女性常常陷入“战斗的早晨、紧张的中午、疲劳的晚上、不得休息的休息日”之中，女性为此付出惨痛的代价。根据有关资料表明：有 80.2%的职业女性经常觉得“紧张”、“失眠”、“过度疲劳”、“胸口郁闷或疼痛”等症状出现。① 体育运动作为愉悦身心、缓解压力的最佳手段成为一部分女性的首选。

表 6-1　福建省女性家务劳动与看电视时间一览表(N=5 617)(%)

	1 小时以下	1～2 小时	2～3 小时	3～4 小时	4～5 小时	5～6 小时	6～7 小时	7 小时以上
家务劳动	38.1	33.0	18.1	6.6	2.7	0.9	0.2	0.4
看电视时间	42.5	35.6	14.8	4.8	1.7	0.4	0.1	0.1

三、福建省女性最喜爱闲暇活动方式的选择

调查显示(表 6-2)：首先，福建省女性喜爱的闲暇活动方式主要为看电影电视、逛商场、看小说杂志、旅游和会客聊天等。总体看来福建省女性的闲暇生活主要局限在家庭私域和个体空间，生活的自主性及自由发展空间相对不足。女性喜欢看电视，主要是由于现今的电影、电视制片人看到了女性观众市场的潜在价值，他们通常把发生在现实生活中的各种小故事，用仿真的手法拍摄编辑成家庭剧、梦幻爱情剧等，很有现实感，加之女性的情感较丰富，会经常跟着电视剧情亦喜亦悲，很容易成为女性茶余饭后的谈资。

表 6-2　福建省女性最喜欢的闲暇活动选择一览表(N=5 617)

闲暇活动	有(%)	排序
看电影、电视	74.6	1
逛商场	45.6	2
看小说、报刊、杂志等	33.8	3
旅游	29.7	4
会客聊天	27.6	5
参加各种体育活动	17.2	6
棋牌活动	14.5	7

① 盛继明，盛继闲. 职业妇女健身观念的社会学分析[J]. 沈阳体育学院学报，1998，(1)：71～74。

续表

闲暇活动	有(%)	排序
参加舞会、卡拉OK的活动	12.8	8
参加社会公益活动	11.6	9
看展览、听音乐会	10.7	10
看花、养鸟、养鱼	10.6	11
参加社区文化游乐活动	10.3	12
参加文化、技术学习	8.3	13
阅读专业技术书籍	8.2	14
其他活动	6.0	15

其次,逛商场占45.6%,女人是浪漫的,她们逛商场是追求时尚,紧跟潮流。她们不但希望把自己打扮得漂漂亮亮,而且特别喜爱其他美丽精致的东西,而陈列有序的柜台、精美怡人的商品正是美的最集中体现,女性爱逛商场的一个很重要动机就是去欣赏这些美,从而体验到一种赏心悦目的快乐。女性喜欢逛商场,是为了从中得到一种心理满足感,在商场中我们经常可以见到这样一种现象:有些女性在时装柜台前仔细地询问价格及质量以后,却无意购买。其实,这是许多女性的一种共同心理活动,在心理学上称之为"知晓心理",也就是说,了解商品的质地、价格与购买商品同样会使女性产生满足心理。女性喜欢逛商场,还出于一种"群体认同心理"。她们在工作单位、家庭、学校等环境中,常常绷紧提防之弦。而在商场里,所见到的大部分是女性,虽然彼此不发生言语交往,但却可以通过共同的行为来达到间接的交往,从而获得一种快乐轻松的感觉。当女性在生活或工作中遇到不顺心的事时,她们除了会跟自己亲近的人诉说之外,更多地会选择去逛商场。尤其是那些心思缜密、性格内向的家庭主妇,她们在心情郁闷时往往选择购物。心理学家认为:"逛商场有时会成为独特的心理'康复'信号。"通过购物,女人能够提高机体的活力,调节情绪,感受舒适的生活,满足某种心理上需要。

再次,看小说报纸杂志、旅游分别排在女性喜爱闲暇活动的第三、第四位。显示了新中国成立以来,在政府意识形态中推行"时代不同了,男女都一样"的理念,女性主义者提出真正的女性教育应站在"人"的立场,以"社会的人"为目标,男女应该毫无区别地享受"人"的平等教育,女性接受教育的权利和机会得到极大提升,我国妇女平均教育年限达到发展中国家的先进水平。特别是知识经济时代的到来,更是赋予更多的女性对自我教育的需求和渴望。可见,接受教育的女性所带来的文化程度的提高,极大地促进了女性人格的完善和生活方式的改变,用于休闲旅游、学习培训等自我实现和自我发展方面的消费也得到相应的增加。

最后，会客聊天也是女性喜爱的重要闲暇方式之一。男人爱“侃”，女人爱“聊”。特别是对于女性来说，聊天不仅是交流思想、沟通感情的一种方式，也是了解时事、传递信息的一种渠道，是炫耀家史、展示风采的一种机会，也是发泄怨愤、声讨异己的主要场所。聊天时女性的情感非常丰富，思维特别敏捷，口才格外出色。但从女性聊天的内容来看，缺乏“社会人”的内涵和鲜明的时代特征，“小女人”味太浓。虽然不同年龄不同职业不同文化素质的女性有着不同的兴趣，但最热门的不外乎美容护发、服装款式、婴儿喂养、孩子教育、丈夫的事业、父母的健康、房子的装修、生活的调理等传统话题。有个别“道德”捍卫者还常常拉出别人的隐私聊得津津乐道，而对于真正的关系自身命运的妇女问题以及社会发展主题等重大问题却很少问津。①

四、福建省女性日常生活消费以外的主要支出特征

调查显示(表 6-3)：福建省女性消费主要表征为子女的教育费用以及购置房子、家用电器等家庭消费方式，自我主体性消费方式处于次要地位。可见在中国传统模式的巨大影响下，女性是家庭服务的提供者，家庭经济的管理者和家庭消费的实现者的地位和特征还没有得到实质性的变迁。但从另一侧面也表征这样一个不争的事实：女性掌握了家庭消费的发言权。据统计，中国家庭中，妻子掌握财权的占 40%以上，而丈夫理财的只有 20%。更有甚者，世界知名的市场研究公司 AC 尼尔森在 2001 年对北京、上海、广州、南京、成都、哈尔滨、深圳 7 个城市的 6 000 个采访样本中获取调查数据显示，近 7 成中国家庭的“消费决策人”为 25～44 岁的已婚女性，家庭日常消费基本上由女性来决定。统计表明，77.3%的已婚女性决定着家庭吃、穿以及日常用品的选择和购买；22.7%的已婚女性在家庭进行买房、买车、购买贵重物品等大额支出时由自己做主；77.3%的已婚女性是和丈夫共同商议后决定，她们的喜好会在很大程度上影响家庭重大消费的决策。② 其次，买书籍报刊、旅游、购置高档服装等也成为女性一种重要消费领域。可见，随着社会发展的推进，在主客观因素的共同作用下，越来越多的女性开始参与更广阔的生产领域和消费领域。并由此通过消费来全面地提升自己的主体性，以及借助消费来实现自我的能力和能动性。女性的消费特性既

---

① 徐凤莲. 女性聊天的革命[J]. 中国妇运，2000,(8)：47。

② 2005 年度中国(八城市)女性消费状况调查报告[EB/OL]. http://www.sina.com.cn,2005-12-05。

表现出女性被控制的客体性，也表现出主体性。可以说，当前的女性消费者正是在主体与客体的矛盾中追求着对自我的认同。①

表 6-3 福建省女性家庭日常生活消费以外主要的消费支出情况一览(N=5 617)

消费情况	有(%)	排序
子女教育费用	47.7	1
购置房子	38.1	2
购置家用电器	27.9	3
买书籍、报刊等	23.4	4
旅游	19.3	5
购置高档服装	14.0	6
其他	12.7	7
购置高档日用品	10.8	8
服务性消费	6.7	9
买汽车	3.9	10
购置体育器材	3.2	11
买体育比赛门票	1.3	12

就体育消费而言，福建省女性用于购置体育器材以及购买体育比赛门票的仅占 3.2%和 1.3%，排在日常消费支出以外主要消费支出的第 11、第 12 位。这一方面说明福建省女性“花钱买健康”的观念还未完全形成，常以节约和勤俭为美德，舍不得花钱来满足自己的体育需求，觉得体育消费是一种无端的挥霍和浪费；另一方面，也再次表征着该省女性经济地位的弱势。

五、福建省女性的健康状况

健康是自身可持续发展的必然要求。健康的可持续发展，是指一个人不但现在要拥有健康，而且直至生命结束前，仍然需要保持和进一步提高身体的健康水平。② 女性健康不仅对自身产生影响，而且对子女、家庭乃至整个社会都会产生影响。女性主义健康观认为，女性享有能够达到最高身心健康标准的权利，女性的健康涉及其身心和社会生活的各个层面。其特点有以下四个方面：一是用社会性别角度看待女性健康问题，着重讨论隐藏在健康问题背后的性别因素，以

① 张慧玲.从主体性看女性消费地位的变迁[J].经济研究导刊，2009，41(3)2:166。

② 张新华，程云峰.我国东北城乡老、中、青年女性参加体育活动现状调查与分析[J].广州体育学院学报，2002，(22)：2。

及性别与社会政治、经济、文化、历史等因素相互作用及其对女性健康的影响。二是女性健康多元化、主体性和参与性。对女性健康的关注必须尊重女性自身经济，同意女性健康除了与男性健康有明显的差别以外，还会因为阶级、种族、年龄、性倾向及身体形象等差异而有不同的看法，强调女性在保持健康、自我医疗、谋求变革等方面的主观能动性，鼓励女性在健康实践中发挥主体精神、增强参与意识。三是重新界定女性健康，女性健康不仅指女性没有身体疾病，还指身心和社会适应的完好性。四是女性的健康赋权，查找女性在保健中受歧视、受压迫的原因，倡导提高女性觉悟，增强维护自己健康权利的能力。① 随着国际社会对女性健康问题研究和认识的不断深化，我国女性健康也得到政府的重视和保护。自改革开放以来，国家颁布一系列有关保护女性健康的法律法规，《中国妇女发展纲要》对妇女健康发展提出具体目标，有力促进了中国妇女健康状况的改善。

从我省女性的身体健康程度和生活习惯来看，其总体健康参数比男性更不乐观（表 6-4、表 6-5），酗酒和抽烟习惯比率远远低于男性，但患“运动器官疾病”比率比男性高。其主要的原因是随着社会的发展，职业女性越来越成为经济和社会发展的一支重要力量，他们除了承担普通女性所承担的责任和义务外，还需承受事业竞争带来的精神压力和体力消耗。为了担负起家庭和事业两副重担，她们不得不选择体力透支和时间透支，使得很多职业女性的身体长期处于疲劳和亏损状态，得不到恰当的调整和修养。颈椎病、腰椎病等运动器官疾病，职业疾病以及各类消耗系统疾病成为女性的常见疾病。而这些慢性疾病与她们的家务劳动及职业密切相关，与她们缺乏体育运动关系也很大。此外，由于女性特殊的生理特点，也即每个女性必经过月经期—妊娠期—更年期这三阶段，每一阶段都有其特殊的生理、心理特点。这些时期是女性抵抗力最薄弱，最容易感染各种疾病的危险期。此外，随着社会生活水平的提高和女性参加体育健身活动的不足，“现代文化病”也开始肆虐，威胁着女性的健康。因此，很多职业女性的身体素质处于欠佳状态，所以，开展女性体育，是提高女性抵抗疾病能力的一种非常必要的手段。

---

① 叶文振主编.女性学导论[M].厦门:厦门大学出版社,2006,122。

表 6-4　福建省女性身体情况一览表(N=5 617)

指标	样本(%)	指标	样本(%)
在一个月前是否吃过药		调查前一年是否去医院看过病	
有	27.7	有	36.5
无	72.3	无	63.5
是否喜欢饮酒		在调查前五年内是否住过院	
有	4.5	有	13.4
无	95.5	无	86.6
是否吸烟		患慢性病情况	
有	1.3	有	28.3
无	98.7	无	71.7

表 6-5　福建省女性患慢性病情况一览表(N=1 590)

疾病类型	男	女(%)	总	排序
运动器官疾病	33.3	42.7	38.0	1
心血管疾病	22.6	25.4	24.0	3
消化系统疾病	26.8	23.4	25.1	2
职业病	18.8	18.2	18.5	4
呼吸系统疾病	17.8	13.4	15.6	5
神经系统疾病	4.3	7.3	5.8	7
其他疾病	7.5	6.9	7.2	6
脑血管疾病	2.4	1.6	1.8	8
肢体残疾	2.0	1.2	1.6	9

六、福建省女性保持身体健康手段与方法的选择

生活方式现代化以及健康水平的提高是女性社会地位改善的一个标志。调查显示(表 6-6):注意改善自己的饮食和营养、经常保持充足的睡眠、有规律的生活、进行适当的体育活动是我省女性对保持自我身体健康的主要生活方式。这四项指标恰与联合国卫生组织提出的人体健康四大基石相吻合。由此,饮食、休息和良好生活方式以及进行各种体育活动等积极主动的健康观念和意识普遍为我省广大女性居民所认同。可见,随着社会的发展,随着“健康第一”生存观念逐渐深入,我省女性的健康观念也正发生变化,体育运动作为一种生活方式,已成为我省女性对自我身体健康水平提升的重要认同。相信在未来的社会发展中,妇女所要面对和承担的社会责任将使越来越多的女性选择通过体育运动来

实现自己承担的社会发展责任。

表 6-6　福建省女性保持身体健康手段与方法(N=5 617)

	有(%)	排序
注意改善自己的饮食和营养	66.3	1
经常保证充足的睡眠	63.4	2
有规律的生活	61.4	3
进行各种体育活动	28.2	4
补充一些营养保健品	17.0	5
改掉生活中的不良习惯	13.3	6
没有精力和时间顾及此类事情	5.8	7
其他	2.2	8

(一)女性保持身体健康的手段与方法选择

通过对福建省不同性别居民健康意识的交叉分析(表 6-7)可以看出,福建省女性增进身体健康所采用的方式依次为:注意改善自己的饮食和营养66.3%、经常保证充足的睡眠 63.4%、有规律的生活 61.4%、进行各种体育活动28.2%,且她们采用的上述健身方式与男性相似,这也是人们增进身体健康所采用的主要方式,这与人们传统的生活观念有一定的关系。在注意改善自己的饮食和营养、经常保证充足的睡眠以及有规律的生活方面女性比例大于男性,而男性在进行各种体育活动 36.5%(女性为 28.2%)和改掉生活中的不良习惯 16.2%(女性为 13.3%)的选择率上均高于女性,女性则在补充一些营养保健品的选择率上高于男性。由此可以看出,目前女性在参加体育活动的方面与男性还有一定差距。一方面说明男性以主动积极的方式进行增进身体健康的意识强于女性;另一方面说明女性有良好的生活习惯,以充足的睡眠和有规律的生活等方式来保持健康。总的来说,随着现代文明病的泛滥,越来越多的人对健康重要性的认识正在逐渐提高,对于如何保养自己也越来越重视。

表 6-7　福建省不同性别居民保持身体健康的手段与方法选择一览表

	女(%)	排序	男(%)	排序
注意改善自己的饮食和营养	66.3	1	59.9	1
经常保证充足的睡眠	63.4	2	57.3	2
有规律的生活	61.4	3	56.6	3
进行各种体育活动	28.2	4	36.5	4
补充一些营养保健品	17.0	5	13.3	5
改掉生活中的不良习惯	13.3	6	16.2	6
没有精力和时间顾及此类事情	5.8	7	6.8	7
其他	0.4	8	0.1	8

(二)分职业阶层女性保持身体健康手段与方法选择

在中国目前的社会发展阶段,社会阶层日益分化,人们对各种社会资源的占有情况也在逐渐拉开距离,从事不同职业的人在闲暇时间的占有数量及活动条件上也必然表现出明显的差别。调查表明(表6-8),在对福建省不同职业女性健康意识交叉分析中,可以看出不同职业阶层女性对保持健康身体的侧重点不同。国家机关、党群组织、企业、事业单位负责人、专业技术人员、办事人员和有关人员、商业服务业人员、生产运输设备操作人员及有关人员等(高层人群),这些人群主要为我国职业女性阶层,她们主要是通过改善自己的饮食和营养来保持健康的身体,同时在选择进行各种体育活动的比率上也高于其他职业阶层的女性;农林、渔、牧、水利生产人员、个体从业人员(中层人员)主要是通过保证充足的睡眠来保持健康的身体;无职业人员(底层人员)则是通过有规律的生活来保持健康的身体。我们知道,高层人员由于事业工作的需要,经常要和各类人群接触交流,不可避免要经常交友应酬,从而形成了不合理的营养结构和饮食习惯;中层人员大部分是农民阶层,多数从事农业劳动,体力消耗较大,长期处于疲劳状态,一年中春耕和秋收的劳动强度最大,经常早出晚归,睡眠时间严重短缺,反映出社会中的"弱势群体"同样也是体育参与中的"弱势群体"。底层人员,由于没有固定工作或没工作,有事没事和朋友一起唱唱歌喝喝酒,生活自然较无规律。

表6-8 分职业阶层福建省女性保持身体健康手段与方法一览表(%)

职业 \ 健康意识	注意改善自己的饮食和营养	经常保证充足的睡眠	有规律的生活	进行各种体育活动	补充一些营养保健品	改掉生活中的不良习惯	没有精力和时间顾及此类事情	其他
国家机关、党群组织、企事业单位负责人	76.8	69.0	62.8	34.2	19.4	18.1	6.2	2.4
专业技术人员	74.4	69.9	69.1	33.3	17.5	19.7	5.7	0.1
办事人员和有关人员	74.1	65.7	69.6	29.8	21.6	20.3	5.0	0.6
商业、服务业人员	69.0	65.5	57.2	25.4	20.2	18.2	6.6	0.2
农林、渔、牧、水利生产人员	56.1	59.7	53.7	10.8	14.7	5.2	5.5	0.1
生产、运输设备操作人员及有关人员	73.4	69.3	55.6	29.3	16.7	16.3	6.1	0.3
个体从业人员	63.1	67.5	61.1	24.6	13.8	15.8	8.9	0.5
无职业	59.2	55.6	61.2	34.7	15.2	7.4	5.5	0.4

(三)分城乡女性保持身体健康手段与方法选择

从表6-9可以看出,城镇户口女性的健康意识远远高于农村户口的女性。不仅如此,在对农村户口女性健康意识调查中发现,她们在选择没有精力和时间顾及保养的占7.1%,大大高于城镇体力劳动者2.0%和城镇非体力劳动者3.2%。原因主要是由于农村户口的女性大部分都是农民,经常上山、下田,早出晚归,回家后还要煮饭洗衣、照顾家人小孩,自然没太多精力去注意保养;城镇体力劳动者和城镇非体力劳动者选择通过各种途径来保养健康的概率都比较均匀,但是,城镇非体力劳动者在选择改掉生活中的不良习惯64.6%,远高于农村户口的女性体育人口10.7%和城镇体力劳动者31.6%,主要原因是因为城镇非体力劳动者大多是白领阶层,她们的交友、工作应酬多,生活节奏常常被打乱,没有良好和稳定的生活规律。因此,她们非常希望可以通过改掉生活中的不良习惯来促进健康。

表6-9　分城乡福建省女性保持身体健康手段与方法选择一览表(%)

健康意识＼户口	农村	城镇体力劳动者	城镇非体力劳动者
注意改善自己的饮食和营养	57.1	80.4	78.8
经常保证充足的睡眠	57.1	64.9	70.5
有规律的生活	53.6	73.0	73.7
进行各种体育活动	39.3	76.4	71.4
补充一些营养保健品	17.9	13.5	20.3
改掉生活中的不良习惯	10.7	31.6	64.6
没有精力和时间顾及此类事情	7.1	2.0	3.2
其他	0	0	1.8

(四)分年龄段女性保持身体健康手段与方法选择

调查表明(表6-10):福建省不同年龄段女性健康意识主要表现为中间高两头低的态势。主要是由于25岁以下的女性多为未婚或婚后生育期,没工作的忙着找工作,找到工作的又担心职场竞争激烈,不敢怠慢。因此,这个年龄段的女性几乎没有太多的时间去顾及健康保养;而25～45岁的女性,家庭、工作基本稳定,大部分女性在生下小孩后担心体质下降、身体变形等,总是会通过改善习惯、体育锻炼、补充营养等来达到健康、健美的体态。因此,这一阶段的女性对健康的意识特别注重;45岁以上的女性体育人口大多数是已经退休或将要退休,身体技能属于衰退期,闲暇时间多,但是这阶段的女性体育人口,她们更多的时间是帮助儿子或女儿照看小孩，整理轻便的家务等。因此，她们的健康意识偏低于中年女性体育人口。但是我们发现，在55岁以后的老年女性，在选择通过进行各种体育活动来促进健康的比例比中、青年的女性高，这主要也是由于到了老年期，身体机能衰退使得她们认识到体育的良好健身效果。

表 6-10 分年龄福建省女性保持身体健康手段与方法选择一览表(%)

年龄(岁) 健康意识	20～24	25～29	30～34	35～39	40～44	45～49	50～54	55～59	60～64	66岁以上
注意改善自己的饮食和营养	62.5	78.9	87.9	75.0	82.6	78.3	81.1	79.3	81.4	64.0
经常保证充足的睡眠	78.1	76.3	69.7	72.9	63.0	67.4	73.6	62.1	58.1	44.0
有规律的生活	65.6	78.9	75.8	70.8	69.6	71.7	71.7	55.2	79.1	80.0
进行各种体育活动	65.6	57.9	54.5	75.0	67.4	69.6	66.0	86.2	93.0	76.0
补充一些营养保健品	12.5	15.8	18.2	14.6	28.3	13.0	13.2	17.2	23.3	20.0
改掉生活中的不良习惯	15.6	31.6	21.2	27.1	21.7	19.6	17.0	10.3	18.6	12.0
没有精力和时间顾及此类事情	3.1	2.6	0	0	4.3	2.2	7.5	3.4	2.3	4.0
其他	0	0	0	0	4.3	0	3.8	0	0	0

七、小结

1.家务劳动、看书读报、文化娱乐、体育活动为我省女性的主要闲暇生活方式。福建省女性闲暇的内容不仅多样化，且活动与交往空间也明显扩大。在不同性别与闲暇生活方式选择交互比较上，男女性别在闲暇时间生活方式选择率序位上呈现出大约趋同的特征。但女性的家务劳动、辅导子女学习的选中率远远高于男性，而男性看书读报、社交活动、文化娱乐活动和体育活动的选中率则高于女性，并呈显著性差异。

2.看电视是福建省女性花费时间最长的闲暇生活方式，子女的教育费用以及购置房子、家用电器等为福建省女性日常消费以外消费的主要支出项目。

3.福建省女性喜爱的闲暇活动方式主要为看电影电视、逛商场、看小说杂志、旅游和会客聊天等，显示了电视时代的到来和发展对现代人生活方式、生活质量的重大影响。福建女性最喜爱的闲暇生活方式既体现了中国传统女性生活空间和女性的特有心理特性，又表征了中国教育制度和现代生活方式对女性的重大影响。

4.福建省女性日常消费以外消费的主要支出为子女的教育费用以及购置房子、家用电器等。既体现了福建省女性节约和勤俭特征，也表征着我省女性经济地位的弱势状况。同时女性消费表现为鲜明的家庭服务的提供者，家庭经济的管理者和家庭消费的实现者的地位和特征，女性自我主体性消费地位处于次要地位。女性的消费特性既表现出女性被控制的客体性，也表现出主体性。女性体育消费所占比率相当低，既显示女性“花钱买健康”的观念还未完全形成，也表征着我省女性经济地位的弱势。

5.福建省女性身体健康总体参数比男性更不乐观，酗酒和抽烟习惯比率远远低于男性，但患“运动器官疾病”的比率比男性高。女性长期职业、家庭双重角色与压力和女性特殊的生理特点等是其产生的重要原因。

6.注意改善自己的饮食和营养、经常保持充足的睡眠、有规律的生活、进行适当的体育活动是我省女性对保持自我身体健康的主要手段。饮食、休息和良好生活方式以及进行各种体育活动等“健康第一”、积极主动的生存观念和健康观念及意识普遍为我省广大女性居民所认同。

7.男女在保持身体健康的手段与方法上存在一定的差异，女性以保持良好的生活习惯，以充足的睡眠和有规律的生活等方式来保持健康，而男性则以主动积极的体育锻炼方式增进身体健康。不同职业阶层、不同年龄段的女性，以及城乡女性在保持身体健康的手段和方法上也存在显著的差异，职业特征、生理因素和弱势群体的属性等是造成其差异的主要因素。

第五节　福建女性体育人口的特征

一、福建省女性体育人口调查样本的人口统计学结构

(一)婚姻与就业结构

1 169名福建省女性体育人口分布中大部分是已婚女性，占总女性体育人口的83.3%；在有无职业的体育人口的分布上，有72.2%的体育人口是有职业的女性。相关数据显示，新中国成立以来，我国女性劳动者占女性劳动年龄人口的72.3%，占全部社会劳动者的44%，这一数据大大高于世界就业女性占全世界就业者总数34.5%的比例，我国妇女就业具有极大的广泛性。以上数据说明：福建省女性体育人口婚姻与就业分布结构与我国人口年龄结构特征和就业状况比率相吻合。它反映了新中国成立以来，我国妇女在新制度文明的推动下，走出家庭，参加劳动，获取政治、经济、社会平等，争取自身全面发展和解放的诉求和特征。

(二)文化结构

女性体育人口在文化程度结构的分布上,大多分布在高中以上教育程度层次上,研究生学历因该文化结构的人口比例低也随之占较少的比例,文盲或半文盲的比例为8.7%,说明福建省女性体育人口主要分布在较高文化程度女性人口中。从《中国人口统计年鉴—2006》中我国女性文盲率与男性比较来看,就性别分布而言,女性总体文盲率是男性的3.6倍,二者分别是7.78%和2.16%。① 新中国成立60多年来,尽管中国政府一直致力于女性文化程度和女童入学率的提高,但教育作为社会再生产的主要场所,培养出来的是社会所需的人才,而中国的人才群体基本是以男性为主,因而在很大程度上压抑了女性教育发展的动机,这也是女性教育程度低于男性的一个重要的原因。由此可见,女性体育人口的结构与女性文化结构呈正相关,福建省文盲或识字不多女性人群由于文化程度低,使得该类人群就业的机会与平台受到一定的限制,社会地位和经济收入也受到较大的影响,女性走向社会参与体育活动的机会和可能性大大降低。

(三)城乡结构

在城乡居民体育人口的结构分布上,表征为城镇体育人口的比率远远高于农村体育人口的比率,大约呈2∶1的分布结构,而城镇非体力劳动者的比率也高于城镇体力劳动者比率近9个百分点。女性文化地位是与女性社会地位、经济地位相关的话题,一个在社会居于弱势的性别群体,在文化上所享用的文化权利和资源必然受到社会地位的掣肘。② 可见,新中国成立以来中国城乡二元结构所产生的体育资源配置不均衡,农村宗教和传统习俗的影响,农村妇女文化程度、体育健身意识等因素还深刻影响我省农村女性参与体育活动的状况。以此同时,城镇居民体力和非体力劳动者不同劳动强度的职业特征,也决定了其体育人口比率呈一定的差距。

(四)职业结构

在职业类型体育人口的结构分布上,表征为个体从业人员和国家机关、党群企事业负责人的职业群体体育人口分布最低,次之则为商业、服务业人员及生产、运输设备操作人员及有关人员,这一结构与我国女性就业分布特征呈基本吻

① 钱民辉,田玉荣.中国女性行为的文化释义[M].北京:社会科学文献出版社,2009,99。

② 叶文振主编.女性学导论[M].厦门:厦门大学出版社,2006,364。

合状况。由于受教育机会、教育动机、社会性别差异主流意识等因素的影响，我国女性不仅受教育程度低于男性，同时在职业地位平等上与男性还相差甚远。女性在国家机关、党群企事业负责人比率相当低，而在农林牧渔水利生产人员就业却有较高的比率，从而导致这类人群的体育人口比率随着下降。同时调查也显示在无职业的类群中，体育人口主要分布于离退休人群，这也吻合老年群体是我国体育人口的重要群体的特征。

(五)经济结构

按照传统经济行为的评价态度，女性在社会分工中被定位为简单劳动的付出者，男子被视为家庭经济收入的来源，这势必降低女性的劳动价值甚至否认这种劳动的价值和意义。进入现代化大生产以后，许多女性走出家庭，并介入与男性相当的劳动，从而使自己的经济地位随之提升。但是根深蒂固的传统观念对女性地位的负面影响决不会因为进入现代社会而消失。同工异酬、用工戒女的现象时有发生，我国女大学生就业时表现出的劳动市场没有向她们提供数量平等的就业机会和与能力相符合的劳动岗位，充分说明劳动市场对女性大学生性别歧视的二元特征，导致女性在经济收入上与男性的差异。从女性体育人口分布的收入结构来看，福建省女性高经济收入比率较低，而具有一定的经济基础保障女性群体是我省体育人口的主要主力军。

表 6-11　福建省女性体育人口调查样本的人口统计学特征(N=1 169)

指标	样本(%)	指标	样本(%)
婚姻情况		职业类型	
未婚	12.1	国家机关、党群企事业负责人	6.6
已婚	83.3	专业技术人员	15.3
离婚未再婚	1.0	办事人员和有关人员	11.2
离婚再婚	0.6	商业、服务业人员	8.7
丧偶未再婚	2.4	农、林、牧、渔、水利生产人员	16.6
丧偶再婚	0.2	生产、运输设备操作人员及有关人员	10.3
其他	0.4	个体从业人员	3.6
文化程度		无职业	27.7
研究生	0.6	无职业种类	
大学(含大专)	28.5	从无职业	6.5
中专(含高中)	26.4	离退休	12.7
初中	22.8	下岗	1.3
小学	12.7	其他	79.5

续表

指标	样本(%)	指标	样本(%)
文盲或识字不多	9.0	个人收入等级(元)	
户口状况		500 以下	15.7
农村	30.1	501～800	16.5
城镇体力劳动者	30.5	801～1 100	16.9
城镇非体力劳动者	39.4	1 101～1 600	36.6
有无职业		1 601～3 000	13.7
有	72.2	3 001～4 500	0.4
无	27.8	4 501 以上	0.2

二、福建省女性参与体育活动的总体状况

女性作为我国的社会群体,没有他们对体育的参与就无法实现全民健身,提高全民族健康素质就无从谈起,全面建设小康社会的宏伟目标就无法实现。而体育参与人数的多寡与参与频度是衡量社会体育参与水平的基本尺度。调查显示(表 6-12、表 6-13):福建省 19 岁以上城乡居民中,男性有 13.6%是体育人口,占体育人口的 66.3%。女性中有 7.0%是体育人口,占体育人口的 33.7%。在体育参与者中,男性为 54.8%,女性为 45.2%。男女体育参与者和体育人口比率呈现鲜明的男高女低的态势,男女性别在体育人口与体育参与者结构比较上,其变化幅度分别为 11.5%和－4.5%,女性参与体育活动稳定性高于男性。这一点也印证了我国城乡各体育活动点女性参与率和稳定率都高于男性的事实。在偶尔参加体育活动人群中,男性为 51.2%,女性为 48.8%,男性比女性略高 2.4%,男女参与状况比率趋于一致。由上所析,我省女性群体有近一半比例参与体育活动,但体育人口比率相当低,与男性相比则呈现出整体弱势与持续性弱势共存的状况。这一方面表明随着西方女性主义运动与思潮对我国女性的影响,随着我国国民经济稳定发展、男女平等进程不断推进,我省女性体育的主体意识正在逐渐提高,对体育的需求也日益增加,越来越多的女性渴望把体育运动作为自己生活的一部分。另一方面则更深刻蕴涵着一个不争的事实:在长达几千年的封建社会中,我国传统“男主外,女主内”性别分工观念还在影响着现代社会中的人们,对女性社会体育参与的影响是不可忽视的。这种传统性别分工对女性社会体育参与的消极影响主要是通过对其闲暇时间的缩短与利用来实现的:一方面性别分工使女性的闲暇时间减少,女性参与更多的家务劳动,意味着

女性更多的闲暇时间被剥夺，造成无论是工作日还是休息日，男性的闲暇时间都高于女性，有限的闲暇时间用于体育锻炼的可能性减小；另一方面性别分工使女性在有限的闲暇时间内从事更多的相夫教子的活动，而使体育参与的时间与次数减少甚至不参与。

表 6-12　福建省城乡居民体育参与者、体育人口、偶尔参加者性别结构比较(%)

	男	女	合计(%)
体育参与者(N=4 926)	54.8	45.2	100.0
体育人口(N=1 169)	66.3	33.7	100.0
偶尔参加者(N=3 739)	51.2	48.8	100.0
体育人口－体育参与者	11.5	－4.5	/

表 6-13　福建省城乡居民体育人口性别结构比(%)

	性别结构	总人口体育人口率	性别体育人口率
男	66.3	6.8	13.6
女	33.7	3.5	7.0
合计	100.0	10.3	/

福建省参与体育活动的女性人口中坚持每周参加活动在 3 次以上的有 63.3%，每周周末或节假日进行 1 小时身体锻炼或身体娱乐活动的有 65.5%，每次活动时间超过 30 分钟的有 82.8%，而有参加基层体育组织或体育俱乐部的只占 26.4%。在 2006 年参加过体育活动的有 39.6%，参加活动在 4 次或 4 次以上的体育比赛或表演的占 20.6%。这一方面表明随着时间的推移，福建省社会经济水平与城镇化发展等为女性体育的发展奠定了良好的外在条件；另一方面也显示了福建省女性对自身健康的渴望，积极的参与各种体育锻炼，增进身体健康，实现“我运动、我健康、我快乐”的内在需求。但同时调查中我们也了解到，相当一大部分女性，其文化程度、生活习惯、体育技能、体育意识等都存在鲜明弱化的结构性特征，严重影响着福建省女性体育人口比率。

三、福建省女性体育人口的体育活动项目特征

女性主义思潮的变迁深刻影响了奥运女子体育。不同的流派的女性主义理念都给奥运女子项目带来了或多或少、或深或浅的影响。女子项目经历从无到有，从少到多发展过程，这是女性主义运动的胜利，也是奥运会的胜利。因为奥运会不仅要包含“更高、更快、更强”的体育精神，而且要体现“更干净、更团结、更

人性”的奥运新思想，更以其博大的胸怀吸纳并反映着人类文明的其他思想。各种流派的女性主义思想，在不同的历史阶段都为奥运女子体育的进步与发展作出了贡献，逐渐实现了性别平等化。但就平等的深层次内涵来看，扬其长而避其短，不盲目追求不顾客观生理、心理差别的平等，而是更多关注并发展符合女性条件、反映其性别特征和女性之美的有特色的女子体育项目，才是真正尊重女性、关心女性，也才是符合现代奥运精神的，也才是真正平等的。而这也正与经历了历史变迁后殊途同归的各种女性主义思潮的精神相吻合。① 因此，丰富女性体育活动项目也将必然带动女性体育的全面进步。

调查显示：长走或跑步、登山、羽毛球、各种体操、游泳、交际舞或体育舞蹈、跳绳等依次为福建省女性参与体育活动的主要项目选择（表 6-14）。可见，福建省女性参与体育活动的项目呈现形式多样、丰富多彩的特点，主要是以户外持轻器械和徒手进行体育活动为锻炼的主要手段。各种具有健美性、保健性、娱乐性、社交性、便利性的活动项目普遍受到现代女性的青睐。长走或跑步位居女性的首选，主要原因在于长走或跑步自身的特点不受季节、场地、器材、时间、地点、人数限制，健身效果好，是一项非常适宜各个年龄段女性身心特点的运动项目。总的来看，福建省女性参与的体育项目具有场地要求简单、对抗性低、运动量不大及强调体态体形的特征。同时与男性相比较女性体育活动项目的选择一方面与我国女性在家庭中勤俭持家的传统消费观念有直接的关系，另一方面与女性自身的生理特征具有较大的吻合性。但同时，我省女性参与体育活动项目的选择也从一侧面蕴涵这样一个事实：中国传统文化特征中女性“娇弱、纤美”的观念和现代“骨感美”所构成当代女性审美标准的主流，这种标准认可体现在女性身上的柔弱、纤细，而不是体育造就的身体强壮、有力和肌肉。由此，因传统女性观念与现代体育的某些理念形成的冲突，从而深刻影响着女性参与一些具有张扬与竞争的现代体育活动项目的选择，这也从一个侧面阻碍女性社会体育的全方位参与。

---

① 李小兰，张宏宇．女性主义思潮的变迁与奥运女子体育项目的发展[J]．成都体育学院学报，2005，(5)：31。

表 6-14　福建省女性体育人口的体育活动项目一览表

活动项目	有(%)	排序
长走、跑步	57.2	1
登山	52.3	2
羽毛球	31.3	3
各种体操	25.1	4
游泳	20.6	5
交际舞、体育舞蹈	19.6	6
跳绳	18.0	7
气功太极拳	17.8	8
乒乓球	16.2	9
足篮排球等球类运动	12.1	10
其他	9.8	11
跳民间舞蹈	9.3	12
健身器活动	8.2	13
地掷球、门球	4.6	14
武术	3.4	15
台球、保龄球	3.1	16
网球	1.5	17
冰雪活动	0.3	18

(一)分文化程度女性体育人口的体育活动项目

调查显示(表 6-15):不同文化程度女性体育人口在体育活动项目选择的比率上也存在显著性的差异,即文化程度越高的女性体育人口参与的体育活动项目一者主要趋向于休闲性的户外运动,如登山、长走与跑步,二者主要趋向于运动条件要求比较高,并承付一定体育消费的运动项目,如羽毛球、游泳、乒乓球、网球等。反之,文化程度较低的女性,其参与体育活动项目则趋向于场地条件和技术的要求相对较低,便于开展的传统型、养身型的民间舞蹈、气功太极等。各种体操、体育舞蹈受选的比例也比较高,因为各种体操、体育舞蹈这里所指的是包含简单的身体操练、健美操等,这些项目可在家中或庭院进行,它既是一些文化程度和收入水平较低者选择的主要项目,同时这些项目也是目前城市健身俱乐部针对女性开展的主要项目,也受到一些女性群体的青睐。

表 6-15 分文化程度福建省女性体育人口体育活动项目一览表(%)

活动项目＼文化程度	研究生	大学(含大专)	高中(含中专)	初中	小学	文盲或识字不多
长走、跑步	100	65.1	55.1	44.6	38.5	33.3
登山	50.0	60.4	52.9	46.2	30.8	0
羽毛球	50.0	41.2	27.4	24.6	11.5	16.7
各种体操	0	28.2	28.9	12.3	23.1	33.3
游泳	75.0	29.5	19.1	10.8	0	0
交际舞、体育舞蹈	0	14.1	23.5	24.6	19.2	33.3
跳绳	75.0	22.1	17.6	13.8	3.8	0
气功太极拳	0	10.1	14.0	32.3	42.3	50.0
乒乓球	0	21.5	17.6	6.2	7.7	0
足篮排球等球类运动	25.0	11.4	11.8	55.4	11.5	0
其他	0	8.1	11.8	7.7	11.5	16.7
跳民间舞蹈	0	6.7	7.4	15.4	19.2	16.7
健身器活动	0	10.1	8.8	6.2	0	16.7
地掷球、门球	0	2.0	4.4	9.2	11.5	0
武术	0	3.4	2.9	4.6	3.8	0
台球、保龄球	0	1.3	5.1	3.1	3.8	0
网球	0	3.4	0.7	0	0	0
冰雪活动	0	0	0	1.5	0	0

(二)分年龄段女性体育人口的体育活动项目

福建省不同年龄段女性体育人口在参与体育锻炼活动项目的选择上呈现为:中青年女性体育人口主要选择是以时尚、持器械、大强度、非对抗性的运动项目为主(表 6-16)。如:网球、乒乓球、羽毛球、游泳等,而在传统的气功太极、跳民间舞蹈、地掷球、门球等项目上的选择率则为零或很小概率;反之,老年女性体育人口在运动项目的选择上则以传统体育项目为主,如:气功太极、地掷球、门球、交际舞、体育舞蹈等,而在台球、保龄球、网球等运动的选择率上则为零或很小概率。可见,不同的年龄段的女性由于受生理、心理及社会变迁等因素影响,其运动项目的选择表征为显著性的差异。中青年时期的女性,不仅其生理条件处于最优状态,而且其心理意识上也与社会主流意识相吻合,对体育的追求以时尚、健身、富有挑战性为主。进入老年时期的女性,由于受生理心理因素的制约与影响,对体育的追求主要以健身、休闲和交友为主。交际舞、体育舞蹈、气功太极、地掷球、门球、武术等传统运动项目的参与率随年龄的增长呈上升趋势,游泳、羽毛球、足球排球等球类运动项目的参与率随年龄增长呈先升后降态势。

表 6-16　分年龄福建省女性体育人口的体育活动项目一览表(%)

活动项目＼年龄(岁)	20～24	25～29	30～34	35～39	40～44	45～49	50～54	55～59	60～64	65以上
长走、跑步	62.5	73.7	43.3	63.8	58.7	65.2	62.7	34.5	43.2	52.0
登山	65.6	60.5	70.0	59.6	58.7	56.5	47.1	20.7	40.9	36.0
羽毛球	50.0	45.9	30.0	53.2	42.2	28.3	15.7	24.1	13.6	4.0
各种体操	25.0	26.3	40.0	31.9	15.2	21.7	16.0	31.0	29.5	20.0
游泳	25.0	23.7	40.0	31.9	28.3	19.6	15.7	6.9	6.8	4.0
交际舞、体育舞蹈	6.3	18.4	23.3	17.0	17.4	15.2	15.7	31.0	25.0	36.0
跳绳	18.8	28.9	26.7	25.5	34.8	8.7	11.8	6.9	4.5	12.0
气功太极拳	0	2.6	6.7	4.3	2.2	21.7	15.7	34.5	50.0	52.0
乒乓球	31.3	23.7	10.0	10.6	17.4	15.2	17.6	13.8	13.6	8.0
足篮排球等球类运动	15.6	15.8	10.0	17.0	8.7	13.0	7.8	6.9	18.2	4.0
其他	9.4	10.5	3.3	6.4	6.5	10.9	15.7	13.8	13.6	4.0
跳民间舞蹈	0	7.9	6.7	4.3	2.2	8.7	15.7	27.6	9.1	16.0
健身器活动	9.4	10.5	6.7	8.5	13.0	10.9	2.0	6.9	6.8	8.0
地掷球、门球	0	0	0	0	0	2.2	7.8	6.9	11.4	24.0
武术	3.1	0	0	0	0	10.9	2.0	10.3	4.5	4.0
台球、保龄球	3.1	10.5	6.7	0	0	0	3.9	0	0	12.0
网球	3.1	2.6	0	2.1	2.2	2.2	2.0	0	0	0
冰雪活动	0	0	0	0	2.2	0	0	0	0	0

(三)分职业阶层女性体育人口的体育活动项目

调查显示(表 6-17):福建省不同职业女性体育人口参与体育活动项目呈现出不同的选择特征。首先,个体从业人员体育运动项目的选择主要集中在长走、跑步、登山、羽毛球、足篮排球等项目上,项目相对单一。这主要因为她们工作时间较为随意性和不确定性,闲暇时间较为不稳定,使得她们在运动项目的选择上只能是选择一些简单、便捷的跑步、登山等这类自主性和便利性较强的运动项目。其次,国家机关党群组织企业事业单位负责人以及办事人员和有关人员等在一些消费性运动选择率上明显高于其他群体,如健身器械活动、台球、保龄球等。再次,专业技术人员、商业服务业人员及国家机关党群组织企业事业单位负责人则因其经济地位、社会地位比较高及单位福利因素,不仅在运动项目多样性的选择上高于其他职业阶层,同时在对于一些运动所需条件比较高及集体性特征比较明显的运动项目选择率上也高于其他阶层,如游泳、羽毛球、乒乓球、网球等。以上这些特征表明:职业往往决定经济收入、社会地位、工作状态、闲暇时间等,职业不同所造成的经济上和社会地位上的不均等不仅影响着人们的日常生活方式,同时也影响着他们体育生活方式的选择。

表 6-17　分职业阶层福建省女性体育人口体育活动项目一览表(%)

活动项目＼职业	国家机关、党群组织、企业、事业单位负责人	专业技术人员	办事人员和有关人员	商业、服务业人员	农林、渔牧、生产运输设备操作人员及有关人员	个体从业人员	无职业
长走、跑步	57.1	72.7	60.3	55.6	64.1	66.7	43.1
登山	57.1	59.7	60.3	70.4	56.3	66.7	36.6
羽毛球	23.5	46.1	44.8	40.7	32.8	33.3	14.6
各种体操	14.3	34.2	25.9	18.5	25.0	0	24.4
游泳	37.1	23.4	27.6	29.6	20.3	0	9.8
交际舞、体育舞蹈	11.4	18.2	20.7	25.9	17.2	0	22.8
跳绳	11.4	29.9	24.1	25.9	18.8	0	8.1
气功太极拳	0	10.4	1.7	18.5	14.1	0	37.4
乒乓球	28.6	26.0	19.0	14.8	10.9	0	8.9
足篮排球等球类运动	17.1	9.1	17.2	7.4	10.9	33.3	11.4
其他	11.4	3.9	6.9	7.4	10.9	33.3	13.8
跳民间舞蹈	2.9	7.8	1.7	11.1	7.8	0	16.3
健身器活动	14.3	6.5	13.8	3.7	9.4	0	5.7
地掷球、门球	5.7	1.3	0	0	1.6	0	11.4
武术	0	1.3	3.4	7.4	1.6	0	5.7
台球、保龄球	2.9	1.3	6.9	3.7	1.6	0	3.3
网球	0	3.9	0	0	3.1	0	0.8
冰雪活动	0	0	0	0	1.6	0	0

(四)分城乡女性体育人口的体育活动项目

调查显示(表 6-18):城乡之间女性体育人口体育活动项目选择比率存在显著性的差异。首先,表征为在长走与跑步、跳民间舞蹈、地掷球与门球、跳绳等体育项目的选择上,农村女性体育人口选择比率明显高于城镇女性体育人口,而在其他体育活动项目的选择比率上都明显低于城镇女性体育人口的选择比率。这表明由于长期以来我国实行城乡二元结构的经济体制,为体育活动项目开展提供基础与条件的农村体育场地设施严重匮乏,导致农村女性在开展体育活动条件上受到很大的制约,只能因地制宜、就近就便进行跑步、长走等一些简单易行的运动项目。其次,跳民间舞蹈作为农民喜闻乐见的民俗活动项目,不仅是农村节庆的表演项目,也成为农村女性平时参与体育活动的主要项目,这也表明社会转型期,我省农村女性主体意识得到一定层面的提升。此外,地掷球与门球所需的场地较大,虽然也一度得到城市老年人的喜爱和大力推动,但在寸土寸金的城市建设与发展进程中,其较大的占地面积使其建设和配套受到极大挤兑,在一些新建的住宅小区已经难寻其踪影,慢慢淡出城市圈,而农村却因场地上得到保证,地掷球与门球设施又比较简易,逐渐成为一些经济比较发达和富裕村落老年群体开展的主要体育项目之一。以此同时，在一些对场地设施条件和运动技术水平要求比较高的体育项目，如游泳、羽毛球、乒乓球、气功、太极等，城镇女性居民却因体育意识较强，城市体育场地设施较为充足、体育组织较为健全、体育教育机会较大等因素，使城镇女性体育人口在参与体育活动项目多样性选择和选择率上都高于农村女性体育人口。

表 6-18　分城乡福建省女性体育人口的体育活动项目一览表(%)

户口 活动项目	农村	城镇体力劳动	城镇非体力劳动
长走、跑步	69.2	44.3	64.8
登山	23.1	53.0	55.4
羽毛球	19.2	30.9	33.2
各种体操	19.2	21.5	28.3
游泳	3.8	20.1	23.0
交际舞、体育舞蹈	19.2	20.8	18.8
跳绳	11.5	14.1	21.6
气功太极拳	11.5	24.8	13.6
乒乓球	3.8	15.4	18.3
足篮排球等球类运动	11.5	15.4	9.9
其他	23.1	8.1	9.4
跳民间舞蹈	11.5	10.1	8.5
健身器活动	7.7	6.0	9.9
地掷球、门球	11.5	7.4	1.9
武术	0	4.7	2.8
台球、保龄球	0	2.7	3.8
网球	0	2.0	0.5
冰雪活动	0	0.7	0

四、福建省女性体育人口的体育活动场所特征

调查显示(表 6-19)：福建省女性体育活动主要集中在公共体育场所、公园或广场、单位体育设施等场所。可见，场所便利性、少花钱、环境条件好等公共体育场所是女性体育锻炼场所的首选。这一结果一方面表明了我省女性已经完全能坦然走出家门，走向社会追求健康生活方式，另一方面也是"男女平等"一个重要的标志，同时也是社会进步、先进文化发展的一个重要标志。同时相对男性体育人口而言，福建省女性体育人口体育活动在场地选择上表征为明显的离家近

便于兼顾家庭的倾向，而男性选择公共场所、单位、收费场所的比例远远高于女性，而在自家庭院、住宅小区、公园广场的比例选择上却低于女性。这一特征，一方面表现了女性传统"家庭至上"的心理倾向使得她们比男性更注重家庭，往往视家庭为生命的"归宿"，从而使得她们在对体育锻炼场所的选择上，主要是以居家周围的自然环境、公共体育场所为主。另一方面也表现了男性体育活动重要目的之一为交友交往等，从而使得他们在选择运动的场所上表现为单位性、开放性和交往性特征。值得关注的是福建省男女性体育人口到消费性体育场所的比率趋于一致，表明随着福建省经济的快速发展，福建省女性体育人口的经济地位得到较大的提升，并逐渐摆脱"节俭美德"等传统消费观念的影响，体育消费意识和体育消费行为逐渐与男性趋于平衡。

表 6-19　福建省女性体育人口体育活动场所一览表

活动场所	女(%)	排序	男(%)	排序
公共体育场所	47.5	1	51.0	1
公园、广场	38.1	2	28.7	3
单位的体育设施	34.5	3	45.2	2
自家庭院或室内	22.0	4	15.7	5
住宅小区空地	19.4	5	12.5	8
收费的体育场馆	17.1	6	17.9	4
公路、街道边	10.6	7	14.2	7
树林、河流湖泊、草原	7.5	8	15.4	6
其他地点	3.6	9	3.1	10
场院	2.3	10	4.9	9

(一)分文化程度女性体育人口的体育活动场所

教育是一项人权，是实现平等、发展目标的一个重要工具。我国从立法与制度上规定了妇女享有与男性平等的受教育机会和权利。然而，从社会性别视角来看，我国在教育资源的分配、享有等方面还存在着性别差异，由此造成了两性在社会政治、经济和文化生活中不平等地位。福建省不同文化程度女性体育人口群体锻炼场所交叉比较分析显示(表 6-20)：选择公共体育场所比率除文盲或半文盲群体外，其余各文化程度的女性体育人口趋于一致；选择单位设施、收费体育场所、自家庭院或室内的比率随着文化程度的提高而逐渐上升；而选择公园广场、住宅小区空地的比率则随着文化程度的提高而逐渐下降。这些体育锻炼场所选择的统一性与差异性特征，既表明公共体育场所因其所具有的公共性、标准性、安全性、齐全性等特征，受到女性体育人口的较大青睐。同时也表明，文化程度不同，所具有的社会地位、经济地位、工作环境不同，使得她们在选择体育锻炼场所上表现出极大的不同倾向性。大学（含大专）以上文化程度的女性体育人口群体，因其经济地位、社会地位较高，而且其职业稳定性、单位的福利性较好，使得她们在体育消费能力与体育技术技能水平，以及参与单位体育活动的机会较多，并体现在单位的体育设施及收费的体育场馆的选择率高于中专以下文化程度的女性体育人口，同时基于以上的优势，该类人群在居家条件上也高于其他文化程度类群的女性，良好的居家环境和宽敞的居家空间，也为她们的体育锻炼提供一定的场所选择。反之，初中以下文化程度女性体育人口群体，则都鲜明地烙上不仅因自身素质、文化程度的偏低导致健身意识不足和消费观念落后，而且还因其在以上客观条件的差异而形成阶层差异，由此而造成在体育锻炼场所选择上与其他阶层差异较大的特征。

表 6-20　分文化程度福建省女性体育人口的体育活动场所一览表(%)

锻炼场所 \ 文化程度	研究生	大学(含大专)	高中(含中专)	初中	小学	文盲或识字不多
公共体育场所	50.0	49.7	44.8	46.9	53.8	33.3
公园、广场	25.0	31.5	36.3	48.4	53.8	66.7
单位的体育设施	0	38.9	36.3	29.7	23.1	16.7
自家庭院或室内	25.0	26.2	24.4	12.5	11.5	16.7
住宅小区空地	0	18.1	18.5	21.9	30.8	16.7
收费的体育场馆	25.0	22.8	18.5	4.7	11.5	0
公路、街道边	25.0	10.1	8.9	14.1	7.7	0
树林、河流湖泊、草原	0	6.7	8.9	6.3	11.5	0
其他地点	0	6.0	1.5	1.6	3.8	16.7
场院	0	2.0	1.5	4.7	0	16.7

(二)分年龄段女性体育人口的体育活动场所

调查结果显示(表 6-21)：福建省各年龄段的女性体育人口在选择体育活动场所上存在很大差异，表征为随着年龄的增长，其活动场所越来越倾向公园广场和免费公共活动场地；单位体育活动场所的选择则出现为随退休时段的来临而减少；而在收费活动场所的选择上，40 岁以下平均有 31.7%的人选择到收费体育场馆锻炼，40 岁以上的则逐渐随年龄的增大呈下降趋势；对公园、广场、住宅空地、公路街道边等的选择随年龄的增长呈上升趋势；对自家庭院或室内的选择随年龄增长呈平稳发展趋势；对公共体育场所、树林、河流湖泊、草原的选择随年龄的增长呈先降后升再降趋势。以上这些特征表明：福建省不同年龄段女性体育人口由于受其所处的生活境遇、工作条件、经济地位不同，在对体育锻炼场所的选择上存在显著性的差异。因此，社会、单位等根据不同年龄段女性对健身场所不同选择方式，建设和提供多元化的体育场地设施，是构建多元化全民健身体系应予考虑的重要因素。

表 6-21 分年龄段福建省女性体育人口体育活动场所一览表(%)

锻炼场所＼年龄(岁)	20～24	25～29	30～34	35～39	40～44	45～49	50～54	55～59	60～64	65以上
公共体育场所	50.0	55.3	23.3	36.2	46.7	43.5	60.0	41.4	55.8	60.0
公园、广场	25.0	15.8	33.3	23.4	39.1	39.1	50.0	44.8	58.1	52.0
单位的体育设施	25.0	47.4	40.0	40.4	39.1	39.1	34.0	31.0	14.0	32.0
自家庭院或室内	28.1	23.7	23.3	19.1	30.4	26.1	16.0	13.8	18.6	20.0
住宅小区空地	9.4	10.5	16.7	25.5	13.0	17.4	26.0	20.7	30.2	20.0
收费的体育场馆	31.3	18.4	36.7	40.4	13.0	13.0	4.0	3.4	2.3	12.0
公路、街道边	3.1	10.5	6.7	8.5	13.0	13.0	14.0	10.3	16.3	4.0
树林、河流湖泊、草原	9.4	5.3	3.3	10.6	10.9	8.7	8.0	13.8	0	4.0
其他地点	9.4	5.3	3.3	0	2.2	10.9	0	0	4.7	0
场院	3.1	0	0	2.1	4.3	2.2	6.0	3.4	0	0

(三)分职业阶层女性体育人口的体育活动场所

调查显示(表 6-22)：不同职业阶层的福建省女性体育人口由于其所拥有的职业资源结构不同，在参与体育锻炼的场所选择上存在显著的差异。最为鲜明的两个特征是：个体从业人员和农林、渔、牧、水利生产人员及无职业阶层女性体育人口，选择单位体育场所和收费体育场馆进行锻炼的比率最低。这既与这三类不同职业阶层所处的工作界面所享有的单位体育资源有关外，也与这三类职业阶层的工作时间和经济收入有着极大相关。个体从业人员的女性体育人口，不仅不具有单位人的身份，难以享有单位资源和权益，而且其工作性质导致她们工作时间长且不具有规律性，其选择体育锻炼的场所更多的只能是自家住宅和住宅附近的树林、河流湖泊。而作为女性中最为弱势的农林、渔、牧、水利生产人员职业阶层，选择体育锻炼的场所更多只能是公共体育场所和公园广场一些公共休闲场所。而与之相反的是，国家机关党群组织企业、事业单位负责人员、专业技术人员、办事人员和有关人员选择以上锻炼场所的比率却较高。可见，改革开放以后，随着单位制度的逐步解体和妇女权益保障体系的建设滞后等原因，很多女性被逐渐排挤到社会经济和市场竞争的弱势面上，从而使很多女性居民难以享有社会发展和进步所提供的社会福利和资源。

表 6-22 分职业阶层福建省女性体育人口的体育活动场所一览表(%)

锻炼场所 \ 职业类型	国家机关、党群组织、企业、事业单位负责人	专业技术人员	办事人员和有关人员	商业、服务业人员	农林、渔、牧、水利生产人员	生产运输设备操作人员及有关人员	个体从业人员	无职业
公共体育场所	26.5	57.1	37.9	44.4	64.7	36.2	0	55.4
公园、广场	31.4	33.8	19.0	48.1	23.5	40.4	0	51.2
单位的体育设施	20	51.9	39.7	29.6	17.6	51.1	0	23.1
自家庭院或室内	17.1	26.0	29.3	22.2	11.8	23.4	0	19.0
住宅小区空地	14.3	15.6	13.8	14.8	5.9	25.5	66.7	25.6
收费的体育场馆	25.7	19.5	34.5	18.5	11.8	23.4	0	3.3
公路、街道边	22.9	10.4	8.6	3.7	11.8	10.6	0	9.9
树林、河流湖泊、草原	11.4	6.5	5.2	7.4	11.8	14.9	33.3	4.1
其他地点	5.7	6.5	3.4	3.7	0	2.1	0	2.5
场院	0	5.2	1.7	0	11.8	0	0	1.7

(四)分城乡女性体育人口的体育活动场所

调查表明(表 6-23):福建省城乡女性体育人口体育活动场所主要集中在公共体育场馆、公园和广场,但城乡之间、体力劳动与非体力劳动之间女性体育人口场所选择存在一定差异,主要表现为在公共体育场馆选择上农村和城镇体力劳动者的比率高于城镇非体力劳动者,在单位体育场所和消费体育场所的选择上,则依次为城镇非体力劳动者、城镇体力劳动者和农村。农村女性体育人口选择树林、河流湖泊、草原为锻炼场所的比率远远高于城镇女性体育人口。以上这些特征表明:城乡二元经济结构鲜明映现在城乡女性体育人口体育锻炼场所的选择上。随着全面建设小康社会的深入推进和“建设社会主义新农村”步伐的日益加快,解决“三农”问题的政策力度也在不断增强,中央提出了“国家今后每年新增教育、卫生、文化、体育等公共事业的经费,主要用于农村”的要求。近年来,国家体育总局相继出台了一系列措施,如开展“亿万农民健身工程”、“体育三下乡”等活动,并颁布了《关于实施农民体育健身工程的意见》和《农村体育工作暂行规定》。但是,就目前福建省农村女性体育发展来看,农村体育的推行力度似乎没有眷顾农村女性体育。就农村而言,所谓的公共体育场所则为露天水泥地、晒谷场等简陋场地,因陋就简是农村女性参与体育活动的特征。

表 6-23 分城乡福建省女性体育人口体育活动场所一览表(%)

锻炼场所＼户籍	农村	城镇体力劳动	城镇非体力劳动
公共体育场所	53.8	52.7	43.1
公园、广场	23.1	42.6	36.8
单位的体育设施	11.5	38.5	34.4
自家庭院或室内	23.1	20.3	23.1
住宅小区空地	15.4	18.2	20.8
收费的体育场馆	7.7	14.2	20.3
公路、街道边	3.8	10.1	11.8
树林、河流湖泊、草原	11.5	8.1	6.6
其他地点	7.7	0.7	5.2
场院	7.7	1.4	2.4

五、福建省女性体育人口的体育活动组织形式特征

福建省女性参与体育活动选择的组织形式依次是与朋友同事一起锻炼、个人锻炼、与家人一起锻炼、参加单位组织的活动、参加社区内组织的活动、体育辅导站或俱乐部的锻炼(表 6-24),由此可以看出福建省女性参加体育活动的形式以自发参与、随机组合为主。这一特征既符合女性具有更为强烈的“集群心理”①,也表征我省女性“个体社会化”的强烈诉求。同时,同伴理论也认为,一个人参加体育活动,需要技巧、同伴才能够进行并得到享乐。有组织有同伴地参加体育活动能使一些兴趣相投的人们聚集在一起,通过体育活动使人们获得参加组织的归属感、依赖感和遵守组织规则的约束力,这是经常参加体育活动的保障,也是体育运动特有集群功能。在福建省不同性别体育人口体育活动形式的交叉分析中,男女的选择形式表现出鲜明的性别差异特征。女性在选择与朋友同事锻炼形式、参加单位组织锻炼形式的比率略低于男性,但在选择个人锻炼形式上却远远低于男性近一半以上的比率,同时在社区组织活动、体育辅导站俱乐部锻炼形式的选择上却比男性高。可见,正如以上所述,女性比男性具有更为强烈的“集群心理”、“个体社会化”诉求,同时传统文化也在一定层面上消解女性的主体意识,造成女性依赖人格的存在。而男性则因传统文化中“自主、独立”的角色模式,从而使得他们的处事和行事的方式上比女性更具有很强的独立性特征,也使得他们在自我选择运动项目、方法、手段上更具自主性。同时,女性在“与家

① 沙莲香.社会心理学[M].北京:中国人民大学出版社,2006,255。

人一起锻炼”比率上却高于男性，这也从一个侧面表达了“男主外、女主内”，“相夫教子”女性家庭角色标准的传统文化观念还在深刻影响现代女性的“家庭”情结。

表 6-24　福建省分性别体育人口的体育活动组织形式选择一览表(%)

	女(%)	排序	男(%)	排序
与朋友同事一起锻炼	70.0	1	72.8	1
个人锻炼	30.1	3	69.9	2
与家人一起锻炼	35.6	2	27.2	4
参加单位组织的锻炼	35.6	2	39.2	3
参加社区内组织的活动	21.0	4	14.8	5
体育辅导站、俱乐部的锻炼	11.2	5	7.6	6

(一)分文化程度女性体育人口的体育活动组织形式

调查显示(表 6-25):伙伴因素对女性参与体育活动的影响比较明显，女性参加很多体育活动时都喜欢结伴而行。因此即使是受较高文化程度教育的女性群体，与朋友同事一起锻炼依然是她们选择体育锻炼的主要形式。这种现象与女性从小所受教育不无关系，即，与在学校里，被灌输“集体主义”思想；在家里，家长考虑到人身安全总是嘱咐外出活动不要单独行动有较大相关。在选择个人锻炼、与家人一起锻炼及参加单位组织锻炼的形式选项上，文化程度越高其选择这些形式的比率越高。从社会学角度看，教育是人们社会化进程的手段与过程，教育一方面是使其掌握某项技能，另一方面是使其具有较高的文化与心理素质及主体意识。可见，首先，受教育程度越高，不仅女性主体意识和发展意识越高，而且所受体育教育机会和时间也较多和较长，拥有自己兴趣和爱好体育项目较多和较好的体育技术技能，因此进行个人独立锻炼的能力和意识也越强。其次，文化程度越高，职业地位越高，工作稳定性越好，业余时间和空闲时间比较多，与家人一起锻炼及参加单位组织锻炼的时间和机会较多。反之，在选择参与社区内组织活动形式和体育辅导站俱乐部锻炼的选项上，文化程度越低其选择率越高，这主要是因为文化较低者，工作稳定性较低，同时拥有单位资源较少，因此，其参与体育锻炼形式的选择只能更多地依赖于社区内组织活动和参与体育辅导站活动。

表 6-25　分文化程度福建省女性体育人口的体育活动组织形式一览表(%)

组织形式＼文化程度	研究生	大学(含大专)	高中(含中专)	初中	小学	文盲或识字不多
与朋友同事一起锻炼	100	69.8	68.9	72.3	76.0	50.0
参加社区内组织的活动	0	10.7	20.7	36.9	44.0	33.3
参加单位组织的锻炼	0	45.0	37.0	20.0	20	16.7
体育辅导站俱乐部的锻炼	0	8.1	13.3	9.2	20	33.3
与家人一起锻炼	33.3	39.6	40.7	26.2	16.0	0
个人锻炼	100	57.0	63.0	35.4	48.0	33.3

(二)分年龄段女性体育人口的体育活动组织形式

调查显示(表 6-26),福建省不同年龄段女性体育人口在体育活动组织形式上,无论是青年、中年、老年,她们几乎都把和朋友同事一起健身、个人健身排在首选位置。同中年女性、老年女性相比,30 岁以前的青年女性更乐意与朋友同事一起锻炼,参加单位体育活动。这一特征主要与这一年龄段大部分人还未进入婚育期,交往群体主要为朋友同事,交往的空间也主要以单位为主。调查结果还显示:随着年龄的增长,参与社区内组织活动的比率也随之增长,特别是进入 50 岁以后阶段,锻炼人群的比例增幅明显,而参与单位组织的锻炼及与家人一起锻炼的比率则随之下降。这从一个方面表征着离退休之前女性参与体育活动的组织主要以朋友同事为主,离退休之后参与体育活动的组织形式则是以社区为主;另一方面女性老年群体特别是高龄老年群体的家庭在陪伴老年人锻炼上存在一定不足和欠缺。因此,企事业单位、社区组织应根据女性参与体育活动选择组织形式的差异性的选择,选择符合女性生理、心理需求,开展形式多样的体育活动形式,这是构筑全民健身服务体系中重要组成部分。

表 6-26　分年龄福建省女性体育人口的体育活动组织形式一览表(%)

组织形式＼年龄(岁)	20～24	25～29	30～34	35～39	40～44	45～49	50～54	55～59	60～64	65以上
与朋友同事一起锻炼	73.5	69.4	53.6	55.2	56.7	62.1	69.0	69.2	70.6	68.5
个人锻炼	45.7	48.4	49.6	49.6	60.1	64.7	59.8	49.7	48.0	43.6
与家人一起锻炼	29.1	46.9	56.8	57.0	44.3	39.9	30.1	22.1	16.7	14.5
参加单位组织的锻炼	31.4	31.4	32.2	28.4	31.9	28.1	19.7	17.4	20.6	17.0
参加社区内组织活动	8.5	5.4	9.7	8.4	11.8	14.8	25.0	34.4	36.3	31.5
体育辅导站、俱乐部	6.7	8.9	7.6	3.6	6.3	5.9	6.1	6.7	14.7	13.3

(三)分职业阶层女性体育人口的体育活动组织形式

调查显示(表6-27):不同职业阶层女性体育人口参与体育活动组织形式存在显著差异,主要表征为职业阶层越高,参与单位组织的、与家人一起锻炼比率越高,反之则越低。其原因不仅为不同职业类型的女性具有不同人际圈和享有不同体育资源,而且也因其职业阶层越高,其文化程度越高,社会地位和经济地位较高,从而使得节假日和空闲时间多,与家人一起锻炼时间和机会较多,同时也因“单位人”享有“单位”体育场地和组织资源保障,更有机会参与单位组织的各种体育活动。而个体从业人员和农林、牧、水利生产性人员却形成与之鲜明的对比,这个中的原因不言而喻。

表6-27　分职业阶层福建省女性体育人口的体育活动组织形式一览表(%)

职业类型 / 组织形式	国家机关、党群组织、企业、事业单位负责人	专业技术人员	办事人员和有关人员	商业、服务业人员	农林、渔、牧、水利生产人员	生产运输设备操作人员及有关人员	个体从业人员	无职业
与朋友同事一起锻炼	65.7	72.7	66.7	63.0	70.6	74.5	33.3	72.7
参加社区内组织的活动	8.6	6.5	10.5	25.9	5.9	17.0	0	42.1
参加单位组织的锻炼	40.0	45.5	45.6	22.2	11.8	38.3	66.7	28.1
体育辅导站俱乐部的锻炼	0	13.0	17.5	0	0	8.5	0	15.7
与家人一起锻炼	54.3	41.6	38.6	37.0	35.3	42.6	33.3	21.5
个人锻炼	68.0	67.5	57.9	48.1	64.7	57.4	66.7	39.7

(四)分城乡女性体育人口的体育活动组织形式

调查表明(表6-28):福建省城乡女性体育人口选择体育活动组织形式,她们都有一个共同的特点。即无论是农村还是城镇户口的女性体育人口,她们在选择形式上都是依次以与朋友同事一起锻炼、个人锻炼、与家人一起锻炼为主。这说明,无论女性在什么样的生活环境下,女性所特有的、共有的心理和母性的特征还是时刻影响着女性参与体育锻炼的形式。但是,我们也不难发现,在参加单位组织的锻炼、参加社区内组织的活动、体育辅导站俱乐部的活动中,乡村户口的选择参与率明显低于城镇户口的选择率,只有8%。这一方面与农村体育发展特征相符合,另一方面也反映了福建省农村女性体育锻炼的群体化、社会化和组织化程度较低,说明福建省农村体育组织中对女性的体育还不够重视,体育辅导站、俱乐部、社区内组织等组织机构还相当不完善,甚至可以说完全没有,这是我省乃至我国目前制约农村体育发展的最大瓶颈之一。

表 6-28　分城乡福建省女性体育人口的体育活动组织形式一览表(%)

	农村	城镇体力劳动	城镇非体力劳动
与朋友同事一起锻炼	72.0	67.8	71.6
个人锻炼	60.0	46.3	60.2
与家人一起锻炼	20.0	32.9	39.3
参加单位组织的锻炼	4.0	39.6	36.5
参加社区内组织的活动	8.0	29.5	16.6
体育辅导站、俱乐部的锻炼	8.0	11.4	11.4

六、福建省女性体育人口体育锻炼的目的与动机特征

女性体育既可强身健体、延年益寿、陶冶情操,促进社会主义精神文明建设,又能开拓女性体育消费市场,促进经济的发展,具有显著的社会经济效益。虽然体育活动主体在不同主观动因驱使下表现有所不同,但作为一种社会现象的体育,个体的不同条件和所处的不同社会因素对人的体育行为的影响是不可忽略的,这就形成不同个体具有不同体育锻炼的目的与动机。调查显示(表 6-29):福建省女性进行体育锻炼的目的动机呈多元化趋势,主要集中在健康保健、美容健美、提高运动能力与散心解闷娱乐消遣、精神情绪的修养和改善以及增加社会交往几个方面。这说明我省女性受到传统养身观的影响较大,把体育作为增进健康、医疗康复及娱乐等手段已经广泛引起现代女性的重视,较为重视体育在强身健体方面的功能。

表 6-29　福建省分性别人口体育锻炼目的与动机一览表(%)

目的动机	女(%)	排序	男(%)	排序
为了增强体力和健康	90.4	1	92.4	1
为了美容、减肥、健美体形	39.0	2	11.5	8
为了提高自己的运动能力	35.2	3	46.5	2
为了精神情绪的修养和改善	32.2	4	35.4	3
为了散心解闷、消遣娱乐	32.0	5	29.7	4
为了和朋友、同伴交流	31.0	6	26.0	6
感到运动不足	15.8	7	17.3	7
在学生时代就喜欢体育活动,并养成习惯	15.8	7	28.5	5
为了增加社会交往或与家人接触	13.5	8	10.3	9
陪伴子女参加体育活动,使他们能有健康的身体	9.9	9	7.7	10
因为体弱多病	4.4	10	2.9	11
其他理由	1.6	11	0.5	12

(一)分文化程度女性体育人口的体育锻炼目的与动机

调查显示(表 6-30):强身健体是不同文化程度女性体育人口体育锻炼共同目的,但在塑身美容兴趣爱好、运动不足、精神调节等目的上存在显著鲜明的差异特征。文化程度较高者,其参与体育锻炼的目的主要表征为塑身美容、兴趣爱好、运动能力提高、改善运动不足等,而文化程度较低者,其参与体育活动目的主要表征为在消遣娱乐、交友交流等选项上的比率较高。这一特征表明,文化程度越高的女性体育人口,其一,受体育教育时间较长,学生时代养成体育锻炼的良好习惯,深刻影响着她们参与体育锻炼的动机。其二,虽然女性对美的追求是永无止境,女性爱美,希望通过运动来塑造完美的自我,是其爱美的天性在作祟,其实女性的爱美心理是受到社会化的驱使和影响。“郎才女貌”,社会对女性的外表比对男性的外表更加看重,致使女性更关注自身的形象。因此,爱美对于女性来说,实际上依然是出于自身的社会需要,是个人希望得到社会认可的表现,属于女性特殊的社会尊重需要范畴。文化程度越高的女性体育人口,相对而言她们的社会地位、经济地位比较高,因此比起文化程度较低的女性体育人口,她们更注重自身形象,更希望通过运动塑造完美身材,使自己充满活力和魅力以获得社会尊重认可,提升自身职业资本。其三,文化程度越高者,由于社会阶层也越高,脑力劳动强度远远高于体力劳动,不仅精神压力强度较大,而且运动不足而产生的职业病和文明病已高频率侵袭着她们的躯体,因此通过参与体育锻炼来改变她们运动不足的状况也成为该群体女性体育人口的主要动机之一。而文化程度较低者,其参与体育活动目的主要表征为在消遣娱乐、交友交流等选项上的比率较高,也就是说文化程度越低女性体育人口通过运动以达到社会交往需要的动因越高。这一方面表明女性有与男性相同的通过运动以达到扩展自身社交路径的内部需求,女性对体育在加强个人社会活动方面的功能已有了充分的认识,并加以充分运用;另一方面也表明文化较低者女性体育人口由于其社会地位、社会阶层较低,精神较为匮乏,社会交往关系网络也较为窄小,因此希望通过体育运动扩大自己社会活动圈和散心解闷,消遣娱乐动因较高。

表 6-30 分文化程度福建省女性体育人口的体育锻炼目的动机一览表(%)

目的动机 \ 不同文化程度	研究生	大学(含大专)	中专	初中	小学	文盲
为了增强体力和健康	100	91.2	91.0	89.2	88.5	66.7
为了美容、减肥、健美体形	50.0	45.9	44.0	18.5	26.9	16.7
为了提高自己的运动能力	25.0	37.2	34.3	35.9	6.7	0
为了精神情绪的修养和改善	0	38.5	33.6	18.5	23.1	15.0
为了散心解闷、消遣娱乐	0	32.7	27.6	36.9	46.2	36.7
为了和朋友、同伴交流	0	29.7	33.6	29.7	36.9	50.0
感到运动不足	25.0	24.3	11.2	7.7	11.5	0
在学生时代就喜欢体育活动,并养成习惯	50.0	26.2	14.9	15.4	15.4	0
为了增加社会交往或与家人接触	0	16.2	14.9	7.7	7.7	0
陪伴子女参加体育活动,使他们能有健康的身体	0	14.9	8.2	7.7	0	0
因为体弱多病	0	6.1	4.5	0	7.7	0
其他理由	0	1.4	1.5	1.5	3.8	0

(二)分年龄段女性体育人口的体育锻炼目的与动机

表 6-31 显示,福建省不同年龄段的女性体育人口参与体育锻炼的动机呈不同特征,主要表征为:一是随着年龄的增长为了增强体力和健康、结伴交流的动机越强烈,这主要是因为女性身体状况随着年龄的增长体能及健康呈下降状态,由于婚育、子女上学、结婚等因素,家庭结构发生变化,她们渴望通过参与体育活动来增强和改善自身日益衰弱的健康状况,通过参与体育活动来结交朋友以改善因子女上学结婚而造成心理上的失落及空泛;二是塑身美容的动机在 30～50 岁这几个年龄段表现最为强烈,而后随着年龄的增长而逐渐减弱,这主要是因为这几个年龄段为工作的黄金期,她们非常注重塑造自我形象,同时这几个年龄段也是大部分女性婚育后身体形态改变的重要时期,因此,通过参与体育活动来保持年轻时健美的身材成为很多女性的重要目的;三是提升自身运动能力的目的则随着年龄的增长而逐渐降低,这是因为随着年龄的增长,女性在婚育后运动能力呈急剧的下降趋势,很多女性较少参与各种强烈身体对抗运动比赛,因此她们对提升自我运动能力的愿望较低;四是改善精神情绪目的在退休后呈明显的下降趋势;五是消遣娱乐目的主要集中 20～40 岁及 50 岁以上的年龄段上,40～50 岁年龄段明显下降;六是陪伴子女参加体育活动目的也主要集中在 30～45 岁之间。以上不同年龄段女性体育人口参与体育锻炼不同动机特征表明:女性年龄因素上所造成身体素质和形态的变化,家庭结构变化因素所造成心理上的变化,

工作环境因素所造成对自我形象的诉求等，是不同年龄段女性体育人口参与体育锻炼的动机呈不同特征原因。

表 6-31　分年龄段福建省女性体育人口体育锻炼目的与动机一览表(%)

年龄(岁) 目的动机	20～24	25～29	30～34	35～39	40～44	45～49	50～54	55～59	60～64	65以上
为了增强体力和健康	80.0	84.2	86.7	93.6	91.3	92.1	94.0	93.1	90.9	100
为了美容减肥、健美体形	40.0	42.1	46.7	57.4	50.0	47.8	28.0	30.5	15.9	16.0
为了提高自己运动能力	46.7	39.5	40.0	32.6	28.3	31.0	30.0	31.0	28.6	22.0
为了精神情绪的修养和改善	40.0	36.8	40.0	34.0	36.1	32.6	38.0	34.5	22.7	16.0
为了散心解闷、消遣娱乐	46.7	26.3	40.0	34.8	17.4	19.6	36.0	55.2	38.6	12.0
为了和朋友、同伴交流	23.3	31.6	26.7	23.4	30.4	31.1	42.0	35.7	36.4	40.0
感到运动不足	23.3	23.7	26.7	25.5	23.0	19.6	6.0	13.8	6.8	0
在学生时代就喜欢体育活动，并养成习惯	13.3	18.4	16.7	12.8	19.6	17.4	12.0	17.2	18.2	12.0
为了增加社会交往或与家人接触	10.0	13.2	23.3	12.8	15.2	13.0	10.0	10.3	15.9	12.0
陪伴子女参加体育活动，使他们能有健康的身体	0	7.9	26.7	25.5	19.6	2.2	6.0	3.4	2.3	0
因为体弱多病	0	5.3	6.7	4.3	6.5	4.3	2.0	10.3	2.3	4.0
其他理由	0	2.6	0	0	0	6.5	2.0	0	2.3	0

(三)分职业阶层女性体育人口的体育锻炼目的与动机

表 6-32 显示，不同职业女性体育人口其体育锻炼的目的动机主要表征为：一是处于社会比较顶层的各职业阶层，其参与体育锻炼的动机多元性特征更为明显；二是党群企事业单位负责人、专业技术人员、办事人员、生产运输设备操作人员及有关人员对美容减肥健美体形上的目的动机比其他职业阶层女性体育人口更加强烈；三是高知群体和从事商务职业阶层在对改善精神情绪和消遣娱乐上的动机更为趋同；四是高知人群及非体力职业阶层由于运动不足而对参与体育锻炼目的动机表现出一定的愿望；五是处于社会底层的职业阶层，如农林渔牧水利生产人员、生产运输设备操作人员及有关人员和无职业人员则在结友交流目的动机上更加鲜明；六是个体从业人员在家庭体育目的动机选择率上比其他阶层更高；等等。由此，不同职业阶层的女性体育人口由于所受教育程度不同、工作性质不同、工作环境不同、工作压力不同，对自我参与体育的目的动机表现出不同趋向。

表 6-32 分职业阶层福建省女性体育人口的体育锻炼目的与动机一览表(%)

目的动机 \ 职业类型	国家机关、党群组织、企业、事业单位负责人	专业技术人员	办事人员和有关人员	商业、服务业人员	农林、渔、牧、水利生产人员	生产运输设备操作人员及有关人员	个体从业人员	无职业
为了增强体力和健康	88.6	89.5	91.2	85.2	88.2	89.4	100	93.4
为了美容、减肥、健美体形	42.9	53.9	59.6	37.0	23.5	46.8	0	19.7
为了提高自己的运动能力	28.6	32.9	38.6	46.2	23.5	48.9	33.3	31.1
为了精神情绪的修养和改善	37.1	44.7	28.1	40.7	29.4	38.3	0	22.1
为了散心解闷、消遣娱乐	25.7	40.0	26.3	37.0	17.6	27.7	0	35.2
为了和朋友、同伴交流	25.7	34.2	23.2	18.5	29.4	38.3	0	34.4
感到运动不足	25.7	25.0	28.1	11.1	5.9	10.6	0	6.6
在学生时代就喜欢体育活动,并养成习惯	11.4	17.1	21.1	14.8	5.9	14.9	33.3	15.6
为了增加社会交往或与家人接触	8.6	17.1	22.8	7.4	5.9	14.9	33.3	9.8
陪伴子女参加体育活动使他们有健康身体	8.6	18.4	19.3	7.4	5.9	10.6	33.3	0.8
因为体弱多病	5.7	5.3	3.5	3.7	0	6.4	0	4.1
其他理由	2.9	1.3	1.8	0	0	0	0	2.5

(四)分城乡女性体育人口的体育锻炼目的与动机

表 6-33 显示,城乡女性体育人口其锻炼的目的动机主要表征为:一是农村女性体育人口在参与体育锻炼目的动机的多元性上低于城镇女性体育人口,与此相同,城镇体力劳动者女性体育人口在参与体育锻炼目的动机的多元性上也低于城镇非体力劳动女性体育人口;二是除增强体力和健康、结伴交流的目的动机选项城乡女性体育人口呈趋同选择外,其他目的动机选项,农村女性体育人口的选择率都低于城镇女性体育人口的选择率。可见,劳动分工的不同、生活环境的不同等因素影响了城乡之间女性体育人口参与体育锻炼目的动机的多元性选择,而多元化体育锻炼目的动机是稳定体育行为的决定因素。

表 6-33　分城乡福建省女性体育人口的体育锻炼目的与动机一览表(%)

目的与动机＼户口	农村	城镇体力劳动	城镇非体力劳动
为了增强体力和健康	88.5	89.9	91.0
为了美容、减肥、健美体形	26.9	35.8	42.7
为了提高自己的运动能力	23.1	36.7	35.5
为了精神情绪的修养和改善	23.1	29.1	35.5
为了散心解闷、消遣娱乐	11.5	35.1	32.4
为了和朋友、同伴交流	34.6	32.0	29.9
感到运动不足	0	12.8	19.9
在学生时代就喜欢体育活动，并养成习惯	11.5	17.6	15.2
为了增加社会交往或与家人接触	3.8	13.5	14.7
陪伴子女参加体育活动使他们有健康身体	3.8	8.1	11.8
因为体弱多病	3.8	3.4	5.2
其他理由	0	0.7	2.4

七、影响福建省女性不参与体育锻炼的主要因素

调查显示(表 6-34)：福建省完全非体育人口女性选择不参加体育锻炼的主要原因依次是缺乏闲暇时间，没兴趣，工作负担重、身心已很疲劳、不懂锻炼的方法、不知如何进行锻炼，学生时代就不喜欢体育活动等，可见福建省女性不参加体育活动的原因主要是受客观和主观因素的影响，换句话说就是外在和内在因素综合作用的结果。同时，从表中我们还可以发现，有少部分的女性是由于怕人们讥笑和不理解、其他理由、体育活动不合适自己的举止行为特点、经济实力不足等而不参加体育活动，这些充分表明了现阶段福建省还有少部分女性对体育的各种功能认识不足，体育观念发生错误偏离。

表 6-34　福建省女性不参加体育活动的原因一览表

原因	有(%)	排序
缺乏闲暇时间	54.8	1
没兴趣	45.1	2
工作负担重，身心已很疲劳	26.7	3
不懂锻炼的方法，不知如何进行锻炼	14.5	4
学生时代就不喜欢体育活动	8.6	5
经济实力不足	8.0	6
没有特别的理由	7.4	7
认为自己身体较弱，不宜参加体育活动	6.4	8
怕人们讥笑和不理解	3.0	9
其他理由	2.9	10
体育活动不合适自己的举止行为特点	2.5	11
身体很好，用不着参加体育活动	1.8	12

(一)影响女性体育锻炼的主要内在因素

1.传统社会分工模式,导致女性参与体育锻炼的时间缺乏

新中国成立以来,我国女性地位得到了显著的提高,女性可以参加政议,很多女性虽然有与男性一样同等的机会走进职场,工作与男性同工同酬,在家庭和社会生活中被认可、尊重。但受"男主外、女主内"传统社会分工模式的影响,导致她们处在工作角色(社会角色)和家庭角色(妻子角色、母亲角色)双重甚至是多种角色的冲突、困扰和压力之下。近几年又出现了"超贤妻良母"的概念,即要求职业女性家庭和工作双肩挑。这作为一种理想模式,在生活中必然导致女性的压力增大、生活节奏加快、闲暇时间减少,在这种身心交瘁的情况下,女性的体育需求受到抑制,最终影响她们对体育锻炼的参与。受西方女权主义思潮的影响,职业女性把工作放在主要位置,强调工作角色对实现人生价值的意义。这种同时压载在职业女性身上的双重期望值和中国女性缓解、分担双重角色任务能力缺失之间的矛盾冲突致使她们不得不放弃或缩减自己的体育锻炼等休闲娱乐选择,这极大地影响着女性的体育参与率,从而使女性参与体育运动的人数、比率和常态仍然远远低于男性。因此,如何使更多的女性走出家庭,远离锅台,加入到社会体育行列中,是我国社会体育事业整体协调发展的重要问题之一。

2.体育主体意识的淡薄,诱发女性参与体育锻炼兴趣的缺乏

体育意识,即体育观念,是人们对体育现象的主观反映,也包括人们对体育需要的反映及体育活动过程本质规律的反映,由人们对体育活动的情感、动机、价值观等多种因素构成。体育意识一般表现为人们体育知识的多寡和体育意志的强弱,反映了不同人对体育的不同价值判断,并最终决定人们参与体育的程度。① 女性的体育意识,以及体育在女性中普遍程度,与一个国家的政治制度、经济基础、传统文化等密切相关。由于受到传统文化的影响,形成了以补养为主流的保健意识以及社会上对女性不正确的审美观,如中国传统文化中对女性美的评判标准与现代体育运动所提倡的个性张扬形成鲜明的对比,矜持、温柔、贤淑的传统女性角色定位使许多女性拒现代体育于门外,即便是参加体育活动,也必须是能展示女性柔性魅力的或是运动强度极低的体育项目。她们羡慕优雅的动作、健美的体形,渴望参与各种富有韵律的运动方式。可以说,运动是女性内心的诉求,但腼腆、怕羞的心理等传统观念的影响又时刻制约着她们,而体能状况的偏差又使得她们明显意识到运动的必要性。以上这些因素客观上起到了阻碍妇女体育运动开展的作用,同时也禁锢了女性的体育意识,降低了女性对体育

① 朱家新.福建沿海地区农民体育参与现状总论[J].成都体育学院学报,2006,32(2):56。

的兴趣。

(二)影响女性体育锻炼的主要外在因素

1.体育场地、设施匮乏

人们参与体育健身活动,不仅取决于个人观念、个人需求、个人条件,同时取决于社会环境的容纳程度及所能提供的保障条件,归根结底取决于后者。社会体育的发展规模、水平和速度,取决于经济发展水平,经济发展能够为社会体育发展提供物质条件,经济发展使个人经济状况变化以及由此引发的人的价值观念、思维、生活行为方式等的变化。经济对体育的发展直接反映在对体育事业经费投入,体育场所设施建设和人们的体育消费水平等。调查显示有62.2%女性认为,如果今后要参加体育锻炼,首要解决体育场地问题。近几年来福建省政府不断加大对群众体育场馆建设的财政投入,加大体育彩票公益金中群众体育设施的建设比例,修建了大量的体育场馆和健身路径,但仍然不能满足人民群众日益增长的体育需求。有些单位、学校、社区虽具备体育的条件,但并不对外开放,在一些公共场所的体育设施,真正适合女性锻炼的器材相对较少。

2.法制不健全、体育组织不完善

1995年6月颁发的《全民健身计划纲要》经过几次审定,把提高全民健身素质放在首位,但重点对象仍是以青少年和儿童为重点。女性体育作为新生事物,依然没有明确的法律保障。《体育法》是我国有史以来对体育进行的第一次立法,可调查中我们发现仍然有很多女性对这部法律了解非常有限。1994年5月5—8日,由英国体育理事会主办,国际奥委会支持,国家政策和国际政策决策者参加的首届妇女与体育国际会议在英国布雷顿举行。会议主题为:如何迅速改变妇女在参加体育运动中所面对的不平衡状态。宣言着重指出:"体育运动是为公平、公正的实施,并丰富社会生活,增进国际的友谊的一种文化活动。"意在说明体育运动也应该为女子提供自我认识、自我表现、自我实现、社会交往、健康娱乐等机会。《布雷顿妇女与体育宣言》认为,女子必然要参加到这项文化活动中来,女子参加体育运动的人数虽然增加了,但是女子在参与体育管理、教练和官员等方面,尤其是在较高层次上,女性人数明显低于男性。说明在体育运动中,要有女性领导者、决策者和榜样人物,否则妇女平等尚不能实现。就目前而言,体育组织与管理的经费投入仍然主要依靠政府的支持,社会投入所占比例很小,社会上真正针对女性的体育组织及女性体育领导者还很缺乏。

由于法规政策的失衡现象,导致了我国女性体育的发展滞后。女性对搞好女性体育都抱有强烈的期望。从女性对体育设施的满意度调查中发现,福建省女性对现行体育场地设施的满意度不高(表6-35)。调查显示:福建省女性对搞好群众体育工作主要要求依次为建立与居民生活小区相配套的体育活动空地或活动场所、健全各种体育法规和政策以保证公民享有的体育权利、应有专人指导开展体育活动,加强女性体育的宣传与发动工作、尽可能开放体育场馆等,以促进福建省女性体育的进一步发展(表 6-36)。

表 6-35 福建省女性参与体育活动要解决的主要问题一览表

问题	有(%)	排序
修建体育场地设施	62.2	1
经常组织体育活动	46.6	2
建立各种体育组织	36.1	3
加强体育宣传和发动工作	36.0	4
进行体育技能培训	27.4	5
培养体育指导员	16.6	6
其他	2.4	7

表 6-36 福建省女性对搞好群众体育工作的要求与愿望情况表

要求与愿望	有(%)	排序
建立与居民生活小区相配套的体育活动空地或活动场所	65.4	1
健全各种体育法规和政策,以保证公民享有的体育权利	43.6	2
应有专人指导开展体育活动	40.2	3
应加强对体育运动知识、锻炼方法的宣传报道	39.9	4
尽可能地开放体育活动场馆,并适当合理地收费	36.4	5
说不清楚	9.3	6
其他	2.6	7

3.体育媒体的影响

体育与科学技术、教育、卫生、文学艺术、新闻出版、广播影视等都属于广义的文化范畴。女性体育的发展受到文化多方面的影响。长期以来,女性的社会地位是一个社会焦点问题。在旧中国,广大女性生活在社会的最底层,长期的封建统治使其遭受肉体和精神上的折磨。新中国成立后,女性的社会地位发生了翻天覆地的变化,她们不仅在家庭中被认可和尊重,而且在社会生活中占据了相当重要的地位,尤其在世界体育大舞台上,中国女运动员更是为祖国赢得了巨大的荣誉。然而,在"男女平等"的口号背后却存在一些不和谐的因素,即新闻媒体对男子运动员的重视程度远远高于女子运动员(研究者们称之为"媒介压抑女性现象"),主要表现在男、女体育报道量(指报纸每天或每期发稿的数量,包括总的条数和总的字数）存在着巨大的差异，男子体育的报道远远大于女子。从媒体体育报道、新闻图片、报道版面上来看，严重的性别差异剥夺了读者感知和体会女性体育的魅力和精彩的机会，同时也使广大读者在不知不觉中受到这种信息环境的影响，即使有不同意见，也由于媒体所具有的权威性以及群众从众的心理影响，会慢慢地遵从、附和媒体的立场和观点或干脆保持沉默。① 长期下去，就导致大众对女子体育的重视和关注程度降低，从而大大地影响着女性体育的发展。

八、福建省女性参与体育锻炼的预期情况

调查显示（表 6-37）：在男女性别结构与今后是否有意向参加体育活动选择率的交互比较上，男性不仅持肯定的意向度高于女性，且持否定的意向度也高于女性，女性群体则在“还不能决定”的选项上比率高于男性，并呈显著性的差异。这表征着女性个体体育意识的自觉性、自主性比男性弱，以及女性受家庭、环境、伦理观念等外在因素的影响和干扰而处于难以决断的两难程度比男性大。在问及今后打算或准备参加体育活动需解决的因素中，有 67.1％的人认为必须解决时间问题，有 45.5％的女性认为必须要有同伴一起活动等（表 6-38）。这些都是进行体育锻炼的外在条件，可见福建省女性对体育设施完善及氛围的形成有较高的要求和渴望。因此，关注女性身心健康，提高女性对体育意识和价值自觉度与认知度，加大对女性享有各种体育权益保障制度的建设，为女性参加各种体育活动创设良好社会环境和服务条件，是提升我省女性参与体育活动率的重要途径之一。

表 6-37　不同性别结构与今后是否打算参加体育活动情况交互比较（％）

	是	否	还不能决定
男	34.5	29.1	36.4
女	32.6	25.4	42.0
χ^2		$P<0.001$	

① 米靖，张传义．报纸的女子体育报道研究[J]．天津体育学院学报，2003，(6)：18。

表 6-38 福建省女性打算参加体育活动必须解决的问题一览表

问题	有(%)	排序
有时间	67.1	1
有同伴一起活动	45.5	2
克服自己的惰性	33.8	3
有人指导	33.1	4
有经济条件	23.1	5
其他	2.4	6

九、小结

1.福建省女性体育人口的人口统计学特征为:体育人口的婚姻与就业分布结构与我国人口年龄结构特征和就业状况比率相吻合;女性体育人口文化程度大多分布在高中以上教育程度层次上;城镇体育人口远远高于乡村体育人口的比率,大约呈 2∶1 的分布结构;具有一定经济能力的女性群体是我省体育人口的主要主力军。

2.福建省女性参与体育的总体比率与男性趋于一致,有近一半比例的女性参与体育活动,但体育人口比率相当低,且男女比率悬殊,与男性相比呈现出整体弱势与持续性弱势共存的状况。西方女性主义运动与思潮,我国社会、经济、文化和教育等发展,以及几千年"男女平等"教育和实践,对我省女性主体意识、体育的观念、健身观念的提升具有重大的影响作用,传统"男主外,女主内"性别分工观念是我省女性体育人口较低的主要因素。

3.以户外持轻器械和徒手进行的长走或跑步、登山、羽毛球、各种体操、跳绳、游泳、交际舞或体育舞蹈等依次为福建省女性体育人口参与体育活动的主要项目选择,福建省女性体育人口参与体育活动的项目与女性生理心理呈现较大的吻合性。

4.受经济地位、社会地位和休闲价值观念的影响,福建省不同文化程度女性体育人口在体育活动项目的选择上存在显著性的差异。文化程度较高者主要趋向于休闲性的户外运动,反之,文化程度较低者女性则趋向于场地条件和技术的要求相对较低,便于开展的传统型、养身型的民间舞蹈、气功太极等。

5.受生理、心理及社会变迁等因素的影响,福建省不同的年龄段女性体育人口在体育活动项目的选择上存在一定的差异。中青年女性体育人口主要选择是以时尚、持器械、大强度、非对抗性的运动项目为主,而老年女性体育人口则以传统养生体育项目为主。

6.受阶层经济地位、社会地位、单位福利、工作时间等因素影响，福建省不同职业阶层女性体育人口参与体育活动项目呈现出不同的选择特征。阶层地位越低，体育活动项目的选择越单一，运动条件越简单；阶层地位越高则运动项目选择性越多样，运动条件越高，集体性和消费性越高。

7.受城乡体育意识强弱、城乡体育场地设施、体育组织网络、体育教育机会等体育资源差异因素的影响，城镇女性体育人口在参与体育活动项目多样性选择和选择率上都高于农村女性体育人口。

8.免费的公共体育场所是福建省女性体育人口体育锻炼地点的主要选择，女性强烈的“集群心理”和“个体社会化”的强烈诉求使福建省女性参加体育活动的主要形式呈以“与朋友同事一起锻炼、个人锻炼”为主，双重形式并存的重要原因。

9.不同文化程度、不同职业阶层、不同年龄段、城乡之间等客观存在的因素所引发的福建女性在经济地位、社会地位、体育意识、工作性质、体育资源、心理生理特质的差异，并由此造成女性体育人口在选择体育场所、体育组织形式上存在一定的差异性。

10.增强体力与健康、美容健美、提高运动能力和散心解闷或娱乐消遣及社会交往等是福建省女性体育人口进行体育锻炼的主要目的，福建省女性体育人口进行体育锻炼的目的动机呈明显的“自我性”特征，传统养身观和传统的社会性别观是影响我省女性体育人口体育锻炼多元和多功能化的主要因素。

11.传统社会分工模式，导致女性参与体育锻炼时间的缺乏，体育主体意识的淡薄，诱发女性参与体育锻炼兴趣的缺乏是影响福建省女性体育人口体育锻炼的主要内在因素。而体育场地、设施匮乏，缺乏体育媒体宣传，法制不健全，体育组织不完善等是影响福建省女性体育人口体育锻炼的外在因素。

12.在今后是否有意向参加体育活动的男女性别结构与选择率的交互比较上呈显著性的差异。女性个体体育意识的自觉性、自主性比男性弱，家庭、环境、伦理观念等外在因素的影响和干扰是使女性参与体育活动处于两难状态的主要内在因素；时间问题、同伴问题是影响福建省女性参与体育锻炼预期情况的主要外在因素。

第六节 女性主义视野下女性社会体育发展对策

一、将社会性别纳入决策主流，建立健全两性平等的体育法律法规

1995年联合国在北京举行的第四届世界妇女大会，通过了《北京行动宣言》，正式以“社会性别主流化”作为行动策略，要求各国将性别平等作为政策的主流。社会性别主流化意味着将社会性别意识纳入社会发展和政府的公共政策主流，其核心内涵是从人的基本权利出发，重新审视和反思现存的两性关系和性别规范，清理和消除两性发展中的政治、经济、文化壁垒和障碍，促进男女两性的全面健康发展。[①] 在构建社会体育参与中性别平等的过程中，政府应实行社会性别主流化的策略，承担起促进妇女参与社会体育和性别和谐的主要责任，审查并评价体育法律、政策、项目等是否建立在性别平等的基础上；建立从善待女性、帮助女性弱势群体到公平对待女性、强化女性利益的体育公共决策机制等来推进经济、文化领域中性别平等及体育领域中社会性别主流化的实现。

二、创造平等、公平、和谐的性别环境，促进性别文化的进步

先进性别文化指的是与社会发展相适应的、有利于性别平等、公正、和谐生存与发展的文化，它的核心内涵是性别平等。代表先进性别文化的角色规范，是由法律、制度、纪律、道德、习俗、社会舆论等多种社会规范的具体内容综合而成的一个有机体。[②] 由此，摒弃女性传统角色规范，剔除传统文化中一切歧视女性的文化糟粕，消除诸如男尊女卑、男强女弱、男主外女主内等的传统偏见和角色定型。建立并确立正确积极的性别观，树立有助于男女两性平等互补、协同发展的性别观念；在社会工作管理中建立相应的制度，建立健全监控角色行为的执行机构和相应的社会舆论监督等一系列平等、公平、和谐的性别环境等是促进性别文化进步的重要路径。先进性别文化营造的和谐的性别环境，是推动妇女社会体育发展与社会体育中性别平等实现的动力与基础。

---

① 王金玲.性别文化及先进性别文化的构建[J].浙江学刊，2003，(4)，208～211。

② 叶文振主编.女性学导论[M].厦门：厦门大学出版社，2006，252。

三、提高女性教育程度，提升女性人力资本

一个人的人力资本与职业地位的获取和失业风险密切相关。一个人人力资本越优化、存量越大，则自我发展能力和就业能力就越强，随之经济地位和社会地位就越稳定和越高。因此，中国几千年“女子无才便是德”的传统文化，造成中国女性教育程度与男性存在较大的差距，由此也造成女性人力资本价值弱势。国家应采取切实措施和行动，扫除青壮年女性文盲，保障女童接受九年义务教育的权利，增加女性接受中高等教育的机会，努力保证女性平等接受中高等教育的机会实现，提高妇女的终身教育水平和平均受教育年限，不断提升女性人力资本，促进女性经济地位、社会地位的提升。而随着女性教育程度的提高，女性科学文化素质也将得到提升，这也将有利于提高她们对全民健身的认知水平，学会科学合理健身，树立正确的体育健身观和消费观。如是，构建教育领域中的性别平等，为社会体育参与中性别平等的构建创造良好的基础与前提条件。

四、促进家务社会化和现代化，扩大女性自在自为空间

家务社会化有两重含义：一是改变传统上的妇女独立负担家务为男女共同负担；二是指传统上在家庭领域进行的家务为社会化服务所取代。承认家务劳动的社会价值，推行倡导家庭责任夫妻共担的政策。这可以成为两性相互了解和尊重的起点，并由此寻求解决工作与家务矛盾的更好办法，平缓两性角色冲突或角色压力，促进女性职业生涯的发展，让女性获得更大自在自为空间。当然，随着社会的进步、经济的发展和人们生活水平的提高，有条件的家庭可使家务劳动逐步从家庭转移到社会，成为社会性劳动；加快家务劳动的现代工具的发明和创新，提高家务劳动工作效率，也是每个家庭摆脱繁重家务劳动的重要选择，更是女性获得更多更宽松自由时间的重要途径。由此，也将为女性参与社会体育获得更多自由时间和自为空间。

五、营造体育健身文化的舆论与氛围，推进女性社会体育的发展

由于在文化教育程度上比较低，很多女性对体育活动的价值功能认识比较模糊，因而努力提升妇女科学文化素质，将有利于提高她们对全民健身的认知水平，学会科学合理健身。因此，应充分利用新闻媒体的舆论宣传作用，坚持图文并重、两翼齐飞的原则，大力宣传多种多样适合女性的体育健身项目，在电视台、

报刊等宣传媒介开辟女性健身栏目，特别是女性特殊时期的健身作用及方法，营造女性体育运动的良好氛围，树立起女性健康的体育观念，吸收广大的女性投身到体育活动中来，以此推动女性社会体育发展。

六、建立健全体育组织网络，加大对女性体育的指导

建立以居民委员会和基层组织为主体，在体育行政部门的支持和指导下的"条块结合"、"以块为主"的群众体育管理体制，充分发挥体育参与者、体育组织者的积极性，不断探索适合女性特点、女性喜闻乐见、简便易行的健身项目，以满足不同女性群体特点的健身需求。加强组织管理与指导，使大部分处于自发或无序状态的女性体育活动得到重视，加强女性体育指导，使女性体育锻炼更具有科学性，为女性体育生活方式的形成提供相互鼓励、相互帮助、相互促进的良好平台。

七、女性努力提高自我发展的主体意识，实现自为自发主体行为

女性社会体育的参与与发展既离不开国家与社会的支持与帮助，也离不开女性自我发展的主体意识和主体行为。妇女社会体育的广泛参与、社会体育中性别平等的逐步实现不能单靠国家、社会的发展，还必须有自己的主观努力，妇女也要作为推动社会体育参与、自我全面发展的主体积极参与。作为社会主体的妇女，不应消极地适应社会和环境，不能无原则地妥协和牺牲，应具有独立的人格与存在价值；强化自我主体意识，建立自己的主体性地位，抛弃依附性思想，学会依靠自己，在情感、心理、精神等方面告别依赖和软弱，清除各种体育参与过程中的人为的羁绊，坚持对自我价值的追求；要勇于维护自己的尊严和权利，作为主体的利益与需求不应当被忽视，而应同样得到重视与满足；与男性成为互相尊重的关系，彼此给予自由的空间，而不是以牺牲自己的利益作为对方自由的前提。明确自己的体育利益与需求，培养自己的体育兴趣和爱好，积极参与到其中。另外，由于性别差异产生共塑性特点的存在，个体层面的努力除了女性主体的作用外，也离不开广大男性的理解与支持。①

---

① 潘丽霞.中国社会体育参与中的妇女与性别差异研究[D].北京：北京体育大学，2007,101。

第七章　老龄化进程中福建省老年人体育人口的研究

第一节　人口老龄化状况、趋势和影响

一、老年人的含义和类型

什么是老年人？国内外老年学家对老年人的定义有十几种观点。世界卫生组织和卫生部规定：60岁以上公民为老年人。我国《老年人权益保障法》第2条规定："本法所称老年人是指60周岁以上的公民。"就年龄阶段而言：45～59岁为老年前期，我们称之为中老年人；60～89岁为老年期，我们称老年人；90岁以上为长寿期，我们称长寿老人；而100岁以上称百岁老人。随着全世界人口的年龄呈普遍增高趋势，世界卫生组织对老年人的划分，提出新的标准，将44岁以下的人群称为青年人，45～59岁的人群称为中年人，60～74岁的人群称为年轻的老年人，75岁以上的才称为老年人。

但在现实生活中，我们不难发现，同是花甲之人，却相差很大：有的身体健康，有的疾病缠身；有的暮气沉沉，有的老当益壮；有的未老先衰，有的壮心不已。显然简单地从年龄或表面现象来划分老年人是很不科学的。老年人的概念究竟是什么，这的确是一个既简单又难以回答的问题。当前一些专家提出以下四种观点：一是根据年代年龄确定老年人。所谓年代年龄，也就是出生年龄，是指个体离开母体后在地球上生存的时间。西方国家把45～64岁称为初老期，65～89岁称为老年期，90岁以上称为老寿期。发展中国家规定男子55岁，女子50岁为老年期限。根据我国的实际情况，规定45～59岁为初老期，60～79岁为老年期限，80岁以上为长寿期。二是根据生理年龄来确定老年人。所谓生理年龄就是指以个体细胞、组织、器官、系统的生理状态、生理功能以及反应这些状态和功

能的生理指标确定的个体年龄。生理年龄可分为4个时期：出生至19岁为生长发育期，20～39岁为成熟期，40～59岁为衰老前期，60岁以上为衰老期。所以，生理年龄60岁以上的人被认为是老年人。但生理年龄和年代年龄的含义是不同的，往往也是不同步的。生理年龄的测定主要采用血压、呼吸量、视觉、听觉、血液、握力、皮肤弹性等多项生理指标来决定。三是根据心理年龄来确定老年人。所谓心理年龄是根据个体心理学活动的程度来确定的个体年龄。心理年龄是以意识和个性为其主要测量内容。心理年龄分为3个时期：出生至19岁为未成熟期，20～59岁为成熟期，60岁以上为衰老期。心理年龄60岁以上的人被认为是老年人。心理年龄和年代年龄的含义是不一样的，也是不同步的。如年代年龄60岁的人，他的心理年龄可能只有四五十岁。四是根据社会年龄来确定老年人。所谓社会年龄是根据一个人在与其他人交往的角色作用来确定的个体年龄。如今意大利人把那些仍能自理生活和坚持部分工作的六七十岁的退休老人尊称为“新老人”。意大利“新老人”是继日本“新老人”之后，在发达国家出现的充满活力和朝气的退休老年人群体，受到了众多国际组织的普遍关注。①

综上所述，年代年龄、生理年龄、心理年龄和社会年龄四种类型中，年代年龄受之父母，不可改变，但生理年龄、心理年龄和社会年龄却可以通过身心锻炼、个人努力加以改变，推迟衰老，弥补其不足。因此，一个人是否衰老，不能单纯看年代年龄，还要看生理年龄，尤其是心理年龄，人的心理状态对生活有很强的反作用力。

二、人口老龄化的含义、界定及内涵

人类很早就对个体老龄化现象有所认识，对于人口老龄化则是到了现代社会有了人口统计以后，经过一段时间才逐步认识的。真正从理论上揭示人口老龄化的历史距今不过半个世纪。从人口学上来说，人口老龄化是指总人口中因出生人口数量及年轻人口数量减少、年长人口数量增加而导致的老年人口比例相应增长的动态过程。国际上通常看法是，当一个国家或地区60岁以上老年人口占人口总数的10％，或65岁以上老年人口占人口总数的7％，即意味着这个国家或地区的人口处于老龄化，这个社会也称为老年型社会。显然，人口老龄化这个动态过程的最终结果是老年型社会。世界上最早进入老年型社会的国家是法国，早在1864年，法国65岁及以上人口占总人口的比重就达到了7％，其后瑞典于1887年也达到这一比例。目前，全世界60岁以上老年人口总数已达6

① 肖东.意大利的“新老人概论”[J].科学养生，2007，(2)：23。

亿，有60多个国家的老年人口达到或超过人口总数的10%，进入了人口老龄化社会行列。

从人口学上讲，人口结构变化首先是指人口自身内部不同年龄人群比例的变化，人口老龄化表现为总人口中老年人口比例不断地增加趋势。对一个封闭人口来说，只有生育率和死亡率的变化才会影响人口结构的变化。西方人口学家通过生育率和死亡率对年龄结构老龄化进程的研究，得出明确的结论：人口老龄化的决定因素是生育率下降，死亡率下降对人口老龄化的影响是双向和分阶段的，死亡率初期的下降会导致人口年轻化，而后期的下降则会促进老龄化。① 联合国于1973年出版的研究综述再次指出，生育率下降是导致人口老龄化的最大原因，并且进一步指出，生育率下降的程度可以加速或延缓人口老龄化的过程。

三、世界人口老龄化趋势及特征

20世纪50年代以来，世界人口发生了前所未有的巨大变化，世界人口从1950年的约25亿增加到21世纪初的超过60亿。在这50年间，西方发达国家的人口仅由8亿多增加到12亿，人口占世界总人口的比重也由1950年的32.25%下降到2000年的19.62%，西方文明的老牌发达国家如英、法、德、意不仅人口增长趋于停滞甚至呈负增长。而非西方欠发达国家的人口变化则截然不同，发展中国家人口总量规模迅速膨胀，其人口规模从1950年的17亿增长到20世纪末的49亿多，半个世纪人口增长了近2倍。

世界人口数量发生变化的同时，人口年龄结构也发生了巨大的变化。从总体上看，目前世界已进入老年型社会(表7-1)。预计至2050年，世界65岁及以上老年人口比例将达到16.2%。根据联合国中方案预测，2050年，世界人口中60岁及以上人口将第一次历史性超过少年儿童人口，形成倒金字塔结构，这种人口结构的变化也是世界人口史上从未出现过的。不过，发达国家和发展中国家又有很大的不同。20世纪50年代，西方发达国家65岁人口的比重为7.9%，即已经进入老年型社会，而到2000年则为14.3%，预计到2015年其65岁及以上老年人口的比例将超过少年儿童比例，达到17.3%。到21世纪50年代，发达国家老年人口的比例将进一步上升到26.1%，而少年儿童比例则下降到不足16%，将形成典型的倒金字塔形人口结构。而发展中国家则是另一图景：发展中国家目前的65岁及以上老年人口比例刚刚超过5%，预测到2020年前，老年人

① 李克能.现代西方人口理论[M].上海：复旦大学出版社，2004，201。

口比例将超过7%,进入老年型社会。预计到2050年,老年人口比例将上升到14.7%,少年儿童人口比例为20.6%。

表7-1 世界人口数量与年龄结构变化 1950—2050年

单位:亿人,%

年份	1950	1975	2000	2025	2050
世界总人口	25.35	40.76	61.24	80.11	91.91
少年人口比例	34.2	36.8	30.2	24.1	19.9
65岁及以上人口比例	5.2	5.7	6.9	10.5	16.2
发达国家人口	8.14	10.48	11.94	12.59	12.45
少年人口比例	27.4	24.2	18.3	15.6	15.8
65岁及以上人口比例	7.9	10.8	14.3	20.7	26.1
发展中国家人口	17.21	30.28	49.30	67.51	79.46
少年人口比例	37.4	41.2	33.1	25.7	20.6
65岁及以上人口比例	3.9	3.8	5.1	8.6	14.7
发展中国家人口(不含中国)	11.65	20.96	36.53	52.97	65.28
少年人口比例	39.2	42.0	36.0	27.8	21.7
65岁及以上人口比例	3.6	3.6	4.1	7.1	12.7

资料来源:UN, World Population Prospects, New York, 2007。

诚如日本人口学家黑田俊夫所言,1950—2050年的100年为"人口世纪",是人类人口史上人口前所未有地变化的100年,前50年是世界人口数量增长最快的时期;后50年则是人口年龄结构变化最迅速的时期。然而,从世界人口内部结构观察,发达国家和发展中国家有着两幅截然不同的认可变迁的图画,形成了世界人口变迁的二元格局。一极是西方社会发达国家首次在世界人类人口史上完成人口转变,人口规模相对减少,人口趋于老化并于20世纪后半叶陆续进入老年型社会;另一极则是非西方的发展中国家,人口增长空前膨胀,并形成了"生机勃勃"的年轻型社会。①

四、我国人口老龄化趋势及特征

新中国成立以来,随着社会的前进、科技的进步、经济的发展,以及在20世纪70年代开始我国卓有成效地推行计划生育严格控制人口增长,中国的人口数量从1953年普查的近6亿人增加到2000年的近13亿人,以此同时,中国65岁及以上的人口的比例也从1953年4.41%增加到2000年的6.96%(表7-2)。从

① 李建新.中国人口结构问题.北京:社会科学文献出版社,2009,38。

以往五次人口普查的结果可以看到，我国老年人口比例变化有较大的起伏。1953年第一次人口普查时，我国65岁及以上人口占总人口比例的4.41%，由于三年自然灾害等因素的影响，到1964年第二次人口普查时，65岁及以上人口的比例下降到3.56%。从20世纪60年代中期开始，由于我国人口的生育水平和死亡水平同时下降，人口结构开始朝着老龄化方向变化。1982年第三次人口普查、1990年第四次人口普查和2000年第五次人口普查时，中国65岁及以上人口占总人口的比例逐次上升，分别达到了4.91%、5.57%和6.96%，2000年中国跨入老年型社会。我国人口年龄结构老龄化的另一个表现方面是少年儿童人口占总人口的比例在不断下降，从1964年普查时的40.69%下降到2000年普查时的22.89%，下降了近一半。

表 7-2　我国历次人口普查数据

单位：万人，%

普查年份	人口总数	各年龄段人口比重		
		0～14岁	15～64岁	65岁及以上
1953	59 435	36.28	59.31	4.41
1964	69 458	40.69	55.75	3.56
1982	100 818	33.59	61.50	4.91
1990	113 368	27.69	66.74	5.57
2000	126 583	22.89	70.15	6.96

资料来源：国务院人口普查办公室等编.2000年第五次全国人口普查主要数据.中国统计出版社，2001，8。

预计在未来的50年，中国人口年龄结构将急剧老化。根据联合国的方案预测(表7-3)，中国人口的老化过程可分为三个阶段：第一个阶段为2000—2020年，是缓慢老化期，65岁及以上人口的比重从2000年6.96%上升到2020年的11.9%，20年间上升4.65个百分点；第二阶段为2020—2040年，是快速老化期，65岁及以上人口的比重将从2020年11.9%快速攀升到2040年的22.2%，20年间将上升10.3个百分点；第三阶段为2040—2050年，是高峰平台期。这一阶段将是中国人口老化的严重阶段，但人口老化速度开始下降，10年间老年人口的比例只增加1个百分点。不过，这一人口年龄结构变化趋势是依据联合国中方案即保持总和生育率1.85不变的结果，如果选择联合国低方案的结果，即总和生育率为1.35的预测方案，中国人口老龄化的速度将会更快，65岁及以上人口的比重将会更高，2050年老年人口的比重将高达27.8%。2050年，中国人口老龄化程度(按中方案预测)将接近发达国家，而如果是低方案，将会超过发达国家的水平，老年人口比例将是发展中国家的近2倍。放在世界人口老化的背景下考察中国老龄化的进程，从预测的年龄结构来看，未来我国人口与世界其他国家一样都会趋于老龄化，但是人口老龄化的速度则是空前的。如以65岁老年人占人口7%增加到14%为比较基准，法国经过115年，瑞典85年，英国45年，日本只用25年，我国预计也是25年左右。

表7-3 中国、世界65岁及以上人口数量和结构变化趋势

单位：亿人，%

年份	2000	2010	2020	2030	2040	2050
世界总人口	4.21	5.29	7.19	9.77	12.59	17.92
65岁及以上人口比例	6.9	7.7	9.4	11.7	14.3	16.2
发达国家人口	1.71	1.96	2.38	2.83	3.10	3.25
65岁及以上人口比例	14.3	15.9	19.0	22.4	24.7	26.1
发展中国家人口	2.50	3.33	4.82	6.94	9.49	11.66
65岁及以上人口比例	5.1	5.9	7.5	9.8	12.5	14.7
中国(中方案)	0.87	1.13	1.70	2.36	3.22	3.34
65岁及以上人口比例	6.96	8.4	11.9	16.2	22.2	23.7
中国(低方案)	0.87	1.13	1.70	2.36	3.22	3.34
65岁及以上人口比例	6.8	8.4	12.4	17.4	24.7	27.8

资料来源：UN，World Population Prospects，New York，2007。

五、中国人口老龄化的社会经济背景

我国是个发展中国家，人口多、底子薄，改革开放前我国只占世界GNP总量的1%，今天虽已占到3%～4%，但综合国力仍不够强盛，虽然改革开放以来我国的经济迅速增长，现在人均GDP已超过1 000美元，已进入全世界下中等收入国家之列，但仍排在一百多个国家之后。可见，中国人口老龄化的加速进程是在“未富”的条件下开始的，这是与其他人口大国相比最为独特的地方。毫无疑问，我国20世纪70年末开始实行的计划生育政策大大加速了我国生育水平的转变，而加速了的生育率转变也大大加速了我国人口老龄化的进程。特殊人口政策背景之下的中国人口老龄化，其社会经济条件与西方发达国家又有很多的不同。西方发达国家的人口老龄化是在工业化、现代化完成之后逐渐地出现的，当它们的65岁及以上老龄人口达到7%时，人均国内生产总值一般都在5 000～10 000美元。而我国在2000年65岁及以上老年人口比例接近7%时，人均GDP只有850美元。世界发达国家的人口是“先富后老”或“富老同步”，而我国属于“未富先老”。

即使是与中国老龄化过程中有很多相似之处的日本，其人口老龄化也是日本在“二战”后在伴随较为雄厚的经济基础和高速经济增长而快速发生的。如日本在65岁及以上老年人口比例达到7%和14%时，人均GDP分别为1 967美元和38 555美元。而中国在2000年65岁及以上老年人口比例达到接近7%时，人均GDP只有850美元。预测到2020年时，我国65岁及以上老年人口比例将超过10%，届时人均GDP也仅为4 000美元。可见，中国的老龄化是在社会经济基础相对薄弱的条件下快速发生的，中国人口的老龄化是“未富先老”型。

事实上，这种“未富”不仅表现在人均GDP的单项指标上，还表现在社会经济发展的其他方面与发达国家存在很大的差距，如从业结构(第三产值比重)、教育、城市化、社会保障等。这些差距既显示出了我国人口变化与经济社会发展变化的“脱节”现象，也再次表明我国人口老龄化是在社会经济发展不充分的条件下展开的，老龄化超前于现代化，应对人口老龄化的经济实力还比较薄弱。

六、我国人口老龄化成因分析

从人口学的角度，对于一个封闭人口来说，人口年龄结构的变化取决于人口的出生率和死亡率的变化，而人口年龄结构老化则是出生率持续下降、平均预期寿命不断延长的结果。西方人口转变理论的研究表明：工业化、现代化和社会经济的发展必然导致人口的转变，即出生率、死亡率从高到低的转变，而人口转变又必然导致人口结构变化，必然导致人口老龄化。从这个意义上讲，人口老龄化是社会经济发展的必然结果，这正是当今世界迎来了人口老龄化的社会经济背景。①

我国人口老龄化形成的原因是多方面的，致使老龄化提前达到高峰的主要因素在于：一是新中国成立以后，随着我国国民经济发展、科学技术的进步，人民医疗条件的日益改善和居民生活水平的提高，使人类在健康和长寿方面取得了惊人成就，我国人口死亡率明显而迅速地下降，人口平均预期寿命不断延长；二是始于20世纪70年代初国家计划生育政策的介入，计划生育政策不仅大大加快了中国人口迅速由高生育率水平转向低生育率水平的转变，而且还大大“压缩”生育率转变的时间，而由“压缩”加快的生育转变也毫无疑问加快了人口年龄结构老化的速度。因此，可以说，社会经济发展是中国人口老龄化的根本原因，但中国政府强有力的“控制干预”的特点是中国老龄化进程加速的主要原因。它不仅使中国人口老龄化社会提前到来，而且使中国成为世界上人口老化程度最快的人口大国之一。

① 李建新.中国人口结构问题[M].北京：社会科学文献出版社，2009，45。

七、人口老龄化对中国社会经济发展的影响

(一)人口老龄化过程对我国经济发展的影响

随着当今世界人口老龄化时代的到来,人口学家也越来越关注人口老化对社会经济所产生的影响。从对经济发展的影响来看,人口老龄化首先会使劳动力年龄人口相对下降,而老年人口的护养比相对上升。这一降一升一方面使劳动力资源相对缩减,劳动力供应不再丰富,储蓄率受到影响;另一方面老年人抚养比上升,意味着社会养老金增加,给政府带来比较沉重的财政负担,社会负担加重。在当今科技就是生产力的年代,老龄劳动人口在接受新的知识和科学技术方面比青年劳动力要处于劣势,对新产业和就业岗位的适应能力也要弱一些。所以劳动力人口的迅速老化是通过对技术创新、劳动生产率提高、人力资本回报和产业结构升级的产生的负面影响,从而对经济增长产生负面效应。此外,与年轻劳动力相比,年长劳动力容易出现因病休假而误工的现象,也会由于对医疗费用需求的增加而加大企事业的经济负担,从而不利于扩大企业投资规模,影响劳动生产率的提高。因此,随着劳动力人口萎缩和劳动力人口老龄化,劳动力生产率的提高和经济发展的竞争力受到较大的负面影响,从而最终导致影响经济的良性发展。

(二)人口老龄化过程对我国社会发展的影响

1.人口老龄化对社会养老保障制度的影响

社会养老保障是国家依法对老年人基本生活予以保障的社会安全制度,它包括老年社会保险、老年社会福利、老年社会救济,而老年社会保障是它的核心。老龄高龄社会面临的首要问题就是养老。在现代化过程中,伴随着家庭规模的变小,核心家庭和小家庭大量涌现,传统家庭养老功能逐步被社会所取代。我国老龄化的进程正如前文所论述的那样,是在社会经济发展不充分的条件下发生的。所以,一方面伴随着我国生育率水平的迅速下降,家庭规模迅速缩小,急剧变化的家庭结构减少了家庭供养和照料老年人的人力资源,也使得传统家庭功能迅速衰退。有关研究表明:2000 年每 100 个劳动年龄人口抚养 15.6 个老年人,预计 2025 年为 29.46 人,2050 年将达到 48.49 人。在 2020 年左右,家庭代

际形成 4：2：1 结构。① 另一方面，我国的社会养老保障体系尚未健全或未建立。目前，中国的正规养老保障覆盖范围还只限于城镇职工，且主要是城镇正式就业的职工，而广大农村居民没有包括在内，占老人人口 65%却又无固定收入的农村老人，国家的社会保障几乎为零。旧的养老制度已经被打破，新的养老制度尚未建立起来，未来农村养老问题将日趋严重，而且由于我国老龄化具有规模大、增长快的特点，以上这些不争的现实和矛盾不仅将对我国社会养老保障制度带来巨大的冲击，而且不断上升的退休成本也将给现代政府财政带来挑战。

2. 人口老龄化对医疗保险制度的影响

国外有关研究表明：人均医疗费用与不同年龄的人群有关。一般情况下，60 岁以上年龄组的医疗费用是 60 岁以下人群的 3～5 倍。老年人口是发病率和患病率最高的人群，所以我国老年人口的增加意味着医疗卫生需求也将大幅度增加。此外，我国历次的人口普查数据显示：我国人口平均预期寿命延长的同时，人口的不健康预期寿命也有增加趋势，我国老年人口中带病带残，不能自理的比例相当高，而不健康预期寿命的延长也意味着医疗照顾费用的增加。与此同时，人口老龄化的过程从流行病学的角度看，又是疾病模式的转变过程，是从传染性为主转向以慢性病、变性疾病为主。现代非传染性疾病，如心脏病、癌症或伤残病等疾病的增多，不仅导致医疗费用的增加，而且将可能导致巨大的人力资源损失和医疗费用的大幅度上升。② 然而，目前我国尚未健全医疗保障制度，特别是广大的农村地区，留下巨大社会公共政策的"缺口"。不仅如此，创造中国经济奇迹的主力军之一即将近 2 亿的农民工的医疗保障问题也必须引起关注。他们把青春、健康身体和创造的财富留在城市，却把养老和医疗负担留在农村，这一庞大的农民工人群的老龄化毫无疑问向不完善的医疗保障制度提出新的挑战。

3. 人口老龄化对老年服务的影响

随着人均预期寿命的延长，人口老龄化高龄化并存。据联合国中方案预测，2030 年我国 80 岁以上老年人口将占总人口的 2.9%，到 2050 年该比重将上升到 7.3%，高龄人口将超过 1 亿。而随着老年高龄人口的增加，老年尤其是高龄老人中痴呆、卧床者也将增加，独身老人、老夫妇家庭大量增加，照顾老人、特别是照料那些无子女或子女不在身边的老年高龄人群的生活和护理问题也将成为越来越突出的社会问题。我国由于计划生育政策的实行，家庭规模迅速缩小使家庭养老照料功能迅速弱化，老人与子女共同居住的概率在下降，子女对于老人

① 邬沧萍. 人口老龄化对社会经济的影响和我们的对策[J]. 中国特色社会主义研究，2001，(6)：113。

② 李建新. 中国人口结构问题. 北京：社会科学文献出版社，2009，58、59。

的照料、护理愈来愈少，尤其是农村老人养老问题更加突出。因此，加速到来的老龄高龄人口将会对社会化的各种各样的养老服务及设施提出更多需求，如老年公寓、老年福利院、敬老院、护理院、托老所、临终关怀医院等。而这一切不仅需要以国家坚实的经济基础作后盾，同时也将影响到社会经济结构的调整。毫无疑问，伴随着老龄化进程的加速，老龄高龄的人口趋势将给我国社会发展带来巨大的挑战。

第二节 健康老龄化与老年人体育

一、健康老龄化的概念与内涵

人口老龄化是人口转变的必然过程，而随着人口的平均预期寿命延长，人类也将迎来高龄社会。面对高龄社会，国际社会早在 1990 年 9 月(第 40 届世界卫生组织举行的哥本哈根会议)就提出要把实现健康老龄化作为一项全球性发展战略加以重视，以此开辟解决人口老龄化问题的通道；我国也于 1996 年正式提出呼应国际社会的主张，为实现我国健康老龄化而努力。

所谓“健康老龄化”(Healthy Aging)，人们比较共同的看法是指在老龄化社会中，绝大多数老年人处于生理、心理和社会功能的健康状态，使社会发展不受过度人口老龄化的影响。[①] 由于健康老龄化是一个崭新的概念，至今国内外对它还缺乏共识，可谓众说纷纭。国外学者认为，健康老龄化主要有两方面含义：一是指健康的个体老化，即体现为老年期健康岁月的延长，老年人生命质量的提高；二是指健康的群体老化，即体现为老年人群中健康者的比重越来越大，老年人口健康的预期寿命延长。此外，还有人提出健康老龄化不仅指健康的个体老化和健康的群体老化，而且包括社会的健康和全民的健康。国内学者对健康老龄化的理解也是多种多样的，查瑞传认为健康老龄化的具体内涵主要包括：(1)老年人个体的健康(指身心健康和良好的社会适应能力)；(2)老年群体的整体健康(指健康预期寿命的延长以及与社会整体相协调)；(3)老年人家庭健康(指有老年人的家庭代际和谐、老年人婚姻自由、家庭幸福)；(4)老年人经济健康(指老有

① 王学义.健康老龄化：人口老龄化的对策[J].西南民族学院学报(哲学社会科学版)，2002，23(12)：131。

所养，不为养老发愁)；(5)社会环境健康(指发展健康的生活方式和健康的社会经济机制)。[①] 还有学者把健康老龄化归纳为以下5个要点：一是认为健康老龄化的目标，不仅是老年人口群体的大多数人健康长寿即健康的预期寿命的提高，更重要的是寿命质量的提高；二是认为健康老龄化具有广义性质，其外延包括老年人的个体健康、老年人群体的整体健康和老龄化社会人文环境的健康三个部分；三是认为健康老龄化是一个过程，即健康老龄化的准备贯穿于人生的全部过程，并且要随着社会的发展而不断发展和协调；四是认为健康老龄化是一项社会系统工程，同各个年龄人口和各行各业如卫生、体育、教育、科学、文化、计划生育和司法部门等都有关系；五是认为健康老龄化要求人口结构合理，即整个社会各年龄人口必须按一定比例组合，以便防止人口过度老化。健康老龄化是建设健康的老龄社会的重要前提。[②]

因此，从最一般的意义上说，健康的老龄社会是与健康老龄化有机地结合在一起的经济上繁荣、政治上安定、文化上进步、代际关系平等、分配公平合理、社会保障健全、老人健康长寿和生活幸福的社会。一方面，健康的老龄社会是一个"有效率、有公平和公正、有保障、有尊严"的社会。有效率的社会必须以健康的老龄化为前提。只有在"老有所健"前提下"老有所为"，才能变老年人包袱为老年人财富，提高社会生产效率。社会的公平与公正依赖于健康的老龄社会。老人身心健康有利于老年人和中青年的代际互动。双方无论在家庭还是在社会，都能互相融合和理解。"健康老龄化"可以增强老年人群体的自我保障能力，避免其沦为极易受伤害的"脆弱人群"；另一方面，社会必须充分发挥保障功能，承担起保障老年人生活质量的社会责任，这是"健康老龄化"的应有之义。"健康老龄化"以尊老文化为依托。倡导"关心老年人就是关心我们自己"的基本信念，老年人拥有的尊严不仅体现在下一代的尊敬和社会给予的保障上，而且体现在能够进一步实现自我价值中。简言之，实现健康老龄化与建设健康的老龄社会，是一个个体、群体与社会互相促进的关系，它是人类面对人口老龄化的挑战提出的一项战略目标和对策，它是建筑在科学认识的基础上的，需要全社会长期不懈的努力才能逐步实现。

二、老年体育对推进"健康老龄化"的作用

伴随着老年人口比例的不断增长，一个特殊的体育群体将进入体育市场，即

---

① 查瑞传.人口学百年[M].北京：北京出版社，1999，19。

② 印石.论健康老龄化及其对策[J].南京中医药大学学报(社会科学版)，2000，(1)2：74。

老年人体育。老年人体育作为老年保障事业的重要组成部分，它的发展进程标志着一个国家社会进步的程度。老年体育是社会体育的一个重要组成部分，是我国体育事业的重要组成部分，它既有别于高水平的竞技体育，也有别于学校体育。所谓老年人体育，就是指由老年人生活、健康、身体需要和老年人体育市场需求增长带动而形成的体育活动项目，它包括所有有关满足老年人特殊需求的健身、保健、康复、运动、娱乐、消遣、旅游等体育运动。[①] 其根本的任务是发动、组织老年人参加适当的体育活动，促进老年人身心健康，延缓衰老，从而达到延年益寿的目的。

（一）促进老年人身心健康，建立科学文明的生活方式

衰老和疾病虽不可避免，却可以通过某种途径来延缓机体的衰老或预防疾病的发生。法国名医蒂素曾说过："运动的作用可以代替药物，但任何药物都不能代替运动。"体育作为纽带，联系着生命的衰老与健康，同时，体育作为一种中介，延缓着机体的衰老，保持并促进健康水平的提高，促使人口老龄化向健康老龄化发展。可见，体育锻炼作为老年科学文明生活方式的重要手段，它不仅可以增强老年人身体各个系统的功能，通过一些运动项目的锻炼，还可以强化老年人的肌肉、骨骼系统，提高老年人的心血管系统功能及抗病能力，减少患病率，为国家、社会、家庭节约大量的医疗费用开支，降低社会保险金的支出。同时，经常参加体育锻炼的老年人还可以为他们提供人与人社会交往、情感交流的场所，通过扩展老年人的生活空间来调节老年人的心理，使老年人在运动中愉悦身心、缓解不良情绪，从而保持良好的心境和乐观的情绪，用积极乐观向上的态度享受生活，并更快适应社会角色的转变，不会因离退休而变得孤独和忧虑，使老年人度过一个幸福的晚年生活。此外，大多数中国老年人在家中承担大量的家务劳动，使其家庭成员解除后顾之忧，间接提高生产劳动质量和效率。再则，随着社会经济的发展以及老年人闲暇时间的增多，以休闲、娱乐、健康为主要特征的老年体育已成为老年人闲暇生活中不可或缺的一部分，还能促进"老年体育趣缘群体"的形成，一定程度上使老年人形成科学、文明的体育生活方式。

（二）促进老年人继续社会化，培养良好的社会适应能力

许多传统的理论认为，人到了老年期应以享受为生活目标而不再需要社会化了。美国学者罗伯特·哈韦格斯特的"活动理论"则认为："老年人应该积极参与社会，只有参与，才能使老年人重新认识自我，保持生命的活力。"马多斯科的"活动说"认为："以新的活动取代旧的活动可使老年人获得较好的社会适应能

---

① 卢元镇.社会体育学[M].北京：高等教育出版社，2005，207。

力，参加活动多的老年人有益于身心健康。”老年人作为一个特殊的群体，离开了生产和工作的第一线，被剥夺了他们所熟悉的有支持作用的社会交往，并因失去其所担任的角色，常常因此而不能被吸收为某些组织的成员，降低了他们对社会的潜在影响。体育场所作为老年人的“第二空间”(工作单位)的补偿，可为老年人寻求或造就一种融于社会、政治、经济、文化发展的环境，它不但可为老年人提供了情感交流的平台，而且还对老年人不能复得的社会角色起到了替代作用，为其继续社会化提供了一个非常好的机会与空间，培养老年人快速适应新环境的能力，发挥老年人的潜能，为社会作贡献，有助于社会健康稳定的运行。① 此外，老年人的体育活动实际上是老年人的一个社会参与过程，在这一过程中可以得到自我价值的实现。部分学有专长的老年人可以在体育活动的开展过程中发挥余热，起到组织、协调、管理、指导、服务、医务监督等作用，不仅能促进老年人体育的健康有序的发展，更重要的是在这一过程中还能使其自我价值得以实现，真正做到老有所为。

(三)促进家庭代际和谐，营造和睦的家庭生活

中国自古以来都传承孔子儒学文化关于个人修养的伦理道德。在家庭代际分配上，个人伦理非常注重“孝道”。孝，是中华民族的传统美德，是几千年来维系和谐家庭的重要精神支柱。在这种观念下，老年人很在乎儿女是否孝顺、贤德，因为人到晚年对家庭的依赖日趋增大，身体机能方面的退行性变化和社会角色转换所带来的许多问题，非常需要家庭和社会给予更多的照顾资源。然而，许多研究表明，给老年人提供一段时间的照顾之后，照顾的情感和身体压力会导致照顾者及其家人的健康恶化，还会造成照顾者的经济负担、社会负担、与家庭成员之间的冲突以及与工作之间的冲突。而经常参加有益的老年体育文化组织或活动的老年人，能将一些生活、情感上的负面影响移情于老年体育活动中，还能增加他们的健康预期寿命，减少对家庭和社会照顾资源的依赖，从而促进家庭和睦、代际和谐，使家庭成员能够全身心地投入到工作和学习中去，推动整个家庭朝着健康、向上的方向发展。② 以此同时，很多身体较为健康的老年人在家中还承担大量的家务劳动，使其家庭成员解除后顾之忧，间接提高生产劳动质量和效率，促进社会、家庭的和谐。

---

① 汪文奇，张勇，宋旭等.健康老龄化与老年体育[J].四川体育科学，2007,(4):113。

② 汪文奇，张勇，宋旭等.健康老龄化与老年体育[J].四川体育科学，2007,(4):113。

第三节　福建省老年人闲暇生活方式与健康状况的评价

一、福建省老年人调查样本的人口统计学结构

调查样本人口统计学结构显示(表 7-4):1 442 名老年调查样本中,男女比例各为一半(主要以男女分层为抽样方式);城乡比例大约为 6∶4;文化程度主要为高中及以下文化程度,基本反映了中华人民共和国成立之初开始工作这一代老年人接受教育程度的状况;在年龄段方面,由于国民体质监测的年龄段主要以低龄老年人(60～70 岁)为测试对象,因此其调查样本也表征为该年龄段的结构;在所调查样本中,近 99%的老年群体的婚姻情况为已婚,其中离婚未再婚占 0.4%,离婚再婚的占 0.3%,丧偶未再婚占 6.7%,丧偶再婚占 0.8%,体现了中国传统的"从一而终"的传统观念和婚姻模式。

表 7-4　福建省老年调查样本的人口统计学特征(N=1 442)

指标	样本(%)	指标	样本(%)
性别		年龄段	
男	50.0	60～70 岁	99.8
女	50.0	71～80 岁	0.1
户口状况		80 岁以上	0.1
农村	37.7	婚姻情况	
城镇	62.3	未婚	1.2
文化程度		已婚	90.1
研究生	0.4	离婚未再婚	0.4
大学(含大专)	10.6	离婚再婚	0.3
高中(含中专)	25.5	丧偶未再婚	6.7
初中	26.1	丧偶再婚	0.8
小学	18.8	其他	0.5
文盲或识字不多	18.6		

二、福建省老年人闲暇生活方式与评价

老年人的闲暇时间支配与我国国情发展及文化传统有密切的关系。当今老年人群大多是在 1966 年以前参加工作的一批人,当初他们所生活的时代,正值

新中国成立与国家进行初步建设的时期。在那一特定的时代背景下，这一批老年人生活的简单化和生活负担的沉重性，使得这一辈老年人养成了较为勤俭、朴素的作风，生活习惯也相对来说比较固定。在调查中可见，大多数老年人把时间支配在家务劳动(38.3%)、体育活动(19.6%)、看书报杂志(17.5%)、文化娱乐活动(12.4%)、社交活动(10.1%)等上面。表征为老年人从工作岗位和劳动岗位上退下来之后，家务劳动、读书看报和就近户外活动是其主要形式，闲暇生活方式以家庭为活动圈的特征。有近五分之一的老年人选择参加体育锻炼，排在第二位，说明随着生活水平的提升和健身意识的提高，以及老年人闲暇时间较为充裕，体育活动成为很多老年的重要生活方式选择之一。还有些老年人参与社会公益活动，并取得了广泛的舆论支持和良好的社会效果。

(一)分城乡老年人闲暇生活方式

调查显示(表 7-5)：城乡之间老年人的闲暇生活方式选择呈显著性的差异，相对农村老年人而言，城镇老年人闲暇生活方式选择更为多元化，而农村老年人则略显单一，特别是在家务劳动的选择率上明显高于城镇老年人，而城镇老年人体育活动、社交活动、看书读报、文化娱乐的选择率上则明显高于农村老年人。这一方面与城乡老年人的文化素质、文化涵养、生活模式等个体内在因素有关，另一方面与城乡之间生活环境、公共文化设施等客观因素有关。在参与体育活动方面，农村老年人也因受教育程度较低、体育健身意识较弱、农村地区老年体育活动设施比较匮乏、老年体育组织较为薄弱等因素影响，使得其选择比率也远远低于城镇老年人。

表 7-5　福建省分城乡老年人闲暇时间生活方式一览表(N=1 442)

	农村(%)	排序	城镇(%)	排序	合计(%)	排序
家务劳动	48.9	1	27.7	2	38.3	1
体育活动	8.7	2	30.5	1	19.6	2
看书报杂志	8.6	3	26.4	3	17.5	3
文化娱乐活动	7.8	4	16.8	4	12.4	4
社交活动	7.3	5	12.8	5	10.1	5
参加社会公益活动	5.1	7	11.5	6	8.3	6
辅导子女学习	1.6	8	3.4	8	2.5	8
业务文化学习	0.4	9	2.8	9	1.6	9
其他	5.6	6	6.6	7	6.2	7

(二)分性别老年人闲暇生活方式

表 7-6 显示：男女老年人在闲暇生活方式选择上呈显著差异，男性老年人相对女性老年人而言，其闲暇生活方式更为多样化。文化程度是影响老年人文化

娱乐活动参与的重要因素，而受中国传统性别文化的影响，男性老年人的文化程度相对女性较高，尤其是一些需要一定文化程度的娱乐项目，如读书看报、文化学习及娱乐活动等。同时受“男主内、女主外”的文化传统影响，与男性老年人相比较，也使得很多女性老年人的时间和精力放在家务劳动和子女/孙子照料上面，她们参与娱乐的时间比较少。此外，女性由于预期寿命较男性长，高龄组女性人口的比例高于男性，随着身体机能和健康状况的下降，她们参与闲暇活动的比例也下降，也在一定程度上影响女性闲暇生活方式多样化的比率。

表 7-6 福建省分性别老年人闲暇时间生活方式选择一览表(N=1 442)

	男(%)	排序	女(%)	排序	合计(%)	排序
家务劳动	29.9	1	46.6	1	38.3	1
体育活动	20.4	3	18.6	2	19.6	2
看书报杂志	22.7	2	12.4	3	17.5	3
文化娱乐活动	12.3	4	12.3	4	12.4	4
社交活动	12.1	5	7.9	5	10.1	5
参加社会公益活动	8.9	6	7.8	6	8.3	6
辅导子女学习	3.4	8	1.7	8	2.5	8
业务文化学习	2.0	9	1.2	9	1.6	9
其他	6.8	7	5.5	7	6.2	7

三、老年人日常消费以外的主要消费支出

从社会历史进程来看，特定社会群体的消费方式和社会分化与劳动分工等因素有着密切的关系。调查显示(表 7-7)：福建省老年人在消费行为上呈现出多样化的特征，主要把钱花在购买房子(29.5%)、其他(28.2%)、家用电器(24.6%)、子女教育费用(22.8%)、买书籍报刊(22.7%)、旅游(18.7%)、高档日用品(5.9%)、购置体育器械(5.4%)等几个方面。老年人消费支出主要用于置业消费、生活消费、子女消费、文化消费和消遣娱乐消费上，用于健康支出的体育消费占较低的比例。这一方面说明福建省老年人强烈的“家本位”传统美德，另一方面反映了“花钱买健康”的体育消费意识还未为广大老年人所接受。但调查也显示，具有休闲健身功能的旅游成为福建省老年人消费支出的主要组成部分。

表 7-7　福建省老年人日常消费以外主要消费支出一览表(N=1 442)

主要消费支出	合计(%)	排序
购买房子	29.5	1
其他	28.2	2
家用电器	24.6	3
子女教育费用	22.8	4
买书籍报刊	22.7	5
旅游	18.7	6
高档日用品	5.9	7
购置体育器材	5.4	8
高档服装	3.8	9
买汽车	2.3	10
服务性消费	1.3	11
购买体育比赛门票	0.8	12

四、福建省老年人健康状况评价

调查显示(表 7-8):心血管疾病、运动器官疾病、消化系统疾病、呼吸系统疾病等已成为福建省老年人患慢性病的主要类型。可见,在过去的几十年里,人类的疾病谱已经发生了明显的变化,慢性病已取代了急性病和传染病并成为老年人健康的主要威胁。这些疾病不仅给老年人自身带来不便和痛苦,同时也给家庭带来巨大的经济和精神负担。众所周知,当今老年人群大多是新中国成立与国家进行初步建设时期的主力军。正是通过这一批人的艰苦奋斗和巨大付出,新中国才得以成立,中国自主的现代化进程才得以启动,中国社会才得以延续,而且为下一个阶段的现代化建设奠定了一个初具规模的物质与社会的基础。因此,在那一特定的时代背景下,这一批老年人对于工作的高度投入甚至是身体上的高度透支,使得这一辈老年人进入老年期后不仅疾病缠身,体质状况堪忧。同时,由于环境的恶化、营养过剩、体力活动减少,近几年来,老年人患病概率也明显增大,老年人群成为现代文明病的高危人群。雪上加霜的是,他们中很大部分人的收入增长极为缓慢,与社会财富增长幅度不成比例,绝大多数老年人的收入处于中下等水准以下,他们对社会直接与间接的贡献极大,而自己获得的却极少,两者不成比例。生活的简单化和社会医疗保障体系的脆弱,使得很多老年享受不到应有的社会保障。公正回报老年人,关注老年人健康状况,建立起系统的社会养老保险及医疗保险制度,妥善解决老年人的生活及医疗问题,使之分享社会发展的成果,是老龄化进程中社会保障体系完善的应有议题之一。

表 7-8 福建省老年人患慢性病情况一览表(N=1 442)

疾病类型	合计(%)	排序
心血管疾病	45.2	1
运动器官疾病	42.5	2
消化系统疾病	24.2	3
呼吸系统疾病	14.2	4
其他疾病	8.0	5
神经系统疾病	7.6	6
职业病	7.2	7
脑血管疾病	3.6	8
肢体残疾	0.9	9

五、福建省老年人增进身体健康的手段与方法

疾病的不可避免和人们对健康的无限追求使得人类对医疗服务、体育健康促进的需求成为永恒。国内外的有关研究和经验均表明,疾病和伤残并不是老年期的必然产物,通过努力完全可以把它们压缩到生命最后的较短时期内,体育无疑成为实现健康老龄化的最有效的手段与途径之一,无论如何强调体育运动对老年人的重要性都不为过。因此当今众多老年人的健康意识在不断地增强,很多老年人会通过各种途径来实现自己的健康老龄化。调查表明(表 7-9):有规律的生活方式、合理的饮食与营养、充足的睡眠、参与体育活动是福建省老年人促进自身身体健康的主要手段与方法。

表 7-9 福建省老年人增进身体健康的手段与方法(N=1 442)

	合计(%)	排序
有规律的生活	66.9	1
改善饮食与营养	62.6	2
保证充足睡眠	51.6	3
进行体育活动	42.1	4
补充一些营养保健品	18.9	5
改掉生活中不良习惯	9.2	6
没有精力和时间	5.0	7
其他	4.2	8

六、小结

1. 以家庭为活动圈为特征的家务劳动、读书看报和就近的户外活动是福建省老年人闲暇生活的主要形式。体育活动、社会公益活动也是福建省老年人闲暇生活的重要方式，健康老龄化的理念与发挥余热的热忱得到广大老年群体的认同和广泛的舆论支持并取得了良好的社会效果。

2. 城乡之间、不同性别之间的老年人闲暇生活方式选择呈显著性的差异，城镇和男性老年人闲暇生活方式选择更为多元化，而农村和女性老年人则略显单一。文化素质、经济水平、生活模式等个体内在因素，以及文化传统、生活环境、公共文化设施等外在客观因素是其产生的原因。

3. 福建省老年人在消费行为上呈现出多样化的特征，主要用于置业消费、生活消费、子女消费、文化消费和消遣娱乐消费上，用于健康支出的体育消费占较低的比例。强烈的"家本位"传统美德依然是老年人消费的价值取向，体育消费意识还未为广大老年人所接受。

4. 心血管疾病、运动器官疾病、消化系统疾病、呼吸系统疾病等已成为福建省老年人患慢性病的主要类型，老年人群成为现代文明病的高危人群。有规律的生活方式、合理的饮食与营养、充足的睡眠、参与体育活动是福建省老年人促进自身身体健康的主要手段与方法。

第四节　老龄化进程中福建省老年体育人口的特征

一、福建省老年体育参与者的基本情况

调查显示(表 7-10)：1 442 名老年调查样本中，有 768 名老年人在过去的一年中参与过 1 次或 1 次以上体育活动，约占所调查样本的 53.3％。其中男女比例分别为：女性 48.7％，男性 51.3 ％，女性比例虽略低于男性，但其相差幅度不大，说明随着社会的进步，女性参加社会活动与自我保健意识在不断地增强；在年龄结构方面，由于调查对象的年龄主要集中在 60～70 岁的低龄老年人，因此参与锻炼的人群也主要集中在该类人群上。这一数据虽然难以说明福建省老年人参与体育健身活动的老年人年龄结构特征，但也体现了：一是刚退休的老年人

生活方式的转变，闲暇时间增多，因此选择健身的人较多；二是退休后的老年人对健康的关注度的提高，并且已经上升到较多亲身参与的程度。在文化程度结构方面，福建省老年体育参与者教育程度分布特征呈马鞍形，基本上与福建省老年人的文化程度结构相契合；在城乡结构上，与城镇老年人相比较，农村老年人参与体育活动的比例低于城镇近 50 个百分点。这一方面与农村体育设施比较匮乏有关，另一方面与农村老年人没有退休等老年经济保障、受教育程度也较低、保守传统观念、体育健身观念淡薄、大部分时间忙于家务劳动等主客观因素有关。

表 7-10 福建省老年体育参与者的基本情况（$N=768$）

指标	（%）	指标	（%）
性别		文化程度	
男	51.1	研究生	0.8
女	48.9	大学（含大专）	14.5
年龄段		高中（含中专）	32.9
60～70 岁	100	初中	26.4
70～80 岁	0	小学	17.3
80 岁以上	0	文盲或识字不多	8.1
城乡			
农村	25.2		
城镇	74.8		

二、福建省老年人体育人口现状

2008 年中国群众体育调查显示：中国 60～70 岁老年人参与体育活动的人口的比例为 28.4%。[①] 调查表明（表 7-11、表 7-12、表 7-13、表 7-14）：1 442 个有效调查样本中有 768 名福建省老年人在 2006 年中参加过 1 次或 1 次以上体育活动，占有效调查样本的 53.3%，其中男性 392 名，占体育参与者的51.0%，女性 376 名，占体育参与者的 49.0%。这一现状比以上我国老年体育活动参与率（60～70 岁）高出 26.1 个百分点。这显示了福建老年人对自身健康的渴望，积极地参与各种体育锻炼，增进身体健康，实现“健康老龄化”的内在需求。

① 江崇民，张彦峰，蔡睿等. 2007 年中国城乡居民参加体育锻炼现状分析[J]. 体育科学，2009，29(3)：13。

表 7-11 福建省老年人体育参与者、体育人口、偶尔参加者性别结构比较

	男	女	合计(%)
体育参与者(N=768)	392/51.0	376/49.0	100.0
体育人口(N=140)	71/50.7	69/49.3	100.0
偶尔参加者(N=628)	321/51.1	307/48.9	100.0

注:缺失值=46

表 7-12 福建省老年人体育人口分性别结构比(%)

	老年人口体育人口率	性别体育人口率
男	9.9	4.9
女	9.7	4.8
合计	9.8	9.8

表 7-13 分城乡福建省老年人体育人口结构比(%)

	老年体育人口数	户口体育人口率	总户口比率
城镇	120	13.5	8.3
农村	20	3.6	1.4

表 7-14 分城乡福建省老年人体育人口性别结构比(%)

	老年体育人口数	男性	女性
农村	20/14.3	16/22.5	4/5.8
城镇	120/85.7	55/77.5	65/94.2

参与体育活动老年人群,在时间频度上,每周活动 3 次以上有 695 人,占 90.5%;在时间强度上,参与体育活动老年人群中每次活动时间达 30 min 以上有 709 人,占 92.3%;在运动量强度上,参与体育活动老年人群中每次活动强度达到中等以上有 139 人,占 18.1%。体育活动参与者中有 140 名老年人达到体育人口的标准,占有效调查对象的 9.7%,其中男性为 71 名,女性为 69 名,男女之间比率没有存在显著性差异。比 2007 年我国 60~70 岁年龄组经常参加体育锻炼人比率 11.7%低了 2 个百分点。以上这些特征显示老年人受身体健康状况的影响,在运动强度上难以达及正常人群程度,这是福建省老人体育人口偏低的核心因素。此外,福建省城镇体育人口比率为 13.5%,而农村却只为 3.6%,两者之间存在较大的差异。而城乡间的分性别体育人口比例的比较上,男女体育人口比例更是存在呈显著性的差异,城镇女性体育人口比例远远高于农村。城乡之间及其性别之间体育人口比率的差异性,一方面说明,我省广大城乡之间经济发展水平的差异,另一方面也表征着由于农村老年人口文化水平低、保守传

统观念、体育健身观念淡薄、劳动时间和家务时间长等，而且所享受的社会保障匮乏等原因，加之各种体育服务也难以覆盖到农村地区，城镇与农村群众体育不仅还未能同步发展，而且之间的差距还有逐步加大的趋势，农村的体育发展要远远地滞后于城镇的发展。

三、福建省老年人体育人口的体育活动项目特征

福建省老年人体育人口参与体育活动项目依次为长走或跑步、气功或太极拳、登山运动、地掷球或门球运动、各种体操、乒乓球、交际舞、体育舞蹈等。跑步类是老年人首选的活动项目，比例达 51.1%（表 7-15），该现象符合我国目前老年体育活动的现状。因为跑步类的体育活动不受场地和气候限制，花费少，简便易行，安全性能高，能有效地提高心肺功能，健身效果好，适合各类老年人人群，备受老年人的青睐；其次是保健类民族传统运动项目，如太极气功武术等，这类项目强调的是形神兼备、动静结合、刚柔相济，所需运动负荷不高，并以其独特的健身功效，有助于老年人某些慢性疾病的理疗与康复，符合老年人生理特点，也是老年人重要锻炼项目选择之一；再次是在音乐伴奏下展示动作美的舞蹈体操类，同样吸引着广大老年人，显示了老年人在追求身体健康的同时，对艺术文化的欣赏层次在不断提高。此外，一些适合老年身体机能和休闲放松，同时又具有团体特征的球类项目也受到老年人青睐，如地掷球、门球运动。

表 7-15　福建省老年人体育人口的体育活动项目一览表

项目	合计(%)	排序
长走、跑步	51.1	1
气功、太极拳	36.0	2
地掷球、门球运动	24.5	3
各种体操	20.1	4
乒乓球	20.1	4
交际舞、体育舞蹈	19.4	5
登山运动	16.0	6
足篮排球等球类运动	12.2	7
羽毛球	10.1	8
游泳	8.6	9
健身器械活动	8.6	9
其他	8.6	9
跳民间舞蹈	8.0	10
跳绳	5.0	11
武术	5.0	11
台球、保龄球运动	2.2	12
网球	0.7	13

可见，福建省老年人参加体育活动的项目呈现形式多样、丰富多彩的特点，各种具有健身性、保健性、娱乐性、社交性的活动项目普遍受到老年人的青睐。这些项目特点一方面符合老年人以养生为主的锻炼目的，具有运动强度低、节奏缓慢、动作易学特点；另一方面这些项目也因花钱较少，对场地器材要求不高，安全系数高，且以小团体活动居多，易于开展，并符合老年人就近就便的行动特征，以及老年人经济实惠的消费心态和消费能力。而对那些花费大、运动量大、技术成分较高较复杂、场地器材要求较高的、危险系数大、环境比较复杂的项目选择锻炼的人数较少，如球类、游泳等。

（一）分性别老年体育人口的体育活动项目

表 7-16 显示，不同性别的福建省老年体育人口根据自身需要选择不同健身项目。卡方检验显示，P＜0.01，因此可认为，福建省不同性别老年体育人口在体育活动项目选择上具有高度显著性差异。长走或跑步成为男女性老年人的首选，这是因为跑步类的体育活动不受场地限制，花费少，简便易行，且能有效地提高心肺功能，健身效果好，男女皆宜。在保健类民族传统运动项目气功、太极拳以及舞蹈体操类项目的选择比例上，女性高于男性，这是由男女所具有的社会属性和性别属性所决定的，集音乐、舞蹈和神韵为一体的气功、太极拳和舞蹈体操类项目具有柔美、塑造形体的特点，因此女性更加倾向于选择这类健身项目。而男性则在球类运动项目，如乒乓球、地掷球、门球、羽毛球和游泳、登山等项目的选择率上高于女性，显示男性鲜明倾向于抗性比较强、运动强度较大和集体性的运动项目，由于这些运动项目不仅对体能上要求更高，而且对运动技术要求比较高，因而受到一些男性老年人的喜欢。

表 7-16　分性别福建省老年人体育人口体育活动项目一览表

项目	男(%)	排序	女(%)	排序	合计(%)	排序
长走、跑步	28.1	1	23.0	2	51.1	1
气功、太极拳	10.8	4	25.2	1	36.0	2
地掷球、门球运动	16.5	2	7.9	5	24.5	3
各种体操	7.2	6	12.9	4	20.1	4
乒乓球	14.4	3	5.8	8	20.1	4
交际舞、体育舞蹈	5.0	8	14.4	3	19.4	5
登山运动	9.5	5	7.5	6	16.0	6
足篮排球等球类运动	5.8	7	6.5	7	12.2	7
羽毛球	14.4	3	5.8	8	10.1	8

续表

项目	男(%)	排序	女(%)	排序	合计(%)	排序
游泳	5.8	7	2.9	11	8.6	8
其他	3.6	9	5.0	9	8.6	8
健身器械活动	5.0	8	3.6	10	8.6	8
跳民间舞蹈	2.2	11	5.8	8	8.0	9
武术	2.9	10	2.2	12	5.0	10
台球、保龄球运动	0	13	2.2	12	2.2	11
网球	0.5	12	0.2	13	0.7	13

(二)分城乡老年体育人口的体育活动项目

表 7-17 显示,卡方检验表明:福建省城乡老年体育人口在选择不同健身项目及比例上存在显著性的差异(P<0.01)。主要表征为:一是城镇老年体育人口在各种运动项目的选择率上远远高于农村老年体育人口;二是城镇老年体育人口运动项目选择更为多元化;三是对一些运动场所和器材要求比较高和特殊的运动项目上,农村老年体育人口选择率几乎为零。以上这些悬殊的差异,一方面与农村经济发展水平、居民生活水平有关,另一方面与农村老年人口的文化素质较低、体育健身意识薄弱、体育文化传统底蕴不深、体育场地设施匮乏等各方面都有着极大关系。

表 7-17　分城乡福建省老年人体育人口的体育活动项目一览表

项目	农村(%)	排序	城镇(%)	排序	合计(%)	排序
长走、跑步	7.9	1	43.2	1	51.1	1
气功、太极拳	5.0	2	30.9	2	36.0	2
地掷球、门球运动	5.0	2	19.4	3	24.5	3
各种体操	2.2	4	18.0	4	20.1	4
乒乓球	2.9	3	17.2	6	20.1	4
交际舞、体育舞蹈	2.2	4	17.3	5	19.4	5
登山运动	1.2	6	14.8	7	16.0	6
足篮排球等球类运动	1.4	5	10.8	8	12.2	7
羽毛球	1.4	5	8.6	9	10.1	8
游泳	0.7	7	2.9	12	8.6	10
其他	0	8	8.6	9	8.6	10
健身器械活动	0	8	8.6	9	8.6	10
跳民间舞蹈	0.7	7	7.2	10	8.0	11
武术	0	8	5.1	11	5.0	12
台球、保龄球运动	0	8	2.1	13	2.2	13
网球	0	5	0.7	14	0.7	14

四、福建省老年人体育人口的体育活动场所特征

表 7-18 显示，福建省老年体育人口体育活动的主要场所集中在公共体育场所、公园与广场、单位体育设施、住宅小区空地等公共、免费和就近就便的体育场所。收费的体育场馆也有老年人涉足，但受老年人体育消费意识的影响，比例仅为 5.8%。而公路街道边以及树林、河流湖泊、草原等，因其特殊的环境存在一定的安全隐患，只有较少部分的老年人涉足。以上特征表明：公园和街道广场那里树木林立，空气清新，是很多老年人养生健身的好去处。此外，也表征着随着我国经济水平的提高，城镇化进程的加快，近几年来，福建省城乡公共基础设施，公共体育场所与设施、休闲公园与广场、社区健身路径等资源配置得到政府的高度重视，建设数量可观的公共体育场所、公园、广场，成为很多老年人社会互动、社会交往和体育活动好去处。同时，受老年身体状况不佳，家务劳动难以脱身以及体育场所离家较远等因素的影响，还有一部分老年人也选择自家庭院或室内作为体育锻炼的场所。

表 7-18　福建省老年人体育人口锻炼场所一览表

	合计(%)	排序
公共体育场所	56.5	1
公园、广场	48.6	2
单位的体育设施	27.5	3
住宅小区空地	23.9	4
自家庭院或室内	15.9	5
公路、街道边	13.0	6
收费的休育场馆	5.8	7
树林、河流湖泊、草原	4.4	8
其他地点	3.6	9
场院	1.4	10

(一)分性别老年体育人口的体育活动场所

体育活动项目的选择与体育锻炼场所的选择之间存在必然内在联系，也就是说，选择什么体育活动项目作为自己的锻炼手段，必然选择与之相对应的运动场所及条件作为自己的锻炼场所。调查显示(表 7-19)：公共体育场所、公园和广场体育场所是男女老年体育人口活动的主要场所，且女性选择率略高于男性。男性选择单位体育设施的选择率高于女性，女性则在自家庭院选择率上高于男

性，反映男女体育活动空间的差异。这与男性参与的体育活动项目比较具有对抗性和趣缘特性有关，单位较好的体育场地设施和既往体育趣缘同事依然是退休后很多老年男性参与体育活动搭档的最佳选择。而老年女性由于是家务承担和照顾子女孙辈的主力军，由此，选择自家庭院作为体育活动场所便成为一些女性老年人体育活动空间和家务劳动空间融合的最佳而又无奈的选择。

表 7-19　分性别福建省老年体育人口体育活动场所一览表

	男(%)	排序	女(%)	排序
公共体育场所	54.9	1	56.7	1
公园、广场场所	40.8	2	55.0	2
单位的体育设施	35.2	3	20.3	4
住宅小区空地	22.5	4	26.1	3
公路、街道边	15.5	5	11.6	5
自家庭院或室内	12.7	6	20.3	4
树林、河流湖泊、草原	8.5	7	1.9	8
收费的体育场馆	5.6	8	5.8	6
场院	4.4	9	1.4	9
其他地点	4.2	10	2.9	7

(二)分城乡老年体育人口的体育活动场所

表 7-20 显示，福建省城乡男女老年体育人口在体育活动场所总体选择率上存在较大的差异，这不仅是由于城乡老年体育人口的比率上差异而导致的，也是因为农村体育场所相当匮乏，很多喜欢体育活动的老年人也只能在乡村居委会简易空地和健身路径进行活动，与城镇的公共体育场所，以及环境幽雅的公园广场相比较更是相形见绌。因此，从社会公正的角度来看，加强对农村体育场地设施等公共体育场所的配置，是实现体育公共服务均等化，推动农村老年体育发展的重要举措。

表 7-20　分城乡福建省老年体育人口的体育活动场所一览表

	农村(%)	排序	城镇(%)	排序
公共体育场所	7.2	2	49.2	1
公园、广场	8.0	1	40.6	2
单位的体育设施	2.9	4	24.6	3
住宅小区空地	3.6	3	20.3	4
公路、街道边	2.2	5	10.8	6
自家庭院或室内	1.4	6	14.5	5
树林、河流湖泊、草原	0	8	4.3	7
收费的体育场馆	1.4	6	4.3	7
场院	0	8	1.4	9
其他地点	0.7	7	2.8	8

五、福建省老年人体育人口的体育活动组织形式特征

老年人参与体育锻炼有助于增强老人之间互相联系和了解，结下友谊，找到新的朋友和乐趣，使其精神面貌焕然一新，思想境界得到升华，对克服不良的心理状态起到积极的作用，有利于他们摆脱老年孤独和寂寞。调查显示（表 7-21）：福建省老年体育人口参加体育锻炼的组织化程度较高，有 45.3%、26.6%、14.4%的老年群体选择参加社区组织、单位组织和体育辅导站组织的体育活动，此外还有 45.3%和 28.1%的老年群体选择以个人和与家人进行锻炼的形式，形成了以社区生活圈、朋友家庭圈和自由自发性个体圈的体育生活空间图景。这一结果与 2004 年谢建山研究的《福建省城市社区老年体育健身现状调查与分析》参加无组织的自由锻炼人数比例 62.9%相比，明显下降很多，说明老年人意识到自主锻炼盲目性大、科学性差，显然不如在统一组织和指导下所进行的系统、科学、有针对性的体育锻炼效果显著。同时，反映出老体协、体育俱乐部、体育辅导站、居委会等强化了自身的作用，逐渐改进和实现老年人健身活动的生活化。

表 7-21　福建省老年体育人口的体育活动组织形式一览表

	合计(%)	排序
与朋友、同事一起锻炼	67.6	1
个人锻炼	45.3	2
参加社区内组织的体育活动	45.3	2
参加单位组织的锻炼	26.6	4
体育辅导站、俱乐部的锻炼	14.4	5
与家人一起锻炼	28.1	3

（一）分性别老年体育人口的体育活动组织形式

表 7-22 显示，男女老年体育人口在锻炼形式上存在较大的差异，女性老年体育人口的组织形式以参加社区内组织的体育活动为主，其次为与朋友、同事一起锻炼；而男性则以与朋友、同事一起锻炼的组织形式为主，其次选择个人锻炼。女性体育人口的锻炼组织形式总体选择率高于男性。这一特征鲜明显示，女性更乐群和他为，体育锻炼的形式以周边生活群体和组织为主，活动空间半径较小。男性则更乐友和自为，体育锻炼的形式以交际群体为主，活动空间半径较大。这一调查状况与现实中社区开展的体育活动和社区体育场地活动所活跃的身影大多为女性老年群体有很大的吻合性。

表 7-22 分性别福建省老年体育人口体育活动组织形式一览表

	男(%)	排序	女(%)	排序
与朋友、同事一起锻炼	33.1	1	34.5	2
个人锻炼	26.6	2	18.7	3
参加社区内组织的体育活动	19.4	3	57.1	1
参加单位组织的锻炼	14.4	4	12.2	5
体育辅导站、俱乐部的锻炼	3.6	5	10.8	6
与家人一起锻炼	14.4	4	13.7	4

(二)分城乡老年体育人口的体育活动组织形式

表 7-23 显示,城乡老年体育人口在锻炼组织形式的总体选择率上存在较大的差异,这不仅是由于城乡老年体育人口的比率上差异而导致的,也是因为农村老年参与体育活动的群体相当少、体育组织几乎不存在、体育活动的氛围相当弱化、老年人体育健身意识淡薄、这一代老年人身体状况和生活状况都很差等外在的因素所造成的。由此,加强农村老年体育建设,显得任重而道远。

表 7-23 福建省城乡老年体育人口体育活动组织形式交叉分析一览表

	农村(%)	排序	城镇(%)	排序
与朋友、同事一起锻炼	7.9	1	59.7	1
个人锻炼	5.0	2	40.3	3
参加社区内组织的体育活动	5.0	2	50.3	2
参加单位组织的锻炼	2.2	3	24.4	4
体育辅导站、俱乐部的锻炼	1.4	4	13.0	6
与家人一起锻炼	1.4	4	16.6	5

六、福建省老年人体育人口的体育锻炼动机

(一)老年体育人口体育锻炼的内在因素

老年体育既可强身健体、延年益寿、陶冶情操,促进社会主义精神文明建设,具有重要的社会效益,又能开拓老年体育消费市场,节省医疗费用,提高老年人供养质量,具有显著的经济效益。① 调查显示(表 7-24):福建省老年人进行体育

① 曹士云,白莉.21 世纪初中国老年体育发展战略研究[J].浙江体育科学,2000,22(1):13~25。

锻炼的目的动机主要为增强体力和健康、提高自己的运动能力、结交朋友、促进交流和社交、解闷、排除孤独，为了精神情绪的修养和改善等。这一调查结果鲜明地反映出福建省老年体育参与者体育健身的共同价值取向，即在物质文明和精神文明高度发达的今天，“增强体质”成为老年人最迫切的需求；其次，由于老年人从岗位上退下来后，易产生孤独寂寞和一种被社会遗弃的感觉，所以都有迫切增加社会交往的需要。通过参加体育健身，寻找相互理解和相互吸引的朋友，达到感情上的交流和思想上的共识；再次，体育健身具有预防与康复的功能，治疗疾病、延年益寿是老年人参加健身的另一个主要动机，而且是一个独特的内容；老有所学是老年人自我发展、自我价值实现的一个重要形式，许多老年人，尤其是身体素质条件不错的、本来就活跃在运动场上的老人在运动中可以重新找到自信、找到人生的价值，实现老有所为的心愿，甚至体会到自我实现的高峰体验。因此，提高自己的运动能力(35.3%)位居前列不足为奇。参加体育健身活动追求“塑造形体”等选项位于较低水平，充分说明福建省老年人体育健身追求“我健身，我健康”、“我健康，我快乐”取向。

表 7-24　福建省老年体育人口的体育锻炼动机一览表

动机	合计(%)	排序
为了增强体力和健康	92.1	1
为了提高自己的运动能力	35.3	2
为了和朋友同伴的交流	29.5	3
为了散心解闷消遣娱乐	28.1	4
为了精神情绪的修养和改善	22.3	5
在学生时代就喜欢体育并养成习惯	15.1	6
为了增加社会交往或与家人接触	12,9	7
为了美容、减肥、健美体形	10.8	8
感到运动不足	5.8	9
陪伴子女参加体育活动，使他们能有健康的身体	2.9	10
因为体弱多病	2.9	10
其他理由	0.7	11

(二)老年体育人口体育锻炼的外在因素

调查同时显示(表 7-25)：工作环境因素、学校教育因素、同伴因素、媒介因素、家庭因素等是影响福建省老年体育人口参与体育锻炼的主要因素。可见，我国健康老龄化的推进过程，体育促进健康老龄化过程不是单一老年工作环节，而是学校—工作单位—个体—家庭—社会共同践行的过程，任何一个环节都有可能是影响促进老年人自觉自为参与体育锻炼的因素。按照现代社会老年人生命预期为75岁来看,如果从25岁开始工作算起到60岁退休,人的一生有将近一半的时间在各种单位从事各种工作,因此企事业等单位为员工提供各种体育活动的条件和创设各种体育文化氛围对推动老年人体育活动,促进健康老年化具有重要的决定作用。其二,学校体育是体育意识、体育技能、体育习惯形成和养成的重要时期,它是终身体育、老年体育的重要基础因素。其三,现代传媒在文化传播中的核心中介地位,深刻影响了社会文化生产和交往关系,改变了当代文化空间的生态状况,拓展了人们获取文化信息和精神交往的途径和方式。体育媒介的传播贯穿于人的一生,深刻影响了人们的体育态度与行为,成为影响老年人体育健康促进的重要因素之一。

表 7-25 福建省老年体育人口体育锻炼的外在因素一览表

动机	合计(%)	排序
参加单位体育活动	36.8	1
在学校期间对体育的爱好	30.8	2
受同事或朋友的影响	27.8	3
看体育新闻及电视转播或听体育播音	25.6	4
说不清楚	19.5	5
受家庭成员的影响	11.3	6
看体育读物	11.3	6
受体育明星、体育名人的影响	0	7

七、影响福建省老年人不参加体育锻炼的因素

调查显示:福建省1 442个老年调查样本中共有674人(占46.7%)没有参与体育锻炼。在问及影响参与原因时,没兴趣占57.8%、缺少闲暇时间占34.0%、不懂锻炼方法占17.9%、自己身体弱不宜参加体育活动占17.0%(表7-26)。可见个体体育意识因素、家庭因素和身体因素是影响福建省老年人不参与体育锻炼的三大核心因素。这一特征符合我国目前老年群体大多为中华人们共和国成立前出生的,文化程度较低,受体育教育时间很有限,农村老年人口比重大等造成他们对体育兴趣程度较低、锻炼方法欠缺。其二,中国代际传承的传统文化,使得大部分的老年承担大量家务劳动和照顾第三代的职责,使得他们的锻炼时间不能得到有效保证。此外,中国老年人余寿中平均有1/4左右时间处于机能受损状态,随着老年人身体机能衰退,身体免疫力下降,在疾病面前,他们总是显得弱不禁风不堪一击,轻微的小毛病都可能对他们的健康甚至生命构成很大威

胁。因此，身体状态不佳成为很多老年人无法参与体育活动的重要因素。

表 7-26　福建省老年人不参加体育锻炼因素一览表

因素	合计(%)	排序
没兴趣	57.8	1
缺少闲暇时间	34.0	2
不懂锻炼方法，不知如何锻炼	17.9	3
自己身体弱，不宜参加体育活动	17.0	4
经济实力不足	11.7	5
锻炼场地远不方便	10.2	6
没有场地设施	6.7	7
学生时代就不爱好体育运动	5.9	8
工作负担重，身心疲劳	5.6	9
其他原因	4.7	10
怕人讥笑和不理解	3.3	11
体育活动不适合自己的举止行为	2.7	12
身体好，用不着参加体育锻炼	2.1	13

八、福建省老年人体育锻炼预期

在对 674 个没有参加过体育活动的老年人问及"今后是否有打算或准备参加体育活动"时，有 26.5%的人持肯定的回答，也有 37.2%的人的回答是"否"，有 36.3%的人回答是"还不能做决定"。在进一步问及今后打算或准备参加体育活动的老年人需要解决的问题时，49.6%的老年人认为要有时间，38.6%的人认为要有场地器材，36.5%的人认为要有人指导，23.0%的人认为要有同伴一起活动，21.9%的老年人选择要有经济条件，另外还有 20.6%的老年人认为要克服自己的惰性(表 7-27、表 7-28)。由此可见，老年人体育健康促进问题既有个体因素，也有社会因素。就个体因素而言，时间不足、经济收入低以及长久以来形成的惰性习惯是其主要问题；而在社会因素方面，则表现为老年人对体育场地设施资源配置、体育组织健全和体育指导员指导供给上的迫切需要。

表 7-27　福建省老年人准备参加体育锻炼预期一览表(N=674)

	合计(%)
准备参加	26.5
不准备参加	37.2
还不能做决定	36.3

表 7-28　福建省老年人今后准备参加体育活动需要解决问题一览表($N=674$)

	合计(%)	排序
有时间	49.6	1
有场地、器材	38.6	2
有人指导	36.5	3
有经济条件	21.9	5
有同伴一起活动	23.0	4
克服自己的惰性	20.6	6
其他	4.8	7

九、福建省老年人对社区体育工作的期望

社区体育主要是指在人们共同生活的一定区域内,以辖区的自然环境和体育设施为物质载体,以全体社区成员为主体,以满足社区成员体育需求、增进社区成员的身心健康、巩固和发展社区感情为主要目的,就近就便开展的区域性群众体育。① 可见,社区体育具有促进居民参与体育活动,改善居民生活方式,增强居民归属感、认同感和凝聚力的重要功能,也是老年人社会活动、社会交往、体育活动的重要场所。调查显示(表 7-29、表 7-30):福建省老年人对居住社区开展体育活动的满意程度较为不理想,只有 16.3%的人认为“满意”,36.6%认为“一般”,8.1%认为“不满意”。首先,老年人由于受身体条件、家庭因素、安全防患因素的影响,就近就便在所居住社区的公共体育场所进行体育活动是其首要选择和期盼,从而有 64.0%认为社区开展老年体育活动当前急需解决的主要问题是在居民居住区修建和配套一定的体育场地设施;其次,老年体育本来就是个相对特殊的领域。与其他年龄段的体育相比,老年体育普遍存在经费不足、自筹资金困难、无社团组织的赞助等现象。由此,要解决老年人提出的社区组织体育活动匮乏的问题,首先我们的社会应该做的是要建立起尊老爱老的和谐社会的氛围,让支持老年体育的发展成为一项人人引以为荣的事业,其次国家可以给予必要的政策倾斜,比如根据企业投入、赞助老年体育发展的金额来免征或少征其税费,鼓励企业办老年体育相关产业,等等。再次,由于老年体育活动的主要形式是民间自发的,多是一些因兴趣爱好而聚集一起的人,所以在组织上、经费上及技术指导等方面都有所局限,组织者通过光碟或是在老年大学学到某项能,以自己的方式传授给同伴,缺乏科学的教法。最后,缺乏统一的培训与学习,且组

① 卢元镇.社会体育学[M].北京:高等教育出版社,2005,129。

织者缺乏专业性。由此，加强体育宣传和发动工作、建立各种体育组织，以及对老年人进行体育技能培训与相关的专业体育指导成为福建省老年人对解决社区体育问题的期盼。可见，推动老年体育健康促进途径，实现健康老龄化，不仅是社会体育工作的重要组成部分，而且是社会发展进程中的一项代际系统工程。它需要全社会转变观念，确立起共享社会发展成果的基本理念，关注弱势群体，提高对老年体育工作的认识是社会发展的一个重要问题。制定维护老年体育事业的政策，保障老年人的权益，将老年人的健身与健康问题纳入到各级领导的工作计划中，把老年人健身活动场所与经济、文化建设等一起规划，从制度上保障老年健身与健康能有长效机制，是推动和保证健康老龄化的重要保障。

表 7-29　福建省老年人对社区开展体育活动满意度(%)

满意	一般	不满意	不清楚
16.3	36.6	8.1	39.0

表 7-30　福建省老年人认为社区目前应解决问题一览表

	合计(%)	排序
建立体育场地设施	64.0	1
经常组织体育活动	44.0	2
加强体育宣传和发动工作	38.2	3
设立各种体育组织	35.6	4
进行体育技能培训	23.6	5
培养体育指导员	12.7	6
其他	3.5	7

表 7-31　福建省老年人关于群体工作的期望一览表

	合计(%)	排序
健全法规、保障权益	46.6	2
建立配套体育活动场地	60.3	1
尽可能开放体育场馆，适当收费	19.9	5
加强体育运动知识与方法的宣传	38.7	3
应有专人指导开展体育活动	37.0	4
说不清	13.6	6
其他	3.1	7

十、小结

1.有超过一半的福建省老年人有参与体育锻炼的经历和习惯，且男女比例趋于一致，比同期我国老年体育活动参与率高出26.1个百分点。体育人口的比率为9.7%，比同期我国经常参加体育锻炼人口比率11.7%低了2个百分点。城乡间不同性别之间的体育人口比例存在显著性的差异，城镇和男性体育人口比例高于农村和女性。经济发展水平、文化水平、传统观念、体育公共服务等是其产生差异的主要因素。

2.福建省老年体育人口参与体育活动项目依次为长走或跑步、气功或太极拳、登山运动、地掷球或门球运动、各种体操、乒乓球、交际舞、体育舞蹈等。这些项目不仅符合老年人以养生为主的锻炼目的，而且也因花钱较少，对场地器材要求不高，安全系数高，且以小团体活动居多，易于开展，符合老年人就近就便行动特征。城乡之间、不同性别之间福建省老年体育人口在选择不同健身项目上存在显著性的差异。

3.福建省老年体育人口进行体育活动的主要场所集中在公共体育场所、公园与广场、单位体育设施、住宅小区空地等公共、免费和就近就便的体育场所。城乡之间、不同性别之间福建省老年体育人口在选择体育锻炼场所上存在显著性的差异。

4.福建省老年体育人口参加体育活动的组织化程度较高，社区生活圈、朋友家庭圈和自由自发性个体圈是其锻炼形式的组合图。城乡之间、不同性别之间福建省老年体育人口在锻炼形式上存在显著性的差异。女性更乐群和他为，且活动空间半径较小，身边组织是其首选，而男性则更乐友和自为，活动空间半径较大，同事朋友是其首选。

5.福建省老年人进行体育锻炼的目的动机主要为增强体力和健康、提高自己的运动能力、结交朋友、促进交流和社交、解闷、排除孤独、精神情绪的修养和改善等。“我健身，我健康”、“我健康，我快乐”成为广大老年人参与体育锻炼的价值取向。但同时工作环境因素、学校教育因素、同伴因素、媒介因素、家庭因素等是影响福建省老年体育人口参与体育锻炼的主要外在因素。

6.没兴趣、缺少闲暇时间、不懂锻炼方法、身体弱不宜参加体育活动是福建省老年人不参加体育锻炼的主要原因。个体体育意识因素、家庭因素和身体因素是影响福建省老年人不参与体育锻炼的三大核心因素。

7.有超过1/4的没有参加过体育活动的老年人对今后是否有打算或准备参加体育活动持肯定的回答。但时间问题、场地器材、体育指导、组织因素、经济条件、自身惰性等是该问题得以解决的前提。

8.福建省老年人对居住社区开展体育活动的满意程度较为不理想，加强体育宣传和发动工作、建立各种体育组织，开展符合老年人需求的各类体育活动，以及对老年人进行体育技能培训与相关的专业体育指导是福建省老年人对解决社区体育问题的期盼。

第五节　实现“健康老龄化”老年体育发展对策

一、树立代际公正理念

所谓的代际，就是代与代之间的关系。代际公正是公正的基本内容与规则在历史过程中的具体体现，同时也对公正的基本内容与规则产生着重要的影响。① 我国现阶段的老年人大多是在1966年以前参加工作的一批人。他们所生活的时代，正值新中国成立与国家进行初步建设的时期。特定的时代条件使得现阶段的老年人在当时的工作和生活中呈现出许多同别的“代”相比很不同的特征：对于工作的高度投入甚至是高度的透支、收入增长较为缓慢、生活简单化、生活负担一直很重。老年人的身体状况很差，绝大部分老年人生活现状不容乐观，许多老年人享受不到应有的社会保障。因此，在现阶段的中国社会，公正对待老年人问题逐渐凸显。就老年人问题的解决方式而言，我们首先应当确立一个正确的出发点，有一个基本的理念。必须看到的是，社会的发展过程是通过一代人的努力来实现的，整个人类的历史就是靠代与代之间的合力予以推动的。前代人为后代人提供一个最为根本的生存和发展的基础。人们总是在前人留下的基础上开始正常的生活和进行再创造。显然，代与代之间需要合作，否则，社会就不能延续。正是从这个意义上讲，每一代人都有自己的义务和责任，代与代之间存在一个公正原则，社会有责任通过种种必要的方式使这些已退休者的生活水准、社会保障能够同当前社会生活的平均水准相适应。唯有如此，才能真正体现出社会对于这批已经付出劳动、已对社会作出的贡献的人的一种承认和回报，才能真正体现代与代之间的公正。

① 吴忠民.社会公正论[M].济南：山东人民出版社，2004，202。

二、完善相关体育法规制度

首先，要认真贯彻执行“两法一纲”，即《中华人民共和国体育法》、《老年人权益保障法》和《全民健身计划纲要》，加大政府宏观指导的力度。其次，各级行政主管部门要转变政府职能，并不断完善有关体育法规制度。积极有效地认真贯彻实施《全民健身计划纲要》和有关体育法律法规。国家和地方政府应该每年划拨老年体育事业专项经费。可以说，政府利用政策资源来支持老年体育的发展是推进老年体育事业发展及实现健康老龄化的重要举措，用政策来推动老年人体育发展也是国家一直以来最为关注的内容之一。

三、完善老年体育的管理机制

世界各国大众体育发展的经验表明，大众体育的发展在相当程度上依赖于各方面的积极性。为此，政府和体育管理部门，首先要转变管理方式，弱化老年体育活动的计划与行政色彩，将工作重点置于宏观调控、综合协调和基本的体育设施上，并树立服务观念，规范管理。其次，要运用各种手段，并建立相应的机制，充分调动社区、社团、协会、俱乐部、企事业单位和个人等兴办体育的积极性。国家机关和企事业单位要从实际出发，加大对一些简单、方便、小型、灵活的体育设施，如健身路径、早晚锻炼点、棋牌室等的建设，积极为其开展各种老年体育活动创造条件，要重视发挥街道办事处和居委会在组织开展老年体育活动中的积极性、主动性和创造性，使老年体育管理不断深入和完善，进一步丰富社区老年体育活动；出台相关政策，积极培育民间非营利组织（如老年人体育协会），充分发挥它们在老年体育服务体系中的主导作用。

四、促进老年体育健身的社区服务化

应把体育健身服务纳入到社区服务体系中去，并围绕养老保障、医疗保障、多元化养老模式、法律援助、公共财政支持、社区为老服务专业化等诸多方面进行老年人体育需求服务体系的建设。[①] 目前国家已明确了城市社区建设主要任务包括：“经常组织具有社区特色的群众性文体活动，丰富居民精神文化生活。”

---

① 眭小琴，赵宝椿等. 发展我国老年体育的意义与对策[J]. 北京体育大学学报，2006，(29)11：1 476。

同时也明确了“社区服务主要是开展面向老年人、儿童、残疾人、优抚对象的社会救助和福利服务”(《中共中央办公厅国务院办公厅关于转发〈民政部关于在全国推进城市社区建设的意见〉的通知，中办发[2000]23号》)。社区工作应当把老年体育工作作为重点，维护老年人的合法权益，为老年人创造一个愉快、和谐的生活环境，使他们安度晚年。

五、加强老年体育指导员队伍和志愿者队伍建设

随着经济、社会的发展和社会文明进步，老年人对服务的需求将不断加大，这是人类社会发展的必然趋势。对老年人的服务是一种时间密集型和劳动密集型的服务，而且在一些方面还是知识密集型的服务。无论是居家养老、社区养老还是福利机构养老，都需要有大批的人为老年人提供生活照料、医疗康复、健康教育、心理疏导、咨询服务、文化娱乐、精神慰藉等多样化、个性化、人性化的服务。这些工作可以说保姆、钟点工是难以胜任的，子女也是心有余而力不足的。老年人数量、比例的增加，多样化需求的加大，决定了为老年人体育服务的专(兼)业队伍和志愿者队伍将有广阔的潜在市场。

六、丰富老年体育活动内容，增强全民健康老龄意识

现行的老年体育活动项目中，适合老年人的项目很少，使得许多老年人无法参与到体育活动中来。建议有关部门应组织人员进行调查研究，了解老年人所需要的体育项目和适宜的活动方式，创编和推广适合老年人身心特点的体育内容，最大限度地满足老年人的身心要求。同时，加强对中国老年人喜欢的民族传统体育项目的推广和指导，大力推广科学健身。要积极宣传联合国的“老年人原则”和“老龄化问题宣言”，结合中华民族尊老敬老的传统美德，利用电视、报纸、社区板报等舆论工具，积极宣传体育保健功能，增强全社会的健康老龄意识，并将老年体育看作是老年人诸多权益中重要的一部分。在实施过程中，密切结合其他老年事业部门协调发展，使老年体育成为健康老龄化的一个不可或缺的环节，使全民形成体育与健康老龄化的整体观、系统观的思想。

七、推动老年体育管理科学化、规范化和系统化进程

由于受多种因素的影响，目前我国老年人的闲暇生活比较单调，这是老年人

社会供养不足的一种表现。而老年体育则为丰富老年人闲暇生活、改善老年人的社会供养起到了重要作用。必须明确老年体育不同于竞技体育和学校体育，具有自身的独特性，而且具有第三产业的性质。然而，目前我国有关老年体育的科学研究还处于起步阶段，不仅很少有从事老年体育的专职研究人员，就连兼职和业余的研究人员也寥寥无几。为了促进我国老年体育向科学化、规范化和系统化的方向发展，我国体育部门和各级老年人体育协会要加速老年体育管理人员的培养，培训一批懂体育、会组织、能管理的人员充实老年体育管理部门。同时，要动员和组织一批体育科研人员从事老年体育科学研究，以促进我国老年体育事业的发展。

参考文献

[1] 詹姆斯·米奇利著. 苗正民译. 社会发展——社会福利视角下的发展观[M]. 上海:格致出版社、上海人民出版社,2009,36
[2] 孟宪忠. 论“社会发展”概念[J]. 吉林大学社会科学学报,1995,(2):79、80
[3] 王晶雄,王善平. 社会发展:反思与超越——马克思主义社会发展理论研究[M]. 上海:学林出版社,2008,59、60
[4] 马克思,恩格斯. 马克思恩格斯全集[M]. 北京:人民出版社,2002,324、325
[5] 王晓林. 社会发展机制优化论——关于现代社会发展机理的一种建构性研究[M]. 北京:中央民族大学出版社,2007,44
[6] 马克思,恩格斯. 马克思恩格斯选集第4卷[M]. 北京:人民出版社,1995,697
[7] 吴忠民. 走向公正的中国社会[M]. 济南:山东人民出版社,2008,27(4):95～97、277、242、243
[8] 高燕宁,卢萍,等. 当代中国社会发展概论[M]. 北京:人民出版社,2005,65、66
[9] 马克思,恩格斯. 马克思和恩格斯选集第1卷[M]. 北京:人民出版社,2006,56
[10] 邱耕田. 社会发展范畴释义[J]. 天津社会科学,1999,(5):48
[11] 杨楹等. 马克思生活哲学引论[M]. 北京:人民出版社,2008,16
[12] 马克思,恩格斯. 马克思和恩格斯选集第1卷[M]. 北京:人民出版社,2006,88、61、243
[13] 王晶雄,王善平. 社会发展:反思与超越——马克思主义社会发展理论研究[M]. 上海:学林出版社,2008,220、59、60
[14] 杨楹,张禹东主编. 生活哲学——探究中的马克思主义哲学[M]. 北京:社会科学文献出版社,2004,442、443
[15] 马克思,恩格斯. 神圣家族[M]. 北京:人民出版社,1982,118
[16] 马克思,恩格斯. 资本论[M]. 北京:人民出版社,1975,649
[17] 约翰·罗尔斯. 正义论[M]. 北京:中国社会科学出版社,1988,1
[18] 丛晓峰,刘溪等. 社会公共与社会进步若干问题研究[M]. 济南:山东人民

出版社，2005，8
[19] 马克思，恩格斯. 马克思和恩格斯选集第39卷[M]. 北京：人民出版社，1974，189
[20] 马克思，恩格斯. 马克思和恩格斯选集第3卷[M]. 北京：人民出版社，2006，143
[21] 李实等. 中国居民财产分布不均等及原因的经验分析[J]. 经济研究，2005，6
[22] 中华人民共和国统计局. 中国统计年鉴(2007)[M]. 北京：中国统计出版社，2007
[23] 同春芬. 转型时期中国农民的不平等待遇透析[M]. 北京：社会科学文献出版社，2006，56～61
[24] 郑志丹，许月云. 社会公正视野下农村体育公共产品供给的制度创新[J]. 北京体育大学学报，2009，32(6)：15
[25] 田雨普. 农民体育发展战略研究[M]. 南京：南京师范大学出版社，2009，162～165
[26] 潘丽霞. 中国社会体育参与中的妇女与性别差异研究[D]. 北京：北京体育大学，2007，1、2
[27] 吴来苏. 推进代际公正建设和谐社会[J]. 伦理学研究，2006，(5)：1
[28] (美)约翰·罗尔斯(John Rawls)著，姚大志译. 作为公平的正义——正义新论[M]. 上海：上海三联书店，2002，215
[29] 戴维·波普诺. 社会学(第10版)[M]. 李强等译. 北京：中国人民大学出版社，1999，21、22
[30] 吕树庭. 社会结构分层视野下的体育大众化[J]. 天津体育学院学报. 2006，12(1)：93～98
[31] 柳伯力. “体育人口”及其预测理论初探[J]. 体育科技，1986，(1)：53～56
[32] 高俊刚. “体育人口”定义初探[J]. 武汉体育学院学报，1987，(4)：13～16
[33] 唐宏贵. 试论体育人口及其在我国的发展[J]. 武汉体育学院学报，1988，(3)：7～10
[34] 刘德佩. 体育人口及体育人口的社会流动[J]. 福建体育科技，1992，11(4)：22～24
[35] 徐隆瑞. 体育人口浅论[J]. 华南师范大学学报(社会科学版)，1991，(1)：101～105
[36] 毛秀珠. 体育人口与社会分层浅论[J]. 体育科学研究，1995，(3)：5
[37] 黄俊伟. 关于我国体育人口的质及传统影响因素的讨论[J]. 武汉体育学院学报，1993，(1)：20～22

[38] 卢元镇.中国体育社会学[M].北京:北京体育大学出版社,1996,96
[39] 中国群众体育现状调查与研究课题组.中国群众体育现状调查与研究[M].北京:北京体育大学出版社,1998,64
[40] 仇军.中国体育人口的理论探索与实证研究[M].北京:北京体育大学出版社,2002,78
[41] 肖焕禹,方立.体育人口的概念、分类及其统计标准[J].体育科研,2005,26(1):7~9
[42] 张洪潭.体育人口新论[J].体育与科学,1999,20(4):1~5
[43] 徐忠.论边缘性体育人口[J].成都体育学院学报,2001,27(4):8~10
[44] 曹坚.我国体育人口状况及引发的思考[J].南昌高专学报,2003,(3):62~67
[45] 肖焕禹,方立.体育人口的概念、分类及其统计标准[J].体育科研,2005,26(1):7~9
[46] 何建文.体育人口理论研究评述[J].北京体育大学学报,2006,29(12):1617~1619
[47] 王则珊,卢元镇.群众体育学[M].北京:北京体育学院出版社,1986,35
[48] 唐宏贵.试论体育人口及其在我国的发展[J].武汉体育学院学报,1988,(3):7~10
[49] 卢元镇.中国体育社会学[M].北京:北京体育大学出版社,1996,105
[50] 何建文.体育人口理论研究评述[J].北京体育大学学报,2006,29(12):1617~1619
[51] 仇军.体育人口测度指标的功能、特征及其构建[J].上海体育学院学报,2004,28(4):5~9
[52] 中国群众体育现状调查与研究课题组.中国群众体育现状调查与研究[M].北京:北京体育大学出版社,2001,31
[53] 国家体育总局.2007年中国城乡居民参加体育锻炼现状调查公报[EB/OL].人民网,www.people.com.cn/[2008-12-17]
[54] 王君.乌鲁木齐居民体育人口现状的研究[J].体育学刊.1998,(3):11~12
[55] 李相如,李丽莉主编.群众体育实践探索与研究——来自北京群众体育现状的报告[M].北京:北京体育大学出版社,2004,75
[56] 王颖,赵清波,王新建.郑州市群众体育现状分析及对策研究[J].体育文化导刊,2003,(6):18、19
[57] 王高宣,刘安清.武汉市社会体育人口现状及发展对策[J].体育成人教育学刊,2006,22(3):40~42
[58] 王龙.苏南地区成年人群众体育现状的调查分析[J].江苏技术师范学院学

报,2007,13(4):93～97

[59] 周晓东.福建省成年人体育锻炼现状的调查报告[J].福建体育科技,1998,17(3):35～45

[60] 赵克,杜子平,谢军等.厦门市体育人口现状调查及对策研究[J].广州体育学院学报,2001,21(3):19～22

[61] 朱家新.福建省群众体育现状调查与发展对策研究[J].北京体育大学学报,2006,29(7):903～905

[62] 许月云,许红峰,郑志丹等.侨乡乡镇居民体育参与者体育活动特征调查研究[J].福建体育科技,2006,25(5):9～12

[63] 徐建清,周晓东.福建成年国民体育锻炼行为阶层差异的初步分析[J].福建体育科技.2007,26(5):1～10

[64] 牛兴华,冯建秀.我国大中城市不同产业体育人口结构态势[J].体育,1986,(2):1～4

[65] 李树怡,牛兴华,张大为.我国不同社会阶层人口体育现状调查与研究(之一)(之二)[J].天津体育学院学报,1994,9(2、3):1～8、22～29

[66] 李树怡,牛兴华,董义来.我国不同社会阶层体育需求的调查与研究[J].天津体育学院学报,1995,10(3):1～6

[67] 吴纪饶,周伟文,曾凡文等.江西省城镇体育人口的现状研究[J].体育学刊,1996,(3):17～19

[68] 张学妍.我国不同职业和收入群体的体育消费现状研究[J].佛山科学技术学院学报(社会科学版),2001,1(1):34～37

[69] 孙淑惠.当代我国城市社会各阶层与社会体育的实施[J].成都体育学院学报,2001,27(1):5～9

[70] 肖焕禹,申亮.上海市不同社会阶层居民体育消费趋向探析[J].上海体育学院学报,2006,30(2):45～50

[71] 吕树庭.社会结构分层视野下的体育大众化[J].天津体育学院学报,2006,21(2):93～98

[72] 黄迎乒.河南省城市社会体育人口阶层特征分析[J].北京体育大学学报,2007,30(6):760～762

[73] 李梅娟,彭金洲.北京、广州、长沙三市中产阶层体育参与现状研究[J].山东体育学院学报,2007,23(4):41～43

[74] 中国大百科全书总编辑委员会.中国大百科全书(社会学卷)[M].北京:中国大百科全书出版社,1993,85

[75] 杨楹,张禹东.生活哲学——探究中的马克思主义哲学[M].北京:社会科

学文献出版社,2004,6

[76] 马克思,恩格斯.马克思和恩格斯选集第 47 卷[M].北京:人民出版社中文第 1 版,1995,251

[77] 李培林,李强,孙立平.中国社会分层[M].北京:社会科学文献出版社,2004,6

[78] 郑杭生.社会学概论新修[M].北京:中国人民大学出版社,2004,217

[79] 马克思,恩格斯.马克思和恩格斯选集第 1 卷[M].北京:人民出版社,2006,100

[80] 许月云,戴维红,许科等.农村体育公共产品供给与发展对策研究——以侨乡泉州农村体育场地建设为例[J].山东体育学院学报,2008,24(8):23

[81] 姚建平.消费认同[M].北京:社会科学文献出版社,2006,10

[82] 李力研.康德的“补丁”——人类困境与体育运动作用[J].天津体育学院学报.2005,20(6):5

[83] 李力研.野蛮的文明——体育的哲学宣言[M].北京:中国社会出版社,1998,397

[84] 卢元镇.社会体育学[M].北京:高等教育出版社,2005,37

[85] 丁水木,张绪山.社会角色论[M].上海:上海社会科学出版社,1992,35

[86] 李佑新,李国华等.社会发展论——当代中国社会现代化的宏观考察[M].长沙:湖南人民出版社,1998,109

[87] 王慧琳.媒介改变生活——以“体育传媒影响我国当代大学生体育生活的实证研究”为例[M].北京:人民出版社,2006,67

[88] 任海.论国际奥运会的改革[J].体育科学,2008,28(7):16

[89] 郑杭生.社会学概论新修[M].北京:中国人民大学出版社,2004,217

[90] 张力为.体育科学研究方法[M].北京:高等教育出版社,2002,(4):440～441

[91] 田雪源.人口学[M].杭州:浙江人民出版社,2004,291、338

[92] 刘长茂.人口结构学[M].北京:中国人口出版社,1991,13、258

[93] 福建省统计局.福建省 2007 统计年鉴[M].北京:中国统计出版社,2007

[94] 薛薇.SPSS 统计分析方法及应用[M].北京:电子工业出版社,2006,281～288

[95] 陈作松.锻炼心理学[M]北京:人民体育出版社,2008,19

[96] 金盛华.社会心理学[M].北京:高等教育出版社,2005,130

[97] 祝培里.体育心理学[M].北京:人民体育出版社,2000,176

[98] 李剑阁.中国新农村建设调查[M].上海:上海远东出版社,2007,3

[99] 丁兆庆. 建设社会主义新农村必须“内”“外”兼顾[J]. 理论前沿，2006，(6)：35～36
[100] 田雨普. 农民体育发展战略研究[M]. 南京：南京师范大学出版社，2009，37、145～149
[101] 周结友，裴立新. 全民健身对于推进社会主义新农村建设的功能探究[J]. 体育科学，2006，26(11)：7～11
[102] 中华人民共和国国家统计局. 中华人民共和国 2006 年国民经济和社会发展统计公报[R]. 2007-02-28
[103] 刘魏. 新农村体育事业发展问题研究[M]. 北京：中国物质出版社，2009，105
[104] 傅砚农.“文革”中“知青”对农村体育的影响及其原因[J]. 体育文化导刊，2003，(10)：72、73
[105] 尹世杰. 消费经济学[M]. 北京：高等教育出版社，2003，63
[106] 田翠琴. 农民闲暇[M]. 北京：社会科学文献出版社，2005，249、295
[107] 马克思，恩格斯. 马克思和恩格斯选集第 46 卷[M]. 北京：人民出版社，1979，329
[108] 唐代兴. 公正伦理与制度道德[M]. 北京：人民出版社，2003，107～159
[109] 高红，朴贞子. 中国阶层分化中的社会公正性研究[J]. 理论探讨，2006，(3)：136
[110] 陆学艺.“三农论”——当代中国农业、农村、农民研究[M]. 北京：社会科学文献出版社，2002，78
[111] 蒋云根. 公共管理与公共政策[M]. 上海：华东大学出版社，2005：130
[112] 江明蓉. 公共服务均等化论略[J]. 中南财经政法大学学报，2006，(6)：43～47
[113] 余淑均，杨军. 农村公共产品供给中的公共财政思路[J]. 理论月刊，2007，(2)：171～173
[114] 王学杰. 建立健全支持新农村建设的公共财政体制[J]. 湖南行政学院学报，2006，(5)：8、9
[115] 吕云涛，纪光欣. 中国农村公共产品供给体制的变迁与走向[J]. 中共贵州省委党校学报，2007，(1)：36～38
[116] 吴新叶. 农村基层非政府公共组织研究[M]. 北京：北京大学出版社，2006，118
[117] 洋龙. 平等与公平、正义、公正之比较[J]. 文史哲，2004，(4)：145～151

[118] 姜自茹,刘莉莉.社会主义新农村建设中的农村公共产品供给制度创新[J].甘肃农业,2006,(11):13、14

[119] 周结友,裴立新.全民健身对于推进社会主义新农村建设的功能探究[J].体育科学,2006,26(11):7～11

[120] 曹军,于军,陈辉.社会主义新农村建设目标下发展农村体育的思考[J].中国体育科技,2006,42(6):8～12

[121] 倪志娟.女性主义研究的历史回顾和当代发展[J].江西社会科学,2005,(4):135

[122] 奥斯通·克拉夫特(Mary Wollstonecraft),卡罗尔·H.波斯顿(Garol H. Poston)编辑.女权辩护(A Vindication of the Rights of Woman)[M].New Yoort: W. Norton, 1975,60

[123] 约翰·斯图尔特·穆勒,哈丽雅特·泰勒.艾里斯·S.罗西编辑.性别平等论文集(Essays on Ser Equality)[M]. Chicago:University of Chicago Press,1970,95

[124] 李银河.女性主义[M].济南:山东人民出版社,2005,16～36

[125] 西蒙娜·德·波伏瓦(Simone de Beauvoir), H. M. 帕什利(H. M. Parshley)翻译、编辑.第二性(The Second Sex)[M]. New Yoort: Vintage Books, 1952,29

[126] 贝蒂·弗里丹(Betty Friedan). 女性的奥妙(The Feminine Mystique)[M]. New Yoort:VDell, 1974,362

[127] 凯特·米丽特(Kate Millett). 性的政治(Sexual Politics)[M]. New Yoort:Crvoe Press, 1970,178

[128] 玛格丽特·本斯通(Margaret Benton).妇女解放的政治经济(The Political Economy Women's Liberation)[J]. 每月评论(Monthly Review),1969,21(4):16

[129] 朱丽叶·米切尔(Juliet Mitchell).妇女地位(Woman's Estate)[M].New Yoort:Pantheon Books, 1971,100

[130] 雅克·拉康 (Jacques Lacan).文选(Ecritsw: A Selection)[M]. New Yoort: W. W. Norton,1977,64

[131] 卡伦·J.沃伦(Karen J. Warren).生态女性主义的力量与承诺(Ecological Feminist Philosophies)[M]. Bloomington:Indiana University Press,1996,20

[132] 谭华. 体育史[M]. 北京:高等教育出版社,2006,128、125
[133] 卢元镇. 体育社会学[M]. 北京:高等教育出版社,2006,272
[134] 孙葆丽. 古代奥运会与妇女[J]. 体育文化导刊,2002,(4):86~87
[135] 彭永捷等. 人文奥运[M]. 北京:东方出版社,2003,95
[136] 任海. 奥林匹克运动[M]. 北京:人民体育出版社,2005,85
[137] 叶文振主编. 女性学导论[M]. 厦门:厦门大学出版社,2006,60~71、372
[138] 王雅林,董鸿扬. 休闲社会学[M]. 哈尔滨:黑龙江人民出版社,1992,42
[139] 怡然. 女性闲暇生活状况——以福建省为例[J]. 南京人口管理干部学院学报,2004,(20)1:46
[140] 盛继明,盛继闲. 职业妇女健身观念的社会学分析[J]. 沈阳体育学院学报,1998,(1):71~74
[141] 徐凤莲. 女性聊天的革命[J]. 中国妇运,2000,(8):47
[142] 2005 年度中国(八城市)女性消费状况调查报告[EB/OL]. http://www.sina.com.cn,2005-12-05
[143] 张慧玲. 从主体性看女性消费地位的变迁[J]. 经济研究导刊. 2009,41(3)2:166
[144] 张新华,程云峰. 我国东北城乡老、中、青年女性参加体育活动现状调查与分析[J]. 广州体育学院学报,2002,(22):2
[145] 叶文振主编. 女性学导论[M]. 厦门:厦门大学出版社,2006,122
[146] 钱民辉,田玉荣. 中国女性行为的文化释义[M]. 北京:社会科学文献出版社,2009,99
[147] 李小兰,张宏宇. 女性主义思潮的变迁与奥运女子体育项目的发展[J]. 成都体育学院学报,2005,(5):31
[148] 沙莲香. 社会心理学[M]. 北京:中国人民大学出版社,2006,255
[149] 朱家新. 福建沿海地区农民体育参与现状总论[J]. 成都体育学院学报,2006,32(2):56
[150] 米靖,张传义. 报纸的女子体育报道研究[J]. 天津体育学院学报,2003,(6):18
[151] 王金玲. 性别文化及先进性别文化的构建[J]. 浙江学刊,2003,(4):208~211
[152] 叶文振主编. 女性学导论[M]. 厦门:厦门大学出版社,2006,60、252
[153] 潘丽霞. 中国社会体育参与中的妇女与性别差异研究[D]. 北京体育大学,

2007,110

[154] 肖东.意大利的“新老人概论”[J].科学养生,2007,(2):23

[155] 李克能.现代西方人口理论[M].上海:复旦大学出版社,2004,201

[156] 李建新.中国人口结构问题[M].北京:社会科学文献出版社,2009,38、45、58、59

[157] 邬沧萍.人口老龄化对社会经济的影响和我们的对策[J].中国特色社会主义研究,2001,(6):113

[158] 王学义.健康老龄化:人口老龄化的对策[J].西南民族学院学报(哲学社会科学版),2002,23(12):131

[159] 查瑞传.人口学百年[M].北京:北京出版社,1999,19

[160] 印石.论健康老龄化及其对策[J].南京中医药大学学报(社会科学版),2000,1(2):74

[161] 卢元镇.社会体育学[M].北京:高等教育出版社,2005,207

[162] 汪文奇,张勇,宋旭等.健康老龄化与老年体育[J].四川体育科学,2007,(4):113

[163] 江崇民,张彦峰,蔡睿等.2007年中国城乡居民参加体育锻炼现状分析[J].体育科学,2009,29(3):13

[164] 曹士云,白莉.21世纪初中国老年体育发展战略研究[J].浙江体育科学,2000,22(1):13～25

[165] 卢元镇.社会体育学[M].北京:高等教育出版社,2005,129

[166] 吴忠民.社会公正论[M].济南:山东人民出版社,2004,202

[167] 眭小琴,赵宝椿,等.发展我国老年体育的意义与对策[J].北京体育大学学报,2006,(29)11:1476

后 记

本书是2008年福建省体育局重点资助课题。依托国家体育总局、财政部等10部(局)联合开展的第二次全国国民体质监测,对福建省9个设区市15 300名19岁以上城乡居民的闲暇生活方式、家庭经济状况、健康状况、健康意识、体育人口的数量与结构特征、体育人口的行为与动机特征、不参加体育活动的原因与期望等进行了有组织、有计划的全面调查和历时两年的研究。本书是集体劳动的成果,在本课题的研究的过程中,从课题设计、实地调研到数据的录入统计和数据的开发与整理,一路走来凝聚着千百人的艰辛与劳作。在书稿付梓出版之际,向参与本课题研究的所有研究与工作人员表示衷心的感谢。当然,在感谢的清单里,我最不能忘记的是我的弟子们:林历元、苏燕珊、张维杰、陈雪清、陈文杰、范媛媛等,为了开发和精确处理本课题的庞大数据,多少个夜晚,他们与我一并步履于方寸书屋直至深夜甚至到凌晨……那些场面一一凝固在我的记忆深处,成为我生命中最珍贵的财富。

在此,有必要对本书的分工作一个简要的说明:本书的整体构架是由我确定,并主要负责第一章社会发展与社会体育发展理论部分的研究和撰写,以及第三章福建城市居民体育人口实证研究(总论)、第五章新农村建设进程中福建省农村体育人口特征、第六章女性主义视野下福建省女性体育人口特征、第七章老龄化进程中福建省老年人体育人口的特征等实证部分的研究和撰写;许红峰主要负责第二章我国体育人口研究热点及述评的研究和撰写;张志扬主要负责第四章社会分层视野下福建省城镇体育人口特征的研究和撰写。全书由我全权负责。

书中引用和参考了国内外一些专家学者的研究成果,为本书的研究奠定了基础,除了参考文献中列出外,可能还有所遗漏,敬请原谅,在此表示衷心的感谢。

本书的出版得到泉州师范学院桐江学术丛书出版资助计划基金的资助,厦门大学出版社给予了积极的支持,在此,我们一并表示深深的谢意。

许月云

2011年春节于方寸书屋

图书在版编目(CIP)数据

社会发展视野下福建省城乡居民体育人口实证研究/许月云等著.—厦门:厦门大学出版社,2011.6
ISBN 978-7-5615-3891-3

Ⅰ.①社… Ⅱ.①许… Ⅲ.①体育-人口-研究-福建省 Ⅳ.①G812②C924.24

中国版本图书馆 CIP 数据核字(2011)第 066465 号

厦门大学出版社出版发行
(地址:厦门市软件园二期望海路 39 号 邮编:361008)
http://www.xmupress.com
xmup@public.xm.fj.cn
厦门市明亮彩印有限公司印刷
2011 年 7 月第 1 版 2011 年 7 月第 1 次印刷
开本:787×960 1/16 印张:19.5 字数:335 千字
定价:38.00 元